東洋古典譯註叢書 78

譯註 大學衍義 4

저자 眞德秀 책임번역 辛承云
공동번역 李霜芽 張喜成 趙埈暭

전통문화연구회

國譯委員

責任飜譯　辛承云
共同飜譯　李霜芽 張喜成 趙埈暭
潤　　文　南賢熙
校　　訂　郭成龍
出　　版　金主賢 金曉東
管　　理　咸明淑
普　　及　徐源英

東洋古典譯註叢書를 발간하면서

우리의 古典國譯事業은 민족문화 진흥의 기초사업으로 1960년대부터 政府 支援으로 古文獻 現代化 작업을 추진하여 많은 成果를 거두었다. 당시 이 사업 추진의 先行課題로 東洋古典이라 일컬어지는 중국의 基本古典을 먼저 飜譯하여야 한다는 學界의 주장이 있었음에도 불구하고 우리 고전이 아니라는 일부의 偏狹한 視角과 財政 事情 등으로 인하여 배제되어 왔다.

전통적으로 중국의 기본고전은 우리 歷史와 함께 숨쉬며 각종 교육기관의 教科書로 활용됨은 물론이고 지식인들의 必讀書가 되어 왔으며, 우리 文化의 基底에 자리잡고 거의 모든 방면의 體系와 根幹을 형성하여 왔다. 그래서 학문연구의 기본서 역할을 해 왔을 뿐만 아니라 오늘날에도 우리의 國學徒 및 東洋學 研究者들에게 같은 역할을 하고 있음은 주지의 사실이다. 그럼에도 불구하고 中國古典은 우리 것이 아니라 하여 專門機關의 飜譯對象에 포함하지 않음으로써, 대부분 原典에서의 직접 번역이 아닌 重譯이나 拔萃譯의 방식이 주를 이루면서 教養水準으로 出版되어 왔다.

오늘날 東洋 三國 중에서 우리의 東洋學 연구가 가장 부진한 이유는, 東洋基本古典에 대한 폭넓은 이해의 부족과 漢文古典 讀解力의 저하에 기인함을 우리는 솔직히 인정하여야 한다. 따라서 이들 중국고전에 대한 신뢰할 만한 國譯이 이루어지는 것이 한국학 연구를 촉진시키는 시급한 先行課題라 할 수 있다.

이에 韓國學 및 東洋學의 연구와 古典現代化의 基盤構築을 위해서는, 전문기관으로 하여금 동양고전을 단기간에 각 분야의 專門 研究者와 漢學者가 상호 협동하여 연구번역하여 飜譯의 傳統性과 效率性, 研究의 專門性을 높일 수 있도록 政策的 配慮가 있어야 한다.

이에 本會에서는 元老 및 中堅 漢學者와 斯界의 專攻者로 하여금 協同研究飜譯하여 공부하는 사람들이 믿고 引用하거나 깊이 있는 註釋 등을 활용할 수 있게 하고, 知識人들의 教養을 증진시켜 줄 수 있는 東洋古典의 國譯書 간행을 지속적으로 추진해 왔다. 근래에 다행히 이 사업에 대하여 각계 지도층의 폭넓은 이해와 지원에 힘입어 2001년도부터 國庫補助를 받아 東洋古典譯註叢書를 간행하게 되었다. 이를 계기로 우리 先學의 註釋과 見解

를 반영하는 등 국역사업의 內實을 기하게 되었음을 이 자리를 빌려 衷心으로 감사드리며, 아울러 國譯에 參與하신 관계자 여러분의 勞苦에 깊은 謝意를 표한다.

끝으로 우리의 이러한 작업은 오랜 역사 위에 축적된 先賢들의 業績과 現代學問을 이어주는 튼튼한 架橋와 礎石이 되어 진정한 韓國學과 東洋學 발전에 기여할 것을 굳게 믿으며, 21세기를 우리 文化의 世紀로 열어 가는 밑거름이 되도록 우리의 力量을 本 事業에 경주하고자 한다. 江湖諸賢의 부단한 관심과 지원을 기대해 마지않는다.

社團法人 傳統文化硏究會 會長 李啓晃

凡 例

1. 본서는 南宋 眞德秀(1178~1235)의 《大學衍義》를 번역한 《譯註 大學衍義》 제4책이다.
2. 본서는 서울대학교 규장각 소장본인 戊申字本(청구기호 奎中 507, 이하 '저본'으로 약칭)을 저본으로 하고, 서울대학교 규장각 소장본인 청구기호 奎中 509(이하 '509본'으로 약칭), 奎中 510(이하 '510본'으로 약칭), 奎中 512(이하 '512본'으로 약칭), 《孔子文化大全》(孔子文化大全編輯部 編輯, 山東友誼出版社, 1991.)에 수록된 《大學衍義》(中國國家圖書館 所藏 元刻本. 이하 '대전본'으로 약칭), 文淵閣四庫全書에 수록된 《大學衍義》(이하 '사고본'으로 약칭)를 對校本으로 하였으며, 朱人求가 校點한 《大學衍義》(華東師範大學出版社, 2010. 이하 '표점본'으로 약칭)를 참고하였다.
3. 원문의 大文과 按說은 저본에 근거하여 懸吐하고, 原註는 9개의 부호를 사용하여 標點하였다.
4. 원문이 길 경우 적절하게 分節하였다. 또한 卷次와 大文의 순서 및 按說과의 연계성을 고려하여 대문과 안설 위에 連番을 표시하였다. 이때 대문은 '가'로, 진덕수의 안설 및 諸家의 설은 '나'로 표시하였다.

   예 1-1-가 : 《대학연의》 권1의 첫 번째 나오는 大文
   1-5-나(按) : 《대학연의》 권1의 다섯 번째 나오는 대문에 대한 眞德秀의 按說
   2-1-나1(朱) : 《대학연의》 권2의 첫 번째 대문에 대한 朱熹의 설
5. 본서의 懸吐는 현대국어를 따르되, 중세국어 및 근세국어의 특성을 고려하여 다음과 같이 표기하였다.
   1) 주격조사로 '-이'와 '-가'를 병용하였다.
   2) 아래 아(·)는 사용하지 않고, 'ㅏ'나 'ㅡ' 등 적절한 모음으로 대체하였다.

      예 丷也(ᄒᆞ야) → 하여 / 乎弋(호ᄃᆡ) → 호대 / 丶亽ヒ乙(ㅣ어ᄂᆞᆯ) → 이어늘
   3) 가급적 단모음화를 지향하였다.

      예 丷土(ᄒᆞ샤) → 하사 / 印底(ᅟᅵᆫ져) → 인저
   4) '使'가 이끄는 구절에 '으로'로 현토되어 있을 경우, 假定을 뜻할 때에는 토는 그대로

두고 번역만 가정의 의미를 따랐다.

예 〔원문〕 使吾君之心으로 → 〔번역〕 만일 우리 임금의 마음이 白日과 같이 밝아

6. 독자의 편의를 위하여 저본에 없는 소제목을 삽입하였다. 예를 들어, '商高宗周成王之學(商 高宗과 周 成王의 학문)'과 같이 원문이 있는 소제목은 사고본에 있는 원문을 인용한 것이며, '商 高宗의 학문', '周 成王의 학문' 등과 같이 원문이 제시되지 않은 소제목은 사고본을 참고하여 역자가 재량으로 보충한 것이다.
7. 僻字나 讀音이 특수한 글자는 한글로 音을 달아주었다.
8. 번역문은 한글과 한자를 혼용하였으며, 맞춤법과 띄어쓰기는 한글 맞춤법과 표준어 규정을 따랐다.
9. 校勘은 원문의 誤字, 脫字, 避諱, 異文, 衍文, 倒文 등을 대상으로 하였다. 다만 다음과 같은 경우에는 저본대로 따르고 出校하지 않았다.
   1) 갖은자로 된 숫자 壹, 貳, 參, 拾 등
   2) 于 / 於, 姦 / 奸, 無 / 无, 耶 / 邪, 懽 / 歡, 叙 / 敍 자 등
10. 원문의 글자는 저본대로 따르고 번역문과 주석문에서는 正字를 따랐다.

    예 〔원문〕 覇 / 〔번역문, 주석문〕 霸

11. 저본에서 避諱한 글자는 본래의 글자로 바꾸었으며, 대교본의 避諱字는 각주로 出校하였다.
    1) 저본에서 피휘하여 쓴 '士春', '朝', '斤' 등은 조선의 피휘자인 '子春'(桓祖 李子春), '旦'(太祖 李旦(李成桂)), '鈞'(宣祖 李昖(李鈞)) 등으로 바꾸었다.
    2) 대전본에서 피휘하여 쓴 '元', '洪', '康', '正', '威', '亘', '謹', '端' 등은 宋의 避諱字인 '玄'(趙氏의 시조 趙玄朗), '弘'(太祖의 부친 趙弘殷), '匡'(太祖 趙匡胤), '禎'(貞)(仁宗 趙禎), '讓'(神宗(趙頊)의 부친 趙允讓), '桓'(欽宗 趙桓), '眘'(孝宗 趙眘), '惇'(光宗 趙惇) 등으로 바꾸었다.
    3) 사고본에서 피휘하여 쓴 '元', '弘' 등은 淸의 避諱字인 '玄'(聖祖 康熙帝 愛新覺羅玄燁), '弘'(高宗 乾隆帝 愛新覺羅弘曆) 등으로 바꾸었다.
12. 본서에 사용한 주요 부호는 다음과 같다.

    " " : 1차 인용
    ' ' : 2차 인용
    「 」 : 3차 인용
    ( ) : 원문의 讀音 및 번역문의 間註

〔　　〕: 번역문과 뜻은 같으나 音이 다른 경우
《　　》: 書名, 典據
〈　　〉: 篇章名, 作品名
【臣按】: 眞德秀의 按說

13. 본서의 原註에 사용한 標點은 다음과 같다.
.　: 문장의 종결
,　: 한 문장 안에서 句나 節의 구분이 필요한 곳
·　: 대등한 명사나 구절의 병렬
“　”: 1차 인용
‘　’: 2차 인용
:　: ‘曰’, ‘云’ 등 발언이나 인용 뒤에 사용
;　: 두 구 이상의 節이 긴밀하게 연결되는 병렬문에 사용
!　: 감탄문 끝에 사용
?　: 의문문 끝에 사용

14. 四書의 篇名과 章次는 朱熹의 《四書集註》를 따랐으며, 《詩經》은 주희의 《詩集傳》을, 《書經》은 蔡沈의 《書集傳》을, 《周易》은 程頤의 《伊川易傳》과 주희의 《周易本義》를 따랐다. 이외에 十三經에 속하는 경전의 편명과 장차는 《十三經注疏》를, 기타 문헌은 통행본을 따랐다.

參考書目

◇ 底本 관련자료

- 《大學衍義》, 眞德秀(宋) 撰, 규장각 소장본.(청구기호:奎中507)
- 《大學衍義》, 眞德秀(宋) 撰, 규장각 소장본.(청구기호:奎中509)
- 《大學衍義》, 眞德秀(宋) 撰, 규장각 소장본.(청구기호:奎中510)
- 《大學衍義》, 眞德秀(宋) 撰, 규장각 소장본.(청구기호:奎中512)
- 《大學衍義》, 眞德秀(宋) 撰, 文淵閣四庫全書, 影印本, 臺灣商務印書館, 1983~1986.
- 《大學衍義》, 孔子文化大全編輯部 編, 元刻本, 孔子文化大全, 山東友誼出版社, 1991.
- 《大學衍義》, 朱人求 校點, 華東師範大學出版社, 2010.

◇ 經 部

- 《論語集註大全》, 朱熹(宋) 集註, 胡廣(明) 等 編, 朝鮮 內閣本, 影印本, 學民文化社.
- 《大學章句大全》, 朱熹(宋) 集註, 胡廣(明) 等 編, 朝鮮 內閣本, 影印本, 學民文化社.
- 《孟子集註大全》, 朱熹(宋) 集註, 胡廣(明) 等 編, 朝鮮 內閣本, 影印本, 學民文化社.
- 《中庸章句大全》, 朱熹(宋) 集註, 胡廣(明) 等 編, 朝鮮 內閣本, 影印本, 學民文化社.
- 《四書諺解》, 校正廳(朝鮮) 編, 朝鮮 內閣本, 影印本, 保景文化社.
- 《四書栗谷諺解》, 李珥(朝鮮) 等 編, 朝鮮 活字本(校書館活字), 影印本, 成均館大學校 養賢齋.
- 《書傳大全》, 蔡沈(宋) 集傳, 胡廣(明) 等 編, 朝鮮 內閣本, 影印本, 學民文化社.
- 《詩傳大全》, 朱熹(宋) 集傳, 胡廣(明) 等 編, 朝鮮 內閣本, 影印本, 學民文化社.
- 《禮記集說大全》, 陳澔(元) 集說, 胡廣(明) 等 編, 朝鮮 內閣本, 影印本, 學民文化社.
- 《周易傳義大全》, 程頤(宋) 傳, 朱熹(宋) 本義, 胡廣(明) 等 編, 朝鮮 內閣本, 影印本, 學民文化社.
- 《春秋經傳集解》, 左丘明(周) 傳, 杜預(晉) 註, 林堯叟(宋)·朱申(宋·元) 附註, 朝鮮 金屬活字本(戊申字), 影印本, 保景文化社.
- 《春秋左傳新注》, 趙生群, 西安:陝西人民出版社, 2008.
- 《春秋左傳注(修訂本)》, 楊伯峻, 北京:中華書局, 1995.

- 《左氏會箋》, 竹添光鴻, 成都:巴蜀書社, 2008.
- 《十三經注疏 整理本》, 十三經注疏整理委員會 整理, 北京大學出版社, 2000.

◇ 史 部

- 《史記》, 司馬遷(漢) 撰, 규장각 소장본.(청구기호:奎中181)
- 《史記》, 司馬遷(漢) 撰, 標點校勘本, 中華書局, 2006.
- 《資治通鑑》, 司馬光(宋) 撰, 胡三省(元) 音註, 標點校勘本, 中華書局, 1997.
- 《資治通鑑新注》, 資治通鑑新注編纂委員會, 西安:陝西人民出版社, 1998.
- 《戰國策箋注》, 張清常・王延棟, 南開大學出版社, 1993.
- 《戰國策注釋》, 何建章 注釋, 北京:中華書局, 2011.

◇ 사전 및 공구서

- 兪鹿年, 《中國官制大辭典》, 黑龍江人民出版社, 1998.
- 張撝之 외 주편, 《中國歷代人名大辭典》, 上海:上海古籍出版社, 1999.
- 中國歷史大辭典 先秦史卷編纂委員會 編, 《中國歷史大辭典 先秦史》, 上海辭書出版社, 1996.
- 中國歷史大辭典編纂委員會, 《中國歷史大辭典》, 上海辭書出版社, 2000.
- 中國歷史博物館, 《簡明中國文物辭典》, 福建人民出版社, 1991.
- 趙文潤 외 주편, 《兩唐書辭典》, 山東教育出版社, 2004.
- 陳克烱, 《左傳詳解詞典》, 鄭州:中州古籍出版社, 2004.
- 倉修良 주편, 《史記辭典》, 山東教育出版社, 1991.
- ――――――, 《漢書辭典》, 山東教育出版社, 1996.

◇ 研究論著 및 飜譯書

- 東一夫, 《王安石事典》, 東京:國會刊行會, 1980.
- 박기수 외, 《사료로 읽는 중국고대사회경제사》, 청어람미디어, 2005.
- 西嶋定生 저, 최덕경 외 역, 《중국의 역사(진한사)》, 혜안, 2013.
- 宋杰, 〈漢代官吏的休假制度〉, 《北京師院學報(社會科學版)》 1986年 3期, 北京:首都師範大學.
- 吳訥 등, 《文章辨體序說文體明辨序說》, 人民文學出版社, 1998.
- 容庚, 《商周彝器通考》, 大通書局, 1973.
- 李國文, 〈胡椒八百石〉, 《人民文學》 11期, 2005.

• 李正周・殷昭魯,〈西漢"中謁者"考〉,《唐都學刊》2014年 7月 第30卷 第4期.
• 陳仲安,〈唐代的使職差遣制〉,《武漢大學學報》1963年 第1期.
• 湯其領,〈西漢中謁者制探論〉,《史學月刊》2008年 11期.
• 布目潮渢 저, 임대희 역,《중국의 역사(수당오대)》, 혜안, 2001.
• 韓兆琦,《史記箋證》, 南昌:江西人民出版社, 2005.
• 許嘉璐 주편,《二十四史全譯》, 漢語大詞典出版社, 2004.

◇ 데이터베이스(DB) 자료

• 電子版 文淵閣四庫全書, 迪志文化出版有限公司.
• 中國基本古籍庫, 北京愛如生數字化技術研究中心.
• 寒泉 古典文獻全文檢索資料庫 (http://skqs.lib.ntnu.edu.tw/dragon)

目 次

大學衍義 卷23

大學衍義 卷24

大學衍義 卷25

大學衍義 卷26

附錄

格物致知之要(二) 사물의 원리를 깊이 연구하여 知性의 힘을 극대화하는 핵심적인 방법들 (2)

辨人材 人材를 구별하는 방법들

憸邪罔上之情【姦臣】 奸邪한 자들이 임금을 속인 정상【간신】

20-1-가[1]

元載[2]가 **在肅宗朝**하여 **因李輔國**[3]**薦**하여 **擢平章事**[①4]러니 **後**에 **肅宗**이 **潛誅輔**

1) 《資治通鑑》 권223 〈唐紀39 代宗 上之下〉 廣德 원년(763) 12월 조에 보인다.

2) 元載 : ?~777. 唐 代宗(726~779, 재위 762~779) 때의 재상이다. 자는 公輔이며 지금의 섬서성 鳳翔縣인 鳳翔縣 岐山 사람이다. 어려서 고아가 되었으나 책을 좋아하여 여러 서적을 두루 보아 높은 성적으로 進士에 합격하였다. 肅宗(711~762, 재위 756~762) 때 권력을 전횡했던 환관 李輔國의 처 元氏와 같은 종친이라 하여 이보국에게 중용되었다. 762년 숙종이 병이 위중하여 이보국이 권력을 전단할 때 이보국의 추천을 받아 재상의 직위인 中書侍郎同平章事에 임명되고 許昌縣子에 봉해졌다. 그러나 얼마 뒤에 숙종이 죽고 대종이 즉위하자 대종을 도와 이보국을 죽였으며, 대종 大曆 5년(770)에는 대종을 도와 환관 魚朝恩을 죽였다. 그 뒤로 권력을 전횡하여 불법을 자행하고 충신들을 배척하며 공공연히 뇌물을 받다가 777년 3월에 대종의 명을 받고 자진하였다.

3) 李輔國 : 704~762. 唐 肅宗과 代宗 때 권력을 장악했던 환관이다. 본명은 靜忠이나, 뒤에 숙종에게 護國이라는 이름을 하사받았다가, 다시 숙종의 명을 받아 輔國으로 개명하였다. 매우 못생겼다고 한다. 唐 玄宗(685~762, 재위 712~756) 때 궁에 들어가 환관이 된 뒤 태자 李亨을 侍奉하여 심복이 되었다. 755년에 安史의 난이 일어나 현종이 서쪽으로 蒙塵가자, 처음에는 현종과 함께 서쪽으로 떠났다가 중간에 현종과 갈라져 북쪽으로 갔던 태자 李亨에게 별도로 즉위하여 민심을 달래줄 것을 권하였다. 756년 7월에 태자가 靈武에서 즉위하니 바로 숙종이다. 숙종은 현종을 太上皇으로 높이고 軍政을 모두 이보국에게 위임하였다. 757년에 숙종을 따라 長安에 돌아온 뒤 開府儀同三司에 임명되고 郕國公에 봉해졌다. 뒤이어 현종 역시 장안에 돌아오자 현종의 복위를 걱정한 이보국은 조서를 위조하여 현종

國[5)]할새 載가 預其謀[6)]라 代宗이 卽位에 載가 權益盛하고 又以貨로 結內侍[7)]董秀하여 使主書[8)]卓英倩(천)으로 潛與往來하여 上意所屬을 載가 必先知之하여 承

을 별궁으로 옮긴 뒤 주위 사람을 모두 자신의 심복으로 채우고 현종이 사람들과 만나는 것을 철저히 막았으며 숙종마저도 현종을 만나지 못하게 하였다. 762년 4월 5일 병진일에 현종이 외롭게 病死하고 병을 앓던 숙종 역시 10여 일 뒤인 4월 18일 정묘일에 病死하자 이보국은 숙종의 비인 張皇后(?~762)를 죽이고 이틀 뒤인 4월 20일 기사일에 숙종의 장자인 代宗을 즉위시켰다. 대종 寶應 원년(762) 10월 17일 밤에 대종이 보낸 자객에게 피살되었다. 시호는 醜이다.

4) 元載……章事 : 肅宗 寶應 원년(762) 3월 29일 戊申日의 일이다. '平章事'는 中書侍郎同平章事를 이른다. 당나라 때 中書令은 임명하는 일이 드물었기 때문에 中書侍郎이 실제적인 中書省의 장관이었으며, 여기에 同中書門下平章事의 직함을 더하면 명실상부한 재상이 되었다. '同平章事'는 同中書門下平章事의 약칭이다.《資治通鑑 卷222 唐紀38 肅宗 下之下》

5) 肅宗潛誅輔國 : 저본에는 '肅宗'으로 되어 있으나 '代宗'의 오류로 추정된다. 숙종이 이보국을 죽이려고 했다는 기록은《자치통감》숙종 上元 원년(760) 조에 "그 뒤에 상이 조금 뉘우치고 깨달아 이보국을 미워하여 죽이려고 하였으나 그가 병권을 쥐고 있는 것을 두려워하여 끝내 주저하고 결행하지 못하였다.〔其後上稍悔寤 惡輔國 欲誅之 畏其握兵 竟猶豫不能決〕"라는 내용이 보이는데, 이때에는 원재가 아직 평장사가 되기 전이었다.

《자치통감》에 따르면 代宗은 태자로 있을 때부터 李輔國이 권력을 전횡하는 것을 몹시 못마땅해했으나 즉위할 때 이보국의 공이 있었기 때문에 공개적으로 죽이지는 못하였다. 寶應 원년(762) 10월 17일 壬戌日 밤에 이보국의 집에 자객이 들어 이보국의 머리와 팔 하나를 훔쳐 달아나는 일이 발생하였는데, 대종은 이보국의 집에 中使를 보내 위로하고 나무로 머리를 깎아서 장례를 치러주었다. 그리고 太傅를 추증하였다고 한다.《新唐書》에는 대종이 자객을 보내 죽인 뒤 그 머리를 측간에 버리고 오른팔은 잘라 唐 玄宗의 능인 泰陵에 고하였으며, 후에 梓州刺史 杜濟가 자신이 이보국을 죽였다고 말했다는 기록을 하고 있다.

이보국이 피살된 일은《舊唐書》〈代宗本紀〉에는 10월 22일 丁卯日로, 〈李輔國列傳〉에는 10월 18일 밤으로 되어 있다.《資治通鑑 卷221 唐紀37 肅宗 下之上 上元 元年》《資治通鑑 卷222 唐紀38 肅宗 下之下》《舊唐書 卷11 代宗本紀, 卷184 宦官列傳 李輔國》《新唐書 卷208 宦者列傳下 李輔國》

6) 載預其謀 : 대종이 이보국을 죽일 때 원재의 역할에 대해《新唐書》권145〈元載列傳〉에 "자객이 이보국을 죽일 때 원재가 몰래 그 모의에 참여하였다.〔盜殺李輔國 載陰與其謀〕"라는 내용이 보인다.

7) 內侍 : 관직명이다. 內侍省 소속으로, 환관이 담당하였다. 秩은 從4品上이다.

8) 主書 : 문서를 주관하는 관직 이름으로, 秩은 從7品上이다.

意探微하여 意無不合하니 上이 以是愈愛之[9)]하더시다

① 因李……章事 : 李輔國, 宦官之用事者, 事見後[10)].
李輔國은 환관으로 권력을 전횡한 자이다. 일이 뒤에 보인다.

元載가 肅宗 때에 李輔國의 추천을 통해 平章事에 발탁되었는데, 뒤에 숙종이 은밀히 이보국을 죽일 때 원재가 그 모의에 참여하였다. 대종이 즉위하자 원재는 권세가 더욱 커졌으며, 또 재물을 써서 內侍인 董秀와 결탁하여 主書 卓英倩으로 하여금 동수와 은밀히 왕래하게 하였다. 그리하여 대종의 뜻이 향하는 바를 원재가 반드시 먼저 알아서 그 뜻을 받들고 미세한 동정을 살펴서 대종의 뜻에 부합하지 않는 것이 없자, 대종이 이 때문에 원재를 더욱 총애하였다.

20-1-나(按)

臣은 按 元載之承意探微는 卽李林甫[11)]之善刺帝意也요 先結輔國・後結董秀는 卽李林甫之賂上左右也니 姦慝相師하여 不謀而合이 蓋如此하니이다

【臣按】元載가 代宗의 뜻을 받들고 미세한 동정을 살핀 것은 바로 李林甫가 玄宗의 뜻에 잘 맞추었던 것과 같고, 원재가 먼저는 李輔國과 결탁하고 나중에는 董秀와 결탁한 것은 바로 이임보가 현종의 좌우 사람들에게 뇌물을 준 것과 같습니다. 간악한 자들이 본받아서 약속이나 한 듯이 절로 합치한 것이 대체로 이와 같습니다.

---

9) 代宗……愛之 : 唐 代宗 廣德 원년(763) 12월 조에 보인다.

10) 事見後 : 《대학연의》 권40 40-3-가에 보인다.

11) 李林甫 : ?~752. 唐 玄宗 연간의 재상이자 권력가이다. 아명은 哥奴이며, 호는 月堂이다. 陝西 사람이다. 唐 황실의 종친이다. 國子司業・御史中丞・刑部侍郎・吏部侍郎을 역임하고, 禮部尙書・同中書門下三品 등을 지냈다. 19년간 宰相으로 있으면서 황제의 신임을 배경으로 전권을 휘두르며 조정의 기강을 크게 문란하게 하였다. 현종의 뜻에 영합하면서 언로를 막고 인사를 좌지우지하여 유능한 인재를 배척하고 私黨을 요직에 배치하여 자신에게 반대하는 대신들을 모함하여 죽이거나 축출하였다. 특히 天寶 8년(749)에는 변경의 節度使를 이민족 출신의 番將으로 대체하도록 하여 훗날 安史의 亂을 초래하였다. 처신이 음험하고 권모술수에 능해 간신의 전형으로 여겨진다. 겉으로는 감언을 일삼아 친근한 척하지만 뒤로는 중상모략을 일삼아 '口蜜腹劍'이라고 불렸다. 사후에 太尉・揚州大都督에 추증되었으나 楊國忠의 무함을 받아 관작이 추탈되고 剖棺되었다.

20-2-가[12)]

元載가 **專權**에 **恐奏事者**가 **攻訐**(알)**其私**하여 **乃請百官**이 **凡論事**에 **先白長官・白宰相然後**에 **奏聞**하고 **仍以上旨**로 **諭百官曰 比來諸司奏事**가 **言多讒毀**일새 **故委長官・宰相**하여 **先定其可否**하노라하니

元載가 권력을 독점하고는 代宗에게 일을 아뢰는 자들이 자신의 비밀을 들추어 공격할까 두려워서, 마침내 대종에게 청하여 百官이 일을 논할 때는 모두 먼저 장관에게 고하고 장관은 재상에게 고한 뒤에 황제에게 上奏하게 하도록 하였다. 그리고 이어서 대종의 뜻으로 백관에게 諭示하였다.

"근래 여러 관사에서 일을 아뢰는 말에 참소와 비방이 많기 때문에 장관과 재상에게 맡겨서 먼저 그 可否를 정하게 하겠노라."

刑部尙書顔眞卿[13)]이 **上疏以爲 諫**[14)]**官・御史**는 **陛下之耳目**이어늘 **今使論事者**로 **先白宰相**하시니 **是**는 **自掩其耳目也**라 **陛下**가 **患群**[15)]**臣之爲讒**인댄 **何不察其言之虛實**이니잇고 **若所言**이 **果虛**인대 **宜誅之**요 **果實**인대 **宜賞之**어늘 **不務爲此而使天下**로 **謂陛下**가 **厭聽覽之煩**이라하여 **託此爲辭**하여 **以塞諫諍之路**하니 **臣竊爲陛下惜之**[16)]하노이다

---

12) 《資治通鑑》 권224 〈唐紀40 代宗 中之上〉 大曆 원년(766) 2월 조에 보인다.

13) 顔眞卿 : 709~784. 唐代의 저명한 정치가이자 서법가로, 趙孟頫・柳公權・歐陽詢과 더불어 楷書 4대가로 불린다. 자는 淸臣이다. 지금의 陝西省 西安市인 京兆 萬年縣에서 태어났으며, 祖籍은 지금의 山東省 臨沂市인 琅邪 臨沂이다. 顔師古의 5世 종손이다. 734년에 進士에 합격하였으며 監察御史에 네 차례 임명되었다. 權臣 楊國忠에게 배척을 받아 平原太守로 좌천되어 '顔平原'으로도 불린다. 肅宗 때 어사대부를 역임하였으며 代宗 때 吏部尙書, 太子太師를 역임하고 魯郡公에 봉해져 顔魯公이라고도 불린다. 대종 大曆 12년(777) 8월 25일 甲辰日에 刑部尙書에 임명되었다. 德宗(742~805, 재위 779~805) 興元 원년(784)에 재상 盧杞의 계략에 걸려 德宗의 명을 받고 반란군 李希烈에게 갔다가 피살되었다.

14) 諫 : 대전본・사고본에는 '郎'으로 되어 있으며, 저본의 欄上에 "諫官唐本及顔眞卿本傳作郎官('諫官'은 중국본 《대학연의》와 안진경 본전에는 '郎官'으로 되어 있다.)" 13자가 筆書되어 있다. 《資治通鑑》, 《新唐書》 권153 〈段顔列傳 顔眞卿〉, 《舊唐書》 권128 〈顔眞卿列傳〉에 모두 '郎'으로 되어 있으며, 규장각 소장(奎中 2737) 《대학연의》에도 '郎'으로 되어 있다.

15) 爲諫……患群 : 대전본에는 이 30자가 雙行小字로 되어 있다.

顔眞卿

刑部尙書 顔眞卿이 상소하여 다음과 같이 말하였다.

"諫官과 御史는 폐하의 귀와 눈입니다. 그런데 지금 일을 논하는 자들로 하여금 먼저 재상에게 고하도록 하시니, 이것은 스스로 폐하의 귀와 눈을 가리는 것입니다. 폐하께서 신하들이 讒言을 할까 걱정되신다면 어찌하여 그 말의 虛實을 자세히 살피지 않으십니까. 만약 그들의 말이 과연 거짓이라면 주벌해야 할 것이고, 과연 사실이라면 상을 내려야 할 것입니다. 그런데 이렇게 하는 것은 힘쓰시지 않고 천하 사람들로 하여금 폐하께서 보고를 받고 문서를 처리하는 번거로움을 싫어하신다고 생각하게 하여 이를 구실로 말을 만들어 諫諍하는 길을 막을 것이니, 신은 삼가 폐하를 위하여 이를 애석하게 여깁니다.

太宗이 著司門式[17]曰 其無門籍[18]人有急奏者를 皆令門司[19]與仗家[20]로 引

16) 諫官……惜之 : 《顔魯公文集》 권1 〈論百官論事疏〉에 보인다.

17) 司門式 : '式'은 唐式의 한 篇으로, 官府 기구의 각종 章程·細則이다. 일을 처리할 때의 수칙과 절차를 규정하였다. 위법 행위에 대한 징벌 조문인 律, 제도와 規章의 규정인 令, 간사한 짓을 막는 禁令으로, 律에 대한 보충과 變例인 格과 함께 唐나라 때 네 가지 법규 중의 하나이다. 唐 太宗 때의 《貞觀式》은 모두 33편, 20권으로 이루어져 있다. 尙書省의 24司 및 秘書·太常·司農·光祿·太僕·太府·少府·監門宿衛·計帳으로 편명을 삼고 있다. '司門式'은 좌우 監門衛의 행정조례이다. 주로 궁문을 출입할 때의 수칙과 수속에 관한 규정으로, 좌우 감문위 대장군이나 장군, 그 속료들이 집행하였다.

18) 門籍 : 관작과 성명 등을 적어 궁궐 문 앞에 매달아놓았던 명패이다. 애초에는 대나무에 적었던 것을 나중에는 簿冊에 기록하여 여기에 기록된 자만이 궁을 출입할 수 있도록 하였다. 당나라 제도에 9품 이상의 관원은 관작과 성명을 적었고, 9품 이하는 역할, 나이, 생김새까지 적었으며, 門司가 대장군에게 보고하여 검열한 뒤에야 통행할 수 있었다.

19) 門司 : 문을 지키는 하급 관리를 이른다. 안진경의 〈論百官論事疏〉에는 이 앞에 '監'이 더 있다.

20) 仗家 : 당나라 때 內廊이나 閤門 밖에서 宿衛하는 경호원을 이른다. 천자의 衙衛를 5仗으로 나누어, 供奉仗은 左·右衛가, 親仗은 親衛가, 勳仗은 勳衛가, 翊仗은 翊衛가, 散手仗은 親衛·勳衛·翊衛가 담당하였는데, 일반적으로 조회 때에는 3衛가 번을 들었다. '衙內五衛'라고 불렀다. 《新唐書 卷23上 儀衛志上》

奏하여 **無得關礙**하라하시니 **所以防壅蔽也**러니 **天寶以後**에 **李林甫**가 **爲相**하여 **深疾言者**하니 **道路**가 **以目**하여 **上意**가 **不下逮**하고 **下情**이 **不上達**하여 **蒙蔽喑**(암)**嗚**[21]하여 **卒成幸蜀之禍**[22]하여 **陵夷至于今日**하니 **其所從來者**가 **漸矣**니이다

太宗께서 〈司門式〉을 編定하고 말씀하시기를 '門籍에 들어 있지 않은 사람으로 급히 상주할 자가 있으면 모두 門司와 仗家로 하여금 아뢰어 引見시킴으로써 가로막히는 일이 없도록 하라.'라고 하셨으니, 사람들의 말을 막거나 덮는 것을 방지한 것이었습니다. 그런데 天寶(742~756) 연간 이후로 李林甫가 재상이 되어 간언하는 사람들을 매우 미워하자, 길 가는 사람들은 서로 눈짓만 할 뿐 〈말을 하지 못하여〉 위의 뜻이 아래로 미치지 못하고 아래의 실정이 위로 통하지 못하게 되었습니다. 그리하여 백성들의 눈물과 탄식을 덮고 가려 끝내는 玄宗께서 蜀으로 播遷하는 화를 빚어내는 결과를 초래함으로써 침체되어 오늘날에까지 이르렀으니, 이것은 오랜 기간 누적된 결과입니다.

明皇幸蜀圖

21) 喑嗚 : 胡三省의 주석에 따르면 '喑'은 '소리 없이 눈물을 흘리는 것〔啼泣無聲〕'을 이르며, '嗚'는 '탄식하고 슬퍼하는 것〔歎傷〕'을 이른다.

22) 幸蜀之禍 : 755년 11월에 安史의 난이 일어나 이듬해 6월에 長安으로 진격해오자 唐 玄宗(685~762, 재위 712~756)이 서쪽으로 파천한 것을 이른다.

夫人主가 大開不諱之路라도 群臣이 猶莫盡言이어든 況令宰相大臣으로 裁而抑之則陛下所聞見者가 不過三數人耳라 天下之士가 從此鉗(겸)口結舌하리니 陛下가 見無復(부)言者하시고 以爲天下에 無事可論이라하시면 是는 林甫가 復(부)起於今日也니이다 昔에 林甫가 雖擅權하나 群臣이 有不諮宰相輒奏事者를 則託以它事하여 陰中傷之하고 猶不敢明令百[23]司奏事에 皆先白宰相也하니 陛下가 儻不早悟하시면 漸成孤立하시리이다 載가 聞而恨之러니 奏眞卿이 誹謗이라하여 貶峽州別駕[24]하다

무릇 군주가 直諫하는 길을 크게 열어놓더라도 신하들은 오히려 말을 다하지 못하는데, 더구나 재상과 대신으로 하여금 재단하여 억제하도록 한다면, 폐하께서 듣거나 보는 자는 불과 몇몇 사람일 뿐이기 때문에 천하의 선비들이 이때부터 입을 닫고 말을 하지 않게 될 것입니다. 폐하께서 더 이상 간언하는 자들이 없는 것을 보시고 천하에 논의할 만한 일이 없다고 생각하신다면, 이것은 이임보가 오늘날 다시 나온 것입니다.

옛날에 이임보는 비록 권력을 전횡하기는 했으나 신하들 중에 재상에게 묻지 않고 곧바로 일을 상주하는 자들을 다른 일로 가탁하여 남몰래 해쳤습니다. 그리고 오히려 백관들에게 일을 上奏할 때에는 모두 먼저 재상에게 고하라고는 드러내놓고 감히 하지 못했습니다. 폐하께서 만일 일찌감치 이를 깨닫지 못하신다면 점점 고립되실 것입니다."

元載가 이 말을 듣고 원한을 가졌는데, 안진경이 비방한다고 상주하여 안진경이 峽州別駕로 좌천되도록 하였다.

20-2-나(按)

臣은 按 元載之杜塞人言이 亦林甫故智也니 顔眞卿之論이 可謂盡其情狀矣로소이다 後之顓[25]政諱言者가 往往習爲蒙蔽하여 雖言官論事나 必令以稾[26]草先白하여 有去

---

23) 百 : 사고본에는 '有'로 되어 있다.

24) 貶峽州別駕 : 代宗 大曆 원년(766) 2월 9일 乙未日의 일이다. '別駕'는 사고본에는 '司馬'로 되어 있다.

25) 顓 : 사고본에는 '專'으로 되어 있다.

焉・有取焉하니 是又祖元載之故智也라 惟其姦慝之相師라 是以危亂之相尋하니 嗚呼悲夫로소이다

【臣按】 元載가 사람들의 말을 막은 것은 또한 李林甫가 써먹었던 수법이었으니 顔眞卿의 논의는 그 정상을 다 논하였다고 말할 수 있습니다. 후세에 정권을 전횡하고 간언을 꺼렸던 자들이 종종 익히 배워서 가리고 덮어, 言官이 時政을 비평할 때에도 반드시 草稿를 먼저 고하도록 하여 이 중에서 버리기도 하고 취해 쓰기도 하였으니, 이것은 또 원재가 써먹었던 수법을 祖述한 것입니다. 오직 그 간사한 자들이 서로 본받았기 때문에 위태롭고 어지러운 정국이 계속 이어졌으니, 아, 슬픕니다!

20-3-가[27]

元載가 弄權舞智하여 政以賄成하여 僭侈無度[28]라 上이 戒之不悛[29]이러니 會有告載가 圖爲不軌者어늘 上이 命收載하여 賜自盡하고 有司가 籍其家하니 胡椒(초)가 八百石[30]이요 它物이 稱是[31]러라

---

26) 槀 : 대전본에는 '藁'로 되어 있다.

27) 《資治通鑑》 권224 〈唐紀40 代宗 中之上〉 大曆 5년(770) 3월・11월, 권224 〈唐紀41 代宗 中之下〉 大曆 12년(777) 3월 조에 보인다.

28) 元載……無度 : 《자치통감》 代宗 大曆 5년(770) 3월 조에 보인다.

29) 上戒之不悛 : 《자치통감》 대종 대력 5년(770) 11월 조에 보인다. 대종은 元載가 한 짓을 모두 알았지만 그가 정무를 본 것이 오래되었기 때문에 有終의 美를 거두게 하고자 원재를 단독으로 만났을 때 단단히 주의를 주었다. 그러나 원재가 여전히 고치지 않자 이때부터 조금씩 미워하기 시작하였다고 한다.

30) 胡椒八百石 : 후추는 두 가지 용도가 있다. 첫째는 藥材로 사용하는 것으로, 《本草》에 따르면 위를 부드럽게 하고 구토를 멈추며 가래를 제거하고 독을 해소하는 등의 작용을 한다. 둘째는 조미료로 사용하는 것이다. 중국에서는 明代 이후 남방에서 재배를 시작하였으며, 唐代에는 전량을 西域에서 수입하여 매우 진귀한 것이었다. 당나라 段成式의 《酉陽雜俎》에 "후추는 인도 남부의 마가타국에서 나오는데, 미리지라고 부른다.〔胡椒 出摩伽陀國 呼爲昧履支〕"라는 기록이 있다. 唐 高祖 武德 원년(618)의 저울추를 기준으로 보면 당나라 때 1石의 무게는 79,320g이었으니, 800석은 63,456kg으로 64톤에 가까운 양이다. 《李國文, 胡椒八百石, 人民文學 11期, 2005》

31) 會有……稱是 : 《자치통감》 대종 대력 12년(777) 3월 조에 보인다.

元載가 권력을 농단하고 술수를 부려서 정사를 뇌물에 따라 처리하여 분수를 넘어 사치하기를 끝도 없이 하였다. 代宗이 주의를 주었지만 원재는 이를 고치지 않았는데, 마침 원재가 반역을 도모한다고 고하는 자가 있자 대종은 명을 내려 원재를 체포하도록 하여 원재에게 자진하도록 하였다. 담당 관리가 원재의 가산을 적몰하였는데, 후추가 800섬이었고 다른 물건들도 모두 이 정도였다.

20-3-나(按)

臣은 按 忠臣은 必廉而廉者가 必忠하고 姦臣은 必貪而貪者가 必姦이라 故諸葛亮이 盡忠於蜀而成都에 止有桑八百株[32)]하고 元載가 爲姦於唐而胡椒가 至八百石하니 人主가 以是觀之하시면 可以識忠臣・姦臣之分矣리이다

【臣按】 충신은 반드시 청렴하고 청렴한 자는 반드시 충성스러우며, 간신은 반드시 탐욕스럽고 탐욕스러운 자는 반드시 간사합니다. 그러므로 諸葛亮은 蜀나라 때 충성을 다한 사람이었는데 成都에 뽕나무 800그루만이 있었고, 元載는 唐나라 때 간사한 짓을 한 사람이었는데 후추가 800섬씩이나 되었던 것입니다. 군주가 이것을 본다면 충신과 간신의 구분을 알 수 있을 것입니다.

20-4-가[33)]

順宗[34)]이 爲太子에 翰林待詔[35)]王伾(비)[36)]는 善書하고 王叔文[37)]은 善碁[38)]라 俱

---

32) 成都……百株 : 삼국시대 蜀나라의 諸葛亮(181~234)이 蜀 後主 劉禪(207~271)에게 보낸 표문 가운데 "신은 성도에 뽕나무 800그루와 척박한 토지 15경이 있으니, 신의 자제가 입고 먹는 데 본래 넉넉합니다. 신의 경우는 밖에서 직임을 맡아 별다른 지출이 없고 신이 입고 먹는 것을 모두 관에서 충당하기 때문에 신은 별도로 생업을 강구하여 한 자 한 치도 더 불리지 않았습니다. 신은 죽는 날까지 안으로는 남은 비단이 없게 하고 밖으로는 남은 재물이 없게 하여 폐하의 은총을 저버리지 않도록 할 것입니다.〔成都有桑八百株 薄田十五頃 子弟衣食自有餘饒 至於臣在外任 無別調度 隨身衣食 悉仰於官 臣不別治生以長尺寸 若臣死之日 不使內有餘帛 外有贏財 以負陛下〕"라는 내용이 보인다. 《三國志 卷35 蜀志5 諸葛亮傳》

33) 《資治通鑑》 권236 〈唐紀52 德宗11〉 貞元 19년(803) 6월, 〈唐紀52 順宗〉 永貞 원년(805) 1월・2월 조에 보인다.

34) 順宗 : 761~806. 재위 805.1~805.8. 당나라 武則天을 포함하면 제11대 임금이다. 휘는 誦이며 시호는 至德大聖大安孝皇帝이다. 제10대 임금 德宗 李适(742~805, 재위 779~805)

出入東宮하여 **娛侍太子**러니 **叔文**이 **譎詭多計**하여 **自言讀書知治道**라하니 **遂大愛幸**하여 **與王伾**로 **相依附**러라

順宗이 태자였을 때 翰林待詔 王伾는 글씨를 잘 쓰고 王叔文은 바둑을 잘 두어서 모두 동궁에 드나들며 태자를 모시고 즐겁게 하였다. 왕숙문이 속임수에 능하고 꾀가 많아 스스로 말하기를 책을 읽어 나라를 다스리는 방도를 안다고 하자, 순종은 마침내 그를 매우 총애하였다. 그리하여 왕숙문은 왕비와 서로 의지하였다.

帝가 **卽位有疾**[39]하사 **常深居施簾帷**하시고 **獨宦官李忠言·昭容牛氏**가 **侍左**

의 장자로, 779년에 태자에 책립되어 805년에 덕종이 세상을 떠날 때까지 25년 동안 태자로 있었다. 즉위한 지 8개월 만인 805년 8월에 태자 李純(778~820)에게 선위하고 자신은 태상황이 되었다.

35) 翰林待詔 : 唐 玄宗(685~762, 재위 712~756) 초기에 설치한 관직명으로, 表文이나 상소에 대한 비답과 文詞의 일을 관장하였다. '翰林'은 翰林院이라는 관서의 이름으로, 文翰의 숲이라는 뜻이다. 당나라 開元(713~741) 초에 內廷에 처음 설치하여 각종 예능과 기술을 내정에 供奉하는 곳으로 삼았으며, 이런 직책을 맡은 사람을 '待詔'라고 불렀다.

36) 王伾 : 생몰년은 자세하지 않다. 당나라 德宗·順宗 때의 관리로, 지금의 절강성 杭州 사람이다. 덕종 말년에 翰林待詔로 동궁에 출입하여 태자, 즉 훗날의 順宗의 신임을 얻었다. 순종이 즉위한 뒤 左散騎常侍에 임명되었다. 王叔文의 개혁 정치를 지지하고 궁궐에 출입하면서 환관 李忠言과 교유하였다. 憲宗(778~820, 재위 805~820)이 즉위한 뒤 왕숙문의 개혁 실패와 함께 지금의 사천성 開縣인 開州의 司馬로 좌천되어 그곳에서 病死하였다. 《舊唐書》 권135와 《新唐書》 권168에 列傳이 있다.

37) 王叔文 : 753~806. 당나라의 정치가로 지금의 절강성 紹興인 越州 山陰縣 사람이다. 바둑을 잘 두었으며, 唐 德宗 때 태자, 즉 훗날의 順宗의 侍讀이 되어 늘 백성들의 疾苦를 말하여 총애를 받았다. 태자, 즉 順宗이 즉위한 뒤 翰林待詔 兼度支使鹽鐵轉運使에 임명되어 王伾·劉禹錫·柳宗元 등과 함께 정치개혁을 추진하였다. 황제를 위하여 사냥용 매와 개를 기르던 五坊과 환관이 장악한 宮市를 혁파하여 '시장에서 환호하고〔市裏歡呼〕' '민심이 크게 기뻐하였다〔人情大悅〕'고 한다. 이를 '永貞革新'이라고 한다. 805년 憲宗이 즉위한 뒤 渝州司戶參軍으로 좌천되었다가 이듬해 賜死되었다. 개혁을 함께 추진했던 王伾 역시 開州司馬로 좌천되어 얼마 뒤 病死하고 韓泰·陳諫·柳宗元·劉禹錫·韓曄·淩准·程異·韋執誼 등 8명도 변방의 州司馬로 좌천되어 史書에서는 이들을 '二王八司馬'로 칭한다.

38) 碁 : 대전본·사고본에는 '棊'로 되어 있다.

右하여 百官奏事를 自帷中可其[40]奏[41]러니 以伾爲左散騎常侍하고 王叔文爲起居舍人[42]하니 大抵計事에 叔文은 依伾하고 伾는 依李忠言하고 忠言은 依牛昭容하여 轉相交結이라

順宗은 즉위한 뒤에 병이 있어 늘 궁궐 깊숙이 거처하며 발이나 휘장을 드리우고 오직 환관 李忠言과 昭容 牛氏만이 좌우에서 시봉하여 백관이 上奏한 일을 휘장 안에서 그 상주를 재가하였다. 순종이 王伾를 左散騎常侍에 임명하고 王叔文을 起居舍人에 임명하니, 대체로 일을 계획할 때 왕숙문은 왕비를 따르고 왕비는 이충언을 따랐으며 이충언은 우소용을 따라서 돌아가며 서로 결탁하였다.

每事를 先下翰林하여 使叔文可否然後에 宣於中書어든 韋執誼[43]가 承而行之①하고 外黨則韓泰・柳宗元・劉禹錫等이 主采聽外事하여 謀議唱和하여 日夜에 汲汲如狂하여 互相推奬하여 曰伊・曰周・曰管・曰葛이라하고 僴(한)然自得하여 謂天下無人이라하여 榮辱進退가 生於造次하여 惟其所欲이요 不拘程式하니 士大夫가 畏之하고 道路가 以目하더라

① 韋執誼承而行之 : 執誼以黨伾等得宰相.
韋執誼는 王伾 등과 붕당을 지음으로써 재상이 되었다.

順宗이 매사를 먼저 翰林院에 내려 王叔文으로 하여금 可否를 결정하게 한 후에 中書省에 선포하면 韋執誼가 이를 받들어 행하였다. 그리고 外廷의 黨與로는 韓泰・柳宗元・劉禹錫 등이 주도적으로 조정의 일에 관한 정보를 수집하여 함께 모의하고 맞장구치며 밤낮으로 미친 사람처럼 다급히 서둘렀다. 서로 추켜세우고

39) 有疾 : 《자치통감》에 따르면 이때 順宗은 병으로 인해 목소리가 나오지 않았다고 한다.
40) 可其 : 대전본에는 2자가 雙行小字로 되어 있다.
41) 帝卽……其奏 : 《자치통감》에는 順宗 永貞 원년(805) 1월 조에 보인다.
42) 以伾……舍人 : 順宗 永貞 원년 2월 22일 壬戌日의 일이다.
43) 韋執誼 : 생몰년은 자세하지 않다. 당나라의 재상으로, 지금의 陝西省 西安인 京兆 사람이다. 초창기에 右拾遺, 翰林學士, 南宮郎, 吏部郎中 등을 역임하였다. 順宗 때 王叔文과 교분을 맺어 왕숙문의 추천으로 재상이 되어 尙書右丞・同平章事, 中書侍郎・同平章事를 역임하였다. 왕숙문을 도와 永貞革新을 추진하였으나 憲宗이 즉위한 뒤 왕숙문이 실각하면서 위집의 역시 崖州司馬로 좌천되었다. '영정혁신'은 위 '王叔文' 주석 참조.

칭찬하여 '伊尹이네', '周公이네', '管仲이네', '諸葛亮이네'라고 칭하여 뻐기고 의기양양해하며 천하에 인재가 없다고 말하였다. 그리하여 褒貶과 黜陟이 순간의 결정에서 나와 오직 그들이 하고 싶은 대로 하고 규정에 구애받지 않으니, 사대부들이 두려워하고 길 가는 사람들은 눈짓만 할 뿐 〈말을 하지 못하였다.〉

20-4-나(按)

臣은 按 伾·文이 居中用事하여 內則有宦官·宮妾이 爲之表裏하고 外則有士大夫之好進者가 爲之謀議하니 此其所以能專制朝權也어니와 然推其本則由順宗이 深居簾帷하여 不與群臣接이라 故此輩가 得以售其姦하니 故爲人君者가 必體明出地上[44]之象하여 赫然臨下則魑魅(이매)罔兩이 影滅跡[45]絶矣리이다

【臣按】 王伾와 王叔文이 궁궐 안에서 권력을 전횡하여, 안으로는 환관과 宮妾이 그들을 위해 表裏가 되고 밖으로는 사대부 중에 출세를 좋아하는 자가 그들을 위해 모의를 하였으니, 이것이 바로 조정의 권력을 마음대로 좌지우지할 수 있었던 이유입니다. 그러나 그 근본 원인을 미루어보면, 順宗이 깊은 궁궐에 거하여 발이나 휘장을 드리우고 신하들과 만나지 않았기 때문에 이 무리가 그 간사함을 쓸 수 있었던 것입니다.

그러므로 군주가 된 자는 반드시 밝음이 지상에 나오는 象을 체행하여 빛나게 아랫사람들에게 임해야 할 것이니, 이렇게 하면 온갖 도깨비같이 〈간사한〉 자들은 그림자가 사라지고 자취가 끊어질 것입니다.

20-5-가[46]

盧杞[47]는 開元宰相懷愼[48]의 孫也①라 貌醜色如藍하고 有口辯하니 德宗[49]이 悅

44) 明出地上 : 《주역》 〈晉卦 彖傳〉에 "晉은 나아감이니, 밝음이 지상에 나와 순히 하여 大明에 붙고 柔가 나아가 위로 행한다.〔晉進也 明出地上 順而麗乎大明 柔進而上行〕"라는 내용이 보인다.

45) 跡 : 대전본에는 '迹'으로 되어 있다.

46) 《資治通鑑》 권226 〈唐紀42 德宗1〉 建中 2년(781) 2월 조에 보인다.

47) 盧杞 : ?~약 785. 당나라의 대신으로, 자는 子良이다. 玄宗 때의 侍中 盧懷愼(?~716)의 손자이다. 지금의 하남성 安陽市 滑縣 서남쪽에 있었던 滑州 靈昌 사람이다. 음관으로 忠州

之하사 擢爲御史大夫하시다 郭子儀[50)]가 每見賓客에 姬妾이 不離側이러니 杞가 嘗往問疾할새 子儀가 悉屛侍妾이어늘 或이 問其故한대 子儀가 曰 杞가 貌陋而 心險하니 婦人輩가 見之必笑하리니 它日에 杞가 得志하면 吾家가 無類矣라하더라

① 盧杞……孫也 : 懷愼[51)]淸儉, 稱賢相.

盧懷愼은 청렴하고 검소하여 어진 재상으로 일컬어졌다.

刺史, 虢州刺史를 역임하고 德宗 초기에 御史中丞, 御史大夫, 門下侍郞, 同中書門下平章事 등을 역임하였다. 음험하고 교활하여 재상으로 있는 동안 賢者를 시기하여 楊炎·顔眞卿 등을 해치고 杜佑와 재상 張鎰 등을 배척하였다. 또한 주택의 칸 수와 등급에 따라 징수하는 間架稅, 시장에서 거래하거나 비용으로 주고받은 재화에 징수하는 除陌稅 등을 거두어 원성이 자자하였다. 朔方節度使 李懷光의 탄핵을 받고 新州司馬로 좌천되었다가 다시 澧州別駕로 좌천되어 그곳에서 죽었다.

48) 懷愼 : '愼'이 대전본에는 '謹'으로 되어 있으나, 南宋 孝宗 趙眘(조신)을 피휘한 것이다. 盧懷愼(?~716)은 滑州 靈昌 사람이다. 젊어서 청렴하고 근실하여 進士에 천거되고 監察御使를 역임하였다. 中宗 景龍(707~710) 연간에 右御史臺中丞이 되고, 黃門侍郞에 올랐다. 玄宗 開元 원년(713)에 同中書門下平章事가 되고, 얼마 뒤에 黃門監이 되었다. 청렴하고 검소하여 영리를 꾀하지 않았으며, 사용하는 기물이나 복식을 金玉으로 장식하지 않았다. 나라에서 받은 녹봉은 모두 수시로 나누어주어 집안에 여분의 비축이 없어서 처자식이 궁핍하게 살 정도였다. 시호는 文成이다.

49) 德宗 : 742~805, 재위 779~805. 당나라 제9대 임금으로 휘는 适이다. 제8대 임금 代宗 李豫의 장자이다. 시호는 神武孝文皇帝이다. 대종 廣德 2년(764)에 황태자에 책립되었다. 즉위한 초기에는 환관의 정사 간여를 엄금하고 楊炎(727~781)을 재상으로 임명하며 租庸調 제도를 혁파하고 여름과 가을 두 계절에 세금을 나누어 받는 兩稅法을 만들어 중흥의 기상이 있었으나 뒤에 盧杞 등을 등용하면서 정사가 어지러워졌다. 783년에 涇原兵變이 일어나 奉天으로 피하였다가 이듬해 난이 평정된 뒤 長安으로 돌아왔다. 이 과정에서 많은 문무백관들의 배신과 환관의 충성스러운 호종을 겪게 되자 이후 환관을 중용하게 되었다. '涇原兵變'은 20-11-가 '涇師亂' 주석 참조.

50) 郭子儀 : 697~781. 당나라 때의 정치가이자 武將이다. 당시 郭汾陽 또는 郭令公이라고도 하였다. 지금의 섬서성 華縣인 華州 鄭縣 사람이다. 무과에 급제한 뒤 처음에는 중용되지 않았으나 玄宗 때 安史의 난이 발생하자 朔方節度使에 임명되어 河北·河東 등지를 수복한 공으로 兵部尙書·同中書門下平章事에 임명되고, 肅宗이 즉위한 뒤에는 長安과 洛陽을 수복한 공으로 中書令에 임명되고 汾陽郡公에 봉해졌다. 德宗이 즉위한 뒤 尙父로 불리고 太尉·中書令에 임명되었다. 사후에 太師에 추증되었다. 시호는 忠武이다.

51) 愼 : 대전본에는 '謹'으로 되어 있으나, 南宋 孝宗 趙眘(조신)을 피휘한 것이다.

郭子儀

盧杞는 開元(713~741) 연간의 재상 盧懷愼의 손자이다. 얼굴이 못생기고 낯빛이 푸른빛을 띠었으며 말재주가 있었다. 德宗이 좋아하여 그를 발탁하여 御史大夫로 삼았다.

郭子儀가 빈객을 접견할 때마다 姬妾이 그 곁을 떠나지 않았는데, 노기가 언젠가 문병하러 갔을 때에는 곽자의가 시중들던 첩들을 모두 물러가게 하였다. 어떤 사람이 그 이유를 묻자 곽자의가 대답하였다.

"노기는 얼굴이 못생기고 마음이 음험하다. 부녀자들이 그를 보고 반드시 웃을 것이니, 훗날 노기가 출세하면 우리 집안은 살아남을 자가 없을 것이다."

尋擢門下侍郎·同平章事[52]하니 **杞**가 **蕞**(최)[53]**陋無文學**이라 **楊炎**[54]이 **與同在相位輕之**하여 **多託疾不與會食**[55]하니 **杞**가 **亦恨之**하더라 **杞**가 **陰狡**하여 **欲起勢立威**하여 **小不附者**를 **必欲寘之死地**하고 **引太常博士**[56]**裴延齡**[57]하여 **爲集賢殿**

52) 尋擢……章事 : 唐 德宗 建中 2년(781) 2월 16일 乙巳日의 일이다.

53) 蕞 : 사고본에는 '鄙'로 되어 있다.

54) 楊炎 : 727~781. 唐 德宗 때의 대신이다. 자는 公南이며 별호는 小楊山人이다. 지금의 섬서성 鳳翔縣인 鳳翔府 天興 사람이다. 덕종 때 재상 崔祐甫(721~780)의 추천으로 門下侍郎·同中書門下平章事에 임명되었다. 元載와 붕당을 짓고 조그마한 원한에도 반드시 보복하였다. 劉晏(약 716~780)이 원재와 자신을 탄핵하자 유안을 무고하여 죽였다. 盧杞(?~약 785)가 재상이 된 뒤 그와 사이가 벌어져 崖州司馬로 좌천되었는데, 애주에 도착하기 전에 목이 졸려 죽었다. 시호는 平厲이다.

55) 會食 : 당나라 제도에 재상들이 공무를 처리할 때 門下省에 설치된 政事堂에 모여 매일 함께 식사를 하는 것이 관례였다. 《資治通鑑 卷245 唐紀61 文宗 大和9年 胡三省注》

56) 太常博士 : 관직명으로, 太常寺(태상시)의 속관이다. 조정의 禮儀에 관한 고문을 담당하였다.

57) 裴延齡 : 728~796. 唐 德宗 때의 재상이다. 지금의 섬서성 永濟市 서쪽의 河中 河東 사람이다. 肅宗 때 太常博士가 되었으며, 德宗 建中 2년(781)에 集賢殿直學士에 임명되었다. 덕종 貞元 8년(792)에 戶部侍郎·判度支로서 가혹하게 세금을 징수하였는데, 당시 재상이었

學士[58]하여 親任之러니 未幾에 譖炎罷政事[59]하다

盧杞는 얼마 뒤에 門下侍郎・同平章事에 발탁되었는데, 그가 왜소하고 못생긴 데다 학문적 소양이 없었기 때문에 楊炎이 그와 같은 반열의 재상이면서도 그를 무시하여 병을 핑계대고 노기와 함께 회식을 하지 않는 일이 많으니 노기가 또한 원한을 품었다.

노기는 음험하고 교활하여 자신의 세력을 키우고 위엄을 세우고자 조금이라도 자신에게 부화하지 않은 자를 반드시 死地에 밀어 넣고자 하였다. 그리고 太常博士 裴延齡을 끌어들여 集賢殿直學士로 삼아서 친히 대하고 신임을 하였는데, 얼마 지나지 않아 노기는 양염을 참소하여 政事에서 물러나게 하였다.

20-5-나(按)

臣은 按 姦邪之臣이 將盜有國柄인댄 必先引同己者爲之黨而去異己者하여 使不得沮吾事則威權이 悉出吾手矣니 盧杞之引延齡・罷楊炎이 蓋以此也니이다

【臣按】 간사한 신하가 나라의 權柄을 훔쳐서 가지고자 할 때에는 반드시 먼저 자신과 뜻을 같이하는 자들을 끌어들여서 당으로 만들고, 자신과 뜻을 달리하는 자들은 제거함으로써 자신의 일을 저지할 수 없게 합니다. 이렇게 되면 위세와 권

던 陸贄가 그에게 재무를 맡기는 것을 반대하자 반대로 육지를 축출하였다. 배연령이 죽은 뒤 사람들은 모두 안도하였으나 덕종만은 애도해마지 않았다.

58) 爲集賢殿學士 : 德宗 建中 2년(781) 2월의 일이다.

59) 譖炎罷政事 : 덕종 건중 2년(781) 7월 3일 庚申日의 일이다. 이 일이 있기 전 동년 6월 6일 계사일에 덕종은 淮西節度使였던 李希烈(?~786)을 漢南・漢北兵馬招討使로 임명하여 당시 襄州(지금의 호북성 襄陽)를 점거하고 반란을 일으킨 山南東道節度使 梁崇義를 토벌하도록 하였는데, 楊炎이 이를 반대하여, 이희열이 더없이 자신을 믿어주었던 양아버지 董秦(716~784)을 쫓아내고 회서절도사의 지위를 빼앗았으니, 공은 없이 불법만 저지른 豺狼과 같은 자가 양숭의의 반란을 평정할 수 없을 것이라고 강력하게 간언한 일이 있다. 덕종은 이를 따르지 않았는데, 이희열이 마침 장맛비로 인해 進軍하지 않자, 노기는 이희열이 진군하지 않은 것은 양염의 간언 때문이라고 참소하였다. 그리고 큰 공을 세우기 위해서는 잠시 양염의 재상 직위를 박탈하였다가 반란이 평정된 뒤에 다시 복직시킨다 해도 무방할 것이라고 하자, 덕종이 이를 옳게 여겨 양염을 左僕射로 삼고 정사에서 물러나게 한 것이다. '이희열'은 20-10-가1 '李希烈反' 주석 참조. 《資治通鑑 卷227 唐紀43 德宗 建中 2年》

력이 모두 자신의 손에서 나오게 되니, 盧杞가 裴延齡을 끌어들이고 楊炎을 파직시킨 것은 이 때문이었습니다.

20-6-가[60]

初에 **楊炎**이 **爲相**하여 **惡**(오)**京兆嚴郢**[61]하여 **左遷大理卿**[62]이러니 **盧杞**가 **欲陷炎**하여 **引郢爲御史大夫**하다 **先是**에 **炎**이 **將營家廟**할새 **有宅**이 **在東都**라 **憑河南尹趙惠伯**[63]하여 **賣之**어늘 **惠伯**이 **買以爲官廨**러니 **郢**이 **按之**하여 **以爲有羨利**라하여늘 **杞**가 **召大理正**[64]**田晉**하여 **議法**한대 **晉**이 **以爲律**에 **監臨官**이 **市買**에 **有羨利**어든 **以乞取論**[65]하나니 **當奪官**이라하여늘 **杞**가 **怒**하여 **貶晉衡州司馬**하고 **更召它吏議法**한대 **以爲監主**가 **自盜**어든 **罪當絞**라하더라

당초에 楊炎이 재상으로 있으면서 京兆尹 嚴郢을 미워하여 大理卿으로 좌천시켰는데, 盧杞가 양염을 함정에 빠트리고자 엄영을 끌어들여 御史大夫로 삼았다. 이에 앞서 양염이 家廟를 지으려고 하면서 집이 東都(洛陽)에 있었기 때문에 河南尹 趙惠伯에게 이를 팔게 하자 조혜백이 사서 관아의 건물로 삼았었다. 엄영이 이를 조사하여 양염이 차익을 남겼다고 하자, 노기가 大理正 田晉을 불러서 이 사안을 법에 따라 논하게 하였다. 전진이 "형률에 따르면 이를 감독하는

---

60) 《資治通鑑》 권227 〈唐紀43 德宗2〉 建中 2년(781) 9월 조에 보인다.

61) 嚴郢 : ?~783. 당나라 때의 대신이다. 자는 叔敖이며 지금의 섬서성 華陰市인 華州 華陰 사람이다. 代宗 때 감찰어사에 임명되었으며, 뒤이어 河南尹, 京兆尹을 역임하였다. 德宗 때 재상 楊炎의 미움을 받아 大理卿으로 좌천되었다가 盧杞에 의해 어사대부가 되었다. 뒤에 엄영의 재능을 시기한 노기에 의해 費州刺史로 쫓겨나 1년여 만에 그곳에서 죽었다. 열전이 《新唐書》 권145에 보인다.

62) 大理卿 : 관직명으로, 大理寺(대리시)의 장관이다. 刑獄을 주관하였다.

63) 趙惠伯 : ?~782. 지금의 秦州區인 天水 西縣 사람이다. 代宗 大曆 14년(779)에 河南尹이 되었다. 楊炎과 교분이 있었는데, 양염의 사택을 官의 돈으로 샀다고 하여 多田尉로 좌천되었다가 얼마 뒤에 피살되었다.

64) 大理正 : 大理寺의 장관인 大理卿의 속관으로, 정원은 2명이다. 刑獄을 담당하였다.

65) 監臨……取論 : 당나라 형률에 "관원이 관과 매매하여 이익을 남긴 경우에는 그 이익을 계산하여 감독하는 재물을 강제로 빼앗은 것으로 논한다.〔若賣買有賸利者 計利以乞取監臨財物論〕"라는 규정이 있다. 《通典 卷165 刑3 刑制下》

관원이 사고팔 때 차익을 남기는 일이 있으면 乞取(강제로 빼앗음)로 논하는 법이니, 그 죄는 奪官(관직을 박탈함)에 해당합니다."라고 하자, 노기가 노하여 전진을 衡州司馬로 좌천시켰다. 다시 다른 관리를 불러서 법에 따라 논하게 하자 "이를 감독하는 관원이 스스로 훔쳤으면 그 죄는 絞刑에 해당합니다."라고 하였다.

炎廟가 正直蕭嵩[66]廟地어늘 杞가 因譖炎曰 茲地에 有王氣라 玄宗이 令嵩徙之[67]러시니 炎이 有異志라 故於其地에 建廟라하여늘 炎을 貶崖州司馬하고 遣中使護送이러니 未至에 縊殺之[68]하고 惠伯을 貶多田尉[69]하여 亦殺之하다

楊炎의 家廟가 바로 蕭嵩의 家廟가 있었던 곳에 위치하자, 盧杞가 이를 이용해 양염을 참소하였다.

"이 땅에 王氣가 서려 있기 때문에 玄宗께서 소숭에게 가묘를 옮기도록 하셨는데, 양염이 다른 뜻이 있기 때문에 그곳에 가묘를 지은 것입니다."

양염을 崖州司馬로 좌천시키고 中使를 보내 호송하게 하였는데, 崖州에 이르기 전에 양염을 목 졸라 죽였다. 그리고 趙惠伯을 多田尉로 좌천시켜 조혜백 역시 죽였다.

---

66) 蕭嵩 : ?~749. 唐 玄宗 때의 재상으로, 자는 喬甫이며 호는 體竣이다. 祖籍은 南蘭陵이다. 梁 武帝(464~549, 재위 502~549)의 후손이자 後梁 明帝(542~585, 재위 562~585)의 玄孫이다. 현종 때 同中書門下三品, 兼中書令, 太子太師 등을 역임하였다. 徐國公에 봉해졌으며 開元 21년(733)에 재상에서 면직되었다. 뒤에 李林甫의 참소로 青州刺史로 좌천되었다가 얼마 뒤에 다시 태자태사에 임명되었다.

67) 玄宗令嵩徙之 : 소숭의 가묘는 지금의 西安市 동남쪽 曲江에 있었는데, 唐 玄宗이 이곳은 놀기에 좋은 곳이지 신령이 거할 곳이 아니라고 하여 옮기도록 명한 일이 있었다.《資治通鑑 卷227 唐紀43 德宗 建中 2年》

68) 炎貶……殺之 : 德宗 建中 2년(781) 10월 10일 乙未日의 일이다. 양염은 左僕射에서 崖州司馬로 좌천되었다가 애주에 도착하기 백 리 전에 목이 졸려 죽었다. 위 '譖炎罷政事' 주석 참조. 崖州의 治所는 지금의 海南省 海口 동남쪽에 있었으며, '司馬'는 州의 부관이다.

69) 多田尉 : 관직명으로, 多田縣의 縣尉이다. 다전현의 治所는 지금의 貴州省 思南縣 서쪽에 있었다.

20-6-나(按)

臣은 按 姦臣이 將盜國柄에 必以殺僇[70]立威하나니 杞가 惡(오)楊炎하여 旣譖殺之하고 趙惠伯은 何罪완대 亦殺之하니 蓋不如是면 無以張己之權而使士大夫로 慴服之也라 是時에 德宗이 在位未久而杞가 已得以私意로 殺大臣하니 異時失國奔播之禍[71]를 於此可占矣니이다

【臣按】 간신이 나라의 權柄을 훔치고자 할 때에는 반드시 무고한 사람을 죽이는 것으로 위엄을 세웁니다. 盧杞가 楊炎을 미워하여 이미 참소로 죽이고서 趙惠伯은 또 무슨 죄를 지었기에 마찬가지로 죽였으니, 이렇게 하지 않으면 자신의 권세를 키워서 사대부들로 하여금 두려워서 복종하게 할 방법이 없었기 때문입니다. 이때에는 德宗이 즉위한 지 오래되지 않았는데도 노기가 이미 사사로운 뜻으로 대신을 죽일 수 있었으니, 훗날 덕종이 國都를 잃고 달아나는 재앙을 여기에서 예견할 수 있습니다.

20-7-가[72]

上이 初卽位에 崔祐甫[73]가 爲相하여 務崇寬大라 故當時政聲이 藹然하여 以爲有貞觀之風[74]이러니 及杞爲相에 知上性多忌하고 因以疑似로 離間群臣하여 始

70) 殺僇 : 무고한 사람을 죽이는 것을 이른다. 《서경》 〈呂刑〉에 "苗民이 善을 써서 형벌을 제재하지 않고, 오직 다섯 가지 사나운 형벌을 만들고는 법이라고 하여 무고한 자들을 살육하였다.〔苗民弗用靈 制以刑 惟作五虐之刑曰法 殺戮無辜〕"라는 내용이 보인다.

71) 失國奔播之禍 : 唐 德宗 建中 4년(783)에 일어난 涇原兵變을 이른다. 20-11-가 '涇師亂' 주석 참조.

72) 《資治通鑑》 권227 〈唐紀43 德宗2〉 建中 3년(782) 4월 조에 보인다.

73) 崔祐甫 : 721~780. 당나라 때의 재상이다. 자는 貽孫이며, 지금의 섬서성 西安市인 京兆 長安 사람이다. 일찍부터 壽安縣尉, 起居舍人, 司勳員外郎, 御史中丞, 中書舍人 등을 역임하였다. 德宗이 즉위한 뒤 中書侍郞, 同平章事에 임명되었다. 病死하였으며, 사후에 太傅에 추증되었다. 시호는 文貞이다.

74) 貞觀之風 : '貞觀'은 唐 太宗 李世民(599~649, 재위 626~649)이 재위 기간 사용한 연호로, 貞觀之風은 貞觀之治를 가리킨다. 태종은 재위하는 동안 隋나라의 亡國의 교훈을 잊지 않고 인재를 등용하고 간언을 잘 받아들여 治世를 이루었다. 특히 인재를 등용할 때는 출신의 빈천을 묻지 않고 원한을 따지지 않았으며, 간언을 받아들일 때는 직간을 한 신하들에게 중한 상을 내림으로써 간언을 장려하였다. 또한 均田制와 府兵制를 시행하여 세금을 가

勸上以嚴刻御下하니 **中外失望**하더라

德宗이 갓 즉위했을 때에는 崔祐甫가 재상으로 있으면서 관대한 정사를 힘써 숭상하였기 때문에 당시 善政의 명성이 자자하여 貞觀의 風이 있다고 하였다. 盧杞가 재상이 되자, 노기는 덕종의 품성이 시기가 많다는 것을 알고 이를 이용해 혐의가 있다는 것으로 신하들을 이간질하였다. 그리하여 비로소 덕종에게 가혹한 방법으로 신하들을 다스리도록 권하자 조정 안팎에서 실망하였다.

20-7-나(按)

臣은 按 姦臣이 欲盜國柄에 必眂(시)人君意嚮而迎合之하나니 杞가 知德宗의 性多忌克[75]이라 故惑之以疑似而導[76]之以嚴刻하니 德宗이 喜其能合己意하사 於是에 信之篤·任之專而群臣이 莫能間矣하니이다

【臣按】 간신이 나라의 權柄을 훔치고자 할 때에는 군주의 의향을 보아 이에 영합합니다. 盧杞가 德宗의 품성이 시기심과 好勝之心이 많다는 것을 알았기 때문에 혐의가 있다는 것으로 현혹시키고 가혹한 방법으로 인도하였습니다. 덕종이 〈노기가〉 자신의 뜻에 잘 맞추는 것을 좋아하여 이에 노기를 돈독하게 믿고 정사를 전적으로 맡기자, 신하들이 이에 대해 끼어들 수 없었습니다.

20-8-가[77]

上이 **以幽州兵**이 **在鳳翔**[78]이라 **思得重臣**하여 **代朱泚**(자)[79]**鎭之**러시니 **杞**가 **忌張**

벼게 하고 無爲의 정치를 표방하였다.

75) 克 : 사고본에는 '刻'으로 되어 있다.

76) 導 : 사고본에는 '道'로 되어 있다.

77) 《資治通鑑》 권227 〈唐紀43 德宗2〉 建中 3년(782) 4월 조에 보인다.

78) 幽州兵在鳳翔 : 代宗 大曆 9년(774) 6월에 幽州盧龍節度使 朱泚가 아우 朱滔(746~785)를 보내 入朝하게 하고, 주자 자신 역시 防秋兵 5천 명을 데리고 들어가겠다고 하여 대종의 허락을 받았는데, 여기에서는 주자가 데리고 들어온 방추병이 鳳翔에 주둔하고 있었던 것을 말한다. '防秋兵'은 가을에 서북 유목 민족이 쳐들어오는 것을 막는 군대이다. '鳳翔'은 지금의 섬서성에 있었으며 옛날에 雍州로 불리던 곳이다.

79) 朱泚 : 742~784. 당나라 때의 將領이자 逆臣이다. 지금의 北京市 昌平 남쪽인 幽州 昌平

鎰(일)[80]이 忠直[①]하고 爲上所重하여 欲出之於外하고 己가 得專摠[81]朝政하여 乃對曰 朱泚가 名位素崇[82]하고 鳳翔將校가 班秩이 已高하니 非宰相信臣이면 無以鎭撫니 臣請自行하노이다 上이 俛首未言이러시니 杞가 又曰 陛下가 必以臣貌寢不爲三軍所伏인대 固惟陛下神算이니이다 上이 乃顧鎰曰 才兼文武하고 望重中外하니 無以易卿이로다 鎰이 知爲杞所排而無辭以免하여 因再拜受命이러니 鎰이 至鳳翔하여 未幾에 爲泚將李楚琳[83]의 所殺하다

사람이다. 幽州의 將領으로 盧龍節度使 李懷仙(?~768)과 朱希彩(?~772)를 앞뒤로 섬기다가 부하들에 의해 幽州盧龍節度使에 옹립되었다. 代宗 大曆 7년(772) 10월에 檢校左常侍·幽州盧龍節度使에 임명되었다. 대력 9년(774)에 주자는 중앙 정부와의 관계를 개선하기 위해 직접 長安에 가서 대종에게 入朝한 뒤 그대로 장안에 머물렀다. 德宗 建中 원년(780)에 涇州의 장수 劉文喜의 반란이 일어나자 涇原節度使에 임명되어 경주의 반란을 평정하였고, 이 공으로 中書令·太尉의 벼슬을 더 받았다. 건중 3년(782)에 아우인 范陽節度使 朱滔가 반란을 일으키자 병권을 잃고 연금되었는데, 이듬해(783) 涇原兵變이 일어나자 경원의 군사들에 의해 황제로 옹립되어 국호를 秦, 연호를 應天으로 정하였다. 덕종 興元 원년(784) 정월에 다시 국호를 漢, 연호를 天皇으로 고쳤다. 얼마 뒤에 李晟이 長安을 수복하자 지금의 감숙성에 있던 涇州로 달아났으나 涇原節度使 田希鑑이 문을 닫고 받아주지 않아 부득이 계속 서쪽으로 달아나다가 중간에 部將에게 살해되었다. '涇原兵變'은 20-5-가 '德宗' 주석, 20-11-가 '涇師亂' 주석 참조.

80) 張鎰 : ?~783. 당나라의 경학가이다. 자는 季權 또는 公道이며, 蘇州 사람이다. 玄宗 때 朔方節度使였던 아버지로 인해 蔭職으로 출사하여 左衛兵曹參軍, 殿中侍御史 등을 역임하였다. 代宗 때 江西·河中觀察使를 거쳐 德宗 建中 2년(781) 7월 3일 庚申日에 中書侍郎·同中書門下平章事에 임명되었다. 盧杞의 시기를 받아 건중 3년(782) 4월 26일 戊寅日에 鳳翔尹·隴右節度使에 임명되었으며, 건중 4년(783) 10월에 李楚琳의 반란군에게 피살되었다. 저서에 《三禮圖》, 《五經微旨》, 《孟子音義》 등이 있다.

81) 摠 : 사고본에는 '總'으로 되어 있다.

82) 朱泚名位素崇 : 朱泚가 代宗 大曆 7년(772) 10월에 檢校左常侍·幽州盧龍節度使에 임명되고, 德宗 建中 원년(780)에 涇原節度使로서 中書令·太尉의 벼슬을 더 받은 것을 이른다.

83) 李楚琳 : 朱泚의 手下로 주자의 신임을 받았다. 德宗 建中 4년(783)에 주자가 반란을 일으키자, 鳳翔節度使 張鎰이 이초림을 제거할 생각으로 그를 隴州(지금의 섬서성 隴縣)에 주둔하도록 보냈으나, 이초림은 도리어 반란을 일으켜서 달아나는 장일을 살해하고 주자에게 귀의하였다. 뒤에 주자가 패배하자 다시 조정에 귀의하여 봉상절도사에 임명되었다. 덕종 興元 원년(784)에 來朝하여 金吾大將軍에 임명되고, 뒤에 僕射로 衛尉卿을 겸하였다.

① 杞忌張鎰忠直 : 鎰, 同爲相者.
張鎰은 盧杞와 함께 재상이 된 사람이다.

德宗은 幽州의 군대가 鳳翔에 있다고 하여 重臣을 구해 朱泚를 대신하여 안정시키도록 할 것을 생각하였다. 盧杞는 張鎰이 충직하고 덕종에게 중한 대우를 받는 것을 시기하여 그를 지방으로 내보내고 자신이 조정의 정사를 혼자서 총괄할 수 있기를 바라서 이에 다음과 같이 대답하였다.

"주자는 명성과 지위가 본래 높은 데다 봉상의 장교도 官階가 이미 높으니, 재상으로 믿을 만한 신하가 아니면 이들을 안정시키고 어루만질 수 없을 것입니다. 신이 직접 가겠습니다."

덕종이 고개를 숙이고 〈생각에 잠긴 채〉 말을 하지 않았다. 노기가 또 말하였다.

"폐하께서 반드시 신이 못생기고 키가 작아 三軍에게 복종을 받을 수 없다고 여기신다면 참으로 폐하의 묘책을 따를 뿐입니다."

덕종이 이에 장일을 돌아보고 말하였다.

"경은 文武의 재능을 겸비하고 명망이 조정 안팎에 무거우니, 경을 대신할 사람이 없도다."

장일은 노기에게 배척되었다는 것을 알았지만 이를 피할 말이 없어 그대로 재배하고 명을 받았다. 장일은 봉상에 이른 뒤 얼마 지나지 않아 주자의 將領 李楚琳에게 살해되었다.

20-8-나(按)

臣은 按 姦臣이 顓[84]國에 必先以術로 去同列之異意者라 故杞가 先逐楊炎하고 繼黜張鎰하니 炎은 不足道也어니와 鎰은 暴忠王室하여 魁然有宰相器하니 杞가 以其爲帝[85]所親愛라 思所以間之러니 會隴(농)右[86]用兵이어늘 即自請行하여 德宗이 不可然後에 薦鎰하니 夫所以先自請行者는 欲以嘗帝意也라 儻德宗이 即從其請則其術이 窮矣라 然杞가 揣帝以其貌寢으로 不足以威服諸將이리 必不使之往也하니 當是時에 惟鎰이 與己

84) 顓 : 사고본에는 '專'으로 되어 있다.
85) 帝 : 사고본에는 '上'으로 되어 있다.
86) 隴右 : 隴山 서쪽 지역을 이른다. 지금의 甘肅省 六盤山 서쪽, 황하 동쪽 일대이다.

竝相이라 旣不遣杞則遣鎰이 無疑矣니 此가 杞之狡謀어늘 德宗이 蓋墮其中而不知者也라 吁라 姦邪情狀이 每每如此하니 人主가 其深察之니이다

【臣按】 간신이 국정을 專斷할 때에는 반드시 먼저 계략을 써서 자신과 뜻을 달리하는 같은 반열에 있는 자들을 제거합니다. 이 때문에 盧杞가 먼저는 楊炎을 축출하고 뒤이어서는 張鎰을 내쫓았던 것입니다. 양염은 말할 가치도 없지만, 장일은 왕실에 매우 충성스러워서 걸출하게 재상의 기국이 있었습니다.

노기는 장일이 德宗에게 총애를 받았기 때문에 그 사이를 벌려놓을 방법을 생각했습니다. 그런데 마침 隴右에 군대를 보내게 되자 즉시 자신이 가겠다고 자청하여 덕종이 안 된다고 한 연후에 장일을 추천하였습니다. 자신이 먼저 가겠다고 자청했던 이유는 덕종의 뜻을 시험해보고자 한 것이었습니다. 만일 덕종이 바로 노기의 청대로 했다면 그 계략은 궁하게 되었을 것입니다.

그러나 노기는 덕종이 자신이 못생기고 키가 작은 것 때문에 여러 장수들을 위엄으로 복종시킬 수 없다고 여겨서 반드시 자신을 보내지 않을 것임을 짐작했습니다. 이때 오직 장일만이 자신과 똑같은 재상이기 때문에 이왕 노기를 보내지 않는다면 장일을 보내리라는 것은 의심할 것이 없었습니다. 이것은 노기의 교활한 계략이었는데도 덕종이 그 계략에 빠지고서도 알지 못했던 것입니다. 아, 간사한 자들의 情狀은 늘 이와 같으니, 군주는 깊이 살펴야 할 것입니다.

20-9-가[87]

盧杞가 秉政에 知上이 必更立相[88]하고 恐其分己權하여 乘間薦吏部侍郎關播[89]가 儒厚可以鎭風俗이라하여 以播로 爲中書侍郎·平章事[90]하니 事[91]皆決

87) 《資治通鑑》 권227 〈唐紀43 德宗2〉 建中 3년(782) 10월 조에 보인다.

88) 盧杞……立相 : 盧杞는 재상인 張鎰을 鳳翔으로 쫓아내었기 때문에 덕종이 다시 새로운 재상을 임명할 것임을 안 것이다. 20-8-가 참조.

89) 關播 : 719~797. 唐 德宗 때의 재상이다. 자는 務元이며 지금의 하남성 衛輝市인 衛州 汲縣 사람이다. 進士에 급제한 뒤 淮南節度判官, 滁(저)州刺史, 兵部員外郎, 河中少尹, 給事中, 刑部尙書 등을 역임하였다. 덕종 建中 3년(782)에 盧杞의 추천으로 재상이 되어 中書侍郎·同平章事에 임명되었다. 涇原兵變 후에 刑部尙書로 좌천되었다가 다시 右僕射, 兵部尙書가 되었다. 사후에 太子太保에 추증되었다. 열전이 《舊唐書》 권130과 《新唐書》 권151에 있다.

於杞하고 播는 但斂衽無所可否러라 上이 嘗與宰相論事에 播가 意有所不可하여 起立欲言이어늘 杞가 目之而止하고 還至中書[92]하여 杞가 謂播曰 以足下가 端慤少言이라 故相引至此호니 鄕[93]者에 奈何發口欲言邪아 播가 自是不敢復(부)言하더라

盧杞는 國政을 쥐게 되자 德宗이 반드시 다시 재상을 세울 것이라는 것을 알고 자신의 권력이 분산될까 두려워 틈을 타서 吏部侍郎 關播가 儒雅하고 충후하여 풍속을 진무할 수 있다고 추천하였다. 그리하여 관파를 中書侍郎·同平章事로 삼으니, 일이 모두 노기에게서 결정되었고 관파는 그저 옷깃만 여미고서 가부를 나타내는 법이 없었다.

덕종이 언젠가 재상들과 정사를 논할 때 관파가 생각에 불가한 점이 있어 일어나 말을 하려고 하자, 노기가 눈짓하여 이를 제지하였다. 그리고 中書省으로 돌아와서는 노기가 관파에게 말하였다.

"당신이 단아하고 성실하며 말수가 적기 때문에 이끌어서 이 자리까지 오게 한 것입니다. 조금 전에 어찌하여 입을 놀려 말을 하고자 하였습니까?"

관파가 이때부터 감히 다시는 말을 하지 못하였다.

20-9-나(按)

臣은 按 姦臣이 顓[94]國에 必求士大夫柔懦緘(함)默易(이)制者하여 爲己之貳然後에 權一出於己而莫與爭하나니 霍光[95]之用楊敞[96]과 李林甫[97]之用陳希烈[98]이 是也라 彼

90) 以播……章事 : 덕종 建中 3년(782) 10월 7일 丙辰日의 일이다.

91) 事 : 대전본·사고본에는 없다.

92) 中書 : 여기에서는 中書省 政事堂을 가리킨다.

93) 鄕 : 대전본·사고본에는 '嚮(향)'으로 되어 있다.

94) 顓 : 사고본에는 '專'으로 되어 있다.

95) 霍光 : ?~기원전 68. 西漢 武帝·昭帝·宣帝 연간의 대신으로, 麒麟閣 11공신 중 한 사람이다. 자는 子孟이다. 河東 平陽 사람이다. 驃騎將軍 霍去病의 이복동생이며, 宣帝의 繼后 霍成君의 부친이다. 武帝 때 奉車都尉가 되었다. 무제의 두터운 신임을 받아 後元 2년(기원전 87)에 大司馬大將軍이 되고 博陸侯에 봉해졌다. 金日磾(김일제), 桑弘羊, 上官桀 등과 함께 무제의 遺詔를 받들어 昭帝를 보필하였다. 소제 元鳳 1년(기원전 80)에 燕王 劉旦의 모반을 기화로 정적인 상관걸, 상홍양 등을 숙청하고 대권을 장악했다. 소제의 사후에 昌邑王

其人品이 素下하니 何敢以廊廟自期리오 一旦[99]에 爲權臣引拔至此라 方銜恩思報之不暇니 其敢[100]有所同異乎아 杞之用關播가 意蓋在[101]此라 近世에 蔡京[102]·秦檜[103]·韓侂(탁)胄[104]之徒가 亦倣此術이라 故能久顓[105]國柄[106]하니 人主가 不可以

劉賀를 옹립했으나 음란하다는 이유로 폐위시키고 다시 宣帝를 옹립했다. 시호는 宣成이다.

96) 楊敞 : ?~기원전 74. 華陰 사람으로 司馬遷의 사위이다. 사람이 매우 신중하여 곽광의 추천을 받아 昭帝 元鳳 6년(기원전 75)에 승상에 임명되었으며 安平侯에 봉해졌다. 곽광이 燕飮에만 빠져 사는 昌邑王 劉賀(기원전 92~기원전 59, 재위 27일)를 폐위할 계획을 처음 말했을 때 망설이며 가부를 표하지 않았으나 처의 말을 듣고 결심하여 이튿날 여러 신하들과 함께 황태후에게 창읍왕을 폐위하고 宣帝를 옹립할 것을 주청하였다. 시호는 敬이다.

97) 李林甫 : ?~752. 당나라 왕실의 종실이자 재상이다. 자세한 것은 20-1-나 '李林甫' 주석 참조.

98) 陳希烈 : ?~758. 唐 玄宗 때의 재상으로, 지금의 하남성 商丘市인 宋州 사람이다. 玄學에 정통하였으며 글을 잘 지어 玄宗 開元 연간에 궁궐에서 《老子》와 《周易》을 강론하기도 하였다. 秘書少監, 工部侍郎, 集賢院學士, 門下侍郎을 역임하였으며 臨潁侯에 봉해졌다. 李林甫의 추천으로 재상이 되어, 현종 天寶 5년(746)에 同中書門下平章事, 천보 6년에 左相 兼兵部尙書에 임명되었다. 潁川郡公에 봉해지고 또 許國公에 進封되었다. 재상으로 있는 동안 李林甫·楊國忠의 뜻에 따를 뿐 아무런 의견도 내지 않았다. 安史의 난에 포로가 되자 반란군에게 투항하여 재상에 임명되었다가 長安이 수복된 뒤 賜死되었다. 열전이 《新唐書》 권223上 〈姦臣列傳〉에 보인다.

99) 旦 : 저본에는 '朝'로 되어 있으나, 조선의 國諱이기 때문에 바로잡았다. 대전본·사고본·509본에는 '旦'으로 되어 있다.

100) 敢 : 사고본에는 '安'으로 되어 있다.

101) 在 : 사고본에는 '如'로 되어 있다.

102) 蔡京 : 1047~1126. 북송 權相 중의 하나이다. 자는 元長이며 지금의 복건성 莆田市 仙遊縣에 있던 興化軍 仙遊縣 사람이다. 中書舍人, 龍圖閣待制 등을 역임하였다. 徽宗 崇寧 원년(1102)에 右僕射 兼門下侍郎이 되었으며, 앞뒤로 네 차례 재상에 임명되어 모두 17년 동안 執政하였다. 宋 徽宗 崇寧 4년(1105) 3월에 趙挺之(1040~1107)를 적극 추천하여 尙書右僕射 兼中書侍郎에 임명하도록 하였는데, 이때 채경이 홀로 재상의 자리에 있어서 휘종이 右輔를 두고자 하였기 때문이다. 欽宗(1100~1156, 재위 1125~1127)이 즉위한 뒤 嶺南으로 좌천되어 가는 도중 지금의 호남성 長沙市인 潭州에서 죽었다. 열전이 《宋史》 권472 〈姦臣列傳2〉에 보인다.

103) 秦檜 : 1090~1155. 남송의 대표적인 간신으로 主和派의 대표적인 인물이다. 자는 會之이며 지금의 강소성 南京市인 江寧 사람이다. 欽宗 때 左司諫, 御史中丞을 역임하였다. 靖康 2년(1127)에 포로로 잡혀가는 徽宗과 欽宗을 수종하여 金나라에 가서 금나라의 종실이자

不察이니이다

【臣按】 간신이 국정을 전단할 때에는 반드시 사대부 중에 유순하고 말이 없으며 제어하기 쉬운 자를 찾아서 자신의 보좌관으로 만듭니다. 그런 뒤에 권력이 한결같이 자신에게서 나와 자신과 권력을 다투는 사람이 없게 됩니다. 霍光이 楊敞을 등용했던 것과 李林甫가 陳希烈을 등용했던 것이 바로 이런 경우입니다.

저들은 인품이 평소 낮았으니 어찌 감히 조정의 높은 벼슬을 스스로 기약하였겠습니까. 그런데 하루아침에 權臣에 의해 발탁되어 이런 지위에 오르게 되었으니, 은혜에 감격하여 이에 보답할 생각을 하기에도 겨를이 없을 것입니다. 어찌 감히 권신과 다른 뜻을 두겠습니까. 노기가 관파를 등용했던 것은 그 뜻이 여기에 있었습니다.

근세에 蔡京·秦檜·韓侂胄의 무리가 마찬가지로 이 방법을 본떠서 썼기 때문에 나라의 權柄을 오랫동안 전단할 수 있었으니, 군주는 이를 살피지 않으면 안

대장인 撻懶에게 신임을 얻었다. 高宗 建炎 4년(1130)에 臨安으로 도망쳐 와서 금나라에 땅을 떼어주고 稱臣하며 조공을 바칠 것을 내용으로 하는 主和政策을 주장하였다. 고종 紹興 원년(1131)에 參知政事에 임명되고 이어 재상에 임명되었으나 이듬해에 탄핵을 받고 면직되었다. 소흥 8년(1138)에 다시 재상이 되어 앞뒤로 19년 동안 執政하면서 張浚(1097~1164)과 趙鼎(1085~1147)을 유배 보내고 대장군 岳飛(1103~1142)를 무함하여 '莫須有'라는 죄명으로 살해하였는데, 악비의 죽음은 그의 당여인 監察御史 万俟卨(묵기설, 1083~1157)을 이용한 것이다. 秦國公과 魏國公에 봉해졌다. 사후에 申王에 추증되었다. 처음 시호는 忠獻이었으나, 開禧 2년(1206)에 宋 寧宗이 그 王爵을 追奪하고 謬醜로 시호를 고쳤다.

104) 韓侂胄 : 1152~1207. 남송의 權臣이자 외척이다. 자는 節夫이며 河南 安陽 사람이다. 북송의 名臣 韓琦의 증손이며, 어머니는 宋 高宗의 吳皇后의 여동생이고, 조카손녀는 南宋 寧宗의 恭淑皇后이다. 紹熙 5년(1194)에 송나라 종실 趙汝愚(1140~1196) 등과 함께 寧宗을 옹립하여 그 공으로 뒤에 재상이 되었다. 재상으로 있었던 14년 동안 岳飛를 鄂王으로 追封하고 秦檜의 관작을 추탈하였으며 북벌을 주장하였다. 재상이었던 趙汝愚 등을 몰아내기 위해 慶元黨禁(1195~1200)을 일으켰는데, 먼저 京鏜(1138~ 1200)·何澹(1146~1219)·劉德秀(1135~1207)·胡紘(약 1137~1204) 등을 言官 등의 요직에 앉힌 뒤 조여우를 永州(현재 호남성 소재)로 좌천시켜 그곳에서 죽게 하고, 조여우의 추천을 받아 영종의 스승이 되었던 朱熹(1130~1200) 등 59명을 僞學逆黨이라 하여 내쫓았다. 뒤에 金나라의 사주를 받은 楊皇后와 史彌遠(1164~1233)에 의해 살해된 뒤 首級은 금나라에 보내졌다.

105) 顓 : 사고본에는 '專'으로 되어 있다.

106) 柄 : 사고본에는 '政'으로 되어 있다.

됩니다.

20-10-가1[107)]

李希烈이 反[108)]이어늘 上이 問計於盧杞[109)]하신대 杞가 曰 誠得儒雅重臣하여 奉宣聖澤하여 爲陳逆順禍福하면 希烈이 必革心悔過라 可不勞軍旅而服하리니 顔眞卿[110)]은 三朝舊臣[111)]이요 忠直剛決하여 名重海內하니 人所信服이라 眞其人也니이다 上이 以爲然하사 命眞卿詣許州宣慰[112)]하시니 詔下에 擧朝가 失色하고 李勉[113)]이 表言 失一元老가 爲國家羞라하더라 眞卿이 至許州하여 爲希烈所留하여 眞卿이 叱責之하니 竟爲所殺하다

李希烈이 반란을 일으키자 德宗이 盧杞에게 계책을 물었다. 노기가 말하였다.

---

107) 《資治通鑑》 권228 〈唐紀44 德宗3〉 建中 4년(783) 1월 조에 보인다.

108) 李希烈反 : 德宗 建中 4년(783) 1월 13일 庚寅日의 일이다. 李希烈(?~786)은 燕州 遼西 사람이다. 덕종 건중 2년(781)에 山南東道節度使 梁崇義 등의 반란이 일어나자 동년 6월 6일 癸巳日에 淮西節度使로서 南平郡王에 봉해지고 漢南·漢北兵馬招討使에 임명되어 토벌의 명을 받았다. 건중 3년(782)에 명을 받고 淄靑에 할거하던 李納을 토벌하러 갔다가 도리어 이납과 通謀하여 함께 반란을 일으킨 朱滔·田悅 등과 결탁하였다. 동년 12월 29일 丁丑日에 天下都元帥·太尉·建興王을 자칭하였다. 건중 4년(783) 1월 13일에 장수 李克誠을 보내 汝州를 습격하여 함락하고, 덕종 興元 원년(784) 정월에 汴州를 거점으로 황제에 올라 국호를 大楚, 연호를 武成이라 하였다. 덕종 貞元 2년(786)에 部將 陳仙奇에게 독살당하였다.

109) 盧杞 : 20-5-가 '盧杞' 주석 참조.

110) 顔眞卿 : 20-2-가 '顔眞卿' 주석 참조.

111) 三朝舊臣 : 안진경이 唐 玄宗(재위 712~756), 肅宗(재위 756~762), 代宗(재위 762~779) 등 세 조정에 벼슬한 것을 이른다.

112) 命眞……宣慰 : 德宗 建中 4년(783) 1월 17일 甲午日의 일이다. '許州'는 이희열이 주둔하고 있던 곳으로, 治所는 지금의 하남성 許昌市이다. '宣慰'는 대신이 황제를 대신하여 특정 지역을 시찰하고 政令을 선포하고 백성을 위로하는 것을 이른다.

113) 李勉 : 717~788. 당나라의 종실 재상이다. 자는 玄卿이며 唐 高祖 李淵의 현손이다. 代宗 大曆 10년(775)에 汧國公(견국공)에 봉해졌으며, 얼마 뒤에 永平軍節度使, 汴宋節度使에 임명되고 同平章事·檢校左僕射에 加封되었다. 사후 太傅에 추증되었다. 시호는 貞簡이다. 열전이 《舊唐書》 권131과 《新唐書》 권131 〈宗室宰相列傳〉에 보인다.

"진실로 儒雅한 重臣을 찾아서 성상의 은택을 삼가 펴서, 거역하면 벌을 내리고 순종하면 상을 내린다는 것을 말하게 한다면 이희열은 반드시 마음을 돌려 잘못을 뉘우칠 것이기 때문에 군대를 수고롭게 하지 않고서도 복종시킬 수 있을 것입니다. 顔眞卿은 세 황제를 섬긴 老臣일 뿐 아니라 충직하고 결단력이 있어 명망이 海內에 높습니다. 사람들이 믿고 따르는 사람이니 참으로 적임자입니다."

덕종이 옳게 여겨서 안진경에게 명하여 許州에 가서 宣慰하게 하였다. 詔命이 내려지자 온 조정이 대경실색하였고, 李勉은 表文을 올려 "원로 한 사람을 잃는 것은 국가의 수치입니다."라고 하였다. 안진경이 허주에 이르러 이희열에게 억류되어 이희열을 질책하니, 안진경이 끝내 이희열에게 살해되었다.

20-10-가2[114)]

禮部尙書李揆[115)]가 有才望[116)]하니 杞가 惡(오)之하여 以爲入[117)]蕃會盟使어늘 揆가 言 臣이 不憚遠行이어니와 恐死於道路하여 不能達詔命하노이다 上이 爲之惻然이러시니 杞가 曰 使遠夷는 非諳(암)練朝廷故事者면 不可니이다 且揆가 行則自今年少於揆者가 不敢辭遠使矣리이다 揆가 卒於路하다

禮部尙書 李揆가 재주와 덕망이 있자 盧杞가 미워하여 入蕃會盟使가 되게 하였다. 이규가 말하였다.

---

114)《資治通鑑》권228〈唐紀44 德宗3〉建中 4년(783) 7월 조에 보인다.

115) 李揆 : 711~784. 당나라의 관리이다. 자는 端卿이며 지금의 하남성 滎陽市인 滎陽 사람으로 隴西의 望族이다. 肅宗·代宗·德宗의 3대에 걸쳐 벼슬하여 國子祭酒, 禮部尙書 등을 역임하였다. 충성스럽고 직언을 잘하여 재상이었던 盧杞에게 시기를 받았다. 德宗 建中 4년(783) 7월 9일 甲申日에 禮部尙書로서 入蕃會盟使에 임명되어 吐蕃에 들어갔다가 사명을 완수하고 돌아오던 중 덕종 興元 원년(784) 4월 24일 甲子日에 지금의 섬서성 鳳縣인 鳳州에서 죽었다. 시호는 恭이다. 열전이《舊唐書》권126과《新唐書》권150에 보인다. '吐蕃'은 7세기 초에 건립된 티베트 최초의 통일 국가이다. 당나라와 서역 진출을 놓고 다투다가 755년에 安史의 난이 발생하자, 이 틈을 타서 隴右를 점령하고 영토를 확장하여 동쪽으로 당나라와 隴山을 경계로 삼고, 북쪽으로는 寧夏 賀蘭山을, 남쪽으로는 南詔를 속국으로 삼았다.

116) 望 : 사고본에는 '略'으로 되어 있다.

117) 入 : 사고본에는 '八'로 되어 있다.

"신이 멀리 가는 것은 두렵지 않지만 길에서 죽어 詔命을 완수하지 못할까 걱정됩니다."

德宗이 이에 측은해하였는데, 노기가 말하였다.

"먼 타국에 사신 가는 것은 조정의 옛 일을 익히 아는 자가 아니면 감당하지 못합니다. 그리고 이규가 떠나면 이후로는 이규보다 나이가 적은 자들이 감히 먼 사행길을 사양하지 못할 것입니다."

이규가 길에서 죽었다.

20-10-나(按)

臣은 按 眞卿은 忠鯁老臣으로 著節累朝하고 揆之名望이 亦爲當時所重이어늘 杞가 皆以術排之하여 遣眞卿使希烈하여 卒爲所殺하고 遣揆使吐蕃하여 亦死于行하니 蓋皆用陽譽陰擠之謀而德宗이 不能察也하니이다 然惟德宗이 自無愛惜忠賢之心이라 是以盧杞가 得行其排陷忠良之計하니 豈獨杞之罪哉리잇고

【臣按】 顔眞卿은 충성스럽고 강직한 노신으로 절개가 누대의 조정에 드러났고, 李揆의 명망 역시 당시에 높았습니다. 그러자 盧杞는 모두 계략을 써서 이들을 배척하여, 안진경은 李希烈에게 사신으로 보내어 끝내 피살되게 하고, 이규는 吐蕃에 사신으로 보내어 마찬가지로 길에서 죽게 하였습니다. 이것은 모두 겉으로는 추켜세우면서 속으로는 배척하는 모략을 쓴 것이었는데, 德宗은 이를 잘 살피지 못하였습니다.

그러나 생각해보면 덕종이 본래 忠臣과 賢臣을 아끼는 마음이 없었기 때문에 노기가 충성스럽고 훌륭한 신하들을 밀쳐서 함정에 빠트리는 계책을 쓸 수 있었던 것이니, 어찌 노기만의 죄이겠습니까.

20-11-가[118]

涇師가 亂①[119]이어늘 帝가 出奉天②하시니 杞가 從이러라 李懷光[120]이 自河北還하여

118)《新唐書》 권223下 〈姦臣列傳 盧杞〉, 《資治通鑑》 권229 〈唐紀45 德宗4〉 建中 4년(783) 11월·12월 조에 보인다.

119) 涇師亂 : 涇原兵變을 이른다. 奉天之難이라고도 한다. '경원'은 지금의 감숙성과 寧夏回族自治區에 설치하였던 당나라의 方鎭 이름이다. 唐 德宗 建中 4년(783)에 涇原의 군사들이

數破賊하니 泚(자)가 解去러니 或이 謂王翃(굉)·趙贊③曰 聞懷光이 嘗斥宰相이 不能謀하고 度支가 賦斂重而京兆가 刻軍賜하니 宜誅之하여 以謝天下라하니 方懷光이 有功이라 上必聽用其言하시리니 公等이 殆矣라 二人이 以白杞한대

① 涇師亂：涇原兵亂犯[121]闕[122], 擁朱泚[123]爲主, 泚遂稱帝.[124]
涇原의 군대가 난을 일으켜 궁궐을 범하고 朱泚를 옹립하여 원수로 삼자, 주자가 마침내 稱帝하였다.

② 帝出奉天：奉天, 城名.

포상에 불만을 품고 일으킨 변란이다. 건중 2년(781)에 成德·魏博·淄青 등의 절도사들이 연합하여 반란을 일으키자 淮西節度使 李希烈이 명을 받고 토벌하러 가서 반군을 격파한 뒤에 지금의 섬서성에 있는 襄陽을 거점으로 도리어 반란을 일으키고 天下都元帥·太尉·建興王으로 칭하였다. 건중 4년 8월에 이희열이 양양에 있는 襄城을 공격하자 덕종은 경원의 군사를 움직여 양성의 포위를 풀도록 하였는데, 10월에 경원절도사 姚令言(?~784)이 명을 받고 군사 5천 명을 끌고 달려왔으나 京兆尹 王翃이 犒饋하러 와서 거친 밥으로 대접하자 이에 분노한 군사들은 京師의 창고를 습격하여 재물을 탈취하였다. 덕종이 환관을 보내 군사들에게 각각 비단 두 필씩을 하사하자 더욱 분노한 군사들은 궁궐 문을 부수고 쳐들어왔으며 덕종은 황망히 궁을 빠져나가 지금의 瀋陽市인 奉天으로 피난 갔다. 반군이 朱泚(742~784)를 원수로 삼자 주자는 황제가 되어 봉천을 공격하였다가 朔方節度使 李懷光(729~785)에게 격파되었다. 이에 주자는 長安으로 퇴각하였는데, 덕종 興元 원년(784) 5월에 장수 李晟이 장안을 수복하자 彭原으로 달아났으나 곧 부하에게 피살되었다. 덕종은 동년 7월에 장안으로 돌아왔으며 이후 환관을 중용하기 시작하였다. 20-8-가 '朱泚' 주석 참조.

120) 李懷光：729~785. 唐 德宗 때의 將領이다. 渤海靺鞨人으로 본래의 성은 茹이나 그 선조가 幽州로 옮겨와서 戰功을 세워 李氏 성을 하사받았다. 젊어서부터 從軍하여 軍功으로 都虞侯에 봉해졌다. 덕종 초기에 檢校 刑部尙書, 寧州節度使, 慶州節度使, 朔方節度使 등을 역임하였다. 덕종 建中 4년(783)에 涇原兵變이 일어나자 군대를 끌고 奉天으로 달려가 한 달여 동안 덕종을 포위하던 朱泚의 반군을 격파하여 副元帥·中書令에 임명되었으나, 덕종이 盧杞 등의 말을 따라 入朝하지 못하도록 하자 반대로 朱泚의 반군과 연합하여 덕종을 압박하여 漢中으로 달아나도록 하였다. 덕종 貞元 원년(785)에 패전하여 부하에게 피살되었다.

121) 犯：대전본에는 '杞'로 되어 있으나, 오자이다.

122) 闕：사고본에는 '闕'으로 되어 있다.

123) 泚：대전본에는 '仳'로 되어 있으나, 오자이다.

124) 涇原……稱帝：20-5-가 '德宗' 주석, 20-8-가 '朱泚' 주석 참조.

奉天은 城의 이름이다.

③ 王翃趙贊 : 二人皆杞黨, 翃爲京兆尹, 贊判度(탁)支[125].

두 사람은 모두 盧杞의 당여로, 王翃은 京兆尹이었고 趙贊은 判度支였다.

涇原의 군대가 난을 일으키자 德宗이 이를 피해 奉天으로 나가니 盧杞가 수종하였다. 李懷光이 河北에서 돌아와 누차 적을 격파하자 朱泚가 포위를 풀고 떠났다. 어떤 사람이 王翃과 趙贊에게 말하였다.

"듣자하니 이회광은 예전에, 재상(盧杞)은 계모에 능하지 못하고 判度支(趙贊)는 세금을 무겁게 거두며 京兆尹(王翃)은 군사들에게 내리는 상이 각박하니, 이들을 주벌하여 천하 사람들에게 사과해야 한다고 논척한 적이 있다고 합니다. 지금 이회광이 공을 세웠기 때문에 폐하께서는 반드시 그의 말을 들어주실 것이니, 공들은 위태롭게 되었습니다."

두 사람이 이 말을 盧杞에게 전하였다.

杞가 **懼**하여 **郞譎**(휼)**帝曰 懷光**이 **勳在宗社**라 **賊**이 **憚之破膽**하나니 **今因其威**하면 **可一擧而定**이니 **若許來朝則犒賜留連**에 **賊得裒整殘餘**하여 **爲完守計**하리니 **圖之實難**이라 **不如乘**[126]**勝便**[127]**平京師**가 **破竹之勢也**니이다 **帝**가 **然之**하사 **詔懷光無朝**하고 **進屯便橋**[128]하신대 **懷光**이 **自以千里赴難**하여 **有大功**호대 **爲姦臣沮間**하여 **不一見天子**라하여 **內怏怏無所發**하여 **遂謀反**[129]하여 **因暴言杞等罪惡**한대

125) 判度支 : 관직명이다. 度支는 본래 戶部 소속의 4司 중 하나로, 재정의 수입과 지출을 관장하였다. 당나라 중기 이후 軍事가 빈번히 일어나자 대신을 파견하여 전적으로 이를 맡게 하였으며, 뒤에 호부에서 독립하여 度支使, 知度支事, 句當度支使로 불렀다. 判戶部, 鹽鐵轉運使와 함께 그 관서를 三司라고 한다.

126) 乘 : 대전본에는 '席'으로 되어 있다. 《新唐書》 권223下 〈姦臣列傳 盧杞〉에도 '席'으로 되어 있다.

127) 便 : 《新唐書》 권223下 〈姦臣列傳 盧杞〉에는 '使'로 되어 있다.

128) 便橋 : 便門橋이다. 長安城 서북쪽 渭水 위의 다리 이름이다. 漢 武帝 建元 3년(기원전 138)에 건립하였다. 長安城의 西門을 便門이라고 하는데, 다리의 북쪽이 이 문과 마주보고 있기 때문에 이 다리 이름을 便橋라고 하였다 한다.

129) 謀反 : 당나라 형률에 따르면 10惡 중 첫 번째에 해당하는 大罪로, 社稷을 위태롭게 할 것을 도모한 죄이다. 10악 중 종묘·山陵·궁궐을 훼손할 것을 도모한 '謀大逆'이나, 나라를

士議譁沸하여 皆指目杞어늘 帝가 始悟하사 貶爲新州司馬[130]하시다

盧杞가 두려워서 즉시 덕종을 속여 말하였다.

"李懷光은 宗廟社稷에 남을 공을 세웠습니다. 반란군이 두려워서 간담이 서늘할 정도로 떨고 있으니 지금 그 위세를 이용한다면 일거에 난을 평정할 수 있습니다. 만약 이회광이 조회 오는 것을 허락하신다면 犒饋하고 상을 내리느라 머물며 지체하는 사이에 반란군은 잔당을 모아 재정비하여 수비를 공고히 하는 계책을 세우게 될 것이니, 그렇게 되면 저들을 도모하기가 실로 어렵게 됩니다. 이 勝氣를 타고 京師를 평정하도록 하는 것이 파죽지세인 것만 못합니다."

덕종이 옳다고 여겨서 이회광에게 조서를 내려 입조하지 말고 진군하여 便橋에 주둔하라고 하였다.

이회광은 자신이 난을 구원하러 천 리 길을 달려와 큰 공을 세웠는데 간신에게 저지되어 천자를 한 번 알현하지도 못한다고 생각하였다. 그리하여 안에 쌓인 불쾌한 심정을 분출할 곳이 없자 마침내 반란을 모의하고 이어서 노기 등의 죄악을 공공연하게 내놓고 말하였다. 사대부의 여론이 들끓어 모두들 노기를 지목하자, 덕종이 비로소 깨닫고 노기를 新州司馬로 좌천시켰다.

20-11-나(按)

臣은 按 蘇軾이 嘗言 李斯가 憂蒙恬之奪其權則立二世以亡秦하고 盧杞가 恐懷光之數其惡則誤德宗以再亂하니 其心이 本生於患失하여 其禍가 乃至於喪邦[131]이라하니 臣은 謂懷光이 千里勤王하여 克戡(감)大難호대 乃不得一見天子하니 蓋事理之必不可者而德宗이 惑於杞言하사 不使入朝하시니 蓋以乘勝滅賊之說로 中帝之欲故也라 於是에 懷光이 變忠爲逆하여 與泚(자)交通하니 乘輿가 復(부)有蜀道之幸矣[132]라 姦邪誤國이 一

배신하고 僞朝를 따를 것을 도모한 '謀叛'과는 구별된다. 《通典 卷165 刑3 刑制下》

130) 貶爲新州司馬 : 德宗 建中 4년(783) 12월 19일 壬戌日의 일이다. '新州'는 州 이름으로, 治所는 지금의 광동성 新興縣에 있었다.

131) 李斯……喪邦 : 蘇軾(1037~1101)이 宋 神宗 熙寧 4년(1071)에 올린 〈上皇帝書〉에 보인다. 李斯의 秦 二世 옹립에 관한 내용은 18-1-가 '沙丘之謀' 주 참조. 《蘇文忠公全集 東坡奏議 卷1 上皇帝書》

132) 於是……幸矣 : 20-11-가 '涇師亂' 주석, '李懷光' 주석 참조.

至於此하니 由德宗不明之罪也니이다

【臣按】 蘇軾이 일찍이 이렇게 말하였습니다.

"李斯는 蒙恬이 자신의 권력을 빼앗을까 걱정되자 二世를 세워 秦나라를 망하게 하였고, 盧杞는 唐 德宗에게 李懷光이 자신의 죄악을 열거할까 두렵자 덕종을 그르쳐 난이 재차 일어나도록 하였습니다. 그 마음은 본래 잃게 될 것을 걱정한 데서 생겨나 그 화가 마침내 나라를 잃는 데에까지 이르게 되었습니다."

신은 이렇게 생각합니다.

이회광이 천 리 길을 달려와 勤王하여 능히 큰 난리를 평정하였는데도 마침내 천자를 한 번 알현하지도 못하였으니, 이것은 사리상 기필코 안 되는 것이었습니다. 그런데도 덕종이 노기의 말에 현혹되어 입조하지 못하게 하였으니, 이것은 승기를 타고 적을 섬멸한다는 말로 덕종의 욕심에 맞추었기 때문입니다. 이에 이회광이 忠心을 바꾸어서 반역하여 朱泚와 교통하니, 황제가 다시 蜀道로 파천하는 일이 있게 되었습니다. 간사한 신하가 나라를 그르치는 것이 결국 이런 지경에까지 이르게 되었으니, 덕종이 밝지 못한 탓입니다.

20-12-가[133)]

貞元中에 帝가 從容與李泌(비)[①134)]로 論卽位以來宰相曰 盧杞가 忠清彊介하니

---

133) 《唐鑑》 권15 〈德宗4〉 貞元 5년(789) 2월, 《資治通鑑》 권233 〈唐紀49 德宗8〉 貞元 4년(788) 2월 조에 보인다.

134) 李泌 : 722~789. 唐 玄宗·肅宗·代宗·德宗 때의 謀臣이다. 자는 長源이며 지금의 섬서성 西安인 京兆 사람이다. 經史를 두루 섭렵하였고 글을 잘 지었으며 특히 시에 뛰어났다. 崇山·華山·終南山을 유람하며 신선을 동경하였다. 현종 天寶(742~756) 연간에 翰林待詔로 태자를 모시면서 태자에게 총애를 받았다. 楊國忠에게 시기를 받자 산에 들어가 은거하였다. 安史의 난이 일어나 肅宗이 즉위하자 부름을 받고 나가 國事를 모의하였다. 幸臣 李輔國 등에게 참소를 받자 다시 衡山에 은거하였다. 代宗이 즉위하여 翰林學士로 불렀는데, 權相 元載 등에게 배척을 받아 지방으로 나가 楚州刺史, 杭州刺史가 되었다. 德宗 때 中書侍中·同平章事에 임명되었다. 鄴縣侯에 봉해져 李鄴侯라고도 칭한다. 사후에 太子太傅로 추증되었다. 아버지 李承休가 2만여 권의 장서를 모아 책이 많았으므로 장서가 매우 많다는 의미의 '鄴侯書'라는 용어가 생겨났다. 李泌의 '泌'는 자가 長源인 것에 근거할 때 '비〔悲位反〕'로 발음해야 한다. 이와 관련하여 《시경》 〈陳風 衡門〉의 "샘물이 졸졸 흐름이여, 굶주림을 즐길 수 있도다.〔泌之洋洋 可以樂飢〕"라는 내용이 보인다.

人言杞姦邪호대 朕이 殊不覺其然호라 泌가 曰 人言杞姦邪而陛下가 獨不覺其姦邪하시니 此가 杞之所以爲姦邪也니이다 儻陛下가 覺之하시면 豈有建中之亂[135]乎리잇고 帝가 又曰 盧杞小心하여 朕所言을 無不從이러니라 對曰 杞가 言無不從하니 豈忠臣乎리잇고 夫言而莫予違는 此가 孔子所謂一言[136]喪邦者也[137]니이다

① 李泌 : 時爲相.
李泌는 당시 재상이었다.

貞元(785~805) 연간에 덕종이 李泌와 함께 즉위한 이래의 재상들을 조용히 논하였다.

"盧杞는 충성스럽고 청렴하며 강직하다. 사람들은 노기가 간사하다고 말하지만 짐은 그가 간사하다는 것을 전혀 알지 못하겠다."

이비가 말하였다.

"사람들은 노기가 간사하다고 말하는데도 폐하께서는 홀로 그 간사함을 모르시니, 이것이 바로 노기가 간사한 짓을 하게 된 이유입니다. 만일 폐하께서 이를 아셨더라면 어찌 建中(780~783) 연간의 난이 있었겠습니까."

덕종이 또 말하였다.

"노기는 소심하여 짐이 하는 말을 따르지 않는 것이 없었다."

이비가 대답하였다.

"노기는 폐하께서 하시는 말씀을 따르지 않은 것이 없었으니 어찌 충신이겠습

---

135) 建中之亂 : '建中'은 唐 德宗이 780~783년 사이에 사용한 연호이다. '建中之亂'은 건중 4년(783)에 일어난 涇原兵變을 이른다. 20-11-가 '涇師亂' 주석 참조.

136) 言 : 사고본에는 이 뒤에 '而'가 있다.

137) 言而……者也 : 《논어》〈子路〉 제15장에 魯 定公이 "한마디 말로 나라를 잃어버릴 수 있다 하는데 그러한 것이 있습니까?〔一言而喪邦 有諸〕"라고 묻자, 孔子가 "사람들의 말에 '나는 군주 된 것은 즐거울 것이 없고, 오직 내가 말을 하면 어기지 않는 것이 즐겁다.'라고 합니다. 만일 임금의 말이 선한데 아무도 어기는 이가 없다면 좋지 않겠습니까. 그러나 만일 임금의 말이 선하지 못한데도 아무도 어기는 이가 없다면 한마디 말로 나라를 잃게 됨을 기약할 수 있지 않겠습니까.〔人之言曰 予無樂乎爲君 唯其言而莫予違也 如其善而莫之違也 不亦善乎 如不善而莫之違也 不幾乎一言而喪邦乎〕"라고 대답한 내용이 보인다.

니까. 무릇 말을 했을 때 자신의 뜻을 어기지 않는 것이 〈즐겁다는〉 것은, 바로 孔子가 이른바 '나라를 망하게 할 수 있는 한마디'라는 것입니다."

20-12-나(按)

臣은 按 盧杞之姦邪가 蘊於心者는 固未易(이)測而見於事者는 亦可知矣라 忠賢이 如張鎰・顔眞卿而陷之死地[138]하고 凶逆이 如朱泚(자)而保其不反[139]하고 有功이 如李懷光而激之使亂하니 天下之人이 所以皆知其姦邪也而德宗이 獨不知之하시니 善乎라 李泌(비)之對也여 夫爲姦邪而人主가 覺之則其術이 亦淺矣라 惟天下之人이 皆知而人主가 獨墮其術中而不知則其蔽蒙眩惑이 必有甚工且密者라 然求其所以然則亦言無不從而已니 夫言無不從者는 姦臣鉤其君之餌(이)也라 人主가 樂其餌之甘而[140]忘其鉤之害則亦必亡而已矣리이다

【臣按】 盧杞의 간사함은, 그 마음속에 서려 있는 것은 참으로 알기 쉽지 않지만 일에 나타나는 것은 또한 알 수 있습니다.

張鎰・顔眞卿과 같이 충직하고 어진 이들은 死地에 빠트리고, 朱泚와 같이 흉악하고 패역스러운 자는 반역하지 않으리라는 것을 보장하였으며, 李懷光과 같이 공을 세운 사람은 격분시켜 난을 일으키게 하였습니다. 이 때문에 천하 사람들은 모두 그 간사함을 알았지만 덕종만은 홀로 몰랐으니, 李泌의 대답은 참으로 훌륭합니다!

무릇 간사한 짓을 하는 것을 군주가 안다면 그 술수는 또한 얕은 것입니다. 생각건대 천하 사람들은 모두 아는데도 군주만이 홀로 그 술수에 빠져 모른다면 그 가리고 덮어서 현혹시킨 것은 필시 매우 뛰어나고 치밀한 것일 것입니다. 그

138) 忠賢……死地 : 張鎰에 관한 일은 20-8-가, 顔眞卿에 관한 일은 20-10-가 참조.

139) 凶逆……不反 : 建中 4년(783)에 德宗이 처음 奉天에 도착하자 어떤 사람이 上言하여, 朱泚가 반란군들에 의해 황제로 옹립되어 머지않아 奉天城을 공격하러 올 것이니 일찌감치 수비할 계책을 세워야 한다고 하였다. 이에 盧杞가 "주자의 충정은 신하들 중에 따라올 자가 없습니다. 어찌하여 그가 반란에 가담하였다고 말하여 대신의 마음을 아프게 한단 말입니까. 신은 온 집안 식구들을 걸고 그가 반역하지 않으리라는 것을 보장하겠습니다.〔朱泚忠貞 群臣莫及 奈何言其從亂 傷大臣心 臣請以百口保其不反〕"라고 하여 주자가 반역할 리 없다고 극구 주장한 것을 이른다.《資治通鑑 卷228 唐紀44 德宗3 建中 4年 10月》

140) 而 : 대전본에는 '無'로 되어 있다.

러나 그렇게 된 이유를 찾는다면 또한 말을 했을 때 따르지 않은 것이 없어서일 뿐입니다.

무릇 말을 했을 때 따르지 않은 것이 없는 것은 간신이 그 임금을 낚는 미끼입니다. 군주가 그 미끼의 달콤함을 즐거워하여 낚이는 해로움을 잊는다면 또한 반드시 망하게 될 뿐입니다.

20-13-가[141]

穆宗[142]時에 **李逢吉[143]**이 **爲相**하여 **內結知樞密[144]王守澄①[145]**하니 **勢傾朝野**러니 **惟翰林學士[146]李紳[147]**이 **每承顧問**에 **嘗排抑之**하니 **逢吉**이 **患之而上[148]**이 **待**

141)《資治通鑑》권243〈唐紀59 穆宗下〉長慶 3년(823) 9월·10월, 長慶 4년(824) 2월 조에 보인다.

142) 穆宗 : 795~824. 재위 820~824. 武則天을 포함하면 당나라 제14대 임금으로 휘는 恒이다. 초명은 宥이며 시호는 睿聖文惠孝皇帝이다. 憲宗(778~820)의 셋째 아들이다. 처음에 建安郡王에 봉해지고 나중에 遂王에 進封되었다. 헌종 元和 7년(812)에 惠昭太子 李寧이 죽자 황태자에 책립되고 이름을 李恒으로 바꾸었다. 820년에 환관에 의해 황제로 옹립되었다. 격구와 음악에 빠져서 오랫동안 조회를 보지 않아 환관의 권세가 더욱 커졌다. 盧龍·成德·魏博 3鎭이 반란을 일으키자 토벌할 힘이 없어 그 반란군의 우두머리를 절도사로 삼았다. 金石之藥을 좋아하여 金丹을 복용하다가 죽었다.

143) 李逢吉 : 758~835. 당나라 때의 재상이다. 자는 虛舟이며 鄭州 사람이다. 德宗 때 左拾遺가 되었으며 憲宗(재위 805~820) 때 給事中, 皇太子侍讀, 中書舍人을 거쳐 門下侍郎·同中書門下平章事가 되었다. 간사하고 시기심이 많은 것을 안 헌종에 의해 劍南東川節度使로 쫓겨났다가 穆宗(재위 820~824)이 즉위하여 侍讀의 舊恩으로 불러서 兵部尙書에 임명하였다. 敬宗(재위 824~826) 때 淳國公에 봉해지고 右僕射를 겸하였다. 張又新 등과 붕당을 지어 공공연히 뇌물을 주고받아 '八關十六子'로 불린다. 文宗(재위 826~840) 때 太子太師·東都留守에 임명되고 尙書左僕射가 되었다. 司徒로 致仕하였다. 시호는 成이다.

144) 知樞密 : 관직명으로 代宗 永泰(765) 연간에 설치한 樞密使를 이른다. 환관이 담당하였으며, 주로 表奏를 관장하고 종종 中書省의 정무에 관여하였다.

145) 王守澄 : ?~835. 唐 憲宗·穆宗·敬宗·文宗 때의 환관이다. 자는 履道이며 호는 初寮이다. 세 차례 황제의 폐립에 관여하였다. 15년 동안 권력을 장악하고 매관매직하였다. 문종이 즉위하고 驃騎大將軍에 임명되었으나 뒤에 환관 내부의 분열을 이용한 문종에 의해 賜死되었다.

146) 翰林學士 : 관직명으로, 일정한 정원이 없었다. 唐 玄宗 開元 26년(738)에 翰林供奉을 고쳐 설치한 것으로, 문학적인 재능이 있는 朝臣으로 充壬하였다. 德宗 이후 황제의 최측근에

遇方厚라 **不能遠也**러니 **會御史中丞**[149)]이 **缺**[150)]이어늘 **逢吉**이 **薦紳宜在風憲之地**[151)]라한대 **上**이 **以中丞**이 **亦次對官**[152)]이라하여 **不疑而可之**하시다

① 內結知樞密王守澄 : 守澄, 宦官之用事者.
王守澄은 환관 중에 권력을 전횡한 자이다.

서 고문을 담당하였다. 長相의 任免, 태자의 책립, 정벌의 선포나 대사면의 詔命을 모두 學士院에서 먼저 起草한 뒤 다음날 신하들을 모아놓고 선포하였다. 制誥는 본래 中書舍人의 직무였기 때문에 중서사인이 관장하는 정식 詔勅은 '外制', 한림학사가 관장하는 황제의 특수한 文告는 '內制'라고 칭하였다. 唐代 후기에는 종종 한림학사를 재상으로 승진시켰으며 한림학사를 內相이라고도 불렀다.

147) 李紳 : 772~846. 唐代의 재상이자 시인이다. 자는 公垂이며 지금의 안휘성 亳州市 譙城區인 亳州 譙 사람이다. 젊었을 때 지금의 강소성인 潤州의 無錫 惠山寺에서 독서하였다. 憲宗 元和(806~820) 연간에 進士에 합격하여 元稹・白居易와 교유하였다. 穆宗(재위 820~824) 때 李德裕 黨의 중요 인물로서 右拾遺, 翰林學士, 御史中丞, 戶部侍郎 등의 요직을 담당하였다. 목종 長慶 4년(824)에 이덕유가 실각하자 이신 역시 지금의 광동성 肇慶市인 端州 司馬로 좌천되고, 이후 江州刺史, 滁(저)州刺史, 壽州刺史 등을 역임하였다. 文宗 太和 7년(833)에 이덕유가 재상이 되자 이신 역시 浙東觀察使로 기용되었다. 武宗(재위 840~846) 때 中書侍郎・同中書門下平章事, 尙書右僕射・門下侍郎에 임명되었으며 趙國公에 봉해졌다. 재상으로 있은 지 4년 만인 844년에 중풍으로 사직한 뒤 무종 會昌 6년(846)에 病死하였다. 사후에 太尉에 추증되었다. 이신의 시 중 〈憫農〉 2수가 유명한데, 특히 "온 세상에는 노는 밭이 없는데, 농부는 여전히 굶어죽는구나.〔四海無閑田 農夫猶餓死〕" "누가 알까 소반의 밥이, 알알이 모두 신고의 산물임을.〔誰知盤中餐 粒粒皆辛苦〕" 구절은 명구로 회자되어 憫農詩人이라 불린다. 시호는 文肅이다.

148) 上 : 사고본에는 없다.

149) 御史中丞 : 관직명이다. 당나라 중기 이후 송나라 때까지 御史臺의 장관인 御史大夫는 임명을 거의 하지 않았기 때문에 실질적인 어사대의 장관이라고 할 수 있다. 관리들의 탄핵, 刑案의 심리, 어가의 거둥 때 先導하는 일을 담당하였다. 특히 탄핵은, 大事일 경우에는 어사중승만이 상주할 수 있었고 小事일 경우에는 어사들이 상주하되 반드시 어사중승의 서명이 들어가야 했기 때문에 그 권한이 컸다.

150) 缺 : 대전본에는 '鈌'로 되어 있다.

151) 風憲之地 : 백관을 규찰하여 기강을 바로잡는 직임을 가진 御史臺의 벼슬을 이른다. '風憲'은 풍기와 법도이다.

152) 次對官 : 황제가 召對할 때 재상에게 먼저 물어보고 그 다음 常參官들이 기다렸다가 차례로 대답하는데, 바로 이 상참관들을 차대관이라고 한다.

穆宗 때 李逢吉이 재상이 되어 안으로 樞密使 王守澄과 결탁하니 그 권세가 朝野를 뒤흔들었다. 오직 翰林學士 李紳이 매번 목종의 顧問을 받들 때마다 항상 그를 배척하고 억누르니, 이봉길이 이를 골칫거리로 여겼지만 목종의 〈이신에 대한〉 대우가 한창 두터울 때라 멀리 내쫓을 수가 없었다. 마침 御史中丞의 자리가 비었는데 이봉길이 이신을 추천하여 기강을 바로잡는 자리에 두어야 한다고 하자, 목종은 어사중승 역시 次對官이라 하여 의심하지 않고 이를 윤허하였다.

會紳이 **與京兆尹韓愈**[153)]로 **爭臺參**[154)]이러니 **逢吉**이 **奏二人**이 **不協**이라하여 **以愈**로 **爲兵部侍郞**하고 **紳**으로 **爲江西觀察使**[155)]한대 **愈・紳**이 **入謝**어늘 **上**이 **各令自叙其事**하시고 **乃深寤**[156)]하사 **復**(부)**以愈**로 **爲吏部侍郞**하시고 **紳**으로 **爲兵部侍郞**[157)]하시다 **敬宗**[158)]이 **立**에 **逢吉**이 **又誣紳**이 **將不利於上**[159)]이라하여 **貶端州司**

153) 韓愈 : 768~824. 당나라 때의 저명한 문학가이다. 자는 退之이며 지금의 하남성 孟州市인 河南 河陽 사람이다. 자칭 郡望昌黎라고 하였다. 韓昌黎, 昌黎先生, 韓文公으로도 불린다. 唐 德宗 貞元 8년(792)에 進士에 합격하고 監察御史를 역임하였다. 덕종 貞元 19년(803)에 權臣의 무고를 받아 陽山으로 폄적되고 뒤에 다시 史館修撰, 中書舍人 등에 임명되었다. 憲宗 元和 12년(817)에 裴度의 行軍司馬가 되어 淮西의 반란군 吳元濟를 토벌하는 계획에 참여하였으며, 원화 14년(819)에는 부처의 사리를 맞이하는 일을 간하였다가 潮州로 폄적되었다. 만년에 吏部侍郞에 임명되었기 때문에 韓吏部라고도 불린다. 唐代 古文運動의 개창자이며 唐宋八大家의 한 사람이다. 柳宗元과 함께 韓柳로 병칭된다. 病死하였다. 사후에 禮部尙書에 추증되었다. 시호는 文이다.

154) 紳與……臺參 : '臺參'은 당나라 제도의 하나로, 京兆尹이 부임할 때 御史臺에 가서 參謁해야 하는 규정을 이른다. '爭臺參'은 이봉길이 이 제도를 이용하여 李紳과 韓愈를 다투게 한 일을 이른다. 이봉길은 먼저 李紳을 추천하여 御史中丞이 되게 하고 이어서 韓愈를 추천하여 京兆尹 兼御史大夫가 되게 하였는데, 어사대부는 어사중승보다 지위가 높기 때문에 한유가 어사대에 대참을 가지 않음으로 인해 두 사람 사이에 다툼이 발생하게 된 것이다.

155) 以愈……察使 : 穆宗 長慶 3년(823) 10월 5일 丙戌日의 일이다.

156) 寤 : 사고본에는 '悟'로 되어 있다.

157) 復以……侍郞 : 穆宗 長慶 3년(823) 10월 11일 壬辰日의 일이다.

158) 敬宗 : 809~826. 재위 824~826. 武則天을 포함하면 당나라 제15대 임금으로 휘는 湛이다. 시호는 睿武昭愍孝皇帝이다. 穆宗의 장자로 처음에는 鄂王에 봉해졌다가 뒤에 景王에 봉해졌다. 822년에 태자로 책립되었다. 즉위한 뒤 소인들을 가까이하고 정사를 등한시하며 燕飮으로 세월을 보냈다. 재위 2년 만에 환관 劉克明 등에게 피살되었다.

馬[160)]하다

韓愈

그 당시 李紳은 京兆尹 韓愈와 御史臺의 參謁 문제로 다투었는데, 李逢吉이 穆宗에게 두 사람이 불화한다고 아뢰어, 목종은 한유를 兵部侍郎에 임명하고 李紳을 江西觀察使에 임명하였다. 한유와 이신이 사은하러 들어오자 목종은 각각 그 일을 직접 말하도록 하였다. 목종은 마침내 깊이 깨닫고 다시 한유를 吏部侍郎에 임명하고 이신을 병부시랑에 임명하였다.

敬宗이 즉위하자 이봉길은 또 이신이 앞으로 경종에게 해로울 것이라고 무고하였다. 그리하여 이신은 端州司馬로 좌천되었다.

20-13-나(按)

臣은 按 逢吉之薦李紳이 亦猶賈充之薦任愷[161)]也라 蓋學士가 在唐에 最爲親近하여 有內相[162)]之名하고 中丞은 雖風憲之長[163)]而非密近之地라 去內廷而任外司則其[164)]逐之也가 易(이)矣라 又紳與韓愈가 皆有剛直名이라 以一事中二人하니 逢吉之術이 蓋

159) 逢吉……於上 : 李逢吉이 王守澄을 시켜 穆宗에게 "폐하께서 태자에 책립된 이유를 신은 모두 알고 있으니, 모두 이봉길의 힘입니다. 두원영과 이신의 무리는 모두 심왕을 세우고자 하였습니다.〔陛下所以爲儲貳 臣備知之 皆逢吉之力也 如杜元穎·李紳輩 皆欲立深王〕"라고 말하도록 한 것을 이른다. '심왕'은 憲宗의 넷째 아들이자 목종의 아우인 李察(뒤에 悰으로 개명)을 이른다.

160) 貶端州司馬 : 敬宗 즉위년(824) 2월 3일 癸未日의 일이다. 端州의 治所는 高要로, 지금의 광동성 肇慶市에 있었다.

161) 賈充之薦任愷 : 18-15-가 참조.

162) 內相 : 唐 玄宗 開元 26년(738)에 翰林供奉을 翰林學士로 바꾼 뒤에 오로지 內命만을 관장하게 하고 조정의 논의에 참여하도록 하였기 때문에 붙여진 이름이다. 20-13-가 '翰林學士' 주석 참조.

163) 風憲之長 : 御史臺의 장관인 御史中丞을 가리킨다. 20-13-가 '風憲之地' 주석 참조.

164) 其 : 사고본에는 없다.

甚巧也而穆宗之昏庸이 乃能察之하사 延問本末而二人이 復(부)留하니 問之爲益이 蓋如此하니이다

【臣按】 李逢吉이 李紳을 추천한 것은 또한 賈充(217~282)이 任愷(223~284)를 추천한 것과 같습니다. 翰林學士는 당나라 때 황제와 가장 가까운 자리여서 '內相'이라는 명칭이 있으며, 中丞은 비록 어사대의 장관이기는 하지만 황제와 밀접한 자리가 아닙니다. 內廷에서 떠나보내 궐 밖의 관사에 임명하면 그들을 내쫓기가 쉬워집니다. 또 이신과 韓愈는 모두 강직하다는 명성이 있는 사람들이었습니다. 한 가지 일로 두 사람을 얽었으니, 이봉길의 계략은 매우 교묘한 것이었습니다. 그런데 穆宗의 어리석음으로도 마침내 이를 능히 살펴서 그 사건의 본말을 물어 두 사람이 다시 그대로 남게 되었으니, 물어보는 유익함이 대체로 이와 같습니다.

近世에 言事官之忤宰相者가 多以美職으로 遷之하나니 若中丞[165]之於六曹尙書[166]와 諫議[167]・侍御[168]之於侍郎[169]과 司諫・正言[170]之於起居郎・舍人[171]과 殿中・監察之於列寺(시)少卿[172]에 其位則遷而其權則貶이라 名曰優之而實抑之니 一去言

165) 中丞 : 御史中丞을 이른다. 20-13-가 '御史中丞' 주석 참조.

166) 六曹尙書 : 六部尙書를 달리 부르는 것으로, 六部가 六曹에서 유래하였기 때문이다. 吏部・戶部・禮部・兵部・刑部・工部의 장관인 尙書를 이른다.

167) 諫議 : 관직명으로, 諫議大夫를 이른다. 左・右로 구분하여, 좌간의대부는 門下省 소속이었고 우간의대부는 中書省 소속이었다. 정사의 득실을 간하고 재상을 돕는 일을 담당하였다.

168) 侍御 : 관직명으로, 殿中侍御史와 監察御史를 이른다. 당나라와 송나라 때 어사는 臺院・殿院・察院의 3院에 분속되었는데, 전중시어사는 殿院 소속으로 殿廷의 각종 의절을 규찰하고 경성 내외의 左・右巡을 나누어 관장하였으며, 감찰어사는 察院 소속으로 백관을 규찰하고 郡縣을 순찰하며 刑獄을 살피고 조정의 의절을 정돈하는 일을 담당하였다.

169) 侍郎 : 관직명이다. 中書省, 門下省, 尙書省 소속 각 部에 둔 장관의 副官으로, 侍從臣이다.

170) 司諫正言 : 송나라 때의 관직명이다. 司諫은 당나라 때의 左・右補闕을 고친 이름으로, 좌사간은 문하성에, 우사간은 중서성에 분속되었다. 간언을 담당하였으며, 大事는 조정에서 논의에 참여하고 小事는 封事를 올렸다. 正言은 당나라 때의 左・右拾遺를 고친 이름으로, 좌정언은 문하성에, 우정언은 중서성에 분속되어 간언을 담당하였다.

171) 起居郎舍人 : 관직명이다. 起居郎은 門下省, 起居舍人은 中書省 소속으로, 황제를 시종하여 기거랑은 황제의 왼쪽에, 기거사인은 오른쪽에서 그 언행을 기록하는 일을 담당하였다.

職하면 或黜或逐이 無不可者라 故爲言職者가 往往自結於宰相하여 以取要官하나니 人主가 不可不察也니이다

근세에 諫官으로서 재상의 뜻을 거스른 자들이 좋은 관직으로 승진하는 일이 많습니다. 그런데 御史中丞이 6部의 尙書로, 諫議大夫와 殿中侍御史·監察御史가 6部의 侍郎으로, 左·右司諫과 左·右正言이 起居郎과 起居舍人으로, 전중시어사와 감찰어사가 여러 寺의 少卿으로 임명되는 것은, 그 지위는 승진한 것이나 그 권한은 줄어든 것이어서, 명분으로는 우대한 것이지만 실제로는 낮춘 것입니다. 일단 言官의 직무를 떠나면 파면시키거나 쫓아내는 것이 안 되는 것이 없기 때문에 언관의 직무를 행하는 자들이 종종 스스로 재상과 결탁하여 요직을 취하곤 하니, 군주는 이를 살피지 않으면 안 됩니다.

20-14-가[173)]

李訓[174)]이 敏于辯論하여 多大言하고 自標置하더니 鄭注[175)]가 佐昭義府[176)]어늘

172) 少卿 : 대전본·사고본에는 '卿少'로 되어 있다. 少卿은 각 寺(시) 장관의 부관이다.

173) 《新唐書》 권179 〈李訓列傳〉과 〈鄭注列傳〉에 보인다.

174) 李訓 : ?~835. 唐 肅宗 때의 재상이다. 초명은 仲言이며 자는 子訓이다. 뒤에 자를 子垂로 고쳤다. 肅宗 때의 재상인 李揆의 族孫이자 敬宗 때의 재상인 李逢吉의 조카이다. 당시 留守였던 이봉길에게 鄭注를 잘 안다고 하자, 이봉길은 다시 재상이 되고 싶은 생각에 이훈에게 金帛珍寶 수백만 뇌물을 들고 長安에 가서 정주를 만나보게 하였다. 정주를 통해 환관 王守澄을 알게 되고, 다시 왕수징의 추천을 받아 文宗에게 《周易》을 강론하였다. 四門助教, 國子監博士, 侍講學士, 兵部郎中 등을 역임하였다. 문종 太和 9년(835)에 禮部侍郎·同平章事에 임명되었다. 仇士良 등 환관을 제거하기 위해 甘露之變을 계획하였으나 실패하여 終南山으로 달아났다가 피살되었다. '李揆'는 20-10-가 '李揆' 주석, '李逢吉'은 20-13-가 '李逢吉' 주석, '甘露之變'은 아래 '命中……誅之' 주석 참조.

175) 鄭注 : ?~835. 당나라 때의 대신이다. 본래 성은 魚씨이기 때문에 魚鄭 또는 魚注라고도 한다. 지금의 산서성 翼城縣인 絳州 翼城 사람이다. 음험하고 교활하며 의술로 행세하다가 憲宗 元和 13년(818)에 襄陽節度使 李愬에게 의탁한 것으로 인해 이소를 통해 王守澄을 알게 되었다. 文宗 太和 7년(833) 12월에 왕수징의 추천으로 궁에 들어가 風疾을 앓아 말을 하지 못하던 문종을 치료하여 문종의 총애를 받았다. 태화 9년(835) 4월에 太僕卿 兼御史大夫으로 승진하고 동년 8월 4일 丁丑日에 工部尙書·翰林侍講學士가 되었으나, 이훈의 배척을 받아 동년 9월 25일 丁卯日에 鳳翔節度使로 나갔다. 뒤에 문종을 도와 甘露之變을 계획하고 鳳翔에서 군사를 끌고 경사로 들어가다가 이훈이 실패했다는 소식을 듣고 중도

訓이 **往見**하여 **相得甚歡**이라 **注**가 **介之**하여 **謁王守澄**①한대 **守澄**이 **善遇之**하여 **幷薦訓・注于帝**②하다

① 王守澄 : 中人用事者.
王守澄은 환관으로 권력을 전횡한 자이다.
② 帝 : 文宗[177]也.
'帝'는 唐 文宗이다.

李訓은 변론에 뛰어나 거창한 얘기를 하는 경우가 많았으며 자화자찬하는 자였다. 鄭注가 昭義節度使의 막부에서 직임을 맡고 있었는데, 이훈이 찾아가 만나보고서 서로 의기가 투합하여 매우 기뻐하였다. 정주가 소개하여 王守澄을 만나자, 왕수징은 이훈을 매우 잘 대우하여 이훈과 정주를 文宗에게 모두 천거하였다.

訓이 **持詭辯**[178]하여 **激昻**[179]**可聽**하고 **善鉤揣人主意**라 **帝**가 **見其言縱橫**하시고 **謂果可任**이라하사 **遂不疑而待遇**가 **莫與比**러니 **進翰林學士**[180]하여 **居中倚重**하니 **實行宰相事**러라 **訓**이 **本挾奇進**하여 **及大權在己**에 **銳意去惡**이라 **故與帝言天下事**[181]에 **無不如所欲**하고 **挾注相朋比**하여 **務報**[182]**恩復讎**하더니 **不踰月**에 **同**

에 군대를 돌렸으나 監軍使 張仲淸 등에게 피살되었다. 甘露之變은 아래 '命中……誅之' 주석 참조.

176) 佐昭義府 : 文宗이 즉위한 뒤 鄭注는 당시 昭義節度副使로 있었다. 《新唐書 卷179 李訓列傳》

177) 文宗 : 809~840(재위 826~840). 武則天을 포함하면 당나라 제16대 임금으로 휘는 昻이다. 初名은 涵이며 시호는 元聖昭獻孝皇帝이다. 제14대 임금 穆宗 李恒의 둘째아들이자 제15대 임금 敬宗의 아우이다. 환관 王守澄 등에 의해 황제로 옹립되어 궁녀 3천여 명을 내보내고 五坊의 사냥용 매와 사냥개를 금지시키며 불필요한 관원 2백여 명을 줄이는 등 정사에 힘썼으나, 조정 관원들과 환관의 다툼이 끊이지 않자 환관을 제거하기 위해 甘露之變을 계획했다가 실패로 돌아가 연금되었다. 이후 모든 권한을 환관에게 넘긴 뒤 울분을 삭이며 술로 달래다가 病死하였다. 甘露之變은 아래 '命中……誅之' 주석 참조.

178) 辯 : 사고본에는 '辨'으로 되어 있다.

179) 昻 : 대전본에는 '卬(앙)'으로 되어 있다.

180) 進翰林學士 : 문종 太和 9년(835) 7월 21일 甲子日의 일이다.

181) 事 : 대전본에는 '可'로 되어 있다.

182) 報 : 사고본에는 없다.

平章事하여 **每進見**에 **佗**[183]**宰相**이 **避位**하고 **天子**가 **傾意**하시니 **宦官・衛兵**이 **皆慴**(습)**憚迎拜**하고 **天下險怪士**가 **徼取富貴**에 **皆憑以爲資**러라 **訓**이 **時時進賢才偉望**하여 **以悅士心**하니 **人皆惑之**하더라

李訓이 궤변의 재주를 가져서 격앙된 어조로 하는 말은 사람들을 솔깃하게 만들었으며 군주의 의중을 잘 헤아렸다. 문종은 그가 거침없이 말하는 것을 보고 과연 등용할 만하다고 생각하여 마침내 의심하지 않고 아무도 견줄 자가 없을 정도로 대우하였다. 그리고 이훈을 翰林學士에 승진시켜 궐내에서 기대와 중시를 하자, 이훈이 실제로 재상의 일을 행하였다.

이훈은 본래 특출한 생각을 가지고 궁궐에 들어온 것이었다. 그리하여 대권이 자신의 수중에 들어오게 되자 악을 제거하는 데 전념하였다. 이 때문에 문종과 천하의 일을 논할 때 그가 원하는 대로 되지 않은 것이 없었으며, 鄭注에 의지하여 한패가 되어서 사사로운 은혜에 보답하고 사사로운 원수를 갚는 데에 힘썼다. 한 달이 못 되어 同平章事가 되어 매번 나아가 문종을 알현할 때마다 다른 재상들은 자리를 피하고 천자는 이훈에게 마음을 다 기울이자, 환관과 衛兵들이 모두 두려워하며 이훈을 맞이하여 절하였고, 천하의 온갖 괴상한 자들이 부귀를 거머쥘 때 모두 이훈에 기대어 매개로 삼았다. 이훈이 때때로 명망이 높은 어진 인재들을 천거하여 사대부의 마음을 기쁘게 하자, 사람들이 모두 이에 현혹되었다.

鄭注가 **以方技**[184]로 **遊**[185]**江湖間**하여 **多藝**하고 **詭譎陰狡**하여 **億探人廋隱**하더니 **李愬**(소)가 **薦之王守澄**[186]하여늘 **守澄**이 **薦注**[187]한대 **召入對浴堂門**[188]하여 **賜賚**

---

183) 佗 : 사고본에는 '他'로 되어 있다.

184) 方技 : 의약이나 養生과 같은 기술을 가리킨다. 여기에서는 의술을 이른다. 위 '鄭注' 주석 참조.

185) 遊 : 사고본에는 '游'로 되어 있다.

186) 李愬薦之王守澄 : 穆宗 長慶 3년(823) 4월의 일이다. 李愬가 그 당시 監軍이었던 왕수징에게 鄭注를 만나보라고 추천하자 왕수징은 처음에는 난색을 표하였으나 정주를 한번 만나본 뒤에는 늦게 만난 것을 탄식하며 매우 기뻐하였다.

187) 守澄薦注 : 文宗 太和 7년(833) 12월 18일 庚子日의 일이다. 이때 鄭注는 昭義行軍司馬였다. 위의 '鄭注' 주석 참조.

188) 浴堂門 : 大明宮 편전 가운데 하나인 浴堂의 문으로, 욕당은 翰林院 북쪽, 紫宸殿 동쪽에

至渥이러니 是夜에 彗出東方하니 長이 三尺이요 芒耀怒急[189]하더라 俄遷太僕卿兼御史大夫[190]하다 天資貪沓이라 既藉權寵하여는 鬻官射利하여 貲積鉅萬호대 不知止하니 險人躁夫가 有所干請에 日走其門하더라

鄭注는 方技로 강호에서 행세하였다. 재주가 많았으며 속임수에 능한 데다 음험하고 교활하여 사람들의 속마음을 잘 알아맞혔다.

李愬가 정주를 王守澄에게 추천하였는데, 왕수징이 정주를 文宗에게 천거하자 문종은 정주를 들어오도록 불러서 浴堂門에서 응대하고 상을 매우 후하게 하사하였다. 이날 밤 彗星이 동방에 나타났는데, 길이가 3尺이었으며 빛이 번쩍거리더니 순식간에 사라졌다. 얼마 뒤에 太僕卿 兼御史大夫로 승진하였다.

정주는 천성적으로 탐욕스러웠다. 이미 권세와 총애를 받게 되자 관직을 팔아서 이익을 도모하였다. 그리하여 재물을 수만금 쌓았는데도 그칠 줄을 모르니, 간사하고 출세에 조급한 자들이 청탁할 일이 있으면 날마다 그의 집 문으로 달려갔다.

李訓이 既附注進이라 於是에 兩人이 權震天下矣러라 俄擢翰林侍講學士[191]하다 時에 訓이 已在禁中[192]이라 日日議論帝前하여 相倡和謀鉏翦中官하여 自[193]謂功在晷刻이라한대 帝가 惑之하시니 乘是進退士大夫하며 撓骫(위)朝法하니 衆이 策其必亂이러니 未幾에 訓等이 僞稱甘露가 降金吾左仗樹[194]라하여늘 命中尉仇

있었다. 德宗 이후의 군주들은 늘 이곳에 거하며 文人學士들을 召見하였다.

189) 召入……怒急 : 문종 태화 8년(834) 9월 12일 庚申日의 일이다. 당시 王守澄은 右軍中尉였으며, 鄭注는 昭儀節度副使였다. 문종은 정주를 접견하고 錦彩銀器를 하사하였다. 《舊唐書 卷17下 文宗本紀下 太和 8年》《資治通鑑 卷245 唐紀61 文宗 太和 8年》

190) 俄遷……大夫 : 문종 태화 9년(835) 4월 18일 癸巳日의 일이다.

191) 擢翰林侍講學士 : 文宗 太和 9년(835) 8월 4일 丁丑日의 일이다.

192) 時訓已在禁中 : 李訓은 문종 태화 9년(835) 7월 21일 甲子日에 兵部郎中·知制誥에 임명되었는데, 侍講學士의 직임은 그대로 띤 채로였다.

193) 自 : 대전본에는 '可'로 되어 있다.

194) 訓等……仗樹 : 문종 태화 9년(835) 11월 21일 壬戌日의 일이다. '金吾'는 '金吾衛'로, 황제의 호위와 호종 등의 일을 담당하는 禁衛軍이다.

士良往視하시고 **因欲誅之**라가 **事敗**하여 **皆族誅之**[195]하니라

李訓이 鄭注에게 의지하여 벼슬길에 나오자 이에 두 사람의 권세가 천하를 진동시켰다. 얼마 뒤에 정주가 翰林侍講學士에 발탁되었다.

이때 이훈은 이미 궁중에서 직임을 맡고 있었기 때문에 두 사람은 매일같이 文宗 앞에서 의론하여 서로 주거니 받거니 환관들을 제거할 모의를 하여 스스로 말하기를 짧은 시간 내에 공을 세울 수 있다고 하자, 문종이 이에 현혹되었다. 두 사람이 이를 틈타 사대부들을 등용하고 물러나게 하며 조정의 법도를 왜곡시켜 어지럽히자, 사람들은 그들이 반드시 난을 일으킬 것이라고 예상하였다.

얼마 뒤에 이훈 등이 거짓으로 甘露가 金吾 左仗院의 나무에 내렸다고 하자, 문종은 中尉 仇士良에게 명하여 가서 보게 하고 이를 기화로 구사량 등을 주살하고자 하였다. 그러다가 일이 실패하여 이훈 등은 모두 멸족되었다.

史臣贊에 **曰**[196] **李訓**은 **浮躁寡謀**하고 **鄭注**는 **斬斬小人**으로 **邀幸天功**하니 **寧不殆哉**아 **文宗**이 **與宰相鄭覃**[197]으로 **稱訓**호대 **稟五常性**[198]하여 **服人倫之敎**는 **不如公等**이어니와 **然天下奇才**는 **公等**이 **弗及也**리라 **李德裕**[199]가 **曰 訓**이 **曾不得齒徒隸**니 **尙才之云**이니잇가 **世以德裕言**으로 **爲然**하더라 **傳**에 **曰 國將亡**에 **天與**

195) 命中……誅之 : 甘露之變을 이른다. 18-14-나(按) '仇士……儒生' 주 참조. '中尉'는 당나라 때 神策軍에 두었던 특수한 軍職으로, 환관으로 충임하였다. '仇士良'은 20-15-가 '仇士良' 주석 참조.

196) 史臣贊曰 : 이하의 내용이 《新唐書》 권179 〈李訓列傳〉과 〈鄭注列傳〉의 贊에 보인다.

197) 鄭覃 : ?~842. 당나라 때의 재상으로 鄭州 榮澤 사람이다. 經術에 조예가 깊었다. 文宗 때 翰林侍講學士가 되고, 이후 同中書門下平章事, 門下侍郎, 弘文館大學士 등을 역임하였다. 병으로 사직하였다.

198) 五常性 : 仁, 義, 禮, 智, 信을 이른다.

199) 李德裕 : 787~850. 唐 武宗 때의 재상이다. 자는 文饒이며 지금의 하북성 贊皇縣인 趙郡 贊皇 사람이다. 中書侍郎 李吉甫(758~814)의 차남이자 牛李黨爭 때 李黨의 영수이다. 음직으로 벼슬을 시작하여 校書郎, 監察御史, 翰林學士, 中書舍人, 浙西觀察使, 兵部侍郎, 中書侍郎, 淮南節度使 등을 역임하였다. 憲宗・穆宗・敬宗・文宗・武宗・宣宗 때 벼슬하였다. 재상으로 있으면서 밖으로는 回紇을 물리치고 안으로는 쓸데없는 관원을 줄이고 환관을 제어하였다. 宣宗이 즉위한 뒤 牛僧孺가 이끄는 牛黨의 모함에 걸려 崖州司戶로 좌천되어 그곳에서 病死하였다. 사후에 尙書左僕射, 太子少保, 衛國公에 추증되었다.

之亂人[200]이라하니 若訓等은 持腐株하여 支大厦之顚하니 天下가 爲寒心豎毛어늘 文宗이 偃然倚之成功하사 卒爲閹謁[201]所乘하니 天果厭唐德哉인저

史臣의 贊에 다음과 같이 말하였다.

"李訓은 조급하고 지모가 부족하였으며 鄭注는 작은 재능이 다 보이는 소인이었다. 그런데도 제왕의 공업을 바랐으니 어찌 위태롭지 않겠는가!

文宗이 재상 鄭覃과 함께 이훈을 평가하기를 '이훈이 五常의 본성을 타고나서 인륜의 가르침을 받은 것은 공들만 못하지만, 천하의 기이한 재주는 공들이 그를 따라가지 못할 것이다.'라고 하자, 李德裕가 대답하기를 '이훈은 일찍이 복역하는 죄인들 축에도 끼지 못하였으니 오히려 무슨 재주를 말하겠습니까.'라고 하였다. 세상에서는 이덕유의 말을 옳다고 하였다.

傳에 이르기를 '나라가 장차 망할 때에는 하늘이 亂人을 내려보낸다.'라고 하였으니, 이훈과 같은 자들은 썩은 나무를 가지고서 기울어가는 큰 건물을 지탱하는 것과 같았다. 천하 사람들은 두려워서 머리털이 곤두섰는데도 문종은 태평하게 이들에게 기대어 공을 이루고자 하여 끝내 환관들에게 이용당하였으니, 하늘은 정말로 당나라의 존립을 싫어했다 할 것이다."

20-14-나(按)

臣은 按 漢高帝가 稱周勃이 重厚少文하나 然安劉氏는 必勃也[202]라하시니 訓·注가 以陰狡之資로 濟之以瀾飜[203]之辯이어늘 文宗이 不察目爲奇材하사 倚之以就大事하시니

---

200) 國將……亂人 : 晉 幽公(?~기원전 416) 때의 太史 屠餘의 말이다. 도여가 진나라의 어지러움과 임금의 교만을 보고 西周 威公을 만나 천하의 제후국 중에서 진나라가 가장 먼저 멸망할 것이라고 예견하며 그 이유를 말하였는데, 이 가운데 "나라가 흥할 때에는 하늘이 賢人과 極諫하는 인물을 내려 보내며, 나라가 망할 때에는 하늘이 亂人과 아첨을 잘하는 자를 내려보낸다.〔國之興也 天遺之賢人與之極諫之士 國之亡也 天與之亂人與善諛者〕"라고 말한 내용이 보인다. 일설에는 晉 平公(?~기원전 532) 때의 태사라고도 한다. 《呂氏春秋 先識》《說苑 權謀》

201) 閹謁 : 환관이 담당했던 관직명으로, 수나라·당나라 때의 內謁者이다. 內侍省에 소속되어 임금의 명을 전달하는 일을 관장하였다. 여기에서는 환관을 가리킨다.

202) 漢高……勃也 : 관련 내용은 16-1-가1 참조.

203) 飜 : 사고본에는 '翻'으로 되어 있다.

其與高帝之任周勃로 異矣라 宜其敗也로소이다 是以로 沾沾自喜之徒와 喋(첩)喋多言之輩를 明主가 遠諸(저)니이다

【臣按】 漢 高帝는 "周勃이 중후하고 文才는 부족하지만 劉氏를 안정시킬 사람은 틀림없이 주발일 것이다."라고 하였습니다. 李訓과 鄭注가 음험하고 교활한 자질을 가지고 거침없는 변설을 더하자, 文宗은 세심히 살피지 않고 이들을 기이한 인재라고 지목하여 이들에 의지하여 大事를 이루고자 하였으니, 고제가 주발에게 맡겼던 것과는 달랐습니다. 그러니 실패했던 것도 당연합니다. 이 때문에 우쭐거리며 뽐내는 무리와 쉴 새 없이 지껄이는 자들을 현명한 군주는 멀리하는 것입니다.

20-15-가[204)]

武宗[205)]이 立이어시늘 仇士良[206)]이 以左衛上將軍[207)]·內侍監[208)]으로 致仕[①]할새

204)《資治通鑑》 권247 〈唐紀63 武宗 中〉 會昌 3년(843) 6월 16일 癸酉日 조에 보인다.

205) 武宗 : 814~846. 재위 840~846. 武則天을 포함하면 당나라 제17대 임금으로 휘는 炎이다. 본명은 瀍(법)이며, 시호는 至道昭肅孝皇帝이다. 제14대 임금 穆宗의 다섯째 아들이자 제16대 임금 文宗의 아우로, 潁王에 봉해졌다. 840년 정월에 문종의 병이 위중해지자 조서를 위조한 환관 仇士良·魚弘志 등에 의해 皇太弟로 옹립되어, 같은 달 문종이 죽자 즉위하였다. 이듬해에 연호를 會昌으로 바꾸고 李德裕를 등용하여 弊政을 개혁하였다. 재위 기간 동안 안으로는 藩鎭과 불교를 억제하고 밖으로는 回鶻을 격퇴하며 중앙집권을 강화하여 이 기간을 會昌中興이라고 부른다.

206) 仇士良 : 781~843. 唐나라 때의 환관이다. 順宗 때 환관으로 훗날의 憲宗인 태자를 섬겼다. 헌종이 즉위(805)한 뒤 內給事가 되었으며 이후 조정의 여러 요직을 두루 역임하였다. 文宗 大和 9년(835)에 甘露之變을 일으켜 李訓·王涯·賈餗·舒元輿 등 네 재상을 죽였는데, 이 변란은 문종이 환관들에게 빼앗긴 황권을 되찾고자 환관의 우두머리인 구사량을 左金吾廳 후원의 석류나무에 甘露의 길조가 있는지 확인하라는 핑계로 이곳에 불러서 죽이려다가 장막이 바람에 날리는 바람에 매복 군사가 발각되어 도리어 환관들에 의해 조정의 중신들과 1천여 명이 연루되어 죽은 사건이다. 구사량은 이를 계기로 더욱 무소불위의 권력을 행사하였으며 楚國公에 봉해졌다. 840년에 문종이 죽자 武宗을 옹립하면서 태자였던 陳王 李成美와 문종의 아우였던 安王 李溶, 문종의 후궁인 楊賢妃를 죽였다. 병으로 사직한 뒤 얼마 안 되어 죽었으며 사후에 揚州大都督에 추증되었다.

207) 左衛上將軍 : '左衛'는 당나라 때 宿衛를 담당했던 16衛 중 하나이다. '上將軍'은 그 우두머리로 종2품이다.

其黨이 送歸私第러니 士良이 敎以固權寵之術曰 天子를 不可令閑[209]이라 常宜以奢靡로 娛其耳目하여 使日新月盛하여 無暇更及它事然後에 可以得志니 愼勿使之讀書하며 親近儒臣[210]하라 彼見前代興亡하고 心知憂懼則吾輩가 疎斥矣리라 其黨이 拜謝而去하더라

① 仇士……致仕：士良，內臣．自憲宗世用事，至是五朝[211]．
仇士良은 환관이다. 憲宗 때부터 권력을 전횡하여 이때 다섯 황제에 이르렀다.

武宗이 즉위하였는데, 仇士良이 左衛上將軍・內侍監으로 致仕할 때 그 당여가 私邸로 돌아가는 구사량을 전송하였다. 구사량이 권세와 총애를 공고히 하는 방법을 다음과 같이 가르쳤다.

"천자를 한가하게 하지 말라. 항상 사치로 그 눈과 귀를 즐겁게 하여 날로 새롭게 하고 달로 성하게 해서 더 이상 다른 일을 돌아볼 겨를이 없도록 한 뒤에 뜻한 바를 달성할 수 있다. 부디 천자로 하여금 책을 읽거나 儒臣을 가까이하지 못하도록 하라. 저 천자가 前代의 흥망성쇠를 보고 마음에 근심하고 두려워할 줄 알게 되면, 우리 무리는 소원하게 여겨지고 배척을 당하게 될 것이다."

그 당여가 拜謝하고 떠났다.

20-15-나1(范)

范祖禹가 曰[212] 小人이 莫不養君之欲하여 以濟己之欲하나니 使其君으로 動而不靜하며 爲而不止則小人이 得以行其計矣라 豈獨奢靡之娛耳目이 足以蕩君心哉리오 或殖貨利하며 或治宮室하며 或開邊境하여 隨其君之所好하나니 皆所[213]以竊權寵也라

范祖禹가 말하였다.

"소인들은 군주의 욕심을 길러서 자신의 욕심을 채우지 않는 자가 없으니, 군주

208) 內侍監：內侍省의 장관으로 종3품이다.

209) 閑：사고본에는 '閒'으로 되어 있다.

210) 臣：대전본에는 '生'으로 되어 있다.

211) 五朝：憲宗(재위 805~820), 穆宗(재위 820~824), 敬宗(재위 824~826), 文宗(재위 826~840), 武宗(재위 840~846)을 이른다.

212) 范祖禹曰：이하의 내용이 《唐鑑》 권20 〈武宗〉 會昌 3년(843) 조에 보인다.

213) 所：대전본・사고본에는 없다.

로 하여금 마음을 동하게 하고 고요하게 하지 못하게 하며, 作爲하고 그치지 못하게 하면 소인이 그 계략을 행할 수 있게 된다. 어찌 사치로 눈과 귀를 즐겁게 하는 것만이 군주의 마음을 뒤흔들 수 있는 것이겠는가. 재물을 늘리거나 궁실을 짓거나 변경을 개척하여 군주가 좋아하는 바를 따르니, 이러한 것들은 모두 권세와 총애를 훔치는 방법이다."

20-15-나2(按)

臣은 按 祖禹之論이 善矣나 然士良所謂可以得志者則未然也라 夫人主가 修德講學則天下가 安하여 昆蟲草木이 亦皆得所어든 況左右之臣이 其有不得所[214]乎아 人主가 德不修하며 學不講則天下가 亂하여 昆蟲草木이 亦皆失所어든 況左右之臣이 其有得其[215]所[216]乎아

【臣按】 范祖禹의 논의가 훌륭합니다. 그러나 仇士良이 말한 "뜻한 바를 달성할 수 있다."라고 한 것은 옳지 않습니다. 무릇 군주가 덕을 닦고 학문을 강마하면 천하가 안정되어서 곤충과 초목도 모두 제자리를 얻는데, 하물며 좌우의 신하들이 제자리를 얻지 못하는 사람이 있겠습니까. 군주가 덕을 닦지 않고 학문을 강마하지 않으면 천하가 어지러워져서 곤충과 초목도 모두 제자리를 잃는데, 하물며 좌우의 신하들이 제자리를 얻는 사람이 있겠습니까.

故秦室이 危而斯·高가 僇[217]하고 漢業이 壞而張·趙①가 誅어늘 士良은 小人이라 但知

214) 所 : 사고본에는 이 뒤에 '者'가 있다.

215) 其 : 사고본에는 없다.

216) 所 : 사고본에는 이 뒤에 '者'가 있다.

217) 秦室危而斯高僇 : 趙高(?~기원전 207)는 본래 秦나라 종실의 후손이라고도 하고 趙나라 종실의 후손이라고도 한다. 秦나라 궁궐에 들어와 환관이 되어 中車府令에 임명되었다. 秦始皇 사후 丞相 李斯와 함께 시황의 遺詔를 위조하여 시황의 公子 胡亥를 二世 황제로 옹립하고 스스로 郎中令이 되었다. 정권을 전횡하였으며 가혹한 정치를 행하였다. 이세 2년(기원전 208)에 이사를 모함하여 죽이고 승상이 되었다. 이세 3년에 이세를 자살시키고 시황의 장자였던 扶蘇의 아들 子嬰을 옹립하였으나 얼마 뒤에 자영에게 피살되었다.

李斯(?~기원전 208)는 楚나라 上蔡 사람이다. 荀子에게 帝王學을 배웠다. 진나라에 들어가 처음에는 呂不韋의 舍人이 되었다가 뒤에 秦 始皇에게 유세하여 客卿이 되었다. 關東 6國의 군신을 이간질하여 진나라의 통일에 크게 기여하였다. 통일 후에는 승상이 되어 焚

以竊權固寵으로 爲榮而不知國敗家亡則權寵이 亦無自保之理하니 故士良이 用事五朝하여 身雖幸免而破家之禍가 卒貽於身後하니 曷若馬存亮[218]輩가 不貪權而[219]溢寵하여 爲能保其身哉아 然士良之言이 自古姦臣之所未道니 爲人主者가 宜寫此一通하여 置之坐側하고 必近儒生[220]하며 必親經史則奢靡[221]가 不能惑하며 姦佞[222]이 不能蔽[223]矣리니 否則未[224]有不爲士良輩의 所愚者리이다

① 張趙：趙忠[225]・張讓[226].

書를 단행하고 車軌・문자・도량형을 통일시켰다. 진 시황 사후 조고와 함께 시황의 遺詔를 위조하여 시황의 장자인 扶蘇를 자살시키고 公子 胡亥를 二世 황제로 옹립하였다. 뒤에 조고의 모함을 받아 秦 二世 2년에 咸陽의 저자에서 腰斬을 당하였다.

관련 내용은 18-4-가, 18-6-가 참조.

218) 馬存亮 : 생몰년은 자세하지 않다. 당나라 때의 환관이다. 자는 季明이며 河中 사람이다. 德宗부터 文宗까지 여섯 황제를 섬겼다. 단아하고 위엄이 있었으며 군사들을 잘 길러서 그가 禁衛軍을 떠날 때 모두 눈물을 흘렸다고 한다. 憲宗 元和(805~819) 연간에 左神策中尉에 임명되었는데, 軍籍에 올라 있는 10여만 명 군사들을 엄선하여 伍에는 약한 군사가 없었으며 部에는 쓸데없는 인원이 없었다고 한다. 敬宗(재위 824~826) 초에 蕭玄明의 난을 평정한 공이 가장 커서 二百戶에 봉해졌으나, 권세를 회피하여 外地로 나가서 淮南軍을 감독할 것을 청하였다. 文宗 大和 연간에 右領軍衛上將軍으로 致仕하여 岐國公에 봉해졌으며, 사후에 揚州大都督에 추증되었다.

219) 而 : 사고본에는 '不'로 되어 있다.

220) 生 : 사고본에는 '臣'으로 되어 있다.

221) 靡 : 사고본에는 이 뒤에 '之'가 있다.

222) 佞 : 사고본에는 이 뒤에 '之'가 있다.

223) 蔽 : 사고본에는 이 뒤에 '也必' 2자가 있다.

224) 未 : 사고본에는 없으나, 脫文으로 추정된다.

225) 趙忠 : ?~189. 동한 말기의 환관으로, 十常侍 가운데 한 사람이다. 지금의 하북성 冀州市 安平縣인 冀州 安平 사람이다. 桓帝・靈帝 때 小黃門, 中常侍, 大長秋, 車騎將軍 등을 역임하고 都鄕侯에 봉해졌다. 영제의 총애를 받아 영제에게 '나의 어머니'라는 말을 들었다. 권력을 전횡하였으며 영제를 부추겨 세금을 늘리고 궁실을 지으며 공개적으로 매관매직을 하도록 하였다. 189년에 영제가 죽은 뒤 환관을 제거할 계획을 세웠던 대장군 何進을 죽였으나, 얼마 뒤 이 소식을 들은 袁紹・袁術 등에게 피살되었다.

226) 張讓 : ?~189. 동한 말기의 환관으로, 十常侍 가운데 한 사람이다. 지금의 하남성 禹縣인 潁川 사람이다. 桓帝・靈帝 때 小黃門, 中常侍 등을 역임하고 列侯에 봉해졌다. 영제의 총애를 받아 영제에게 '나의 아버지'라는 말을 들었다. 趙忠과 함께 권력을 전횡하였다. 189년에 영제가 죽은 뒤 환관을 제거할 계획을 세웠던 대장군 何進을 죽였으나, 얼마 뒤

趙忠과 張讓이다.

그러므로 秦나라가 위태해지자 李斯와 趙高가 죽임을 당하였고, 漢나라 왕업이 무너지자 張讓과 趙忠이 주살되었던 것입니다. 仇士良은 소인이었기 때문에 권세를 훔치고 총애를 굳건히 하는 것을 영화로 여길 줄만 알았지, 나라가 망하면 권세와 총애도 마찬가지로 자연히 보전될 이치가 없다는 것을 알지 못했습니다. 이 때문에 구사량이 다섯 황제의 조정에서 권력을 전횡하여 그 자신은 비록 요행히 화를 면했지만 집안이 망하는 재앙이 끝내 그가 죽은 뒤에 이르렀던 것입니다. 어찌 馬存亮의 무리와 같이 권세를 탐하지 않고 총애를 과도하게 바라지 않아 자신을 보전할 수 있었겠습니까.

그러나 구사량의 말은 예로부터 간신이 말하지 않았던 것이니, 군주가 이를 한 부 써서 자리 곁에 두고 반드시 유생을 가까이하고 반드시 經史를 가까이해야 할 것입니다. 그러면 사치가 현혹시킬 수 없을 것이며 간사하고 아첨하는 자들이 총명을 가리지 못할 것이니, 그렇지 않으면 구사량과 같은 무리에게 우롱당하지 않는 경우가 없을 것입니다.

20-16-가[227)]

崔胤[228)]이 喜陰計하여 附離權强하고 其外自處가 若簡重而中險譎可畏러니 昭宗[229)]이 用爲平章事[230)]하다 素厚朱全忠[①231)]하여 委心結之러니 陰爲全忠地하여

이 소식을 들은 袁紹·袁術 등에게 쫓겨 달아나다 물에 빠져 죽었다.

227) 《新唐書》 권223下 〈姦臣列傳 崔胤, 崔昭緯, 柳璨〉에 보인다.

228) 崔胤 : 854~904. 당나라의 재상이다. 자는 昌遐이며 일설에는 垂休라고도 한다. 지금의 산동성 武城縣인 淸河 武城 사람이며 재상 崔愼由의 아들이다. 中書舍人, 御史中丞 등을 거쳐 昭宗(재위 888~904) 景福 2년(893)에 재상이 되었다. 朱溫(852~912), 즉 朱全忠과 결탁하여 그 힘으로 네 차례 재상이 되었기 때문에 崔四入이라고 불린다. 901년에 주온으로 하여금 군대를 끌고 가서 환관 韓全誨(?~903)의 겁박으로 鳳翔에 가 있는 昭宗을 맞이해오도록 하여 侍中·魏國公에 봉해졌다. 뒤에 주온이 제위를 찬탈할 것을 예상하고 병권을 장악하려다가 주온의 아우 朱友諒에게 피살되었다.

229) 昭宗 : 867~904(재위 888~904). 武則天과 殤帝를 포함하면 당나라 제23대 임금으로 휘는 曄이다. 初名은 杰이며 즉위한 뒤 敏으로 개명하였다가 다시 曄으로 바꾸었다. 시호는 聖穆景文孝皇帝이다. 21대 임금 懿宗(재위 859~873)의 일곱째 아들이자 22대 임금 僖宗(재위 873~888)의 아우이다. 처음에 壽王에 봉해졌다. 희종 文德 원년(888)에 환관 楊復

俾擅兵四討하고 **數**(삭)**爲全忠**하여 **畫**(획)**醜計**하더니 **先是**하여 **全忠**이 **雖據河南**하나 **顧彊**[232]**諸侯**가 **相持**라 **未敢移國**이러니 **及胤**이 **與相結**에 **得梯其禍**하여 **取朝權以彊**[233]**大**하여 **終亡天下**하고 **胤**이 **亦身屠家滅**하니라

① 素厚朱全忠 : 全忠, 卽朱溫. 本黃巢之將, 後降(항)以爲節度使.
朱全忠은 즉 朱溫이다. 본래 黃巢의 장수였는데, 뒤에 당나라 조정에 투항하여 절도사가 되었다.

崔胤이 음모를 좋아하여 권세 있는 자들에게 붙었으며 겉으로는 그 자신의 처신이 매우 장중한 듯 보였지만 내면은 무서울 정도로 음험하고 간사하였는데, 昭宗이 그를 등용하여 同中書門下平章事로 임명하였다. 최윤은 평소 朱全忠과 친분이 두터워 온 마음을 다하여 그와 사귀었는데, 암암리에 주전충의 기반이 되어 주전충이 병권을 전단하여 사방으로 토벌을 나갈 수 있도록 하고, 자주 주전충을 위하여 흉계를 꾸미곤 하였다.

恭에 의해 皇太弟로 옹립되고 얼마 뒤 즉위하였다. 당시 재상 崔胤과 환관 韓全誨가 각각 藩鎭과 결탁하고 권력을 다투었는데, 昭宗 天復 원년(901)에 한전회가 소종을 겁박하여 鳳翔으로 끌고 가서 절도사 李茂貞에게 의탁하자, 최윤은 宣武節度使 朱溫을 끌어들여 이를 공격하였다. 천복 3년(903)에 이무정이 한전회를 죽이고 주온과 화친을 맺음으로 인해 장안으로 돌아온 소종은 환관 700여 명을 죽였다. 모든 일을 주온에게 제재받고 洛陽으로 천도까지 하였으나 얼마 뒤에 주온에게 피살되었다.

230) 用爲平章事 : 昭宗 景福 2년(893) 9월 27일 壬辰日의 일이다. 이때 御史中丞이었던 崔胤은 戶部侍郎·同中書門下平章事에 임명되었다.

231) 朱全忠 : 859~912. 재위 907~912. 五代 後梁의 태조 朱溫이다. 어렸을 때의 이름은 朱三이며, 당나라 조정에서 朱全忠이라는 이름을 하사받았으나 後梁을 건국한 뒤에 朱晃으로 개명하였다. 宋州 碭山 사람이다. 어려서 고아가 되었으며 처음에는 黃巢 밑으로 들어가 同州防御使가 되었다. 唐 僖宗 中和 2년(882)에 당나라에 항복하여 河中行營招討副使에 임명되고 朱全忠이라는 이름을 하사받았다. 황소의 군대를 격퇴하는 등의 공을 세워 梁王에 봉해지고 宣武·宣義·護國·天平 4鎭의 절도사에 임명되었다. 904년에 昭宗을 죽이고 907년에 稱帝하여 국호를 梁이라 하고 도읍을 汴州로 정하였다. 얼마 되지 않아 당나라의 마지막 황제였던 哀帝(892~908, 재위 904~907)를 살해하였다. 912년에 셋째 아들 朱友珪(884~913)에게 피살되었다.

232) 彊 : 사고본에는 '强'으로 되어 있다.

233) 彊 : 대전본에는 '疆', 사고본에는 '强'으로 되어 있다.

이에 앞서 주전충은 비록 河南을 차지하기는 하였으나 강한 方鎭들을 돌아보았을 때 서로들 팽팽하게 맞서고 있었기 때문에 감히 나라를 찬탈하지 못했었다. 최윤이 그와 결탁하게 되자 화란을 일으킬 계제를 만들 수 있어서, 조정의 권력을 손에 넣어 강대하게 되어 끝내 당나라를 멸망시켰다. 최윤 역시 자신은 도륙되고 집안은 멸족되었다.

時에 **有崔昭緯**[234]**者**가 **亦相昭宗**하여 **密結中人**하며 **外連彊**[235]**諸侯**하여 **制天子以固其權**하더니 **後**에 **誅死**하다 **又有柳璨**[236]**者**가 **爲相**하여 **挾全忠爲重**하더니 **會彗星**이 **出太微·文昌間**이어늘 **占者**가 **曰 君臣**이 **皆不利**라 **宜多殺**하여 **以塞天變**[237]이라하여늘 **璨**이 **乃手疏所仇媢者若獨孤損**[238]**等三十餘人**하여 **皆誅死**[239]한대

---

234) 崔昭緯 : '緯'는 대전본에는 '偉'로 되어 있으나, 오자이다. 崔昭緯(?~895)는 당나라의 재상으로, 자는 蘊曜이며 지금의 하북성 淸河縣 서북쪽에 있던 淸河 사람이다. 僖宗 中和(881~894) 연간에 進士에 급제하고 昭宗 大順 2년(891)에 戶部侍郎·同中書門下平章事에 임명되었다. 안으로 환관과 결탁하고 밖으로 藩鎭과 연결하여 임금을 속이고 권력을 전횡하였다. 소종이 미워하여 乾寧 2년(895)에 재상에서 파직시키고 梧州司馬 등으로 좌천시켰다가 賜死하였다.

235) 彊 : 사고본에는 '强'으로 되어 있다.

236) 柳璨 : ?~907. 당나라 말기의 재상이다. 자는 炤之이며 京兆 華原 사람이다. 서법가 柳公綽·柳公權 형제의 족손으로, 어려서 고아가 되어 가난하게 살았다. 昭宗 光化(898~900) 연간에 進士에 합격하고 翰林學士를 역임하였다. 904년에 재상 崔胤이 피살된 뒤 諫議大夫·同中書門下平章事에 임명되었다. 朱全忠이 帝位 찬탈을 도모하는 것을 알고 위험한 시국에 兵權을 장악하여 자신의 지위를 공고히 하고자 불탑을 무너뜨리고 구리와 철을 꺼내 병기를 만들었는데, 마침 주전충의 아들 朱友倫이 球戲를 하다가 낙마하여 죽자 유찬이 남몰래 손을 쓴 것이라고 의심한 주전충에 의해 崖州로 유배되었다가 얼마 뒤에 참수되었다.

237) 會彗……天變 : 哀帝 天祐 2년(905) 5월의 일이다.

238) 獨孤損 : '損'은 대전본에는 없다. 獨孤損(?~905)은 당나라의 재상으로, 자는 又損이며 지금의 하남성 洛陽市인 河南 사람이다. 昭宗 天復 3년(903) 12월 15일 辛巳日에 兵部侍郎·同中書門下平章事에 임명되었다. 애제 천우 2년(905)에 安南都護·靜海軍節度使에 임명되었으나 얼마 뒤인 5월 15일 癸酉日에 棣州刺史로 좌천되고, 다시 5월 23일 신사일에 瓊州司戶로 좌천되었다가, 6월 1일 戊子日에 裴樞 등과 함께 白馬驛에서 朱全忠에게 賜死되었다.

239) 璨乃……誅死 : 애제 천우 2년(905) 5월에 점치는 자의 말을 들은 柳璨이, 자신이 평소

天下가 **以爲寃**하더라 **後**에 **全忠**이 **急於九錫**[240)]하여 **疑璨**이 **沮己**하여 **殺之**[241)]하다

당시 崔昭緯라는 자가 또한 昭宗의 재상이 되어 남몰래 환관들과 결탁하고 밖으로는 강한 方鎭들과 연계하여 소종을 제어함으로써 자신의 권력을 공고하게 하였는데, 뒤에 죽임을 당하였다.

또 柳璨이라는 자가 재상이 되어 朱全忠을 믿고 막강한 권력을 휘둘렀는데, 마침 혜성이 太微星과 文昌星 사이에 출현하자, 점을 치는 자가 "임금과 신하가 모두 이롭지 않으니 대대적으로 살륙하여 하늘의 이변을 막아야 한다."라고 하였다. 유찬이 이에 자신이 원수로 여기고 꺼리던 獨孤損과 같은 자들 30여 명을 손수 열기하여 이들을 모두 죽이자 천하 사람들이 이들의 죽음을 억울하게 여겼다. 뒤에 주전충은 九錫을 받는 데 마음이 급하여 유찬이 자신을 저지한다고 의심하여 죽였다.

唐史姦臣傳[242)]**贊**[243)]에 **曰 木將壞**에 **蟲實生之**하고 **國將亡**에 **妖實産之**라 **故三宰**가 **嘯凶**에 **牝奪晨**[①244)]하고 **林甫**가 **將蕃**에 **黃屋**이 **奔**[245)]하고 **鬼質**이 **敗謀**에 **興**

원수로 여긴 자들을 朱全忠에게 열기하고서 이들을 죽여 하늘의 재이를 막자고 하자, 주전충은 이를 옳게 여겨 獨孤損・裴樞 등을 지방으로 좌천시켰다가 동년 6월에 白馬驛에 이들을 모이게 한 뒤 賜死하고 그 시신은 渭水에 던졌다.

240) 九錫 : 천자가 최고로 예우한다는 뜻으로 제후나 大臣에게 내려준 車馬, 衣服, 樂則, 朱戶, 納陛, 虎賁, 弓矢, 鈇鉞, 秬鬯 등 아홉 가지 특전을 이른다. 여기에서는 權臣이 帝位를 찬탈하는 것을 비유한다.《春秋公羊傳 莊公 元年 何休注》

241) 疑璨沮己殺之 : 朱全忠에게 宣徽北院使 王殷이 柳璨의 죄를 날조하여 배신하려는 마음이 있다고 하자, 이 말을 전해들은 유찬은 두려워서 哀帝를 협박하여 주전충에게 제위를 선위할 것을 강요하였다. 그러나 주전충은 유찬 등이 자신을 배신했을 것이라고 의심했을 때 유찬보다 먼저 자신에게 달려와 변명했던 유찬의 동료 蔣玄暉가 피살되었다는 소식을 듣고, 유찬이 자신을 배신했다고 하여 登州刺史로 좌천시켰다. 얼마 뒤에 주전충은 유찬을 평민으로 만들고 崖州로 추방하였다가 오래지 않아 유찬을 살해하였다.

242) 傳 : 대전본에는 '溥'로 되어 있으나, 오자이다.

243) 唐史姦臣傳贊 :《新唐書》 권223下 〈姦臣列傳〉의 贊을 이른다.

244) 三宰嘯凶牝奪晨 : 19-2-가, 19-4-가 참조.

245) 林甫將蕃黃屋奔 : '黃屋'은 왕의 수레를 덮는 누런 비단으로, 여기서는 唐 玄宗을 가리킨다. 관련 내용은 19-16-가 참조.

元이 **蹙**[②246)]하고 **崔·柳**가 **倒持**[247)]에 **唐**[248)]**宗**이 **覆**[③]하니 **嗚呼**라 **有天下者**는 **可不戒哉**아

① 三宰嘯凶犴奪晨：三宰, 謂李勣(적)[249)]·許敬宗[250)]·李義府[251)], 皆勸高宗[252)]立武

246) 鬼質敗謀輿元蹙：20-10-가1, 20-11-가 참조.

247) 倒持：검을 거꾸로 쥐고 칼자루를 남에게 주었다가 도리어 자신이 해를 입는 것을 이른다.

248) 唐：대전본·사고본에는 '李'로 되어 있다.

249) 李勣：594~669. 당 고조·태종·고종 때의 명장이자 재상으로, 凌煙閣 24공신 중 1인이다. 원래의 姓名은 徐世勣이다. 자는 懋功이다. 曹州 離狐 사람이다. 唐 高祖 李淵에게 '李氏'로 賜姓되었다. 처음에는 李密의 瓦崗軍에 종군하였다. 당에 귀순하여 黎陽總管이 되었다. 秦王 李世民을 따라 竇建德·王世忠·劉黑闥 등을 격파하여 많은 공을 세웠다. 그 후 태종이 즉위한 뒤에 并州都督이 되어 돌궐을 격파하고 英國公에 봉해졌다. 이후로 薛延陀, 高句麗 원정에 종군하여 공을 세웠다. 兵部尙書, 太常卿, 太子詹事, 遼東道行軍總管 등을 역임하였으며, 고종 때 尙書左僕射·司空에 임명되었다. 總章 2년(669)에 죽었다. 太尉·揚州大都督에 추증되었다. 시호는 貞武이다.

250) 許敬宗：592~672. 唐나라의 대신이다. 자는 延族이다. 杭州 新城 사람이다. 부친은 隋代의 禮部侍郎 許善心이다. 隋 煬帝 大業 연간에 秀才로 천거되었다. 얼마 뒤 李密 휘하에서 記室이 되었다. 唐初에는 秦王府 18學士의 한 사람으로 활동했다. 태종 貞觀 연간에 著作郎·中書舍人·修國史·洪州司馬·給事中·太子右庶子 등을 역임하였다. 高宗 때 禮部尙書가 되어 李義府 등과 함께 高宗이 武則天을 황후로 세우는 것을 도와 侍中에 발탁되었다. 또 무측천을 도와 褚遂良을 축출하고 長孫無忌와 上官儀 등을 압박해 살해했다. 고종 顯慶 연간에 中書令·右相이 되고, 이의부 등과 함께 조정을 관장했다. 일찍이 監修國史를 지냈다. 高陽郡公에 봉해졌다. 시호는 繆이다. 19-2-가 '許敬宗' 주석, 19-4-가 참조.

251) 李義府：614~666. 唐 高宗 때의 재상이다. 瀛州 饒陽 사람이다. 성품이 음흉하고 남을 대할 때 유순하면서도 남몰래 해쳐서 '웃음 속에 칼이 있다.〔笑中有刀〕'라고 일컬어졌다. 監察御史, 太子舍人, 中書舍人 등을 역임하였다. 일찍이 고종이 태자일 적에 동궁 속관이 되었는데, 고종에게 영합하여 신임을 얻었다. 고종에게 王皇后를 폐위하고 무측천을 황후로 삼을 것을 건의하여 처음으로 중서시랑 동중서문하삼품에 제수되어 재상으로 朝政에 참여하고 廣平縣男에 봉해졌다. 사당을 결성하고 매관매직을 일삼으며 권력을 휘둘렀다. 후에 중서령에 제수되고 河間郡公에 봉해졌다. 그러나 뇌물을 수수하고 매관매직한 일로 右金吾倉曹參軍 楊行穎의 탄핵을 받아 巂州로 유배되어 실각하여 울분 속에 죽었다. 무측천의 즉위 후에 揚州大都督에 추증되었으나 睿宗 연간에 다시 거두어졌다. 19-3-가 '李義府' 주석, 19-4-가 참조.

252) 高宗：628~683(재위 649~683). 唐나라 제3대 황제 李治이다. 소자는 雉奴이다. 자는

后[253)]也.

'三宰'는 李勣·許敬宗·李義府를 이르니, 모두 高宗에게 武后를 책봉할 것을 권했던 자들이다.

② 鬼質敗謀興元釁 : 謂盧杞[254)]也.

'鬼質'은 盧杞를 이른다.

③ 崔柳倒持唐宗覆 : 謂崔胤[255)]·柳璨也.

'崔柳'는 崔胤과 柳璨을 이른다.

《新唐書》〈姦臣列傳 贊〉에 다음과 같이 말하였다.

"나무가 썩으려고 할 때에는 벌레가 반드시 생겨나고, 나라가 망하려고 할 때에는 요망한 일이 반드시 발생한다. 그러므로 세 재상이 흉인을 불러들이자 암탉이 새벽에 울고, 李林甫가 藩將을 기용하자 황제가 피난 갔으며, 못생긴 盧杞가 大

爲善이다. 시호는 天皇大聖大弘孝皇帝이다. 長安 사람이다. 唐 太宗의 제9남이며, 모친은 文德順聖皇后 長孫氏이다. 성품이 유약하였다. 貞觀 5년(631) 晉王에 봉해졌다. 정관 17년(643)에 태자 李承乾이 폐위되자, 태자로 책립되었다. 즉위 후에는 貞觀之治의 遺風을 계승하여 태종의 舊臣을 중용하고 정무를 부지런히 수행하여 唐朝의 典章制度를 모두 갖추어 永徽之治를 이루었고, 서돌궐 평정과 고구려 멸망 등 대외 확장에 성과를 거두어 唐代 최대 판도를 이룩하였다. 영휘 6년(655)에 王皇后를 폐하고 武后(則天武后)를 세우고 이에 반대한 褚遂良·長孫無忌 등 고명대신을 축출하였다. 顯慶 5년(660) 병이 심해진 뒤에는 무후에게 정치를 위임하여 실권을 잃었다. 19-2-가 '唐高宗' 주석 참조.

253) 武后 : 624~705. 唐 高宗의 后妃인 則天武后이다. 幷州 文水 사람이다. 시호는 則天大聖皇后이다. 지혜가 많고 문사를 겸했다. 14세에 太宗의 才人이 되었다가 태종의 사후에 感業寺에 출가하여 비구니가 되었다. 高宗 永徽 초에 고종이 다시 입궁시켜 昭儀로 삼았다. 영휘 6년(655)에 황후가 되었고, 顯慶 5년(660)에 고종의 병환이 중해지자 국정을 위임받아 처리했다. 上元 원년(674)에 天后라고 칭했다. 고종의 사후, 中宗이 즉위하자 황태후가 되어 臨朝稱制했다. 중종을 폐위하고 睿宗을 세운 후에 국정을 혼자 처리했다. 天授 원년(690)에 국호를 周로 고치고 聖神皇帝라고 칭제하였다. 재위 동안 정적을 축출하고 酷吏를 중용하여 밀고를 크게 장려했다. 宗室과 舊臣을 크게 탄압했다. 《氏族志》를 《姓氏錄》으로 바꾸어 5품 이상의 관원을 士流로 편입하고, 殿試와 武擧를 실시하여 인재를 발탁했다. 불교를 진흥시키고 명당을 만들었으며 員外試官을 설치했다. 농업을 중시해 호구를 증가시킴으로써 경제를 발전시켰다. 말년에 병이 위중해지자, 張柬之 등이 중종을 복위시켰다. 사후 고종과 함께 건릉에 합장되었다. 19-2-가 '武昭儀' 주석 참조.

254) 盧杞 : '杞'는 대전본에 '相'으로 되어 있다. '盧杞'는 20-5-가 '盧杞' 주석 참조.

255) 胤 : 대전본에는 '嗣'로 되어 있으나, 北宋 태조 趙匡胤을 피휘한 것이다.

計를 그르치자 興元 연간의 조정이 위축되고, 崔胤과 柳璨이 權柄의 칼날을 거꾸로 쥐고 남에게 건네주자 당나라 왕실이 전복되었던 것이다. 아, 천하를 소유한 자들은 경계로 삼지 않아서야 되겠는가!"

20-16-나(按)

臣은 按 姦賊之臣이 大抵有所挾然後에사 得肆其惡하나니 若許敬宗・李義府則挾賊后하여 以制其君而武氏가 因之以移國하고 崔胤[256]・柳璨則挾賊臣하여 以脅其君而朱溫이 因之以篡位하니 嗚呼라 可畏也哉인저 近世에 有歸自虜[257]庭而主和戎之議者가 則於誓書에 明言毋得擅易宰相[258]이라하니 此又挾賊虜[259]하여 以要其君也라 屬時淸明하여 能專政而不能竊國이나 然其情狀이 實聖朝之姦賊이라 故併著焉하노이다

【臣按】 姦臣과 賊臣은 대체로 믿고 의지하는 대상을 확보한 후에야 그 악을 마음껏 행할 수 있는 법입니다. 許敬宗과 李義府 같은 자들이 역적 황후를 믿고 임금을 제어하자 武氏(武則天)가 이를 기화로 나라를 빼앗았으며, 崔胤과 柳璨 같은 자들이 賊臣을 믿고 임금을 협박하자 朱溫이 이를 기화로 帝位를 찬탈했으니, 아, 두려울 만합니다!

근세에 적국 金나라 조정에서 돌아와 금나라와 화친을 주장하는 의론을 하는 자들이 그 맹세하는 글에 '멋대로 재상을 바꾸어서는 안 된다.'고 분명히 말했다고 하니, 이것은 또 적국 금나라를 믿고 우리 임금에게 강요한 것입니다. 당시 청명한 때를 만나 저들이 정사를 전횡하기는 하였으나 나라를 훔치지는 못하였습니다. 그러나 그 情狀은 실로 聖朝의 姦賊이므로 함께 드러내어 적습니다.

---

256) 胤 : 대전본에는 '嗣'로 되어 있으나, 北宋 태조 趙匡胤을 피휘한 것이다.

257) 虜 : 사고본에는 '北'으로 되어 있다.

258) 於誓……宰相 : 南宋 高宗 紹興 11년(1141) 11월에 송나라가 금나라와 굴욕적으로 紹興和約을 맺을 때 금나라가 화약에 앞서 내건 조건을 이른다. 소흥화약의 주요 내용은, 淮水를 경계로 하여 북쪽은 금나라가 차지하고 남쪽은 송나라가 차지한다는 것, 송나라가 금나라에 매년 비단 25만 필과 은 25만 냥씩 바친다는 것, 송나라가 금나라에게 稱臣한다는 것 등이다. 이때 금나라에서는 秦檜가 강화에 적극적임을 알고 화약에 앞서 '대신을 마음대로 바꿀 수 없다〔毋得擅易大臣〕'는 조항을 약속받았는데, 이는 송나라에 진회의 재상 직위를 보장할 것을 요구한 것이다. 《宋史紀事本末 卷19 乾道 6年》《桯史 卷4 乾道受書禮》

259) 賊虜 : 사고본에는 '讎怨'으로 되어 있다.

以上은 論憸邪罔上之情一이라【姦臣】

이상은 간사한 자들이 임금을 속인 정상을 논한 것 중 첫 번째이다.【간신】

格物致知之要(二) 사물의 원리를 깊이 연구하여 知性의 힘을 극대화하는 핵심적인 방법들 (2)

辨人材 人材를 구별하는 방법들

憸邪罔上之情【讒臣】 奸邪한 자들이 임금을 속인 정상【참소하는 신하들】

21-1-가[1)]

詩十月之交는 **大夫**가 **刺幽王**[2)]**也**라 **其八章**[3)]에 **曰 黽**(민)**勉從事**하여 **不敢告勞**호라 **無罪無辜**①어늘 **讒口囂囂**(효효)②로다 **下民之孽**(얼)이 **匪降自天**③이라 **噂**[4)] **沓背憎**이 **職競由人**④이니라

① 無罪無辜 : 辜, 亦罪也.
'辜'도 '죄'라는 뜻이다.

② 讒口囂囂 : 囂囂, 衆多貌.
'囂囂'는 많은 모양이다.

③ 下民……自天 : 孽, 災害也.
'孽'은 '災害'라는 뜻이다.

---

1) 《詩經》〈小雅 十月之交〉에 보인다.

2) 幽王 : 기원전 795?~기원전 771(재위 기원전 781~기원전 771). 西周의 제12대 왕인 姬宮涅(희궁녈)이다. 宣王의 아들이다. 虢石父(괵석보)를 卿에 임명하여 가혹한 정치를 행하였다. 褒姒를 총애하여 申后와 태자 宜臼를 폐하고 포사의 소생인 伯服을 태자로 세웠다. 이에 반발한 신후가 犬戎을 끌어들여 鎬京을 함락시켰다. 戲 땅에서 살해되었다.

3) 其八章 : 본문에 인용된 구절은 《毛詩正義》와 《詩集傳》에 모두 제7장으로 되어 있다. 저자가 '8장'이라고 한 것은 오류인 듯하다.

4) 噂 : 사고본에는 이 뒤에 소자로 '音撙上聲(음은 '撙(준)'이니 上聲이다.)' 4자가 있다.

④ 噂沓……由人：噂，聚也，沓，重複[5]也，皆多言之貌．職，主也．競，爭也．
'噂'은 '모이다'라는 뜻이고 '沓'은 '거듭하다'라는 뜻이니, 모두 말을 많이 하는 모양이다. '職'은 '주재하다'라는 뜻이다. '競'은 '다투다'라는 뜻이다.

《시경》〈十月之交〉는 大夫가 幽王을 풍자한 것이다. 그 8장에 다음과 같은 내용이 있다.

힘써서 나랏일에 매진하여　黽勉從事
감히 힘들다고 말하지 못하였네　不敢告勞
죄도 없고 잘못도 없는데도　無罪無辜
헐뜯는 입 시끄럽게 떠드네　讒口囂囂
백성이 당한 재앙은　下民之孽
하늘에서 내린 것이 아니고　匪降自天
앞에서는 수다 떨다 뒤에서는 미워함이　噂沓背憎
다툼을 주재하는 것은 사람 때문이네　職競由人

21-1-나(按)

臣은 按 是時十月之朔에 日有食之[6]하니 陰盛陽微하여 譴見于天하고 又有震電之異와 川湧山頹之變[7]이어늘 詩人이 推原其故하니 以讒人之衆多也라 士・大夫가 竭力以從王事하여 不敢告勞而無罪無辜가 橫遭讒口하여 是非顚倒하며 邪正混淆하니 此가 天之所以見異也라 然則災害之降은 人自爲之니 豈天也哉리오 讒邪小人이 面則多言以相悅하고 背則憎疾以相毁하나니 職此紛競者가 豈非人乎리오 其人은 爲誰오 曰前章所謂皇父(보)也며 家伯也며 仲允也며 番也며 聚(추)也며 蹶也며 楀(구)[8]也니 此七[9]子者는

5) 複：대전본에는 '復'으로 되어 있다.

6) 是時……食之：《詩經》〈小雅 十月之交〉에 "10월의 해와 달이 만나는 초하루 신묘일에 일식이 있었네.〔十月之交 朔日辛卯 日有食之〕"라고 하였다.

7) 又有……之變：《詩經》〈小雅 十月之交〉에 "번쩍번쩍 천둥 번개 편안하지 않고 좋지 않네. 온갖 하천이 용솟음치고 높은 산마루가 무너졌네. 높은 언덕은 골이 되고 깊은 골은 구릉 되었네.〔爗爗震電 不寧不令 百川沸騰 山冢崒崩 高岸爲谷 深谷爲陵〕"라고 하였다. 한편《史記》卷4〈周本紀〉에 따르면, 幽王 2년(기원전 774)에 鎬京에 지진이 발생하여 渭水, 涇水, 洛水의 三川이 마르고 岐山이 무너졌다.

皆王朝之卿・大夫・士而競爲讒口하고 而又有豔妻가 處中以爲之主[10)]하여 女子小人이 表裏交煽하니 此가 讒口之所以得行이며 君子之所以受屈也라 噂沓背憎이 四字耳로되 而於讒人之情態에 摹寫略盡하니 人主는 其可以不三復哉잇가

【臣按】이때 10월 초하루에 일식이 있었으니 陰은 강성하고 陽은 미약하여 견책이 하늘에서 나타났습니다. 그리고 천둥번개가 치는 災異와 하천이 넘치고 산이 무너지는 변고가 생겼는데, 詩人이 그 까닭을 따져보니 참소하는 사람이 많기 때문이었습니다.

士와 大夫가 온 힘을 다하여 국사를 수행해서 감히 수고로움을 말하지 못했습니다. 그런데 죄도 잘못도 없는 사람이 뜻밖에 참소를 당하여 옳은 것과 그릇된 것이 뒤바뀌고 사특한 것과 올바른 것이 뒤섞였습니다. 이것이 하늘이 재이를 나타낸 이유입니다.

그렇다면 재해가 내려진 것은 사람이 스스로 만든 것이니 어찌 하늘이 내린 것이겠습니까. 헐뜯는 말을 하는 소인이 앞에서는 수다를 떨며 즐거워하고 뒤에서는 미워하며 헐뜯으니, 이 시끄럽게 다투는 것을 주재한 자는 어찌 사람이 아니겠습니까. 그 사람은 누구이겠습니까?

앞 장에서 말한 皇父, 家伯, 仲允, 番氏, 聚氏, 蹶氏, 楀氏이니 이 일곱 사람은 모두 왕의 조정에서 卿이고, 大夫이고, 士인데 다투어 참소를 행하였고 게다가 요염한 부인이 禁中에 있으면서 그들의 주재자가 되어 여자와 소인이 안팎에서 함께 선동하니, 이것이 참소가 행해지고 군자가 억울한 일을 당한 이유입니다. '噂沓背憎(앞에서는 수다 떨다 뒤에서는 미워함)'은 네 글자일 뿐이지만 참소하는 사람의 정상에 대해 거의 다 그려냈으니 군주가 되뇌지 않아서야 되겠습니까.

---

8) 楀 : 사고본에는 이 뒤에 소자로 '音擧' 2자가 있다.

9) 七 : 대전본에는 '士'로 되어 있다.

10) 前章……之主 : 《詩經》〈小雅 十月之交〉에 "皇父가 卿士이고, 番氏가 司徒이고, 家伯이 宰가 되고, 仲允이 膳夫가 되고, 聚子가 內史가 되고, 蹶氏가 趣馬(추마)가 되고, 楀氏가 師氏가 되었는데 요염한 부인이 화를 일으키며 그대로 있구나.〔皇父卿士 番維司徒 家伯維宰 仲允膳夫 聚子內史 蹶維趣馬 楀維師氏 豔妻煽方處〕"라고 하였다. 朱熹의 《詩集傳》에 따르면, 司徒와 宰는 卿이고 內史와 師氏는 大夫이고 卿士와 膳夫와 趣馬는 士이다. 요염한 부인은 周 幽王의 부인인 褒姒를 지칭한다.

21-2-가[11]

小弁(반)[12]은 **大夫**가 **刺幽王也**라 **太**[13]**子之傅**가 **作焉**[①14]하니 **其七章**에 **曰 君子信讒**이 **如或醻**[15]**之**[②]며 **君子不惠**[③]라 **不舒究之**[④]로다

① 太子之傅作焉 : 太[16]子, 幽王之太[17]子宜臼[18]也.
태자는 幽王의 태자인 宜臼이다.
② 如或醻之 : 醻[19], 醻酢之義也.
'醻'는 술잔을 돌려 술을 권한다는 뜻이다.
③ 君子不惠 : 惠, 愛也.[20]
'惠'는 '사랑하다'라는 뜻이다.
④ 不舒究之 : 舒, 緩也. 究, 察也.
'舒'는 '찬찬히'라는 뜻이다. '究'는 '살피다'라는 뜻이다.

《시경》〈小弁〉은 대부가 周 幽王을 풍자한 시이다. 태자의 사부가 지은 것이다. 그 7장에 다음과 같은 내용이 있다.

군자가 참소를 믿어	君子信讒
권하는 술잔을 받듯 하였네	如或醻之
군자가 자식을 사랑하지 않아	君子不惠
찬찬히 살피려 하지 않네	不舒究之

11) 《詩經》〈小雅 小弁〉에 보인다.
12) 弁 : 사고본에는 이 뒤에 소자로 '音盤' 2자가 있다.
13) 太 : 대전본에는 '大'로 되어 있다.
14) 太子之傅作焉 : 朱熹의 《詩集傳》〈小雅 小弁〉에는 작자를 周 幽王의 태자 宜臼로 보고 毛序에서 작자를 태자의 사부로 본 것은 근거를 알 수 없다고 하였다. 아울러 《맹자》〈告子 下〉 제3장에 高子가 〈小弁〉을, 어버이를 원망했기 때문에 소인의 시라고 해석한 일에 대해 公孫丑가 孟子에게 물은 일을 소개하였다.
15) 醻 : 대전본・사고본에는 '酬'로 되어 있다.
16) 太 : 대전본에는 '大'로 되어 있다.
17) 太 : 대전본에는 '大'로 되어 있다.
18) 臼 : 대전본에는 '咎'로 되어 있다.
19) 醻 : 대전본에는 '酬'로 되어 있다.
20) 惠愛也 : 사고본에는 없다.

21-2-나(按)

臣은 按 傳에 稱幽王이 取申女하여 生太[21]子宜臼[22]러니 又說(열)褒[23]姒하여 生子伯服하여 立以爲后而放宜臼[24]하여 將殺之라 故太子之傅가 爲此詩하여 以刺王也라하니 父子는 天性之恩이요 太子는 天下之本이어늘 幽王이 一聽褒[25]姒之讒에 如受獻酬之爵하여 得則飮之하여 曾不少拒하니 夫讒者之言이 驟而聽之則不能無惑이어니와 徐而察之則可得其情이어늘 幽王이 惟無愛子之心이라 故一聞讒言에 不復舒緩以究其實而遽加放逐焉하니 此가 太子所以不能自明也라 雖然이나 褒[26]姒가 亦豈能自爲讒哉리오 國語에 謂褒[27]姒가 有寵하여 於是乎에 與虢石父(괵석보)[28]로 比而逐宜臼[29][30]라하니 虢石父者는 讒諂面從之人也라 幽王이 立之以爲卿士하니 聘后가 棄而內妾이 立하며 庶孽이 寵而嫡長이 危는 皆石父가 實爲之也라 卒使申侯로 衘[31]忿以召戎하여 幽王이 死하고 褒[32]姒가 虜[33]하고 宜臼[34]가 雖立而周가 東遷矣라 讒人之害가 至於如此하니 可不監哉잇가

【臣按】 毛傳에 이르기를 "幽王이 申나라 여인에게 장가들어 태자 宜臼를 낳았는데, 또 褒姒를 총애하여 아들 伯服을 낳자 그녀를 세워서 后로 삼고 의구를 추방하여 죽이려고 하였다. 이 때문에 태자의 사부가 이 시를 지어 유왕을 풍자한 것

---

21) 太 : 대전본에는 '大'로 되어 있다.
22) 臼 : 대전본에는 '舀'로 되어 있다.
23) 褒 : 대전본에는 '襃'로 되어 있다.
24) 臼 : 대전본에는 '舀'로 되어 있다.
25) 褒 : 대전본에는 '襃'로 되어 있다.
26) 褒 : 대전본에는 '襃'로 되어 있다.
27) 褒 : 대전본에는 '襃'로 되어 있다.
28) 虢石父 : ?~기원전 771. 西周 시대의 西虢公이다. 성명은 姬石父로, 일설에는 이름이 鼓이고 자가 石父라고도 한다. 財利를 탐하고 아첨과 참소에 능하였다. 周 幽王 때 上卿이 되어 집정하였고, 褒姒와 결탁하여 태자 宜臼를 축출하였다.
29) 臼 : 대전본에는 '舀'로 되어 있다.
30) 褒姒……宜臼 : 《國語》 〈晉語1〉에 보인다.
31) 衘 : 사고본에는 '銜'으로 되어 있다.
32) 褒 : 대전본에는 '襃'로 되어 있다.
33) 虜 : 사고본에는 '擄'로 되어 있다.
34) 臼 : 대전본에는 '舀'로 되어 있다.

이다."라고 하였습니다.

부자지간은 타고난 본성의 은혜이고 태자는 천하의 근본입니다. 그런데 유왕이 한번 포사의 참언을 듣자마자 마치 권하는 술잔을 받은 즉시 마시듯이 하여 조금도 참언을 막지 않았습니다. 참소하는 사람의 말은 얼핏 들으면 미혹될 수도 있지만 찬찬히 살펴보면 그 실상을 알 수 있습니다. 그런데 오직 유왕은 자식을 사랑하는 마음이 없었기 때문에 참소하는 말을 듣자마자 더 이상 찬찬히 그 실상을 살펴보지 않고 대번에 태자를 추방해버렸습니다. 이것이 태자가 스스로 결백을 밝힐 수 없었던 이유입니다.

비록 그렇다 하더라도 포사가 또한 어찌 스스로 직접 참소를 행할 수 있었겠습니까. 《國語》에 이르기를 "포사가 총애를 받아 이에 虢石父와 한패가 되어 의구를 쫓아냈다."라고 하였습니다. 괵 석보는 참소하고 아첨하며 겉으로만 순종하는 사람이었습니다. 유왕이 그를 발탁하여 卿士로 삼았으니 正室로 맞이한 왕후가 버려지고 內妾이 왕후가 되며 서얼이 총애받고 적장자가 위태로워진 것은 모두 괵 석보가 실로 그렇게 만든 것입니다. 끝내 申侯가 분한 마음을 품고 犬戎을 불러들여 유왕이 죽고 포사가 사로잡혀 가고 의구가 즉위하기는 하였지만 周나라가 동쪽으로 遷都하게 되었습니다. 참소하는 사람의 해악이 이와 같은 지경에까지 이르렀으니 살피지 않아서야 되겠습니까.

21-3-가[35)]

巧言은 **刺幽王也**라 **大夫**가 **傷於讒**이라 **故作是詩也**하니 **其二章**에 **曰 亂之初生**은 **僭始既涵**①이며 **亂之又生**은 **君子信讒**이니라 **君子如怒**면 **亂庶遄沮**②며 **君子如祉**면 **亂庶遄已**③리라

① 僭始既涵：僭，側蔭切．涵，容也．
'僭(참)'은 '側(측)'과 '蔭(음)'의 반절이다. '涵'은 '받아들이다'라는 뜻이다.

② 亂庶遄沮：遄，速也．沮，止也．
'遄'은 '빨리'라는 뜻이다. '沮'는 '그치다'라는 뜻이다.

③ 君子……遄已：祉，猶喜也．已，亦止也．
'祉'는 '喜(기뻐하다)'와 같다. '已'도 '그치다'라는 뜻이다.

---

35) 《詩經》〈小雅 巧言〉에 보인다.

《시경》〈巧言〉은 周 幽王을 풍자한 시이다. 大夫가 참언에 해를 당하였다. 그러므로 이 시를 지은 것이다. 그 2장에 다음과 같은 내용이 있다.

난리가 처음 발생하는 것은	亂之初生
不信의 단서를 받아들였기 때문이며	僭始既涵
난리가 또 발생하는 것은	亂之又生
군자가 참언을 믿었기 때문이니라	君子信讒
군자가 만일 참언에 노한다면	君子如怒
난리가 빨리 그치리라	亂庶遄沮
군자가 만일 善言에 기뻐한다면	君子如祉
난리가 빨리 종식되리라	亂庶遄已

21-3-나(按)

臣은 按 小人이 爲讒於其君할새 必以漸으로 入之하나니 其始也에 進而嘗之하여 君이 容之而不拒어든 於是에 復進이니 既而君이 信之然後에 亂成矣라 僭始之僭은 義[36]與譖으로 同하니 僭[37]者는 讒之初요 讒者는 譖之極이니 方譖之始에 涵容之而不辨則亂生하고 及讒之進에 又信之而不辨則亂成하나니 必也聞讒而怒하고 聞善而喜하여 好惡明白하여 斷決不疑則亂이 爲之止矣라 故人君이 杜絶讒邪之道는 一曰辨이요 二曰斷이니라 又按此詩는 凡六章이니 皆斥讒人之害而三章에 有曰 盜言孔甘①이라 亂是用[38]餤(담)②이라하며 五章에 有曰 巧言如簧이라 顔之厚矣라하니 蓋讒夫小人이 乘間伺隙하여 以中君子가 如穿窬之盜나 然惟其言之甘이라 故聽者가 嗜之而不厭하나니 此가 亂之所由以進也라 憸(험)巧之言이 悅可人意가 如笙簧然[39]하니 使其知媿則[40]不爲矣어늘 惟其顔之厚라 是以

36) 義 : 사고본에는 없다.

37) 僭 : 대전본・사고본에는 '譖'으로 되어 있다.

38) 是用 : 대전본에는 '用是'로 되어 있다.

39) 憸巧……簧然 : 笙은 竹管을 匏에 꽂아 만든 空鳴樂器의 일종으로, 죽관의 밑에 쇠청(金葉)을 달아두어 공기를 불어넣으면 쇠청이 울려 소리를 낸다. 이 쇠청을 簧이라고 한다. 소인이 간사하고 교묘한 말을 얽어 듣는 이를 기뻐하고 찬동하게 하는 것이 마치 생황이 울려 듣는 이의 마음을 기쁘게 하는 것과 같다고 비유한 것이다.

笙

爲之而不恥也하나니 人君之於聽言에 知其爲盜則謹防之하며 知其爲巧則深遠之니 夫然後에 讒夫가 不得而昌하며 君子가 得以自立이니 此가 詩人垂戒之指也라

① 盜言孔甘 : 孔, 甚也.
'孔'은 '매우'라는 뜻이다.
② 亂是用餤 : 餤, 進也.
'餤'은 '진언하다'라는 뜻이다.

【臣按】 소인이 자신의 군주에게 참소를 행할 적에 반드시 점진적으로 행하는 법입니다. 그 처음에는 참소를 올려 한번 시험해보아 군주가 이를 수용하고 막지 않으면 이에 다시 참소를 올리니, 이윽고 군주가 이를 신뢰하게 된 뒤에야 난리가 이루어집니다. '僭始'의 '僭'은 뜻이 '譖(거짓말)'과 같으니 '거짓말〔僭〕'은 '참소〔讒〕'의 발단이고 '참소〔讒〕'는 '거짓말〔譖〕'의 끝입니다. 처음 거짓말을 했을 때 이를 받아들이고 분별하지 않으면 난리가 발생하고, 참소를 진언했을 때 또 이를 믿고 분별하지 않으면 난리가 이루어집니다. 반드시 참언을 들으면 노여워하고 善言을 들으면 기뻐하여, 좋아하고 싫어하는 것이 명백하여 결단을 주저하지 않으면 난리가 그로 인해 그치게 됩니다. 그러므로 군주가 참소하는 말과 간사한 말을 막는 방법은 첫째가 분별이고 둘째가 결단입니다.

또 살펴보건대, 이 시는 모두 6장이니 모두 참소하는 사람의 해악을 논척하였는데, 3장에서는 "도적의 말이 매우 달콤한지라, 난리가 이 때문에 진전되네."라고 하고, 5장에서는 "교묘한 말이 생황과 같으니 얼굴이 두껍도다."라고 하였습니다. 참소하는 소인이 틈을 엿보아 군자를 중상하는 것은 마치 벽을 뚫고 담을 넘는 좀도둑과 같지만, 오직 그들의 말이 달콤하기 때문에 듣는 사람이 이를 즐기고 싫어하지 않습니다. 이는 난리가 말미암아 진언되는 이유입니다.

간사하고 교묘한 말이 사람의 마음을 기뻐하고 찬동하게 하는 것이 생황의 쇠청과 같습니다. 만일 그가 부끄러움을 안다면 하지 않을 것인데 오직 그 얼굴이 두꺼워 이 때문에 이런 말을 하고도 부끄러워하지 않는 것입니다. 군주가 참언을 들을 적에 그 말이 뜻을 엿보는 도둑처럼 참소한다는 것을 안다면 삼가서 방비해야 하며 그 말이 교묘하다는 것을 안다면 매우 멀리해야 합니다. 그러한 뒤에야 참소하는 사람이 창궐하지 못하고 군자가 흔들리지 않을 수 있습니다. 이것이 詩人이 경계를 남긴 뜻입니다.

---

40) 則 : 대전본에는 '而'로 되어 있다.

21-4-가[41)]

何[42)]人斯는 **蘇公**이 **刺暴**(포)**公也**①라 **暴公**이 **爲卿士而譖蘇公焉**하니 **其卒章**에 **曰 爲鬼爲蜮**(역)②이면 **則不可得**이어니와 **有靦**(전)**面目**③하여 **視人罔極**이니라

① 蘇公刺暴公也 : 暴・蘇, 皆畿內國名.
'暴'와 '蘇'는 모두 王畿 안의 나라 이름이다.
② 爲鬼爲蜮 : 蜮, 短狐也, 所謂含沙射影者.
'蜮'은 短狐이니, 이른바 모래를 머금어 물에 비친 그림자를 쏘는 것이다.
③ 有靦面目 : 靦, 面見[43)]人之貌.
'靦'은 대면하여 남을 보는 모양이다.

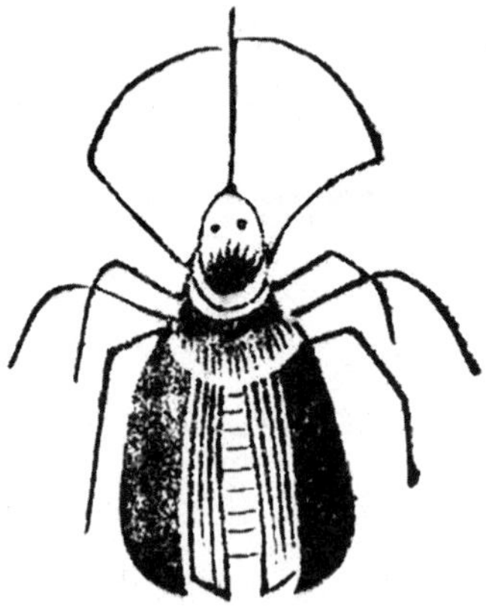
蜮(물여우)

《시경》〈何人斯〉는 蘇公이 暴公을 풍자한 시이다. 暴公이 卿士가 되어 蘇公을 참소하였다. 그 마지막 장에 다음과 같은 내용이 있다.

귀신이나 물여우가 되었다면	爲鬼爲蜮
너를 볼 수가 없겠지만	則不可得
버젓이 얼굴을 지녔기에	有靦面目
수많은 사람을 끝없이 만날 텐데	視人罔極

21-4-나(按)

臣은 **按 此**는 **深嫉讒者之辭也**라 **鬼蜮**이 **害人而不可見**이니 **讒者**가 **藏形匿迹**하여 **使人受禍而不知**가 **猶鬼蜮也[44)]**라 **然我雖不汝見**이나 **汝有面目**이라 **與人相視**가 **無有窮極**하니 **獨能安之而不媿乎**아 **夫小人之爲讒**이 **豈復有媿於面目而詩人**이 **猶以此**로 **望之**하니 **厚之至也**니이다

【臣按】 이는 참소하는 사람을 몹시 미워하는 내용의 가사입니다. 귀신과 물여우

41)《詩經》〈小雅 何人斯〉에 보인다.
42) 何 : 대전본에는 '河'로 되어 있으나, 오자이다.
43) 見 : 대전본에는 '目'으로 되어 있다.
44) 也 : 사고본에는 없다.

가 사람을 해지치만 볼 수가 없으니, 참소하는 사람이 형체와 자취를 숨겨 남들이 화를 입고도 알지 못하게 하는 것이 귀신이나 물여우와 같습니다.

그러나 자신은 비록 참소하는 상대방이 보이지 않지만 참소하는 너는 얼굴이 있기에 남과 더불어 서로 보는 것이 끝이 없으니 홀로 이를 편안히 여기고 부끄러워하지 않을 수 있겠습니까. 저 소인이 참소를 할 때 어찌 다시 얼굴에 부끄러움을 두겠습니까. 그러나 詩人이 오히려 이로써 그에게 기대하였으니 지극히 후한 것입니다.

21-5-가[45)]

巷[46)]**伯**은 **刺幽王也**니 **寺人**(시인)[47)]이 **傷於讒**이라 **故作是詩也**①하니라 **萋兮斐兮**로 **成是貝錦**②이로다 **彼譖人者**여 **亦已太甚**이로다 **哆**(차)**兮侈兮**로 **成是南箕**③로다 **彼譖人者**여 **誰適與謀**오 **緝**(즙)**緝翩翩**하여 **謀欲譖人**④하나다 **愼爾言也**어다 **謂爾不信**이리라 **捷捷幡幡**하여 **謀欲譖言**⑤하나다 **豈不爾受**리오마는 **旣其女遷**하리라 **驕人好好**⑥어늘 **勞人草草**⑦[48)]로다 **蒼天蒼天**아 **視彼驕人**하사 **矜此勞人**⑧하소서 **彼譖人者**여 **誰適與謀**⑨오 **取彼譖人**하여 **投畀豺虎**⑩호리라 **豺虎不食**이어든 **投畀有北**⑪호리라 **有北不受**어든 **投畀有昊**⑫호리라 **楊園之道**여 **猗于畝丘**⑬로다 **寺人孟子**가 **作爲此詩**⑭하노니 **凡百君子**는 **敬而聽之**어다

① 巷伯……詩也 : 寺人, 內臣. 巷伯, 寺人之長也.
'寺人'은 궁중의 小臣이다. '巷伯'은 寺人의 수장이다.

② 萋兮……貝錦 : 萋·斐, 文章相錯也. 貝錦, 錦文也.

---

45) 《詩經》〈小雅 巷伯〉에 보인다. 幽王이 暗愚하여 참소가 성행하자, 참소의 화가 미천한 신분의 寺人에게까지 미쳤기 때문에 寺人 孟子가 幽王을 풍자하여 읊은 것이다. 《毛詩注疏》에서는 참소하는 사람이 寺人을 참소하니 寺人이 참소의 화가 장차 巷伯에게까지 미칠 것을 근심하였기 때문에 지은 것이라고 보았다. 그러나 朱熹의 《詩集傳》에는 참소의 화를 입어 宮刑을 당하여 항백이 된 자가 이 시를 지었다고 보았다. 모두 7장이다

46) 巷 : 대전본에는 '衖'으로 되어 있으나, 오자이다. 이하도 모두 같다.

47) 寺人 : 고대에 궁중의 小臣으로 주로 환관을 충임하였다. 《周禮》〈天官 序官〉에는 "시인은 왕의 路寢에 5인을 둔다.〔寺人 王之正內五人〕"라고 하였다.

48) 草草 : 사고본에는 '艸艸'로 되어 있다.

'萋'와 '斐'는 무늬가 뒤섞여 있는 것이다. '貝錦'은 비단의 무늬이다.

③ 哆兮……南箕 : 哆・侈, 皆張大貌. 南箕, 箕宿.

'哆'와 '侈'는 모두 크게 벌어져 열린 모양이다. '南箕'는 箕宿(기수)이다.

④ 緝緝……譖人 : 緝緝, 口舌聲. 翩翩, 往來貌.

'緝緝'은 헐뜯는 말소리이다. '翩翩'은 왕래하는 모양이다.

⑤ 捷捷……譖言 : 捷捷, 猶緝緝也[49]. 幡幡, 猶翩翩也[50].

'捷捷'은 '緝緝(헐뜯는 말소리)'과 같다. '幡幡'은 '翩翩(왕래하는 모양)'과 같다.

⑥ 驕人好好 : 好好, 喜也.

'好好'는 '기뻐하다'라는 뜻이다.

⑦ 勞人草草 : 草草[51], 憂也.

'草草'는 '근심스럽다'라는 뜻이다.

⑧ 矜此勞人 : 矜, 憫也.

'矜'은 '가엾게 여기다'라는 뜻이다.

⑨ 彼譖……與謀 : 此二句, 疑衍文.

이 두 구는 衍文인 듯하다.

⑩ 取彼……豺虎 : 投, 棄也. 畀, 與也. 豺, 惡獸. 虎, 猛獸.

'投'는 '버리다'라는 뜻이다. '畀'는 '주다'라는 뜻이다. '豺'는 나쁜 짐승이다. '虎'는 사나운 짐승이다.

⑪ 有北 : 北方也.

'北'은 북쪽 지방이다.

⑫ 有昊 : 昊, 昊天也.

'昊'는 '昊天'이다.

⑬ 楊園……畝丘 : 楊園, 園名. 猗, 加也. 畝丘, 丘名.

'楊園'은 園名이다. '猗'는 '더해지다'라는 뜻이다. '畝丘'는 丘名이다.

⑭ 寺人……此詩 : 寺人, 字孟子.

寺人은 자가 孟子이다.

《시경》 〈巷伯〉은 周 幽王을 풍자한 시이다. 寺人이 참언에 해를 입었다. 그러므로 이 시를 지은 것이다.

---

49) 捷捷猶緝緝也 : 《詩集傳》에는 '捷捷'을 '날래고 막힘없는 모양〔儇利貌〕'으로 풀이하였다.

50) 幡幡猶翩翩也 : 《詩集傳》에는 '幡幡'을 '번복하는 모양〔反覆貌〕'으로 풀이하였다.

51) 草草 : 사고본에는 '艸艸'로 되어 있다.

아롱다롱한 것으로	萋兮斐兮
이 조개무늬 비단을 짰네	成是貝錦
남을 헐뜯는 저 사람이여	彼譖人者
또한 너무 심하네	亦已太甚
벌어지고 벌어진 것으로	哆兮侈兮
남쪽의 箕宿를 만들었네	成是南箕
남을 헐뜯는 저 사람이여	彼譖人者
누구의 주장으로 함께 꾀하는가	誰適與謀
수군수군 왔다갔다	緝緝翩翩
남을 헐뜯으려 난리네	謀欲譖人
네 말을 삼갈지어다	愼爾言也
너더러 미덥지 않다 하리라	謂爾不信
쑥덕쑥덕 東奔西走	捷捷幡幡
참언을 하려 난리네	謀欲譖言
어찌 너의 참언 들어주지 않겠는가만	豈不爾受
머지않아 너에게 옮겨가리라	旣其女遷
득의양양한 사람은 기쁘기만 하고	驕人好好
참소받아 지친 사람은 근심스럽기만 하네	勞人草草
푸른 하늘아, 푸른 하늘아	蒼天蒼天
교만한 저 사람을 살펴	視彼驕人
수고로운 이 사람을 가엾이 여기소서	矜此勞人
남을 헐뜯는 저 사람이여	彼譖人者
누구의 주장으로 함께하는가	誰適與謀
헐뜯는 저 사람 잡아다가	取彼譖人

승냥이나 범에게 던져주리라 投畀豺虎
승냥이나 범이 먹지 않는다면 豺虎不食
북방에다 던져주리라 投畀有北
북방에서 받아주지 않는다면 有北不受
하늘에다 던져주리라 投畀有昊

楊園의 길이여 楊園之道
畝丘 위까지 이어졌네 猗于畝丘
寺人인 孟子가 寺人孟子
이 시를 짓노니 作爲此詩
모든 군자는 凡百君子
공경하여 들을지어다 敬而聽之

21-5-나(按)

臣은 按 幽王之時에 讒說이 盛行하여 自太[52]子之親・大臣之重으로 下至於閽寺(시)之微히 無不被讒者라 故小弁以下諸詩가 皆爲此作하니 夫爲讒者는 巷伯也[53]而寺人이 乃以刺王하니 蓋君德이 不明而後에 讒言[54]이 獲售하나니 受此責者가 非王而誰리오 首章에 以貝錦爲比하니 蓋讒者織組人罪가 如錦工之爲錦也니 錦成而文采可玩이 猶讒成而文理可聽也라 彼譖人者가 無乃大甚乎아 二章에 以南箕爲比하니 箕星이 在南하여 其形이 如箕하여 踵狹舌廣하니 蓋讒者之張其口가 如南箕之廣其舌이라 彼誰與謀而爲是乎오 三章・四章則皆形容讒者情態하니 緝緝・捷捷者는 口舌急疾之聲이요 翩翩・幡幡者는 往來經營之狀이라 詩人이 雖疾之而猶戒之曰 汝가 不謹其言하면 人이 亦將不汝信矣며 汝가 譖人而人受之하면 人이 亦將譖汝而還自及[55]矣리라 五章則以

52) 太 : 대전본에는 '大'로 되어 있다.

53) 夫爲讒者巷伯也 : 按說에서는 참소를 행한 사람을 巷伯으로 본 듯하다. 이 시의 내용상 화자는 제7장에 보이는 寺人 孟子인데, 朱熹의 《詩集傳》에는 巷伯과 寺人 孟子를 동일인으로 보았다. 《毛詩注疏》에는 별개의 사람으로 보았으나, 巷伯은 시인 맹자의 우두머리이며 참소를 행한 주체로 보지 않았다.

54) 言 : 대전본・사고본에는 '者'로 되어 있다.

55) 及 : 사고본에는 '反'으로 되어 있다.

驕人이 譖行而自喜하고 勞人이 遇譖而深憂라 呼天而愬曰 其察彼驕人乎인저 其憫此勞人乎인저하니 情之哀・辭之切이라 至今誦之에 猶使人涕泗也로다

【臣按】周 幽王의 시대에 참소하는 말이 성행하여 至親인 太子나 존귀한 大臣으로부터 아래로 미천한 환관까지도 참소를 당하지 않은 사람이 없었습니다. 그러므로 〈小弁〉 이하의 여러 시가 모두 이 때문에 지어졌습니다. 저 참소를 행한 사람은 巷伯이지만 寺人은 오히려 이 시를 지어 왕을 풍자하였습니다. 군주의 덕이 밝아지지 않은 뒤에 참소하는 말이 받아들여지게 되니 이러한 견책을 받을 사람이 왕이 아니면 누구이겠습니까.

첫 장에서는 조개무늬 비단으로 비유하였습니다. 참소하는 사람이 남의 죄를 엮어내는 것은 마치 비단 짜는 공인이 비단을 만드는 것과 같습니다. 비단이 완성되면 무늬가 볼만한 것이, 참소가 이루어지면 논리가 그럴듯한 것과 같습니다. 저 남을 참소하는 자가 너무 심한 것이 아니겠습니까.

箕星

2장에서는 남쪽 하늘의 箕星을 가지고 비유하였습니다. 기성이 남쪽 하늘에 있어 그 형태는 키와 같아서 키굼티는 좁고 혀는 넓으니, 참소하는 사람이 그 입을 벌리는 것이 남쪽 하늘의 기성이 그 혀를 넓게 벌린 것과 같습니다. 저 사람이 누구와 함께 도모하여 이를 행하겠습니까?

키

3장과 4장에서는 모두 참소하는 사람의 정상을 형용하였습니다. '緝緝'과 '捷捷'은 청산유수로 헐뜯는 소리이고, '翩翩'과 '幡幡'은 오가며 계획하고 만드는 모습입니다. 시인이 비록 미워하기는 했지만 오히려 그에게 경고하기를 "네가 그 말을 삼가지 않으면 사람들 또한 장차 너를 미덥다고 여기지 않을 것이며, 네가 남을 참소하여 사람들이 참소를 받아들이면 사람들도 장차 너를 참소하여 도리어 자신에게 화가 미칠 것이다."라고 하

였습니다.

5장에서는 교만한 사람은 참소가 통하여 스스로 기뻐하고 수고로운 사람은 참소를 당해 깊이 근심하였습니다. 하늘을 부르짖으며 하소연하기를 "저 교만한 사람을 살피소서. 이 수고로운 사람을 가엾게 여기소서."라고 하였으니, 정상이 애달프고 말이 절실하기에 지금까지도 이를 읊으면 여전히 눈물짓게 합니다.

六章에 欲取譖人者而投[56]之豺虎焉하고 豺虎不食則欲置[57]之北方極[58]寒之地焉하고 北方이 不受則又欲委之於天而制其罪焉하니 蓋讒人爲害至深이라 故詩人이 疾之亦甚하니 舜之治四凶[59]也에 必投諸四裔[60]하사 以禦魑魅하시고 而大學에 於不仁之人에 欲迸[61]諸四夷하여 不與同中國[62]하니 詩人之情이 亦若是也라 末章에 又言楊園이 下地而其道가 可至于高丘라[63] 以喩寺人이 卑者而譖言이 先及焉하고 且將馴至于高位也라하니[64] 小弁以下諸詩가 皆爲讒而作而疾惡之甚이 莫如此篇이라 故[65]悉載其全하여 以爲來者之鑑하노이다

6장에서는 남을 참소하는 사람을 잡아다가 승냥이나 범에게 던져주고자 하였고, 승냥이나 범도 잡아먹지 않으면 북방의 몹시 추운 땅에 유폐하고자 하였

56) 投 : 대전본·사고본에는 '棄'로 되어 있다.

57) 置 : 대전본에는 '致'로 되어 있다.

58) 極 : 사고본에는 '陰'으로 되어 있다.

59) 四凶 : 堯舜時代에 惡名이 드러나 舜임금에 의해 주벌된 네 신하를 지칭하는데 《서경》〈虞書 舜典〉에 따르면 共工, 驩兜(환도), 三苗, 鯀이다.

60) 四裔 : 사방의 아주 먼 지방으로, 순임금은 四惡을 주벌하여 共工을 幽洲로, 驩兜를 崇山으로, 三苗를 三危으로, 鯀을 羽山으로 추방하였다. 우산을 東裔, 숭산을 南裔, 삼위를 西裔, 유주를 北裔라고 한다.

61) 迸 : 대전본에는 '屛'으로 되어 있다.

62) 於不……中國 : 《대학》 傳10章에 "오직 어진 사람만이 이들을 몰아내어 사방 이민족의 땅으로 쫓아내어 中原에서 함께 살아가지 못하게 한다.〔唯仁人 放流之 迸諸四夷 不與同中國〕"라고 하였다.

63) 라 : 저본의 현토는 '라'로 되어 있으나, 문맥상 7章의 내용은 여기에서 끝나므로 '라하니'가 옳을 듯하다.

64) 라하니 : 저본의 현토는 '라하니'로 되어 있으나, 문맥상 7章의 내용은 '可至于高丘'에서 끝나고 이하의 내용은 이에 대한 해석이므로 '라'가 옳을 듯하다.

65) 故 : 대전본에는 '改'로 되어 있다.

고, 북방 사람들도 받지 않으면 다시 그를 하늘에 맡겨 그 죄를 벌하고자 하였습니다. 참소하는 사람이 끼치는 해가 극심하였기 때문에 詩人이 그를 미워하는 것도 심하였습니다. 舜임금이 四凶을 치죄할 적에는 반드시 四裔에 던져두어 도깨비같이 간사한 자들을 막으셨고, 《大學》에서는 不仁한 사람에 대해 사방 이민족의 땅으로 쫓아내어 中原에서 함께 살아가지 못하게 하고자 하였으니, 시인의 마음도 이와 같습니다.

四凶服罪圖

마지막 장에 또 이르기를 "楊園은 낮은 땅이지만 그 길은 높은 언덕까지 다다를 수 있다."라고 하였으니, 이로써 寺人이 비천한 사람이지만 참언이 먼저 미치고 장차 점차 높은 지위에 있는 사람에게까지 이르게 될 것을 비유한 것입니다.

〈소반〉 이하의 여러 시가 모두 참소 때문에 지어졌지만 간악함을 미워하기로는 이 편만큼 심한 것이 없습니다. 그러므로 그 시를 전재하여 후세 사람들의 鑑戒로 삼습니다.

21-6-가[66]

青蠅(승)은 **大夫**가 **刺幽王也**라 **營營青蠅**이여 **止于樊**①이로다 **豈**(개)**弟君子**는 **無**

66)《詩經》〈小雅 青蠅〉에 보인다. 朱熹의《詩集傳》에 따르면, 왕이 참언을 듣기를 좋아하므로 참언을 쉬파리가 나는 소리에 비유하고 왕에게 참언을 듣지 말라고 경계한 것이다.《毛詩注疏》에 따르면 '青蠅'은 아첨하는 사람이 선악을 어지럽히는 것을 비유한 것이다. '君子'는 王을 뜻한다. 모두 3장이다.

信讒言②이어다 **營營靑蠅**이여 **止于棘**③이로다 **讒人罔極**하여 **交亂四國**④이로다 **營營靑蠅**이여 **止于榛**⑤이로다 **讒人罔極**하여 **構我二人**⑥이로다

① 營營靑蠅止于樊：營營，往來貌．樊，藩也．
'營營'은 왕래하는 모양이다. '樊'은 '울타리'라는 뜻이다.

② 豈弟……讒言：豈弟，樂易也．
'豈弟'는 '즐겁고 편안하다'라는 뜻이다.

③ 止于棘：棘，木之有刺者也，多近藩植之．
'棘'은 나무 중에 가시가 있는 나무이니 대부분 울타리 가까이에 이 나무를 심는다.

④ 讒人……四國：極，已也．
'極'은 '그치다'라는 뜻이다.

⑤ 止于榛：榛，所以爲藩也．
'榛'은 울타리를 만드는 나무이다.

⑥ 構我二人：構，合[67]也．合，猶[68]交亂也．
'構'는 '합하다〔合〕'라는 뜻이다. '합하다〔合〕'는 '交亂(교란시키다)'과 같다.

《시경》〈靑蠅〉은 대부가 周 幽王을 풍자한 시이다.

앵앵거리며 날아다니는 쉬파리여	營營靑蠅
울타리에 앉았구나	止于樊
즐겁고 편안한 군자는	豈弟君子
참언을 믿지 말지어다	無信讒言
앵앵거리며 날아다니는 쉬파리여	營營靑蠅
가시나무 울타리에 앉았구나	止于棘
끝없이 남을 참소하여	讒人罔極
천하를 휘저어놓았구나	交亂四國
앵앵거리며 날아다니는 쉬파리여	營營靑蠅
개암나무 울타리에 앉았구나	止于榛

67) 合 : 사고본에는 이 앞에 '猶' 1자가 있다.
68) 猶 : 사고본에는 '構'로 되어 있다.

끝없이 남을 참소하여 讒人罔極
우리 둘을 얽어놓았구나 構我二人

21-6-나(按)

臣은 按 青蠅之爲物이 出於汙穢之中而貪嗜食飮하여 常譁然杯案間하여 以敗人之酒醪(료)羹胾(자)하나니 世之小人이 行汙而逐利하여 以傷人害物者[69]가 實似之라 營營者는 旣倖其狀하고 又象其聲也니 蠅之飛가 或往或來하여 若有所營而聲又營營不已라 以喩讒邪之人이 朝夕經營하여 欲陷害人而言出於口가 亦營營然不息也하니라 詩人이 妙體物情이라 故形容如此하니 止于樊[70]·止于棘·止于榛者는 欲其棲泊於外하여 毋入人堂室以汙物이니 亦猶讒邪之人을 宜屛之外[71]하여 毋在朝廷以傷善良也라

【臣按】 쉬파리의 속성은 더러운 곳에서 나와 먹고 마시기를 탐하고 즐겨 항상 시끄럽게 술상 사이에서 날아다니면서 사람들의 술이며 고기며 음식을 망칩니다. 세상의 소인들이 더러운 짓을 행하여 이익을 추구하여 남들을 해치는 것이 참으로 이와 비슷합니다.

'營營'은 그 모습을 모사해놓고 또 그 소리를 형상한 것이니 파리가 날아다니는 것은 마치 꾀하는 바가 있는 듯 왔다 갔다 하고 소리가 또 끝없이 앵앵거립니다. 그래서 이로써 간사하고 참소하는 사람이 종일토록 계획하고 꾸려서 남을 모함하고자 하고 참언을 내는 것 또한 앵앵거리듯 쉼이 없는 것을 비유하였습니다.

시인이 만물의 실정을 잘 알았습니다. 그러므로 이와 같이 묘사한 것입니다. '울타리에 앉았다.', '가시나무 울타리에 앉았다.', '개암나무 울타리에 앉았다.'는 것은 집 밖에 머물러 사람의 집안으로 들어와 물건을 더럽히지 말도록 하고자 한 것이니, 또한 간사하고 참소하는 사람을 외방으로 물리쳐서 조정에 있으면서 선량한 사람을 해치지 못하도록 하는 것과 같습니다.

自昔不惟狂暴之君이 信讒害政이라 雖慈祥樂易(이)之君이라도 一惟讒言是信하면 亦能

69) 者 : 사고본에는 없다.
70) 樊 : 대전본에는 '藩'으로 되어 있다.
71) 外 : 사고본에는 이 앞에 '於' 1자가 있다.

變移心志하나니 如成王疑周公[72]이 是也라 成王이 豈非樂易之資哉리오마는 始爲管・蔡流言所入하여 幾至猜阻라가 賴天動威而後悔라 故曰豈弟君子無信讒言也라하고 讒人之情이 志在傷善하여 無有窮已[73]라 故家有讒則家亂하고 國有讒則國亂하나니 管・蔡가 流言而四國不靖이 乃其驗也라 故曰讒人罔極交亂四國이라하고 末章에 又指實事而言하니 二人者는 當時被讒之人也라 讒人之爲讒이 皆架虛造端을 如匠者가 湊合材木以成室하니 二人이 本無罪而讒者가 巧成其罪라 故曰讒人[74]罔極構我二人이라하니 痛其爲害之無已也라 巷伯・青蠅二詩摹寫讒人之情狀이 幾無餘蘊하니 爲人君者가 其三復之니이다

예로부터 난폭한 군주만 참소를 믿어 정사를 해친 것이 아닙니다. 비록 자애롭고 화평한 군주라도 일단 참언만을 믿으면 또한 心志가 바뀔 수 있는 법입니다. 예를 들면 成王이 周公을 의심했던 일이 이러한 경우입니다. 成王이 어찌 화평한 자질을 가진 군주가 아니겠습니까. 그러나 처음 管叔과 蔡叔의 유언비어가 받아들여져서 하마터면 의심하고 멀리하는 지경에까지 이르렀다가 하늘이 위엄을 발동하는 데 힘입은 뒤에야 뉘우쳤습니다. 그래서 말하기를 "즐겁고 편안한 군자는 참언을 믿지 말지어다."라고 하였습니다.

그리고 참소하는 사람의 실정은 뜻이 선량한 사람을 해치는 데 있어서 참소가 끝이 없었습니다. 그래서 집안에 참소가 있으면 집안이 어지러워지고 나라에 참소가 있으면 나라가 어지러워지는 법입니다. 관숙과 채숙이 유언비어를 퍼뜨리자 천하가 안정되지 못한 것이 바로 그 증험입니다. 그래서 말하기를 "끝없이 남을 참소하여 천하를 휘저어놓았구나."라고 하였습니다.

---

72) 成王疑周公 : 《서경》〈周書 金縢〉에 보인다. 周 武王이 별세한 뒤에 어린 成王이 즉위하고 周公 旦이 섭정하자, 殷 武庚의 三監인 管叔 鮮, 蔡叔 度, 霍叔 處는 성왕을 두렵게 하여 주공을 동요시키고자 "周公이 孺子(成王)에게 이롭지 못할 것이다.〔公將不利於孺子〕"라는 流言을 퍼뜨렸다. 성왕이 주공을 의심하자 주공이 물러나 東都(洛陽)에 머물렀다. 2년 후 유언을 퍼뜨린 배후가 관숙과 채숙이라는 사실이 밝혀졌다. 또 가을 수확을 앞두고 천둥 번개가 치고 바람이 불어 벼가 쓰러지고 큰 나무가 뽑히는 등 天災가 일어났다. 앞서 무왕이 위독했을 때 주공이 대신 죽게 해달라고 기도하고 점을 친 祝冊을 金縢의 궤에 보관한 일이 있었는데, 성왕이 이 金縢의 궤를 열어 祝冊을 읽고 잘못을 뉘우쳐 다시 주공을 맞이하여 섭정하게 하였다.

73) 已 : 대전본에는 '也'로 되어 있다.

74) 人 : 저본에는 '言'으로 되어 있으나, 저본의 경문 및 사고본에 근거하여 바로잡았다.

그리고 마지막 장에서 다시 실제 사실을 가리켜서 말하였으니 '두 사람'은 당시에 참소를 당한 사람입니다.

참소하는 사람이 참소하는 것은 모두 허위를 날조하여 단서를 만들기를 마치 장인이 재목을 끌어 모아 집을 짓는 것과 같으니, 두 사람이 본래 죄가 없지만 참소하는 사람이 그 죄를 교묘히 만들어냈습니다. 그래서 말하기를 "끝없이 남을 참소하여, 우리 둘을 얽어놓았구나."라고 하였으니, 참언의 해로움이 끝이 없는 것을 가슴 아파한 것입니다.

〈巷伯〉과 〈青蠅〉 두 시는 참소하는 사람의 정상을 거의 남김없이 묘사한 것이니 군주 된 자는 반복하여 살펴야 할 것입니다.

21-7-가1[75)]

晉獻公[76)]이 **生太子申生**하고 **又娶二女於戎**하여 **生重耳**[77)] · **夷吾**[78)79)]러니 **晉**이

75)《春秋左氏傳》魯 莊公 28년(기원전 666) 조에 보인다.

76) 晉獻公 : ?~기원전 651(재위 기원전 676~기원전 651). 춘추시대 晉의 군주인 姬詭諸이다. 曲玉 武公 稱의 아들이다. 즉위 후에 公族인 晉 文侯의 자손을 모두 죽이고 絳으로 천도하여 君位를 공고히 하였다. 5년(기원전 672)에 驪戎을, 16년(기원전 661)에 耿나라 · 霍나라 · 魏나라를, 22년(기원전 655)에 荀息의 假道滅虢의 계책으로 虢나라와 虞나라를 멸망시키는 등 세력 확장을 이루었다. 향후 晉의 패권 수립을 위한 기반을 마련하였으나 嬖妾 驪姬를 총애하여 그의 소생인 奚齊를 후사로 삼아, 태자였던 申生을 죽이고 공자 重耳와 夷吾를 축출하여 사후에 君位 계승을 둘러싼 혼란을 야기하였다.

77) 重耳 : 기원전 671?~기원전 628(재위 기원전 636~기원전 628). 춘추시대 晉의 군주인 文公으로, 春秋五霸 중 한 사람이다. 獻公의 次男이며, 秦 穆公의 부인인 穆姬는 동복 누나이다. 驪姬의 무함을 받아 실각하고 翟나라로 망명하였다. 헌공의 사후에 동생인 惠公 夷吾가 즉위하자 견제를 받아 귀국하지 못하고 鄭나라, 楚나라, 齊나라 등 각국을 떠돌며 19년간의 망명 생활을 지속하였다. 기원전 636년 秦 穆公의 지지를 받아 군사를 이끌고 귀국하여 晉 惠公의 아들인 懷公을 죽이고 즉위하였다. 狐偃, 先軫, 趙衰(조최) 등 어진 신하를 중용하고 三軍六卿制를 시행하여 국력을 증대시켰다. 子帶의 난을 평정하여 周 王室을 안정시켰고, 기원전 632년 城濮에서 楚나라 軍을 대파하고 踐土會盟의 盟主가 되었다.

78) 夷吾 : ?~기원전 637(재위 기원전 650~기원전 637). 춘추시대 晉의 군주인 惠公이다. 晉 獻公의 三男이자, 文公의 이복동생이다. 驪姬의 참소를 당해 梁나라로 달아났다가 秦나라로 망명하였다. 헌공의 사후에 里克 등이 奚齊와 卓子를 죽이고 그를 맞이하자, 秦나라에 대한 河西의 할양과 이극 등의 생존 보장을 약조하고 秦 穆公의 지원을 받아 귀국하여 즉위

伐驪戎(여융)[80]하고 以驪姬歸하여 生奚齊하고 其娣가 生卓子[81]하다 驪姬嬖(폐)하여 欲立其子하여 賂外嬖梁五와 與東關嬖五①하여 使言於公曰 曲沃은 君之宗也②요 蒲與二屈③[82]은 君之疆也니 不可以無主라 宗邑이 無主則民不威하고 疆埸(역)이 無主則啓戎心하나니 若使太子로 主曲沃而重耳・夷吾로 主蒲與屈則可以威民而懼戎이요 且旌君伐④하리라 使俱曰⑤ 狄之廣莫이 於晉爲都⑥라 晉之啓土가 不亦宜乎⑦아 晉侯가 說之하여 使太子로 居曲沃하고 重耳로 居蒲하고 夷吾로 居屈하고 唯二姬子가 在絳(강)⑧이러니 二五가 卒與驪姬로 譖群公子而立奚齊하니 晉人이 謂之二五耦⑨⑩라하더라

① 賂外……嬖五 : 梁, 姓也, 五, 名也, 在閨[83]闥之外者. 東關嬖五, 別在關塞者, 亦名五. 皆大夫, 爲獻公所嬖幸.
梁은 姓이고 五는 이름이니 閨闥의 밖에 있는 자이다. 東關嬖五는 따로 關塞에 있는 자이니 역시 이름이 五이다. 이들 모두 대부로, 獻公의 총애를 받는 자들이다.

하였다. 이후 이극 등을 살해하고 하서 할양을 이행하지 않고 기근이 든 秦나라의 식량 지원 요청을 거부하였다. 이로 인해 기원전 645년 秦나라와의 전쟁이 발발하여 韓原 전투에서 패하여 포로가 되었다가 穆公의 부인인 穆姬의 탄원으로 석방되었다.

79) 晉獻……夷吾 : 태자 申生의 생모는 齊 桓公의 딸인 齊姜으로 본래 晉 武公의 첩이었는데 진 헌공이 간음하여 부인으로 삼았다. 제강은 일찍 죽었다. 공자 重耳의 생모는 大戎 狐姬이고, 공자 夷吾의 생모는 小戎子이다.

80) 驪戎 : 驪戎은 중국 고대 戎族의 일족이다. 《춘추좌씨전》의 杜預 注에 따르면, 驪戎의 國君은 姬姓으로 男爵이다. 京兆 新豐縣에 있었다. 지금의 陝西省 臨潼縣 동쪽에 있는 驪戎城으로 비정된다. 顧頡剛의 《史林雜識》 〈驪戎不在驪山〉에는 山西省 析城과 王屋山 사이에 소재한 것으로 추정하였다.

81) 晉伐……卓子 : 《사기》 권39 〈晉世家〉에 따르면, 晉 獻公 5년(기원전 672)에 驪戎을 정벌하고 驪姬와 여희의 여동생을 부인으로 맞이하였다. 그리고 晉 獻公 12년(기원전 665)에 여희가 奚齊를 낳았고, 晉 獻公 25년(기원전 652)에 여희의 여동생이 卓子를 낳았다.

82) 二屈 : 《춘추좌씨전》의 杜預 注에 따르면, 平陽 北屈縣이다. 곧 지금의 山西省 臨汾市 吉縣 麥城村으로 비정된다. '二屈'의 '二'가 '北'으로 되어야 한다는 설도 있다. 그러나 韋昭의 《國語解》에는 '二屈'이 北屈과 南屈의 합칭이라고 하였고, 應劭는 南屈이 있기 때문에 '北'을 덧붙인 것이라고 하였다. 이와 관련하여 《水經注》 〈河水〉에는 汲郡 古文에 "翟章이 鄭을 구원하여 南屈에 이르렀다.〔翟章救鄭 次于南屈〕"라고 한 것을 인용한 바 있다.

83) 閨 : 사고본에는 '門'으로 되어 있다.

② 曲沃君之宗也：曲沃，晉先君宗廟所在.
'曲沃'은 晉나라 선대 임금들의 종묘가 있는 곳이다.

③ 蒲與二屈：蒲・屈，皆邑也[84].
'蒲'와 '屈'은 모두 邑名이다.

④ 且旌君伐：旌，章也. 伐，功也.
'旌'은 '드러내다'라는 뜻이다. '伐'은 '功勳'이라는 뜻이다.

⑤ 使俱曰：俱，謂同聲而言.
'俱'는 한목소리로 말하는 것을 이른다.

⑥ 狄之……爲都：蒲・屈，本狄地名，遣二公子往都之.
'蒲'와 '屈'은 본래 狄의 地名인데, 두 공자를 보내 가서 采地로 삼도록 한 것이다.

⑦ 晉之……宜乎：啓，開也.
'啓'는 '개척하다'라는 뜻이다.

⑧ 在絳：絳，晉國都.
'絳'은 晉나라의 國都이다.

⑨ 謂之二五耦：言二人共墾傷晉室，如耦耕之墾土.
'二五耦'는 두 사람이 함께 晉나라 公室을 손상시키는 것이 두 사람이 나란히 하여 땅을 가는 것과 같다고 말한 것이다.

⑩ 晉獻……五耦：左[85]傳.
이상의 내용은 《春秋左氏傳》에 보인다.

晉 獻公이 태자 申生을 낳았고, 또 戎에서 두 여자를 맞이하여 重耳와 夷吾를 낳았다. 晉나라가 驪戎을 치고 驪姬를 데리고 돌아와 奚齊를 낳고 여희의 동생이 卓子를 낳았다. 여희가 총애를 받아 자신의 아들을 태자로 세우고자 하여 헌공의 총애를 받는 신하인 梁五와 東關嬖五에게 뇌물을 주고서 헌공에게 다음과 같이 말하도록 하였다.

"曲沃은 군주의 宗廟가 있는 邑이고 蒲와 두 屈은 군주의 邊疆이니 주관하는 사람이 없어서는 안 됩니다. 종묘가 있는 邑에 주관하는 사람이 없으면 백성에게 위엄이 서지 않고 변경에 주관하는 사람이 없으면 융적에게 침입할 야심을 갖도록 인도하는 것입니다. 만약 태자에게 곡옥을 주관하게 하고 중이와 이오에게 포와 굴을 주관하게 한다면 백성에게 위엄을 세우고 戎狄을 두렵게 할 수 있으며,

---

84) 也：대전본・사고본에는 '名'으로 되어 있다.
85) 左：대전본에는 이 앞에 '○'이 있고, 사고본에는 이 앞에 '見' 1자가 있다.

게다가 군주의 공훈을 드러낼 수 있을 것입니다."

또 두 사람이 한목소리로 다음과 같이 말하도록 하였다.

"이렇게 하면 융적의 광활한 땅이 晉나라에 領地가 될 것입니다. 晉나라가 영토를 개척하는 것이니 이렇게 하는 것이 또한 마땅하지 않겠습니까."

진 헌공이 이를 기뻐하여 태자를 곡옥에, 중이를 포에, 이오를 굴에 거주하도록 하고 오직 여희의 아들과 여희의 동생의 아들만이 絳에 있었다. 양오와 동관폐오가 마침내 여희와 함께 공자들을 참소하여 해제를 태자로 세우니 晉나라 사람들이 양오와 동관폐오를 '二五耦'라고 불렀다.

21-7-가2[86)]

公之優曰施라 **通於驪姬**①러니 **驪姬**가 **問曰 吾欲爲難**하노니 **安始而可**②오 **優施**가 **曰 必於申生**이니 **其爲人**이 **小心精潔**이라 **精潔**은 **易**(이)**辱**이요 **甚精**은 **必愚**라하니 **是故**로 **先施譖於申生**하다

① 公之……驪姬 : 優, 俳也. 施, 其名. 旁淫曰通.
'優'는 '광대'라는 뜻이다. '施'는 그 이름이다. 배우자가 아닌 사람과 간음하는 것을 '간통하다〔通〕'라고 한다.

② 吾欲……而可 : 難, 謂欲殺三公子. 始, 先也.
'難'은 신생, 중이, 이오 세 공자를 죽이고자 한다는 말이다. '始'는 '먼저 하다'라는 뜻이다.

晉 獻公의 광대 중에 施라는 사람이 있어 驪姬와 간통하였다. 여희가 물었다.

"내가 난을 일으키고자 한다. 어디부터 먼저 하는 것이 좋겠는가?"

優施가 말하였다.

"반드시 申生부터 해야 할 것입니다. 그의 사람됨은 조심스럽고 정결합니다. 정결한 사람은 쉽게 모욕을 느끼고 지나치게 정결한 사람은 틀림없이 어리석은 짓을 하는 법입니다."

이런 까닭으로 먼저 신생에게 참소를 행하였다.

---

86) 《國語》〈晉語1〉에 보인다.

21-7-가3[87)]

優施가 敎驪姬하여 夜半而泣謂公曰 吾聞申生이 甚仁而彊이라 今謂君이 惑於我하여 必亂國이라하나니 無乃以國故而行彊於君①가 盍殺我하여 無以一妾亂百姓이니잇고 公曰 夫豈惠於民而不惠於父乎리오 驪姬가 曰 爲仁與爲國이 不同하니 爲仁者는 愛親之謂仁이요 爲國者는 利國之謂仁이라 故長民者는 無親이라 衆以爲親이니 苟衆利而百姓和면 豈能憚君이리오 公이 懼曰 若何而可오 驪姬가 曰 君이 盍老而授之政이니잇고 彼得政而行其欲이면 乃釋君하리이다 公曰 不可하다 我가 以武與威라 是以臨諸侯하니 未沒而亡政이면 不可謂武요 有子而不勝이면 不可謂威니 爾勿憂하라 吾將圖之호리라 驪姬가 曰 以[88)]皐落翟之苛我邊鄙로 君이 盍使之伐翟하여 以觀其果於衆也잇고 若不勝翟이면 雖濟其罪나 可也요 若勝翟則善用衆矣라 求必益廣이니 乃可厚圖也니이다 公이 說(열)하여 故使申生으로 伐東山②한대 申生이 敗翟而反하니 讒言이 益起하더라[89)]

① 無乃……於君 : 謂申生恐敗國之故, 而以彊加於君, 謂弑逆[90)]也.
申生이 나라를 망치는 일을 염려하여 이를 이유로 임금에게 강인함을 가한다는 말이니, 弑逆을 이른다.

② 伐東山 : 東山, 皐落氏[91)]也.
'東山'은 皐落氏이다.

優施가 驪姬에게 교사하여, 여희가 한밤중에 눈물을 흘리며 울면서 獻公에게 말하였다.

---

87) 《國語》〈晉語1〉과 〈晉語2〉에 보인다.

88) 以 : 사고본에는 없다.

89) 優施……益起 : 《國語》〈晉語1〉에 보인다. 晉 獻公 16년(기원전 661)의 일이다. 《國語》에 따르면 당시에 헌공이 2軍을 편성하여 자신이 上軍을 지휘하고 태자 申生에게 下軍을 지휘하게 하여 霍을 정벌하였고, 이어서 헌공 17년 겨울에 태자 신생에게 東山 皐落氏를 정벌하게 한 것이다.

90) 逆 : 사고본에는 '君'으로 되어 있다.

91) 皐落氏 : 본래 山西省 和順縣 일대에 살던 赤翟의 별종이다. 점차 남하하여 春秋時代에는 晉의 도성인 絳城과 근접한 垣城 일대에 거주하며 晉의 변경을 자주 침입하였다.

"제가 듣건대, 申生은 매우 인자하면서도 강인하기 때문에 지금 임금께서 저에게 미혹되어 반드시 나라를 어지럽힐 것이라고 했다고 합니다. 나라를 망친다는 이유로 임금께 강인함을 행하지 않겠습니까? 저를 죽여 첩 하나로 인해 백성을 어지럽게 하는 일이 없도록 하는 것이 어떻겠습니까."

헌공이 말하였다.

"어찌 신생이 백성을 사랑하면서 아비를 사랑하지 않겠는가."

여희가 말하였다.

"仁을 행하는 것과 나라를 다스리는 것이 다르니, 인을 행하는 사람은 어버이를 사랑하는 것을 인이라고 생각하고 나라를 다스리는 사람은 나라를 이롭게 하는 것을 인이라고 생각합니다. 그러므로 백성을 기르는 자는 친한 사람이 없기 때문에 國衆이 친한 사람으로 삼으니, 만일 國衆이 이롭게 여기고 백성이 화합한다면 어찌 임금을 제거하는 것을 어려워하겠습니까."

헌공이 두려워하여 말하였다.

"어찌하면 좋겠는가?"

여희가 말하였다.

"임금께서는 물러나시어 그에게 정권을 넘겨주는 것이 어떻겠습니까? 저 태자가 정권을 차지하여 자신이 하고자 하는 바를 행하게 되면 비로소 임금님을 놓아둘 것입니다."

헌공이 말하였다.

"안 된다. 나는 武力과 威嚴을 이용하였다. 이 때문에 제후들 위에 섰던 것이다. 아직 죽지 않았는데도 정권을 놓친다면 무력을 가졌다고 말할 수 없고, 아들이 있는데도 이기지 못한다면 위엄이 있다고 말할 수 없다. 그대는 걱정하지 말라. 내가 장차 도모하겠다."

여희가 말하였다.

"임금께서는 皐落翟이 우리의 변경을 어지럽히는 것을 구실로 그에게 고락적을 정벌하도록 하여 그가 군대를 운용하는 데 과단성이 있는지 살피는 것이 어떻겠습니까? 만약 고락적에게 진다면 비록 그의 죄를 묻더라도 괜찮을 것이고, 만약 고락적을 이긴다면 군대의 운용에 뛰어난 것이어서 추구하는 것이 반드시 더 커질 것이니 비로소 도모할 길이 많아질 수 있을 것입니다."

헌공이 기뻐하여 일부러 신생에게 東山 皐落氏를 정벌하도록 하였다. 그런데 신생이 고락적을 패배시키고 돌아오니 참소하는 말이 더욱 일어났다.

驪姬가 **曰 吾聞申生之謀**가 **愈深**이라하니 **日**에 **吾**가 **固告君曰得衆**이라하더니 **衆弗利**면 **焉能勝翟**이리오 **今矜翟之善**하여 **其志益廣**하리니 **君若不圖**면 **難將至矣**리이다 **公曰 吾**가 **不忘也**호대 **抑未有以致罪焉**하노라 **驪姬**가 **告優施曰 君**이 **旣許我殺太**[92]**子而立奚齊矣**로되 **吾**가 **難里克**[93]하노니 **奈何**오 **優施**가 **曰 吾來里克**은 **一日而已**니 **子**가 **爲我具特羊之饔**[94]하라 **姬**가 **許諾**하고

驪姬가 말하였다.

"제가 듣건대, 申生의 계책이 더욱 깊어졌다고 합니다. 일전에 제가 참으로 임금님께 태자가 민심을 얻었다고 말씀드렸습니다. 國衆이 이롭지 않게 여겼다면 어찌 皐落翟을 이길 수 있었겠습니까. 지금 고락적에게 善戰한 것을 자랑스럽게 여겨 그의 뜻이 더욱 커졌을 것이니 임금께서 만약 도모하지 않는다면 화란이 장차 닥칠 것입니다."

獻公이 말하였다.

"내가 잊지는 않았지만 아직 죄를 줄 것이 없다."

여희가 優施에게 말하였다.

"임금께서 이미 나에게 태자를 죽이고 奚齊를 태자로 세우는 데 동의하셨다. 그렇지만 내가 里克을 어렵게 여기니 어찌해야 하겠는가?"

우시가 말하였다.

---

92) 太 : 대전본에는 '大'로 되어 있다.

93) 里克 : ?~기원전 650. 춘추시대 晉의 大夫이자, 晉 獻公의 股肱之臣이다. 성은 嬴, 씨는 里, 이름은 克이다. 진 헌공을 보좌하여 虞나라, 虢나라 등을 정벌하였다. 여희의 견제 속에서 태자 申生을 옹호하였으나 결국 중립을 선택하여 신생의 죽음을 막지 못하였다. 진 헌공의 사후에 奚齊와 卓子를 시해하고 夷吾(惠公)를 맞이하여 옹립하였다. 그러나 이극의 권한이 지나치게 큰 것을 우려한 혜공의 견제를 받아 자살하였다.

94) 特羊之饔 : '特'은 '한 마리'라는 뜻이므로 '特羊'은 양 한 마리를 말한다. 곧 양 한 마리를 써서 요리하고 술을 갖추어 행하는 연향이다. 《國語》〈晉語〉에 따르면 연향은 里克의 집에서 행해졌으므로 驪姬가 特羊의 연향을 이극에게 賜給하게 한 것인데 본래 國君이 공적이 큰 대신을 예우하는 예법이다.

“내가 이극을 끌어들이는 것은 하루면 되니 당신은 나를 위해 特羊의 연향을 준비해주십시오.”

여희가 허락하였다.

乃具하여 使優施로 飮里克酒한대 中飮에 優施가 起舞乃歌曰 暇豫之吾吾(어어)①여 不如鳥烏로다 人皆集於菀(울)②이어늘 己獨集於枯③로다 里克이 笑曰 何謂菀이며 何謂枯오 優施가 曰 其母가 爲夫人이요 其子가 爲君이니 可不謂菀乎④아 其母가 旣死하고 其子가 又有謗하니 可不謂枯乎⑤아 里克이 曰 而言이 戲乎아 抑有所聞之乎아 曰 然하다 君이 旣許驪姬殺太[95]子而立奚齊하시니 謀旣成矣니라 里克이 曰 秉君以殺太[96]子는 吾不忍⑥이요 通復故交는 吾不敢⑦이니 中立이면 其免乎아 優施가 曰 免⑧⑨이니라[97]

① 暇豫之吾吾：吾, 讀如魚, 魚魚者, 游泳自得之意.
'吾'는 '어〔魚〕'처럼 읽으니, '魚魚'는 '마음껏 헤엄치며 스스로 만족하다'라는 뜻이다.

② 人皆集於菀：菀[98], 音鬱, 木茂貌.
'菀'은 음이 '울〔鬱〕'이니 수목이 무성한 모양이다.

③ 己獨集於枯：此譏里克不能擇所依, 不如鳥烏能擇茂木而棲之, 吾吾自得也.
이는 里克이 의지할 대상을 제대로 택하지 못한 것이 까마귀가 무성한 나무를 잘 택하여 살면서 마음껏 노닐며 스스로 만족하는 것만 못함을 기롱한 것이다.

④ 其母……菀乎：此謂驪姬母子.
이는 驪姬 모자를 이른다.

⑤ 其母……枯乎：此指申生母子.
이는 申生 모자를 가리킨다.

⑥ 秉君……不忍：秉者, 執持之意, 言扶助君以殺太[99]子也.
'秉'은 담당하여 주관한다는 뜻이니, '秉君以殺太子'는 임금을 도와 태자를 죽이는 것을 말한다.

---

95) 太：대전본에는 '大'로 되어 있다.
96) 太：대전본에는 '大'로 되어 있다.
97) 驪姬……曰免：《國語》〈晉語2〉에 보인다. 진 헌공 21년(기원전 651)의 일이다.
98) 菀：사고본에는 없다.
99) 太：대전본에는 '大'로 되어 있다.

⑦ 通復故交吾不敢：交，與太子交也.
'交'는 태자와 交遊하는 것이다.

⑧ 中立……曰免：中立，不阿君，亦不助太子.
'中立'은 군주에게 영합하지도 않고 태자를 돕지도 않는 것이다.

⑨ 驪姬……曰免：國[100]語.
21-7-가2부터 21-7-가3까지는 《國語》에 보인다.

이에 연향을 준비하여 優施를 시켜 里克에게 술을 먹이게 하였는데, 술이 반쯤 취했을 때 우시가 일어나서 춤을 추고 이어서 노래하였다.

"한가롭고 즐거워 스스로 만족함이여! 까마귀만 못하구나. 남들은 모두 울창한 나무에 모였는데 자기만 혼자 말라 죽은 나무에 앉았구나."

이극이 웃으면서 말하였다.

"무엇을 울창한 나무라고 하고, 무엇을 말라 죽은 나무라고 하는가?"

우시가 말하였다.

"그 어머니는 제후의 처이고 그 자식은 군주가 될 것이니 울창한 나무라고 말할 수 있지 않겠습니까. 그 어머니는 이미 죽었고 그 자식은 또 비방을 받고 있으니 말라 죽은 나무라고 말할 수 있지 않겠습니까."

이극이 말하였다.

"너의 말이 장난으로 한 것이냐? 아니면 들은 것이 있어서냐?"

우시가 말하였다.

"맞습니다. 임금께서 이미 驪姬에게 태자를 죽이고 奚齊를 태자로 세우는 데 동의하셨으니 계획이 이미 이루어진 것입니다."

이극이 말하였다.

"임금을 도와 태자를 죽이는 것은 내가 차마 할 수 없고 전부터 교유하던 태자에게 연통하여 알리는 것은 내가 감히 할 수 없으니 중립을 지키면 화를 면할 수 있겠는가?"

우시가 말하였다.

"면할 것입니다."

---

100) 國：대전본에는 이 앞에 '○'가 있고, 사고본에는 이 앞에 '見' 1자가 있다.

21-7-가4[101)]

及[102)]將立奚齊에 旣與中大夫成謀①러니 姬가 謂太子曰 君이 夢齊姜하시니 必速祭之하라 太子가 祭于曲沃하고 歸胙于公②한대 公이 田③이라 寘諸宮六日에 公이 至어늘 毒而獻之④한대 公이 祭之地하니 地墳⑤하고 與犬하니 犬斃하고 與小臣하니 小臣이 亦斃어늘 姬가 泣曰 賊由太子니이다 太子가 奔新城[103)]하다 或이 謂太子호대 子가 辭하면 君必辯[104)]焉⑥하리라 太子가 曰 君非姬氏면 居不安·食不飽하시나니 我辭면 姬必有罪니 君이 老矣라 吾가 又不樂⑦이로다 曰 子其行乎⑧[105)]인저 太子가 曰 君實不察其罪라 被此名也以出이면 人誰納我리오 十二月에 縊(액)于新城하다 姬가 遂譖二公子曰 皆知之라한대 重耳는 奔蒲하고 夷吾는 奔屈하다

① 旣與中大夫成謀 : 中大夫, 卽里克也. 克旣許以中立, 卽是成其殺太子之謀也.
'中大夫'는 바로 里克이다. 이극이 이미 중립을 지킬 것을 동의하였으니, 바로 이것이 태자를 죽일 계책이 이루어진 것이다.

② 歸胙于公 : 胙, 祭之酒肉.
'胙'는 제사 지낸 술과 고기이다.

③ 田 : 田, 畋獵也.
'田'은 '사냥하다'라는 뜻이다.

④ 寘諸……獻之 : 毒酒經宿輒敗, 而經六日, 明公之惑.
독을 넣은 술은 하룻밤만 지나도 바로 변질되기 마련인데 엿새나 묵혀두었으니, 獻公이 판단력이 흐려진 것을 밝힌 것이다.

⑤ 地墳 : 墳, 地裂也.
'墳'은 '땅이 끓어오르다'라는 뜻이다.

⑥ 君必辯焉 : 以六日之狀[106)]自理.

---

101) 《春秋左氏傳》 魯 僖公 4년(기원전 656) 조에 보인다.

102) 及 : 대전본·사고본에는 없다.

103) 新城 : 曲沃이다. 《사기》 권39 〈晉世家〉에 따르면, 晉 獻公 16년(기원전 661)에 헌공이 霍나라, 魏나라, 耿나라 3국을 정벌하여 멸망시키고, 돌아와서 태자를 위해 곡옥에 새로 성을 쌓아 거주하게 하였으므로 '新城'이라고 한 것이다.

104) 辯 : 사고본에는 '辨'으로 되어 있다.

105) 乎 : 대전본에는 '矣'로 되어 있다.

106) 六日之狀 : 《國語》 〈晉語2〉에 따르면, "申生이……이내 曲玉에서 제사를 지내고 제사 지낸

술을 가져온 지 엿새를 지낸 상황을 가지고 헌공이 스스로 헤아려보는 것이다.

⑦ 君非……不樂 : 吾[107]自理則姬死, 姬死則君必不樂, 是由[108]吾使之[109]然也.
내가 스스로 변론하면 驪姬가 죽고 여희가 죽으면 獻公이 틀림없이 즐거워하지 않을 것이니, 이는 나로 말미암아 그렇게 되는 것이다.

⑧ 子其行乎 : 行, 謂出奔.
'行'은 '出奔'하는 것을 이른다.

奚齊를 태자로 세우려고 할 때 이미 中大夫와 모의가 끝난 뒤였다. 驪姬가 태자에게 말하였다.

"임금께서 齊姜의 꿈을 꾸셨으니 반드시 속히 제사를 지내도록 하라."

태자가 曲沃에서 제사를 지내고 제사 지낸 술과 고기를 獻公에게 보냈는데, 헌공이 사냥을 나가 없었다. 궁중에 둔 지 엿새째에 헌공이 오자, 독을 타서 헌공에게 올렸다. 헌공이 告神禮를 행하여 땅에 붓자 땅이 끓어올라 갈라졌고 개에게 던져주자 개가 죽었고 小臣에게 주자 소신도 죽었다. 그러자 여희가 눈물을 흘리면서 말하였다.

"해치려는 음모는 태자가 꾸민 것입니다."

태자가 新城으로 달아났다. 어떤 사람이 태자에게 말하였다.

"그대가 해명하면 임금께서 반드시 분별해낼 것입니다."

태자가 말하였다.

"임금께서는 여희가 아니면 거처해도 편안하지 못하고 먹어도 배부르지 못하신다. 내가 해명하면 여희는 반드시 죄를 받게 될 것이다. 임금께서 늙으셨기 때문에 내가 또 즐겁지 않다."

그 사람이 말하였다.

"그대는 달아나십시오."

술과 고기를 絳에 보냈다. 獻公은 사냥 중이어서 驪姬가 제사 지낸 술과 고기를 받아서는 술에 짐독을 타고 고기에 바곳의 독〔堇〕을 넣어두었다. 헌공이 도착하자 신생을 불러 바치게 하였다.〔申生……乃祭於曲玉 歸福於絳 公田 驪姬受福 乃寘鴆於酒 置堇於肉 公至 召申生獻〕"라고 하였다.

107) 吾 : 대전본에는 '同'으로 되어 있다.

108) 由 : 대전본에는 없다.

109) 之 : 대전본·사고본에는 없다.

태자가 말하였다.

"임금께서 참으로 나에게 죄가 있는지를 살피지 못하셨다. 이러한 죄명을 쓰고 달아난다면 어떤 사람이 나를 받아주겠는가."

12월에 태자가 신성에서 목을 매어 죽었다. 여희가 마침내 두 공자를 참소하여 말하였다.

"둘 다 그 음모를 알고 있었습니다."

그러자 重耳는 蒲로 달아나고 夷吾는 屈로 달아났다.

21-7-나(按)

臣은 按 驪姬之譖申生也가 其機變이 亦甚巧矣라 夫父子之情이 日相親近이라 則間言이 不得而入이니 惟以術離之然後에 譖愬를 可施焉이라 故驪姬가 首賂二五하여 使說(세)獻公하여 出三子于外하니 此가 離之之術也라 獻公者는 喜功貪得之人이라 闢地啓土가 正其所欲이라 故二五가 因以啗(담)之하고 且爲之辭하여 發諸歌詠[110]하여 以動[111]盪其心志하니 公安得不悅而從之리오

【臣按】驪姬가 申生을 참소한 것이 그 권모술수가 또한 매우 뛰어납니다. 무릇 부자간의 정은 매일같이 가까이 지내는 사이이기 때문에 이간하는 말이 먹혀들어가지 못하니 오직 방법을 써서 그들을 떼어놓은 뒤에야 참소를 행할 수 있습니다. 그러므로 여희가 맨 먼저 梁五와 東關嬖五에게 뇌물을 주어 獻公을 설득하여 세 공자를 지방으로 내보내도록 하였으니 이것이 부자를 떼어놓는 방법입니다.

헌공이란 사람은 공적을 세우기 좋아하고 얻는 것을 탐하는 사람이라서 영토를 확대하는 것이 바로 그가 바라던 것이었습니다. 그러므로 양오와 동관폐오가 이런 점을 이용하여 헌공을 꾀어내었고 또 이를 위한 가사를 지어 노래에 드러내어 그의 마음을 뒤흔들어 놓았으니 헌공이 어떻게 기뻐하며 따르지 않을 수 있겠습니까.

三子가 旣出則圖之가 易矣라 旣又與優施로 謀作難之先後한대 優施가 知申生之可陷也하고 則請先之하여 其言에 日 精潔易辱이라하며 又日 甚精必愚라하니 蓋精潔之人은

110) 詠 : 대전본에는 '咏'으로 되어 있다.

111) 動 : 대전본에는 '盟'으로 되어 있다.

惜名顧行하여 惟恐點汙라 故曰 易辱이라하고 以節自勵[112]하여 不以智自全이라 故曰 必愚라하니 申生이 惟其精潔也라 故一辱以弑君之名則必以死自明而後已하니 臣이 前論石顯之陷[113]蕭望之[114]가 其情이 亦然이라 夫必頑鈍無恥沉鷙[115]有謀之人則雖辱之而不動하나니 淮陰少年이 嘗辱韓信矣로되 信이 寧甘俛(부)出跨下之恥언정 不死也하고 諸葛亮이 嘗辱司馬懿矣로되 懿가 寧得畏蜀如虎之誚언정 不戰也하니 若申生則輕死重名하여 不能如信·懿之忍하여 可以術激之而使死라 故優施가 欲先陷焉하고

申生, 重耳, 夷吾 세 공자가 지방으로 나가고 나니 그들을 도모하기가 쉬웠습니다. 얼마 뒤에 또 優施와 난을 일으킬 계획의 순서를 모의하였는데 우시가 신생을 함정에 빠뜨릴 만한 사람이라는 것을 알고 그를 먼저 모함할 것을 청하였습니다.

그의 말에 "정결한 사람은 쉽게 모욕을 느낀다."라고 하고, 또 "지나치게 정결한 사람은 틀림없이 어리석은 짓을 하는 법이다."라고 하였습니다. 정결한 사람은 명예를 소중히 여기고 행동을 돌아보아 오직 더럽힐까만을 염려하기 때문에 "쉽게 모욕을 느낀다."라고 하였고, 절제로써 스스로 면려하여 지혜로써 스스로 온전하게 하지 못하기 때문에 "틀림없이 어리석은 짓을 하는 법이다."라고 하였습니다. 申生이 오직 정결할 뿐이기 때문에 임금을 시해하려고 했다는 죄명으로 모욕을 당하자마자 반드시 죽음으로써 스스로 결백을 밝힌 뒤에 그쳤으니, 신이 앞에서 논한 石顯이 蕭望之를 무함했던 것이 그 정상이 또한 그러하였습니다.

반드시 완고하고 둔하여 부끄러움을 모르고 침착하고 굳세어 지모가 있는 사람은 비록 모욕을 주어도 동요하지 않는 법입니다. 淮陰의 소년이 일찍이 韓信을 욕보였지만 한신은 차라리 기꺼이 몸을 굽혀 가랑이 아래를 기어 나오는 치욕을 받을지언정 죽지 않았고, 諸葛亮은 일찍이 司馬懿를 욕보였지만 사마의는 차라리 蜀나라를 범과 같이 두려워한다는 비난을 받을지언정 싸우지 않았습니다. 그런데 신생으로 말하면 죽음을 가벼이 여기고 명예를 중히 여겨서 한신이나 사마의처럼 참지 못하였습니다. 그리하여 계책을 써서 그를 격동시켜 죽게 만들 수 있었던 것입니다. 그러므로 우시가 신생을 먼저 무함하고자 했던 것입니다.

---

112) 勵 : 대선본에는 '礪'로 되어 있다.

113) 陷 : 대전본에는 '傾'으로 되어 있다.

114) 臣前……望之 : 18-10-가 참조.

115) 鷙 : 대전본에는 '贄'로 되어 있다.

然恐獻公이 未忍果於殺也하여 則又夜半而泣하여 以危言動之하여 謂申生이 有將爲逆之意라하여 自請先死하고 公이 懼而謀之則又勸授之政而避禍焉하니 夫獻公은 剛[116]猛人也라 能滅霍·魏·虢·虞諸國하여 以大[117]其封하고 雖齊桓[118]이 久主夏盟이나 未嘗一爲之屈[119]하니 而肯爲其子屈乎아 懷怒必殺之心이 自此啓矣라 然猶患無隙以加之罪也하여 則使將兵而伐翟焉하여 勝則加以得衆之名하고 敗則繩以覆師之罪하니 申生이 至是에 無逃死之路矣라 然又慮大臣이 或守正力爭則公之意가 未必不回也하여 則又使優施로 往飮里克而諷其附麗之計하니 鳥烏之歌가 亦猶二五晉都之歌也라 詩歌가 於人에 最爲易動하니 故三姦之言이 無不售焉이라 里克은 大臣也어늘 許以中立하니 則殺嫡立庶之謀가 成矣라 獻公이 旣惑驪姬之讒이라 故歸胙之詐가 最爲易辨而不復辨하고 申生之仁이 恐傷君意하여 又不忍自辨하니 惟有一死而已라

그러나 驪姬는 獻公이 죽이는 것을 차마 결행하지 못할까 염려하여 또 한밤중에 눈물을 흘리면서 듣는 사람을 놀라게 하는 말로 헌공을 동요시켜 "申生이 장차 반역하려는 뜻을 품었다."라고 하고서 스스로 먼저 죽기를 청하였습니다. 헌공이 두려워하여 상의를 하면 또 그에게 정권을 주어 화를 피하도록 권유하였습니다.

저 헌공은 굳세고 용맹한 사람이라서 霍나라, 魏나라, 虢나라, 虞나라 등 여러 나라를 멸망시켜 자신의 영토를 확대시킬 수 있었고, 비록 齊 桓公이 오랫동안 華夏의 회맹을 주관하였지만 헌공이 한 번도 그에게 굴복한 적이 없었으니 그 자식에게 굽히려고 했겠습니까. 노기를 품고 반드시 죽이려는 마음이 이로부터 시작되었습니다.

---

116) 剛 : 대전본에는 '甘'으로 되어 있다.

117) 大 : 사고본에는 '一'로 되어 있다.

118) 桓 : 대전본에는 '威'로 되어 있으나, 宋 欽宗 趙桓의 피휘이다.

119) 雖齊……之屈 : 齊 桓公(재위 기원전 685~기원전 643)은 재위 43년간 盟主로서 제후를 규합하여 '九合之會'로 대표되는 회맹을 여러 차례 주도하였으나, 晉 獻公은 전혀 참여하지 않았다. 특히 진 헌공 26년(기원전 655)에 제 환공이 주도한 '葵丘之盟'의 경우에는, 진 헌공이 참석을 위해 가던 도중에 周 王室의 宰孔을 만나 "회합에 가지 않는 것이 좋을 것이다. 제 환공은 덕을 닦는 데 힘쓰지 않고 원정에만 힘쓴다. 그러므로 북쪽으로 山戎을 치고 남쪽으로 楚나라를 치고 서쪽으로 이 회합을 열었다. 동쪽으로 공략할지는 알 수 없지만 서쪽으로 가서 晉나라를 공략하지는 않을 것이다.〔可無會也 齊侯不務德而勤遠略 故北伐山戎 南伐楚 西爲此會也 東略之不知 西則否矣〕"라는 권유를 듣고 되돌아오기도 하였다. 《春秋左氏傳 僖公 9年》

그러나 오히려 죄명을 덮어씌울 틈이 없을까 근심하여 신생으로 하여금 군대를 거느리고서 翟을 정벌하도록 해서 승리하면 민심을 얻었다는 죄명을 더하고 패배하면 군대를 궤멸되게 만들었다는 죄목을 엮으려 하였으니, 이에 이르러 신생은 죽음을 피할 길이 없게 되었습니다.

그러나 혹여 대신이 正道를 지켜 힘써 간쟁한다면 헌공의 마음이 돌아서지 않으리라는 보장이 없었습니다. 그래서 또 優施를 시켜 가서 里克에게 술을 대접하고 그에게 의탁하는 방법을 귀띔하였으니 까마귀의 노래는 또한 梁五와 東關嬖五의 晉都의 노래와 같습니다. 詩歌는 사람에게 있어 가장 마음을 흔들기가 쉬운 것이니 그러므로 우시, 양오, 동관폐오 세 간신의 말이 먹혀들지 않은 것이 없었던 것입니다. 里克은 대신이었는데도 중립을 지키는 데 동의하였으니 그렇다면 적자를 죽이고 서자를 옹립하려는 계책이 이루어지게 된 것입니다.

헌공이 이미 여희의 참소에 마음이 흔들렸기 때문에 제사를 지내고 보내온 술과 음식의 속임수는 가장 분별하기 쉬운 것이지만 더 이상 분별하지 않았고, 인자한 申生은 헌공의 뜻이 상할까 걱정하여 또 차마 스스로를 변명하지 않았으니 신생에게는 오직 죽는 길 하나밖에는 없었습니다.

申生이 死而二[120)]子가 奔하여 無不如優施之所料者하여 卒之獻公卒・奚齊立에 里克이 弑之하고 卓子立에 又弑之[121)]하고 夷吾가 立不終[122)]하여 迨重耳가 立而後定하여 晉國之亂이 垂二十年[123)]하니 由驪姬之讒而三姦이 助之也라 褒姒가 有一虢石父라도 猶能

120) 二 : 대전본에는 '三'으로 되어 있다.

121) 獻公……弑之 : 《사기》 〈晉世家〉에 따르면, 晉 獻公 26년(기원전 651) 여름에 헌공은 병이 들자 대부 荀息에게 後嗣인 奚齊의 보좌를 부탁하고 그를 相으로 삼았다. 9월에 헌공이 죽자, 里克이 중이를 맞이하여 옹립하고자 하였다. 결국 10월에 이극이 喪次에서 奚齊를 죽였다. 순식은 이에 해제의 이복동생인 卓子를 옹립하고 헌공의 장례를 마쳤다. 그러나 11월에 다시 이극이 조정에서 탁자를 죽였다.

122) 夷吾立不終 : 夷吾가 君位의 기강을 확립하지 못하여 훌륭한 정치를 행하지 못한 것을 말한다. 《춘추좌씨전》 僖公 11년(기원전 649) 조에 따르면, 周 襄王이 召武公과 內史 過를 보내 晉 惠公 夷吾에게 爵名을 내렸는데, 혜공이 瑞를 받을 때 태만히 하였다. 내사 과가 돌아와서 양왕에게 "晉侯는 아마도 후손이 없을 것입니다.〔晉侯其無後乎〕"라고 하였다. 그리고 혜공이 먼저 스스로 체통을 버렸으므로 후사가 없을 것이고 예는 나라의 근간인데 예가 행해지지 않아 상하가 혼란하므로 오랜 세대를 누릴 수 없을 것이라고 이유를 설명하였다. 이에 대한 杜預의 注에 "혜공이 잘 마치지 못한 장본이다.〔爲惠公不終張本〕"라고 하였다.

合謀以逐宜臼[124)][125)]어든 況驪姬가 有三姦之助乎아 故女子・小人이 表裏交締者는 危國亡家之本也니이다

申生이 죽자 두 공자가 달아나 優施가 예상했던 바와 같이 되지 않은 것이 없었습니다. 그래서 결국에는 헌공이 죽고 奚齊(惠公)가 즉위하자 里克이 그를 시해하였고, 卓子가 즉위하자 또 이극이 그를 시해하였고, 夷吾가 즉위하였으나 잘 마치지 못해서 重耳(文公)가 즉위한 뒤에야 안정되어 晉나라의 혼란이 20년간 지속되었으니, 여희가 참소하고 세 간신이 그녀를 도운 데에서 말미암은 것입니다.

褒姒가 虢 石父 한 사람만으로도 함께 모의하여 태자인 宜臼를 축출할 수 있었는데, 하물며 여희는 도와주는 세 사람의 간신이 있었으니 말해 무엇하겠습니까. 그러므로 여자와 소인이 안팎에서 서로 결탁하는 것은 나라를 위태롭게 만들고 집안을 망하게 하는 근본입니다.

以上은 論憸邪罔上之情二하니라【讒[126)]臣】

이상은 간사한 자들이 임금을 속인 정상을 논한 두 번째이다.【참소하는 신하들】

---

123) 晉國……十年 : 驪姬의 難으로 태자 申生이 자결하고 重耳와 夷吾가 망명한 것은 晉 獻公 21년(기원전 656)이고, 晉 文公이 秦 穆公의 지원을 받아 귀국하여 즉위한 것은 晉 懷公 1년(기원전 636)이므로 20년이 된다.

124) 臼 : 대전본에는 '咎'로 되어 있다.

125) 褒姒……宜臼 : 21-1-가~21-2-나 참조.

126) 讒 : 대전본에는 '奸'으로 되어 있으나, 오자이다.

大學衍義 卷22

格物致知之要(二) 사물의 원리를 깊이 연구하여 知性의 힘을 극대화하는 핵심적인 방법들 (2)

辨人材 人材를 구별하는 방법들

憸邪罔上之情【讒臣】 奸邪한 자들이 임금을 속인 정상【참소하는 신하들】

22-1-가[1)]

宋寺(시)人惠牆伊戾가 爲太子內師[2)]而無寵①이러니 楚客이 聘於晉할새 過宋이어늘 太子가 請野享之②[3)]한대 公이 使往③이어늘 伊戾가 請從之한대 公曰 夫가 不惡(오)女乎④아 對曰 小人之事君也에 惡之不敢遠하며 好之不敢近이요 敬以待命하니 敢有二心乎잇가 臣請往也하노이다

① 宋寺……無寵：惠牆, 其姓[4)], 伊戾, 其[5)]名. 太子, 名痤(좌)[6)], 宋平公[7)]子.
'惠牆'은 姓이고 '伊戾'는 이름이다. 太子는 이름이 痤로, 宋 平公의 아들이다.

② 享之：享楚客也.

---

1)《춘추좌씨전》襄公 26년(기원전 547) 기사에 보인다.

2) 宋寺……內師：寺人은 환관이다. 楊伯峻에 따르면, '內師'는 太子宮 내에 소속된 환관들의 우두머리이다.《楊伯峻, 春秋左傳注(修訂本), 北京：中華書局, 1995, 1118쪽》

3) 楚客……享之：이해 가을에 초나라의 사신이 晉나라로 빙문을 갔는데, 宋 太子 痤와는 원래부터 아는 사이였다.《春秋左氏傳 襄公 26年》

4) 其姓：사고본에는 '氏'로 되어 있다.

5) 其：사고본에는 없다.

6) 痤：대전본에는 '座'로 되어 있다.

7) 宋平公：?~기원전 532(재위 기원전 575~기원전 532). 성은 子, 이름은 成으로, 宋 共公(?~기원전 576, 재위 기원전 588~기원전 576)의 아들이다.

'享之'는 초나라의 使臣에게 宴享을 베푼다는 것이다.

③ 使往 : 使太子往.

'使往'은 태자에게 가라고 한 것이다.

④ 夫不惡女乎 : 夫, 謂太子也. 女, 音汝.

'夫'는 太子를 이른다. '女'는 음이 '汝(여)'이다.

宋나라의 寺人 惠牆伊戾가 太子의 內師가 되었으나 총애를 받지 못했다. 그런데 楚나라의 使臣이 晉나라로 聘問을 갈 때 송나라를 지나가자, 태자가 야외에서 연향을 베풀어주자고 宋 平公에게 청하였다. 평공이 가게 하자 혜장이려가 태자를 수행하기를 청했는데, 평공이 말하였다.

"태자가 너를 싫어하지 않는가."

혜장이려가 대답하였다.

"소인이 군자를 섬길 때에는 소인을 미워해도 감히 군자를 소원하게 여기지 못하며 소인을 좋아해도 감히 군자를 친근하게 여기지 못하고 조심스러운 태도로 명을 기다리는 것이니, 감히 두 마음을 품겠습니까. 신은 가기를 청합니다."

至則欿(감)用牲加書하고 徵①[8]而騁하여 告公曰 太子가 將爲亂이라 旣與楚客盟矣니이다 公曰 爲我子니 又何求리오 對曰 欲速②이니이다 公이 使視之則信有焉이어늘 問諸夫人[9]與左師③[10]하시니 則皆曰 固聞之로이다 公이 囚太子한대[11] 乃縊(액)而死[12]하다 公이 徐聞其無罪也하고 乃亨[13]伊戾[14]하니라

---

8) 徵 : 사고본에는 이 뒤에 '之' 1자가 있다.

9) 夫人 : 宋나라의 大夫인 芮(예)司徒의 딸로 이름은 棄이며, 佐의 모친이다. 佐는 송 평공의 아들로, 태자 痤가 죽고 나서 곧바로 태자가 되었다. 22-2-가의 '太子佐' 주석 참조. 《春秋左氏傳 襄公 26年》《春秋經傳集解 襄公 26年》

10) 左師 : 宋나라의 벼슬 이름으로, 執政의 지위에 해당한다. 여기에서는 向戌을 가리키며, 그의 채읍이 合縣에 있어 '合左師'라고도 하였다. 태자 痤는 외모가 아름다웠으나 성격이 사나웠는데, 상술이 그러한 痤를 두려워한 나머지 미워하였다. 《春秋左氏傳 襄公 26年》《楊伯峻, 春秋左傳注(修訂本), 北京 : 中華書局, 1990, 1031쪽》《陳克烱, 左傳詳解詞典, 鄭州 : 中州古籍出版社, 2004, 441쪽》

11) 囚太子한대 : 509본에는 '囚太한대 子'로 되어 있으나, 오류이다.

12) 乃縊而死 : 太子 痤가 갇힌 뒤에 이복형제인 佐만이 자신을 구할 수 있다며 그가 평공에게 자신의 사면을 부탁하도록 도움을 요청하였다. 그러면서 佐에게 정오가 될 때까지 자신을 구하

① 徵：詐作盟處，爲太子反證驗.
맹약한 장소를 거짓으로 만들어서 태자가 반역했다는 증거로 삼은 것이다.
② 欲速：言欲速得公位.
'欲速'은 公의 자리를 빨리 얻고 싶어 한다는 것을 말한다.
③ 夫人與左師：夫人，平公夫人，左師，向[15]戌(상술)[16]，皆惡太子.
'夫人'은 宋 平公의 부인이며 '左師'는 向戌이니, 이들 모두 태자를 미워하였다.

혜장이려가 도착해서는 구덩이를 파고 희생에 맹약한 글을 놓아둔 뒤에 이를 증거로 삼아 말을 달려 돌아와 평공에게 다음과 같이 고하였다.

"태자가 난을 일으키려고 이미 초나라의 사신과 맹약을 하였습니다."

평공이 말하였다.

"내 아들이니 태자가 또 무엇을 바라겠는가."

혜장이려가 대답하였다.

"임금이 빨리 되려는 것입니다."

평공이 사람을 시켜 살펴보게 하였는데 정말로 그곳에 증거가 있었다. 그러자 부인과 左師에게 물으니, 그들이 모두 다음과 같이 말하였다.

"그렇다는 말을 정말로 들었습니다."

평공이 태자를 감옥에 가두자, 태자가 이에 목을 매어 죽었다. 평공은 태자에게 죄가 없다는 사실을 뒤늦게 듣고 마침내 혜장이려를 烹刑에 처하였다.

22-1-나(按)

臣은 按 甚矣라 宋平公之闇也여 初伊戾之請從太子以享客也에 公이 固知太子之惡(오)

러 오지 않으면 자신이 죽는 것으로 알겠다고 하였다. 그런데 左師 向戌이 그 말을 듣고 佐에게 가서는 떠들썩하게 이야기를 늘어놓으며 약속 시간인 정오를 넘기게 만들었다. 결국 佐가 오기만 기다리고 있던 태자 痤는 낙담하여 자진하고 말았다. 《春秋左氏傳 襄公 26年》

13) 烹：劉熙의 《釋名》에 "솥에 끓이는 것을 '烹'이라고 하니, 짐승의 고기를 삶는 것과 같은 것이다.〔煮之於鑊曰烹 若烹禽獸之肉也〕"라는 내용이 보인다. 《釋名 釋喪制》

14) 乃烹伊戾：宋나라 때 林堯叟는, 혜장이려를 먼저 죽이고 나서 그 시체를 삶은 것으로 보았다. 《音注全文春秋括例始末左傳句讀直解 襄公 26年》

15) 向：대전본에는 '句'로 되어 있으나, 오자이다.

16) 戌：저본・대전본・사고본에는 '戍'로 되어 있으나, 통행본 《춘추좌씨전》에 근거하여 바로잡았다. 위의 '左師' 주석 참조.

之矣로되 及設詐以陷太子하얀 乃信之而不疑하니 夫坎[17]牲加書를 誰不能爲리오 平公이 聞之에 逆折其姦而戮之가 上也요 徐究其妄而罪之가 次也어늘 乃遽用其言하여 以囚太子하여 使不得自直而死하니 太子는 君之貳也어늘 而輕之若是하니 可乎아 後雖能烹讒者나 亦無益矣라 詩所謂君子不惠不舒究之[18]가 殆是之類歟[19]인저

【臣按】 너무도 심합니다. 宋 平公의 어리석음이. 당초에 혜장이려가 태자를 수행하여 초나라의 사신에게 연향을 베푸는 일을 청했을 때, 평공은 참으로 태자가 그를 미워한다는 사실을 알았으면서도 혜장이려가 거짓을 날조하여 태자를 모함하는 데 이르러서는 도리어 혜장이려를 믿어 의심치 않았습니다. 구덩이를 파고 희생을 써서 맹약한 글을 놓아두는 일을 누가 못하겠습니까.

평공이 혜장이려의 말을 들었을 때 그 간계를 좌절시키고서 그를 주살하는 것이 최선이었고, 그 거짓을 찬찬히 따져보고서 그를 처벌하는 것이 차선이었을 텐데, 선뜻 그의 말을 받아들여서 태자를 가두어 태자가 스스로 결백을 입증하지도 못하고 죽게 만들었습니다. 태자는 임금의 다음가는 자리인데 이처럼 쉽게 처결하니 이래서야 되겠습니까. 뒤늦게 비록 참언한 자를 팽형에 처할 수는 있었지만 역시 무익한 일이었습니다. 《시경》에 이른바 "군자가 자식을 사랑하지 않아 찬찬히 살피려 하지 않네."라고 한 것이 아마도 이러한 종류일 것입니다.

22-2-가[20]

宋寺人(시인)柳가 有寵①하니 太子佐[21]가 惡(오)之②러니 華合比가 曰 我가 殺之③호리이다 柳가 聞之하고 乃坎用牲埋書④而告公曰 合比가 將納亡人之族⑤하여 旣盟于北郭矣니이다 公이 使視之하니 有焉이어늘 遂逐華合比하니라

① 有寵 : 有寵於平公.

---

17) 坎 : 사고본에는 '歃'으로 되어 있다.

18) 君子……究之 : 《시경》 〈小雅 小弁(소반)〉에 보인다. 21-2-가 참조.

19) 歟 : 사고본에는 '與'로 되어 있다.

20) 《춘추좌씨전》 昭公 6년(기원전 536) 기사에 보인다.

21) 太子佐 : ?~기원전 517. 宋 元公(재위 기원전 531~기원전 517)으로, 성은 子이다. 宋 平公의 아들로, 이복형제인 태자 痤가 자살하고 나서 태자가 되었다. 22-1-가 '乃縊而死' 주석 참조.

'有寵'은 송 평공에게 총애를 받은 것이다.

② 太子佐惡之 : 痤旣死[22], 佐爲太子.

痤가 죽고 나서 佐가 태자가 되었다.

③ 華合比曰我殺之 : 欲殺寺人柳, 以媚太子.

華合比는 寺人 柳를 죽여 태자에게 아첨하려고 한 것이다.

④ 坎用牲埋書 : 詐爲盟處.

맹약한 장소를 거짓으로 만든 것이다.

⑤ 合比……之族 : 亡人, 華臣[23]也, 前奔衛.[24]

'亡人'은 華臣이니, 이전에 衛나라로 달아났었다.

宋나라 寺人 柳가 平公의 총애를 받자 태자 佐가 그를 미워하였는데, 華合比가 말하였다.

"제가 그를 죽이겠습니다."

柳가 이 말을 듣고 이에 구덩이를 파고 희생을 써서 맹약한 글을 묻어두고 나서 평공에게 고하였다.

"화합비가 망명자의 족속을 받아들이려고 이미 北郭에서 맹약을 하였습니다."

평공이 사람을 시켜 살펴보게 하였는데 북곽에서 증거가 나오자, 마침내 화합비를 축출하였다.

22-2-나(按)

臣은 按 坎牲埋書를 伊戾가 以之하여 誣太子痤矣요 寺人柳가 又用之하여 以誣華合比

22) 痤旣死 : 22-1-가 참조.

23) 華臣 : 생몰년은 자세하지 않다. 춘추시대 宋나라 사람으로, 華元의 아들이자 華閱의 동생이다. 右師와 司徒를 역임하였다. 宋 平公 20년(기원전 556)에 화열이 죽자, 화신은 화열의 아들인 皐比(고비)의 집안을 약하게 보고 사람을 시켜 그 집안의 家宰인 華吳를 죽여 물의를 일으켰다. 그해 11월에 國人들이 미친개를 쫓다가 그 개가 화신의 집으로 들어가는 바람에 국인들이 화신의 집으로 몰려 들어가자, 화신이 두려워하여 陳나라로 달아났다. 《春秋左氏傳 襄公 9年, 17年 杜預注》

24) 亡人……奔衛 : 華臣이 달아난 일은 《춘추좌씨전》 襄公 17년(기원전 556) 기사에 보이는데, 해당 기사에는 화신이 달아났던 나라가 陳나라로 되어 있어 眞德秀의 주석과는 차이가 있다. 華合比가 쫓겨나 달아난 나라가 衛나라이므로, 화신이 달아난 나라와 화합비가 달아난 나라를 진덕수가 서로 혼동한 것으로 보인다.

焉하니 使三尺童子로도 嘗誤聽於前이면 猶必省悟於後어늘 而平公이 又信之하여 以逐合比하여 區區小數가 隨用輒驗하니 非爲讒者之工이라 乃聽者之不聰也니이다 我朝仁宗時에 元昊[25]가 撓邊이어늘 邊臣이 有欲間其驍將者가 乃陳牲酒於野하여 若聞其將之死而祭之者하여 祝辭에 具述交通之由而悼其不遂라가 元昊邏者가 至則委而去之하니 是亦坎牲加書之類라 其術이 至淺也어늘 元昊는 黠(힐)虜[26]로되[27] 且墮吾邊臣之計하여 疑其將而殺之하니 況平公乎아 臣이 因[28]併著之하여 以明讒臣之譖과 敵國之間에 用智略同하노니 人主가 皆不可以弗察也니이다

【臣按】구덩이를 파고 희생을 써서 맹약한 글을 묻어두는 꾀를 惠牆伊戾가 써서 태자 痤를 모함하였고, 寺人 柳가 또 그 꾀를 써서 華合比를 모함하였습니다. 설사 삼척동자라 할지라도 이전에 잘못하여 참소를 받아들인 적이 있었다면 그래도 나중에 비슷한 일이 생길 때에 틀림없이 잘 살펴서 알아챘을 것입니다. 그런데도 宋 平公이 또 참소를 믿어서 화합비를 축출하여 얕은 잔꾀가 쓰일 때마다 효과를 보았습니다. 이는 참소하는 자의 교묘함 때문이 아니라, 바로 듣는 사람이 밝게 듣지 못했던 것입니다.

우리 宋나라 仁宗 때에 元昊가 변경을 어지럽히자 변경을 수비하던 관리 가운데 원호 휘하의 맹장을 상대로 이간책을 쓰려는 자가 있었습니다. 그가 마침내 희생과 술을 들판에 차려놓고서 마치 그 맹장의 부음을 듣고 제사를 지내는 척하여 祝文 내용에 내통한 경위를 모두 서술하고 내통이 결실을 맺지 못한 점을 애도하다가 원호의 순찰병이 오자 그 자리를 버리고 떠났으니, 이 역시 구덩이를 파고 희생을 써서 맹약한 글을 묻어두는 유형입니다. 그 꾀가 매우 얄팍했는데, 원호는 교활한 놈임에도 우리 송나라 변경을 수비하던 관리의 계략에 빠져서 자신의 맹

25) 元昊 : 1003~1048(재위 1038~1048). 西夏의 초대 황제로 묘호는 景宗이다. 黨項族(탕구트족)의 혈통으로, 그의 조상은 원래 拓拔氏였는데 당나라 때 李氏 姓을 받은 적이 있으며, 조부 李繼遷이 宋 太祖에게 趙氏 姓을 받은 적이 있었다. 이와 같은 이유로 기록에 따라 '李元昊' 또는 '趙元昊'라고도 한다. 일찍이 송나라로부터 西平王으로 봉해진 부친 趙德明에게 송나라의 명령을 받지 말라고 권한 적이 있었다. 1038년에는 '大夏國'을 선포하고 '天授禮法延祚'라는 연호를 사용하였다. 재위 기간 동안 여러 차례 송나라를 침공하였으나, 宋 仁宗 慶曆 4년(1044)에 이르러서는 송나라에게 稱臣하고 歲幣를 요구하였다.

26) 虜 : 사고본에는 '猾'로 되어 있다.

27) 로되 : 509본에는 '로다'로 되어 있다.

28) 因 : 대전본에는 '固'로, 사고본에는 '故'로 되어 있다.

장을 의심하여 죽였습니다. 하물며 평공은 어떻겠습니다.

신이 이 때문에 함께 수록하여 참소하는 신하가 참소를 할 때와 적국이 이간책을 펼 때 사용하는 계책이 대체로 같음을 밝히니, 임금 된 사람 모두가 살피지 않으면 안 됩니다.

22-3-가[29)]

楚子之在蔡也①에 生太子建[30)]이러니 及卽位하여 使伍奢[31)]爲之師②러니 費無極[32)]이 爲少師하여 無寵焉이라 欲譖諸王曰 建可室矣③로소이다 王이 爲之聘於秦이러니 無極이 與逆하여 勸王取之④하니 楚夫人嬴氏[33)]가 至自秦⑤하다

① 楚子之在蔡也 : 楚[34)]平王[35)]也. 爲太子時, 往聘蔡.[36)]

---

29) 《춘추좌씨전》 昭公 19년(기원전 523), 20년(기원전 522) 기사에 보인다.

30) 太子建 : ?~기원전 519. 성은 羋(미), 자는 子木으로, 楚 平王의 태자이다. 費無極의 참소를 믿은 평왕을 피해 기원전 522년에 宋나라로 달아났다가 송나라의 내란으로 인하여 鄭나라로 망명하여 후대를 받았다. 후에 다시 晉나라로 가서 진나라와 함께 정나라를 습격하려고 계획했다가, 이 사실이 발각되어 정나라에 의해 살해되었다.

31) 伍奢 : ?~기원전 522. 춘추시대 楚나라의 大夫이다. 伍擧의 아들이자, 伍尙・伍子胥의 부친이다. 楚 平王이 즉위한 뒤 太子 建의 傅에 임명되었다. 少傅 費無極이 태자 건과 오사를 함께 참소하여 평왕의 노여움을 사게 만들어 결국 오상과 함께 죽임을 당했다.

32) 費無極 : ?~기원전 515. 《사기》에는 '費無忌'로 되어 있다. 참소로 楚 平王의 태자와 伍子胥를 망명하게 만들고 伍奢・伍尙 부자를 죽음으로 몰아넣었다. 평왕의 뒤를 이어 昭王(?~기원전 489, 재위 기원전 516~기원전 489)이 즉위하자 吳나라의 잦은 침공에 시달리던 초나라 사람들에게 원망을 샀다. 그 결과 백성들의 환심을 얻고자 했던 令尹 子常(囊瓦)에 의해 살해되었다.

33) 楚夫人嬴氏 : 생몰년은 자세하지 않다. 楚 平王의 부인으로, 楚 昭王의 모친이다.

34) 楚 : 대전본에는 '蔡'로 되어 있으나, 오자이다.

35) 楚平王 : ?~기원전 516(재위 기원전 529~기원전 516). 성은 羋(미), 이름은 棄疾로, 楚 共王(?~기원전 560, 재위 기원전 590~기원전 560)의 아들이자 楚 靈王(?~기원전 529, 재위 기원전 541~기원전 529)의 아우이다. 즉위 후에는 이름을 熊居로 바꾸었다. 영왕 8년(기원전 533)에 군대를 이끌고 陳나라를 멸망시켰으며, 2년 뒤에는 蔡나라를 평정하여 그 공으로 陳蔡公이 되었다. 영왕 12년(기원전 529)에 자신의 형인 公子 比가 난을 일으켜 영왕을 客死하게 만들고 즉위하였는데, 영왕이 귀환할까 걱정하던 比를 놀라게 하여 자진하게 만들고 그해 5월에 즉위하였다. 즉위 후에는 國人과 제후들이 따르지 않을 것을 두려

'楚子'는 楚 平王이다. 태자였을 때 蔡나라로 가서 아내를 맞았다.

② 使伍奢爲之師 : 伍奢, 伍擧[37]之子, 伍員[38]之父.

'伍奢'는 伍擧의 아들이자 伍員의 아버지이다.

③ 建可室矣 : 室, 妻也.

'室'은 아내를 맞이한다는 뜻이다.

④ 無極……取之 : 逆, 迎也. 勸平王, 自娶秦女.

'逆'은 맞이한다는 뜻이다. 비무극이 楚 平王에게 평왕 자신이 秦나라의 여인을 부인으로 맞으라고 권한 것이다.

⑤ 楚夫……自秦 : 王自取之, 故稱夫人.

초 평왕이 자신의 아내로 맞았기 때문에 夫人이라고 칭한 것이다.

楚子(楚 平王)가 蔡나라에 있었을 때 太子 建을 낳았다. 즉위하자 伍奢를 태자 건의 師로 삼게 하였는데 費無極이 少師로 있으면서 태자의 총애를 받지 못했다. 그리하여 비무극은 평왕에게 태자를 참소하려고 다음과 같이 말하였다.

"建이 아내를 맞아들이는 게 좋겠습니다."

평왕이 태자를 위하여 秦나라에서 태자의 正妻를 맞하였는데 비무극이 秦나라 여인을 맞이하는 일행에 참여하여 평왕에게 그 여인을 아내로 맞으라고 권하였

위하여 관대한 정치를 베풀고 형벌을 간소화하였으며 멸망시킨 陳나라와 蔡나라를 복구시켰다. 반면에 讒臣 費無極을 총애하여 失政을 범하기도 하였다.

36) 爲太子時往聘蔡 : 《춘추좌씨전》과 《사기》에 따르면, 초 평왕은 즉위하기 전에 태자가 된 적이 없으므로 진덕수의 주석과는 차이가 있다. 평왕이 蔡나라에서 맞았던 아내는 郹陽(격양) 封人의 딸을 가리킨다. 이 여인은 당시 陳蔡公으로 있던 棄疾(楚 平王)과 눈이 맞아 시집을 온 것인데, 훗날 太子 建을 낳았다. 《春秋左氏傳 昭公 19年》

37) 伍擧 : 생몰년은 자세하지 않다. 楚 莊王(재위 기원전 613~기원전 591) 때의 大夫로, 直諫을 잘했다. 장왕이 즉위한 뒤 3년 동안 국정을 돌보지 않고 향락에 탐닉하자, 장왕을 일깨우기 위하여 3년 동안 날지도 울지도 않는 새의 비유를 든 적이 있었다. 《史記 卷40 楚世家》

38) 伍員 : ?~기원전 484. 자는 子胥로, 초나라 대부 伍奢의 아들이자 伍尙의 아우이다. 기원전 522년(楚 平王7, 吳王 僚5)에 부친과 오상이 모함을 당해 楚 平王에게 죽임을 당할 무렵에 화를 피해 吳나라로 망명하여 公子 光(闔閭)을 섬겼다. 기원전 506년(吳王 闔閭9, 楚 昭王10)에는 초나라를 침공한 합려를 따라 초나라의 수도 郢(영)에 입성한 뒤 초 평왕의 시신에 매질을 가해 원한을 풀었다. 공을 세워 申 땅에 봉해졌기에 '申胥'라고도 불린다. 훗날 伯嚭(비)의 참소를 믿은 吳王 夫差에게 검을 받고 자결하였다. 22-5-가 참조. 《史記 卷40 楚世家, 卷66 伍子胥列傳》

다. 楚 夫人 嬴氏가 秦나라에서 초나라로 왔다.

無極이 言於楚子曰 晉之伯(패)也는 邇於諸夏요 而楚는 辟[39]陋라 故弗能與爭하나니 若大城城父(성보)[40]而寘(치)太子焉①하여 以通北方하고 王이 收南方하시면 是는 得天下也니이다 王이 說(열)하여 從之라 故太子建이 居于城父러니 明年에 無極이 又言於楚子曰 建이 與伍奢로 將以方城[41]之外로 叛이니이다 王이 信之하여 問伍奢한대 對曰 君一過가 多矣②어늘 何信於讒이니잇고 王이 執伍奢한대 太子建이 奔宋하니라

① 若大……子焉 : 城父, 邑名.
'城父'는 邑 이름이다.
② 君一過多矣 : 過[42], 納建妻.
'過'는 建의 신붓감을 평왕이 아내로 맞아들인 것이다.

費無極이 楚子(楚 平王)에게 말하였다.

"晉나라가 霸者 노릇을 하고 있는 것은 中原에 가깝기 때문인데 초나라는 치우쳐 있기 때문에 그들과 경쟁할 수 없습니다. 만약 城父에 크게 성을 쌓고 태자를 머물게 해서 북쪽의 나라들과 통교하게 하고 왕께서는 남쪽의 나라들을 수중에 넣으시면, 이는 천하를 차지하는 것입니다."

평왕이 기뻐하여 그 말을 따랐다. 이 때문에 태자 건이 성보에서 살게 되었다. 이듬해에 비무극이 또 초자에게 말하였다.

---

39) 辟 : 사고본에는 '僻'으로 되어 있다.

40) 城父 : 杜預에 따르면 西晉 때의 襄城 城父縣에 해당한다. 韓兆琦에 따르면 城父는 초나라 북쪽 국경 지역의 변방 고을로, 현재 河南省 平頂山市 寶豐縣 李莊鄉 翟集村 남쪽에 성보의 옛 성이 있다.《春秋左氏傳注疏 昭公 19年 杜預注》《韓兆琦, 史記箋證 世家5, 南昌 : 江西人民出版社, 2005, 2743쪽》

41) 方城 : 陳克炯(진극형)에 따르면 方城은 현재 桐柏山, 大別山 등의 산들을 초나라 때 통칭했던 말로, 초나라 동북면에 위치해 있었는데 천연의 장벽과도 같았다. 韓兆琦에 따르면 방성은 산 이름으로, 현재 河南省 方城縣 일대에 해당한다.《陳克炯, 左傳詳解詞典, 鄭州 : 中州古籍出版社, 2004, 616~617쪽》《韓兆琦, 史記箋證 世家5, 南昌 : 江西人民出版社, 2005, 2740~2741쪽》

42) 過 : 대전본・사고본에는 이 앞에 '一' 1자가 있다.

“建이 伍奢와 함께 方城 바깥 지역을 기반으로 반란을 일으키려고 합니다.”
평왕이 그 말을 믿고서 伍奢에게 물어보자, 오사가 대답하였다.
“임금께서 한 번 잘못하신 것도 많은데, 어찌 참언을 믿으십니까.”
평왕이 오사를 잡아들이자, 태자 건이 宋나라로 달아났다.

22-3-나(按)

臣은 按 費無極이 以無寵之故而譖太子할새 其始則勸平王爲納室焉하고 既娶秦女矣엔 又勸王自納焉하고 父子之疑隙이 既開하얀 又勸王大城城父而寘太子하여 以通北方焉하니 此가 卽驪姬・二五의 出申生居曲沃之故智也[43]라 父子之勢隔而情不通하고 且其居가 近北方하니 可以交通齊・魯라 於是에 以叛譖之而併及伍奢焉하니 其搖之有漸하며 其發之有機어늘 平王之心에 往往以爲忠於己요 而不知奪子之室이 曾鳥獸之不如하며 無罪殺子가 又虎狼之弗若하니 皆無極이 實陷之也요 伍奢가 既死에 子員이 奔吳하여 卒啓異時入郢之禍하여 昭王이 出走하고 楚國이 幾亡[44]하니 又無極이 實基之也라 嗚呼라 讒人之惡[45]이 一至此哉인저

【臣按】費無極이 태자의 총애를 받지 못한 이유로 태자를 참소할 적에, 처음에는 平王에게 며느리를 들이자고 권했고 이미 秦나라의 여인을 며느릿감으로 맞아들이고 나서는 또 평왕에게 평왕 자신의 아내로 맞아들이라고 권하였습니다. 그리고 부자간에 의심이 싹트고 나서는 또 평왕에게 城父에 크게 성을 쌓고 태자를 머물게 하여 北方과 통교할 것을 권하였으니, 이것이 바로 驪姬와 二五(梁五・東關嬖五)가 申生을 내보내 曲沃에 살게 했을 때 썼던 낡은 수법입니다.

부자간의 형세가 서로 떨어져 있어 마음이 서로 통하지 않고, 또 태자의 거처가 북방과 가까우므로 齊나라・魯나라와 통교할 수 있었습니다. 이에 비무극이 태자가 반란을 일으키려 한다며 참소하고 아울러 伍奢까지 연루되게 하였습니다. 비

43) 此卽……智也 : 21-7-가1 참조.

44) 子員……幾亡 : 기원전 506년(吳王 闔閭9, 楚 昭王10) 겨울에 오왕 합려와 伍員이 唐나라・蔡나라와 연합하여 초나라로 쳐들어갔다. 이때 응전하러 나온 楚나라의 子常을 격파하고 다섯 번을 이긴 끝에 초나라의 도성인 郢(영)까지 진격하였다. 이에 겁을 먹은 楚 昭王이 도성을 빠져나가자 이튿날 영이 함락되었다. 위의 ‘伍員’ 주석 참조. 《史記 卷40 楚世家》

45) 惡 : 대전본에는 ‘志’로, 사고본에는 ‘患’으로 되어 있다.

무극이 점차적으로 흔들고 결정적인 순간을 노려 말을 꺼내자, 평왕의 마음에는 언제나 비무극이 자기에게 충성한다고만 생각했지, 아들의 배필감을 빼앗는 것이 금수만도 못하며 무고하게 아들을 죽이는 것이 또 범이나 이리만도 못한 줄은 알지 못했으니, 모두 비무극이 실로 그 지경에 빠뜨린 것입니다. 그리고 오사가 죽고 나서 아들 伍員(伍子胥)이 吳나라로 달아나 마침내 훗날 吳나라의 군대가 楚나라의 도성인 郢으로 쳐들어오는 재앙을 불러와서 楚 昭王이 달아나고 초나라가 거의 망하는 지경에 이르렀으니, 또 비무극이 실로 기초를 놓은 것입니다. 아, 슬픈 일입니다. 참소하는 사람의 폐해가 한결같이 이러한 지경에까지 이른다는 것은.

22-4-가[46]

楚郤宛(극완)[47]이 **直而和**하니 **國人**이 **說**(열)**之**러니 **鄢將師**(언장사)가 **爲右領**①하여 **與費無極**[48]**比而惡**(오)**之**②하더니 **令尹子常**[49]이 **賄而信讒**이라 **無極**이 **譖郤宛焉**하여 **謂子常曰 子惡**이 **欲飮子酒**③라하고 **又謂子惡**호대 **令尹**이 **欲飮酒於子氏**[50]라한대 **子惡**이 **曰 我**는 **賤人也**라 **不足以辱令尹**이니 **令尹**이 **將必來辱**이면 **爲惠已甚**이라 **吾無以酬之**니 **若何**오 **無極**이 **曰 令尹**이 **好甲兵**하니 **子**가 **出之**하라 **吾**가 **擇焉**④호리라하고 **取五甲・五兵**하여 **曰 寘諸門**하라 **令尹**이 **至必觀之**니 **而從以酬之**하라하여늘

---

46) 《춘추좌씨전》 昭公 27년(기원전 515) 기사에 보인다.

47) 郤宛 : ?~기원전 515. 춘추시대 楚나라의 대신이다. 자는 子惡으로 伯州犁(백주리)의 아들이다. 楚 昭王 때 左尹이 되었는데, 인품이 훌륭하여 國人들의 옹호를 받았다.

48) 費無極 : 22-3-가 각주 '費無極' 참조.

49) 子常 : 생몰년은 자세하지 않다. 囊瓦(낭와)를 가리킨다. 子常은 낭와의 자이다. 楚 平王 10년(기원전 519)에 令尹이 되었으며, 楚 昭王 8년(기원전 508)에는 吳나라를 공격했다가 패했다. 2년 뒤에 오나라가 초나라를 쳐서 郢을 함락시키자 鄭나라로 달아났다.

50) 子氏 : 竹添光鴻은 '子氏'가 《呂氏春秋》 〈愼行〉에 '子之家'로 되어 있다는 것에 근거하여 '氏'를 '집'으로 보았다. 楊伯峻은 《呂氏春秋》에서 《춘추좌씨전》을 인용하면서 당시에 쓰던 말로 바꾼 것으로 해석하였다. 《竹添光鴻, 左氏會箋, 成都 : 巴蜀書社, 2008, 2064쪽》 《楊伯峻, 春秋左傳注(修訂本), 北京 : 中華書局, 1990, 1485쪽》

① 右領 : 右領, 官名.
'右領'은 벼슬 이름이다.
② 與費……惡之 : 謂二人相比附, 而忌疾郤宛也.
두 사람이 서로 편당을 지어 郤宛을 시기하고 질투했다는 것을 말한다.
③ 子惡欲飮子酒 : 子惡, 郤宛字.
'子惡'은 극완의 자이다.
④ 吾擇焉 : 擇取以進子常也.
'擇'은 골라 뽑아서 子常에게 바친다는 뜻이다.

楚나라의 郤宛이 정직하면서도 온화하기에 國人들이 그를 좋아하였다. 鄢將師가 右領으로 있으면서 費無極과 편당을 지어 극완을 미워하였는데, 令尹 子常이 뇌물을 받고 참언을 믿는 사람이었다. 비무극이 극완을 참소하고자 자상에게 다음과 같이 말하였다.

"子惡(郤宛)이 그대에게 술을 대접하고 싶어 합니다."

또 자악에게는 다음과 같이 말하였다.

"영윤이 그대의 집에서 술을 얻어 마시고 싶어 합니다."

자악이 말하였다.

"나는 신분이 낮은 사람이라 영윤을 왕림하게 할 수 없습니다. 영윤이 앞으로 꼭 왕림하겠다면 은혜가 너무 커서 내가 갚을 수 없으니 어떻게 해야 하겠습니까?"

비무극이 말하였다.

"영윤이 갑옷과 무기를 좋아하니 그대가 내오십시오. 내가 골라주겠습니다."

비무극이 갑옷 다섯 벌과 무기 다섯 개를 고르고 말하였다.

"이것들을 문에 두십시오. 영윤이 오면 반드시 구경할 테니 그에 따라 답례하십시오."

及饗[51]日하여 帷諸門左①러니 無極이 謂令尹曰 吾가 幾禍子랏다 子惡이 將爲子不利②하여 甲在門矣나니 子必無往하라 令尹이 使視郤氏하니 則有甲焉이라 不往하고 召鄢將師而告之하여 遂攻郤氏하고 且爇(열)之하니 子惡이 自殺이어늘 盡

51) 饗 : 대전본에는 '享'으로 되어 있다.

滅郤氏之族黨하고 **殺陽令終**[52)]**與其弟完及佗**[③]와 **與晉陳及其子弟**[④]하다

① 帷諸門左 : 張帷, 陳甲兵其中.
장막을 치고서 그 안에 갑옷과 무기를 진열한 것이다.

② 將爲子不利 : 言欲害令尹也.
영윤을 해하려고 한다는 것을 말한다.

③ 陽令……及佗 : 令終, 陽匄(양구)[53)]子.
'令終'은 陽匄의 아들이다.

④ 晉陳及其子弟 : 晉陳, 楚大夫, 皆郤氏之黨.
'晉陳'은 楚나라의 大夫이니, 진진과 그 자제들 모두 郤氏의 黨與이다.

접대하는 날이 되어 子惡이 대문 왼편에 장막을 쳤는데 비무극이 令尹에게 말하였다.

"내가 하마터면 그대에게 화를 끼칠 뻔했소. 자악이 그대를 해치려고 갑옷을 문에 두었으니 그대는 절대로 가지 마십시오."

영윤이 사람을 시켜 극완의 집을 살펴보게 하자 갑옷이 문에 있었다. 영윤이 극완의 집에 가지 않고 鄢將師를 불러 이 일을 알리고서 마침내 극완의 집을 공격하고 불까지 지르니 자악이 자살하였다. 그러자 영윤이 郤氏의 族黨들을 멸족하고 陽令終과 그 아우인 陽完과 陽佗, 晉陳과 그 자제들을 죽였다.

楚郤宛之難에 **國言**이 **未已**하여 **進胙者**[54)]가 **莫不謗令尹**[①]이러니 **沈尹戌**[55)56)]이

---

52) 陽令終 : ?~기원전 515. 춘추시대 楚나라 사람으로, 中廐尹(중구윤)을 지냈다. 《春秋左氏傳注疏 27年 杜預注》

53) 陽匄 : ?~기원전 519. 춘추시대 楚나라의 대신이다. 성은 羋(미)이고, 陽은 氏이며, 자는 子瑕(자하)이다. 楚 穆王의 증손이자 陽令終의 부친으로 벼슬이 令尹에 이르렀다. 平王 10년(기원전 519)에 오나라가 쳐들어왔을 때 원군을 이끌고 가다가 陣中에서 병사하였다. 《春秋左氏傳注疏 昭公 14年・17年・23年, 17年 杜預注》

54) 進胙者 : 楊伯峻에 따르면, '胙'는 廟에 제사를 지냈던 고기로 膰 또는 燔이라고도 한다. 그리고 제후가 제사를 지낸 뒤에는 관련이 있는 경대부들에게 이 고기를 보냈는데, 여기에서 '進胙者'는 고기를 보낸 내상으로 보았다. 趙生群에 따르면 '進胙者'는 卿大夫를 가리킨다. 이들이 제사를 지낸 뒤에는 胙(제사 지낸 고기)를 임금에게 바친다. 《楊伯峻, 春秋左傳注, 北京 : 中華書局, 1995, 1487~1488쪽》《趙生群, 春秋左傳新注, 西安 : 陝西人民出版社, 2008, 916쪽》

言於子常曰② 夫左尹③與中廐(구)尹④이 莫知其罪어늘 而子가 殺之하여 以興謗讟(독)[57]하여 至于今未止하니 夫無極은 楚之讒人也라 人莫不知하나니 喪太子建하며 殺連尹奢⑤하여 屛王之耳目하여 使不聰明⑥하니 不然이면 平王之溫惠共儉이 有過成[58]·莊⑦[59]하여 無不及者로되 所以不獲諸侯는 邇無極也⑧어늘 今又殺三不辜하여 以興大謗하니 幾及子矣라 子而不圖면 將焉用之리오 吳가 新有君⑨하여 疆場[60]日駭하니 楚國에 若有大事[61]면 子其危哉인저 知者는 除讒以自安也어늘 今子는 愛讒以自危也하니 甚矣라 其惑也여 子常이 曰 是瓦之罪⑩니

---

55) 戌 : 저본·대전본·사고본에는 '戍'로 되어 있으나, 통행본《춘추좌씨전》·《史記》에 근거하여 바로잡았다.

56) 沈尹戌 : ?~기원전 506. 춘추시대 초나라 사람으로 楚 莊王의 증손이다. 일설에는 장왕의 손자라고도 한다. 벼슬은 左司馬에 이르렀다. 昭王 10년(기원전 506)에 오나라가 초나라를 침공했을 때 오나라 군대와 맞서 싸우다가 중상을 입고는 포로가 되기를 수치스러워하여 부하의 손을 빌려 자결하였다.《中國歷史大辭典 先秦史卷編纂委員會 編, 中國歷史大辭典 先秦史, 上海辭書出版社, 1996, 268~269쪽》

57) 讟 : 사고본에는 '毁'로 되어 있다.

58) 成 : ?~기원전 626(재위 기원전 671~기원전 626). 楚 成王을 가리킨다. 춘추시대 楚나라의 20대 임금으로, 이름은 頵(군) 또는 惲(운)이며, 18대 임금인 文王의 아들이다. 형이자 19대 임금인 堵敖(도오)를 시해하고 즉위하였다. 즉위 이후에는 선정을 베풀고 국토를 개척하였으며, 기원전 650년 泓水(홍수) 전투에서는 宋나라 군대를 이겼다. 후에 기원전 644년에 벌어진 城濮(성복) 전투에서는 晉나라 군대에 패배를 당했다. 만년에는 商臣을 태자로 삼았다가 폐하려고 했을 때 상신이 군대를 이끌고 왕궁을 포위하자 목을 매어 자결했다.

59) 莊 : ?~기원전 591(재위 기원전 614~기원전 591). 楚 莊王을 가리킨다. 춘추시대 楚나라의 22대 임금으로, 이름은 侶(려) 또는 旅이며, 成王의 손자이자 穆王의 아들이다. 春秋五霸의 한 사람으로, 즉위 후에 孫叔敖(손숙오)와 같은 인재를 발탁하여 내정을 닦았으며, 夷狄들을 몰아내고 영토를 확장하였다. 기원전 606년에는 陸渾을 공격하고 雒邑(낙읍)에 이르렀는데, 이때 王孫滿에게 周나라 왕실에 있는 九鼎의 무게를 물어 천하를 엿볼 뜻을 내비치기도 하였다. 이후 陳나라, 鄭나라, 晉나라 등과 전쟁을 벌여 승리함으로써 중원의 제후들과 어깨를 나란히 하였다.

60) 場 : 대전본·사고본에는 '埸(역)'으로 되어 있다.

61) 大事 : 林堯叟에 따르면, '대사'는 다른 변고를 말한다.《左傳杜林合注 卷42 昭公 28年 林堯叟注》

敢不良圖아 九月에 子常이 殺費無極與鄢將師하고 盡滅其族[62]하여 以說于國하니 謗言이 乃止하다

① 進胙……令尹 : 進胙, 國中祭祀也. 謗, 詛也.
'進胙'는 도성 내에서 제사를 지내는 것이다. '謗'은 '비방하다'라는 뜻이다.

② 沈尹……常曰 : 沈尹戌[63], 楚賢大夫.
'沈尹戌'은 楚나라의 어진 大夫이다.

③ 左尹 : 郤宛.
'左尹'은 郤宛이다.

④ 中廐尹 : 陽令終.
'中廐尹'은 陽令終이다.

⑤ 連尹奢 : 連尹, 官名, 卽伍奢也.
'連尹'은 벼슬 이름이니, 바로 伍奢이다.

⑥ 屛王……聰明 : 屛, 蔽也.
'屛'은 '가리다'라는 뜻이다.

⑦ 成莊 : 楚二先君.
'成'·'莊'은 초나라의 두 先君(成王·莊王)이다.

⑧ 邇無極也 : 邇, 親近之也.
'邇'는 가까이한다는 뜻이다.

⑨ 吳新有君 : 光新立也.
光(闔閭)이 이제 막 즉위한 것이다.

⑩ 是瓦之罪 : 瓦, 子常名.
'瓦'는 子常의 이름이다.

楚나라 郤宛이 화를 당한 일에 國人의 비방이 끊이지 않아서 도성 내에서 제사를 지내고 고기를 바치는 사람 가운데 令尹을 비난하지 않는 이가 없었다. 沈尹戌이 子常에게 말하였다.

"저 左尹(郤宛)과 中廐尹(陽令終)은 그들의 죄가 무엇인지 모르는데, 그대가 이들을 죽임으로써 비방을 초래하여 지금에 이르도록 그치지 않습니다. 저 비무극은 楚나라의 讒人이라 사람들이 모르는 이가 없습니다. 太子 建을 잃게 하고

62) 九月……其族 : 楚 昭王 1년(기원전 515) 9월 기미일(14일)의 일이다.

63) 戌 : 저본·사고본에는 '戍'로 되어 있으나, 통행본《춘추좌씨전》·《史記》에 근거하여 바로잡았다.

連尹 伍奢를 죽여 왕의 귀와 눈을 가려서 밝게 듣고 밝게 보지 못하게 하였습니다. 그렇지 않았다면 平王의 온화함과 은혜로움, 공손함과 검소함이 成王과 莊王을 능가하여 두 왕에 미치지 못할 것이 없는데, 제후들에게 인정을 받지 못한 이유는 비무극을 가까이해서입니다. 그런데 지금 또 무고한 세 사람(郤宛・陽令終・晉陳)을 죽여 큰 비방을 불러일으켰으니, 아마도 그대에게 화가 미칠 것입니다. 그대가 대책을 강구하지 않으면 장차 무슨 소용이 있겠습니까.

吳나라는 새로 임금이 즉위하여 변경이 날마다 소란스러우니 초나라에 만약 큰 일이 생기면 그대는 위태로울 것입니다. 지혜로운 사람은 참언을 없애 스스로를 평안하게 하는데 지금 그대는 참소하는 자를 좋아하여 스스로를 위태롭게 하니, 너무 심합니다. 그 어리석음이여."

子常이 말하였다.

"이는 저의 죄이니, 감히 적절하게 대책을 강구하지 않겠습니까."

9월에 자상이 費無極과 鄢將師를 주살하고 그들의 宗族을 멸족함으로써 國人에게 해명하자 비방하는 말이 마침내 그쳤다.

22-4-나(按)

臣은 按 費無極之陷郤宛也가 豈不寃哉리오 郤宛이 未嘗欲飮子常하고 子常이 未嘗欲就郤氏以飮也어늘 鑿空造端하여 締怨梯禍하여 旣勸以甲兵獻子常하고 又從而譏之하니 帷兵在門이라 有實可驗이어니 子常이 安得而不信諸(저)아 三族無罪而誅가 由無極一言以陷之也니 嗚呼酷哉인저

【臣按】 費無極이 郤宛을 모함한 일이 어찌 원통하지 않겠습니까. 郤宛이 子常에게 술을 대접하려고 한 적이 없었고 자상이 극완의 집에 가서 술을 얻어 마시려고 한 적이 없었는데, 비무극이 있지도 않은 일을 날조하여 원한을 맺게 하고 앙화의 계기를 만들어 갑옷과 무기를 자상에게 바치도록 권하고 또 이것을 이용하여 참소하였습니다. 장막 안의 무기가 문에 있어서 증명할 만한 실체가 있었으니, 자상이 어떻게 그의 참소를 믿지 않을 수 있었겠습니까. 극완의 三族이 아무 죄도 없이 주살된 것은 비무극이 말 한마디로 말미암아 함정에 빠뜨려서이니, 아, 참혹합니다.

善乎라 沈尹戌[64]之言也여 曰 屛王之耳目하여 使不聰明이라하니 夫人君之耳目이 本自聰明이어늘 讒人이 翳之라 於是에 耳不得聞天下之利害하고 目不得覩天下之是非하여 塊然孤立하여 若聾瞽然하니 斯語也가 豈獨爲無極設[65]哉리오 古今讒人之害를 此一語가 足以蔽之矣니이다

훌륭합니다. 沈尹戌의 말이. "왕의 귀와 눈을 가려 밝게 듣고 밝게 보지 못하게 하였다."라고 하였습니다. 무릇 군주의 귀와 눈은 본래 밝게 듣고 밝게 보는 것인데, 참소하는 사람이 그 귀와 눈을 가리므로 이에 귀로는 천하의 利害를 듣지 못하고 눈으로는 천하의 是非를 살피지 못하여 우두커니 아무것도 모른 채 마치 귀머거리나 장님과도 같게 되었으니, 이 말이 어찌 비무극만을 두고 한 말이겠습니까. 고금의 참소하는 사람의 해악을 이 한마디 말이 설명하기에 충분합니다.

22-5-가[66]

吳王闔閭가 以伍子胥之謀로 西破彊[67]楚[68]하고 北威齊·晉[69]하고 南伐越人[70]이러니 後에 闔閭가 伐越한대 越이 迎擊하여 敗吳於姑蘇하니 闔閭가 死[71]커늘

---

64) 戌 : 저본・대전본・사고본에는 '戍'로 되어 있으나, 통행본 《춘추좌씨전》・《史記》에 근거하여 바로잡았다.

65) 設 : 사고본에는 없다.

66) 《史記》 卷31 〈吳太伯世家〉, 卷66 〈伍子胥列傳〉에 보인다.

67) 彊 : 대전본에는 '强'으로 되어 있다.

68) 西破彊楚 : 기원전 512년(吳王 闔閭3, 楚 昭王4)에 합려가 伍子胥, 伯嚭 등과 함께 군대를 거느리고 초나라의 舒縣을 함락한 뒤 오나라 公子로서 초나라로 망명했던 蓋餘와 燭庸을 죽였다. 이듬해에 또 초나라를 공격하여 六邑과 灊邑(첨읍)을 차지하였다. 기원전 509년(吳王 闔閭6, 楚 昭王7)에는 초나라의 子常이 군대를 이끌고 오나라를 공격하자 오나라는 초나라 군대를 豫章에게 격파시키고 초나라의 居巢邑을 점령하고 돌아왔다.《史記 卷31 吳太伯世家》

69) 北威齊晉 : 《史記》〈十二諸侯年表〉와 〈吳太伯世家〉에 따르면, 오자서를 등용한 후 오나라가 齊나라와 晉나라에 위엄을 떨친 것은 闔閭 때가 아닌 夫差 때의 일로 보인다. 기원전 485년(吳王 夫差11)에 오나라가 魯나라와 함께 제나라를 공격하였으며 이듬해에는 제나라 군대를 격파하였다. 2년 뒤에는 오나라가 진나라를 비롯한 여러 제후들과 黃池에서 회맹을 하였다.《史記 卷14 十二諸侯年表, 卷31 吳太伯世家》

70) 南伐越人 : 기원전 510년(吳王 闔閭5)에 오나라가 越나라를 공격하여 승리를 거두었다.

子夫差가 立하여 習戰射하여 敗越於夫椒(초)한대 越王勾踐이 乃以餘兵五千人으로 棲會稽之上하여 使大夫種으로 厚幣遺吳太宰嚭(비)하여 以請和하고 求委國爲臣한대 吳王이 將許之어늘 伍子胥가 曰 越王爲人이 能(내)辛苦①하니 今王이 不滅하시면 後必悔之하리이다 吳王이 不聽하고 用太宰嚭計하여 與越平[72]하다

① 能辛苦 : 能, 音耐.
'能'는 음이 '耐(내)'이다.

伍子胥

吳王 闔閭가 伍子胥의 계책을 써서 서쪽으로는 강대한 초나라를 격파하고 북쪽으로는 齊나라와 晉나라에 위엄을 떨치고 남쪽으로는 越나라 사람들을 정벌하였다. 후에 합려가 월나라를 정벌하였는데, 월나라가 요격하여 오나라를 姑蘇에서 패배시키니 합려가 전사하였다. 합려의 아들 夫差가 즉위하여 전투와 활쏘기를 훈련시켜서 월나라를 夫椒에서 패배시켰는데, 越王 勾踐이 이에 남은 병력 5천 명을 이끌고 會稽山 위에 있으면서 大夫 文種을 시켜 상당한 예물을 吳나라의 太宰 伯嚭에게 보내 화친을 청하고 월나라를 바쳐 신하가 되기를 요청하였다. 吳王(夫差)이 이를 수락하려고 하자, 오자서가 말하였다.

"월왕은 고통을 감내할 수 있는 사람입니다. 지금 왕께서 멸하지 않으시면 나중

《史記 卷31 吳太伯世家》

71) 後闔……闔死 : 기원전 496년(吳王 闔閭19) 여름에 합려가 월나라를 치자, 越王 句踐이 檇李(취리)에서 합려를 맞아 싸웠다. 구천은 군령을 어겨 형벌을 받아야 할 군사들로 구성된 결사대를 세 줄로 정렬시킨 뒤에 큰 소리를 외치고 나서 스스로 목을 찔러 죽게 하였다. 오나라 군대가 이 모습을 지켜보는 사이에 월나라 군대가 오나라 군대를 공격하여 姑蘇에서 패퇴시켰다. 이때 합려는 손가락에 상처를 입고서 7리를 물러났는데, 결국 상처 때문에 중병이 들어 사망했다. 《春秋左氏傳 定公 14年》《史記 卷31 吳太伯世家》

72) 敗越……越平 : 기원전 494년(吳王 夫差2)의 일이다.

에 반드시 후회하실 것입니다."

오왕은 듣지 않고 태재 백비의 계책에 따라 월나라와 강화를 맺었다.

其後에 吳王夫差가 興師北伐齊[73]어늘 子胥가 諫曰 吳之有越은 腹心之疾也어늘 王이 不先越而務齊하시니 不亦謬乎잇가 吳王이 不聽하고 大敗齊師以歸하여 益疏子胥之謀러라 其後에 吳王이 又將伐齊어늘 越王勾踐이 乃率衆助吳하고 而重寶로 以獻遺太宰嚭하니 嚭가 既數(삭)受越賂라 日夜에 爲言於吳王한대 吳王[74]이 信嚭之計어늘 伍子胥가 諫願釋齊而先越호대 吳王이 不聽이어늘 太宰嚭가 因讒曰 子胥爲人이 剛暴少恩이라 前日에 王이 欲伐齊어시늘 子胥가 以爲不可라하더니 王이 卒伐之而有大功하시니 子胥가 耻其計謀不用하여 常鞅鞅怨望하나니 願王은 早圖之하소서 王曰 微子之言이라도 吾亦疑之라하고 乃使使(사시)賜子胥屬鏤(촉루)[75]之劍曰 子가 以此死[76]하라 子胥가 仰天歎[77]曰 嗟乎라 讒臣嚭가 爲亂矣로다 告其舍人[78]曰 而縣吾目於東門하여 以觀越之入吳也케하라하고 乃自剄이어늘 吳王이 怒하여 取子胥尸盛於鴟夷①하여 浮之江[79]하니 吳人이 憐之하여

73) 其後……伐齊 : 기원전 489년(吳王 夫差7)의 일이다. 기원전 490년에 齊 景公이 죽자 齊나라의 대신들은 총애를 다투었고 경공의 어린 아들 晏孺子는 막 즉위하여 제나라가 혼란스러운 상태였다. 부차는 제나라로 쳐들어가 艾陵에서 제나라 군대를 패퇴시켰으며 제나라와 魯나라의 남쪽 지역을 공략하였다. 《史記 卷31 吳太伯世家》

74) 於吳王吳王 : 대전본에는 '於吳王'으로, 사고본에는 '而吳王'으로 되어 있다.

75) 屬鏤 : 검의 이름이다. 기록에 따라 '屬盧', '屬鹿', '獨鹿', '屬婁'라고도 한다. 《史記辭典 屬鏤》

76) 乃使……此死 : 《사기》 〈吳太伯世家〉에 따르면, 기원전 485년(吳王 夫差11)에 부차가 다시 齊나라를 치려고 했는데 오자서가 이를 만류했음에도 부차가 그를 제나라에 사신으로 보냈다. 이때 오자서는 오나라가 망하리라는 것을 알고는 제나라 대부인 鮑息에게 자신의 아들을 맡기고 돌아왔다. 백비가 이 일을 가지고 부차에게 오자서를 모함하자 부차가 분노하여 오자서에게 칼을 내려 자진하게 하였다.

77) 歎 : 사고본에는 '嘆'으로 되어 있다.

78) 舍人 : 顔師古에 따르면, 가까이 있으면서 보좌하는 사람을 통칭하는 말이다. 《漢書 卷1 高帝紀 顔師古注》

79) 乃自……之江 : 기원전 485년(吳王 夫差11)의 일이다. 《춘추좌씨전》에는 哀公 11년(기원전 484) 기사에 보인다. 《史記 卷31 吳太伯世家》 《春秋左氏傳 哀公 11年》

祠於江上하고 **因命曰胥山**[80)]이라하니라

① 鴟夷：革囊也.
'鴟夷'는 가죽부대이다.

그 후에 오왕 夫差가 군사를 일으켜 북쪽으로 齊나라를 정벌하자 伍子胥가 간하였다.

"吳나라에 越나라가 있는 것은 腹心의 병과도 같은데 왕께서 월나라를 먼저 도모하지 않고 제나라 정벌에 힘쓰시니 또한 잘못이 아니겠습니까."

오왕이 듣지 않고 제나라 군대를 크게 패퇴시키고 돌아와서는 오자서의 계책을 더욱 소홀히 여겼다.

그 후에 오왕이 또 제나라를 정벌하려고 하자, 越王 勾踐이 이에 군사를 거느리고 오나라를 돕겠다고 하고 귀중한 보물을 伯嚭에게 보냈다. 그러자 백비가 이미 월나라의 뇌물을 자주 받았기 때문에 밤낮으로 구천을 위하여 오왕에게 말했다. 오왕이 백비의 계책을 믿자 오자서가 간하여 제나라를 놔두고 월나라를 먼저 도모하기를 청했으나 오왕이 듣지 않자, 태재 백비가 이로 인하여 참소하였다.

"오자서의 사람됨이 剛暴하고 은혜를 경시합니다. 전날에 왕께서 제나라를 정벌하려고 하자 오자서가 불가하다고 하였는데 왕께서 결국 제나라를 정벌하여 큰 공을 거두니 오자서가 자신의 계책이 쓰이지 않은 것을 수치로 여겨 늘 불만에 차서 원망하였습니다. 왕께서는 일찌감치 그를 도모하십시오."

오왕이 말하였다.

"그대의 말이 아니었더라도 나 역시 그를 의심하고 있었다."

이에 使者를 보내 오자서에게 屬鏤劍을 하사하고 다음과 같이 말하였다.

"그대는 이것으로 죽어라."

오자서가 하늘을 우러러 탄식하고서 말하였다.

"아, 讒臣 백비가 난을 꾸미는구나."

그리고 자신의 舍人에게 다음과 같이 부탁하였다.

"너는 내 눈을 도성 동문에 걸어 월나라가 오나라로 쳐들어오는 것을 보게 해다오."

---

80) 胥山：太湖 가 胥湖의 동쪽 기슭에 있는 산이다.《史記 卷66 伍子胥列傳 張守節正義》

마침내 오자서가 스스로 목을 찔렀다.

그러자 오왕이 노하여 오자서의 시신을 가죽부대에 넣어 강에 흘려버리니, 오나라 사람들이 불쌍히 여겨 강가에서 제사를 지냈다. 그리고 이로 인하여 그곳의 산을 胥山으로 이름 지었다.

22-5-나(按)

臣은 按 子胥는 先王之謀臣으로 與國同體라 故其諫夫差也에 欲專意於越而後齊하니 藥[81]石之忠과 蓍龜[82]之智가 未有加焉者也어늘 宰嚭身爲大臣하여 受越重賂而反讒之하니 子胥之死가 曾未十年而越滅吳矣[83]라 觀嚭讒胥之辭하니 一曰怨望이요 二曰怨望이라하니 夫爲人臣而怨其君이 此가 必誅之罪也라 故嚭가 以此中之하니 後之讒人이 欲陷大臣之忠直者가 率祖此術하나니 然則人臣有怨於其君을 果可誅乎아

【臣按】伍子胥는 先王(闔閭)의 謀臣으로 나라와 한 몸이었습니다. 그러므로 그가 夫差에게 간할 때 越나라를 도모하는 데 전념하고 齊나라는 뒤에 도모하기를 바랐으니, 藥石과 같은 충성심과 蓍龜와 같은 지혜가 오자서를 능가하는 이는 있지 않았습니다. 그런데 太宰 伯嚭는 대신의 몸으로 월나라의 많은 뇌물을 받고 도리어 오자서를 참소하였으니, 오자서가 죽은 지 10년이 채 되지 않아 월나라가 오나라를 멸망시켰습니다. 백비가 오자서를 참소한 말을 보니 첫째도 둘째도 원망한다는 말뿐이었습니다. 신하가 되어 자신의 임금

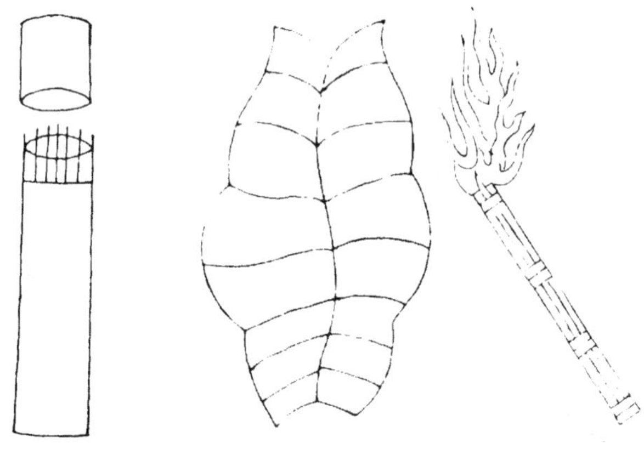

蓍　龜

81) 藥 : 사고본에는 '金'으로 되어 있다.

82) 蓍龜 : 蓍는 蓍草占, 龜는 거북점을 가리킨다. 여기에서 '시귀'는 미래를 내다보는 예지력을 상징한다.

83) 子胥……吳矣 : 《사기》〈吳太伯世家〉에 따르면 오자서가 죽은 것은 기원전 485년(吳王 夫差11)이며, 월나라가 오나라를 멸한 것은 기원전 473년(吳王 夫差23)의 일로, 眞德秀의 말과는 다소 차이가 있다. 《史記 卷31 吳太伯世家》

을 원망하는 것은 틀림없이 주살될 죄입니다. 그러므로 백비가 이것으로 오자서를 중상하였으니, 후대의 讒人 가운데 충직한 대신을 모함하려고 하는 자는 대부분 이 술책을 본받았습니다. 그렇다면 자신의 임금에게 원망을 가진 신하를 과연 죽이는 것이 옳겠습니까.

曰 怨若一而情不同하니 夫子之事親에 雖勞不怨하나니 臣之事君이 亦然而大舜之有怨慕[84]와 小雅之有怨誹[85]는 何邪오 蓋勞而[86]不怨은 其常也어니와 至於懷誠抱義而君親이 不之察則或嘑(호)[87]天以自愬하나니 曰 父母之不我愛는 於我何哉[88]오하며 曰 天之生我여 我辰安在[89]오하며 至離騷之作이 亦自怨生而存國安君之義가 一篇之中에[90] 三致意焉[91]하니 斯怨也는 秖[92]所以爲忠且孝歟[93]인저 若子胥之怨은 有無를 固未可知어니와 縱使有之나 亦必爲憂國愛君而發이어늘 夫差가 以嚭之讒而遽誅之하니 宜其亡國也로다 後之讒臣이 有以怨望誣君子者를 其深察之니이다

---

84) 大舜之有怨慕:《맹자》〈萬章 上〉 제1장에 "萬章이 질문하기를 '舜이 밭으로 가서 하늘을 부르짖으며 울었으니 왜 부르짖으며 울었습니까?'라고 하자, 맹자가 대답하였다. '원망하고 사모한 것이다.'〔萬章問曰 舜往于田 號泣于旻天 何爲其號泣也 孟子曰 怨慕也〕"라는 내용이 보인다.

85) 小雅之有怨誹:《史記》 卷84 〈屈原賈生列傳〉에 "《시경》〈國風〉은 여색을 좋아하면서도 음란하지 않고, 〈小雅〉는 원망하고 비난하면서도 난폭하지 않다.〔國風好色而不淫 小雅怨誹而不亂〕"라는 내용이 보인다.

86) 而 : 사고본에는 없다.

87) 嘑 : 사고본에는 '呼'로 되어 있다.

88) 父母……何哉:《맹자》〈萬章 上〉 제1장에 보인다.

89) 天之……安在:《시경》〈小雅 小弁〉에 보인다.

90) 에 : 509본에는 없다.

91) 至離……意焉:《史記》 卷84 〈屈原賈生列傳〉에 "屈平이 〈離騷〉를 지은 것은 대체로 원망에서 비롯된 것이다.……굴평은 이미 楚 懷王이 秦나라에 억류된 일을 미워하여 비록 내쫓긴 신세임에도 초나라를 그리워하고 회왕에게 마음이 가서 잊지 않고 돌아가려고 하고 임금이 한번 깨닫고 풍속이 일변하기를 바랐다. 그는 임금을 보존하고 나라를 진흥시키는 것을 거듭 모색하고자 하여 한 편의 글 속에서 여러 차례 그러한 의미를 표현했다.〔屈平之作離騷 蓋自怨生也……屈平既嫉之 雖放流 睠顧楚國 繫心懷王 不忘欲反 冀幸君之一悟 俗之一改也 其存君興國而欲反覆之 一篇之中三致志焉〕"라는 내용이 보인다.

92) 秖 : 사고본에는 '祇'로 되어 있다.

93) 歟 : 사고본에는 '與'로 되어 있다.

원망은 같은 것 같지만 실정은 같지 않습니다. 자식이 어버이를 섬길 때 비록 수고로워도 원망하지 않는 것이니, 신하가 임금을 섬기는 것 역시 그러합니다. 그런데 순임금에게 원망하고 사모하는 마음이 있었다는 것과, 《시경》〈小雅〉에 원망하고 비방하는 내용의 시가 있는 것은 어째서이겠습니까. 수고로워도 원망하지 않는 것은 正道이지만 성심을 가지고 의리를 간직했음에도 임금이나 어버이가 이를 알아주지 않는 데까지 이르면 혹 하늘을 부르짖으며 스스로 하소연을 하기도 하니, "부모님이 나를 사랑하지 않는 것은 나에게 무슨 잘못이 있어서인가."라고 하고, "하늘이 나를 낳음이여! 나의 시절은 어디에 있는가."라고 하였습니다. 그리고 〈離騷〉를 지은 것 또한 원망으로 말미암아 생긴 것이나, 나라를 보존하고 임금을 편안하게 하는 의리가 한 편의 글 속에서 여러 차례 그러한 의미가 드러났으니, 여기에서의 원망은 다만 충성하고 효도하려는 것일 뿐입니다.

오자서의 원망으로 말할 것 같으면 있었는지 없었는지를 참으로 알 수 없지만, 설령 있었다고 하더라도 오자서 또한 틀림없이 나라를 근심하고 임금을 사랑하여 나온 것인데 부차는 백비의 참소 때문에 오자서를 갑자기 주살하였으니, 그 나라가 망한 것이 마땅합니다. 훗날의 讒臣이 원망이라는 말을 가지고 군자를 헐뜯는 경우가 있다는 것을 깊이 살피소서.

22-6-가[94)]

衛侯의 **占夢**[95)]**嬖人**①이 **求酒於大**[96)]**叔僖子**(태숙희자)②하다가 **不得**이라 **與卜人**으로 **比而告公曰 君有大臣**이 **在西南隅**[97)]하니 **弗去**면 **懼害**③라하여늘 **乃逐大**[98)]**叔**

94) 《춘추좌씨전》 哀公 16년(기원전 479) 기사에 보인다.

95) 占夢 : 《周禮》에 따르면 日月星辰을 가지고 6가지 꿈의 길흉을 점치는 관직으로, 下士 8인, 府 1인, 史 2인, 徒 8인을 두었다. 이때 6가지 꿈은, 편안한 상태에서 저절로 꾸어지는 正夢, 놀라며 꾸는 噩夢(악몽), 깨어 있을 때 무언가를 생각하다가 꾸는 思夢, 깨어 있다가 졸음에 이끌려 꾸는 寤夢(오몽), 기뻐하면서 꾸는 喜夢, 두려워하면서 꾸는 懼夢을 말한다. 《周禮注疏 春官宗伯 占夢》

96) 大 : 사고본에는 '太'로 되어 있다.

97) 君有……南隅 : 楊伯峻은, 大叔遺가 서남쪽 모퉁이에 살고 있었을 것으로 보았다. 《楊伯峻, 春秋左傳注(修訂本), 北京 : 中華書局, 1990, 1705쪽》

98) 大 : 사고본에는 '太'로 되어 있다.

遺한대 遺가 奔晉하다

① 占夢嬖人 : 以能占夢見愛.
꿈에 대하여 점을 치는 일에 능하다 하여 총애를 받은 것이다.
② 大叔僖子 : 僖子, 大[99]叔遺(태숙유).
'僖子'는 大叔遺이다.
③ 君有……懼害 : 託占夢而言.
꿈에 대하여 점을 치는 일을 빙자하여 말한 것이다.

衛侯(衛 莊公)의 占夢으로서 총애를 받는 사람이 大叔僖子(大叔遺)에게 주연을 베풀어달라고 했다가 응낙을 받지 못했다. 그는 卜人과 결탁하고서 莊公에게 말하였다.

"임금님의 어느 대신이 서남쪽 모퉁이에 있는데, 제거하지 않으면 해를 당하실까 두렵습니다."

마침내 태숙유를 내쫓았는데, 태숙유가 晉나라로 달아났다.

22-6-나(按)

臣은 按 大臣은 重任也요 卜夢은 賤工也라 以大臣之重而爲賤工者가 私求弗獲하여 假卜夢以傾之하니 足以知衛侯之不明也로다 其後漢孝武時에 丘子明之屬이 以卜筮射蠱로 因公行誅하여 恣意所爲[100]하여 以破族[101]滅門[102]者를 不可勝數[103]요 近世에 亦有郭天信之流가 能[104]受賂薦人하여 至于卿相[105]하니 蓋其託卜筮也가 若出於無心

---

99) 大 : 사고본에는 '太'로 되어 있다.
100) 爲 : 대전본에는 '傷'으로 되어 있다.
101) 族 : 대전본·사고본에는 없다.
102) 門 : 사고본에는 '聞'으로 되어 있으나, 오자이다.
103) 其後……勝數 : 《史記》 卷128 〈龜策列傳〉에 보인다.
104) 能 : 대전본·사고본에는 없다.
105) 近世……卿相 : 송나라 때 徐自明의 《宋宰輔編年錄》, 명나라 때 馮琦(풍기)의 《宋史紀事本末》, 청나라 때 畢沅(필원)의 《續資治通鑑》 등에 따르면, 郭天信은 徽宗(1082~1135, 재위 1100~1125) 때의 점술가로 휘종이 端王으로 있던 潛邸 시절에 휘종의 등극을 예언하여 휘종이 즉위한 뒤 매우 총애를 받았다. 그 후 張商英(1043~1121)이 재상이 되고 싶은 마음에 곽천신과 왕래하자, 휘종 大觀 4년(1110) 6월에 右僕射(우복야)가 되었다. 나중에 이 일이 발각되어 휘종 政和 1년(1111) 8월에 우복야에서 파면되어 知河南府로 좌천되었다.

而不知其實有心也하니 嗚呼戒哉니이다

【臣按】大臣은 막중한 직임이고 卜人과 占夢은 미천한 일을 하는 자입니다. 대신과 같은 귀한 신분임에도 미천한 일을 하는 자가 개인적으로 요청했다가 바라는 것을 얻지 못하여, 꿈에 대하여 점을 치는 일을 빙자해 대신을 무너뜨렸으니, 衛 莊公이 명철하지 못한 것을 충분히 알 수 있습니다.

그 후 漢 武帝 때 丘子明과 같은 부류가 거북점이나 蓍草占으로 巫蠱를 행하여 남에게 해를 끼치는 일을 가지고 公事를 빙자해 誅戮을 저질러 제 마음대로 자행함으로써 멸족하고 멸문한 이들을 이루 다 헤아릴 수 없었습니다.

근세에도 郭天信과 같은 부류가 뇌물을 받고 사람을 추천하여 卿相의 지위에 오르게 하였습니다. 점에 가탁했던 것은 마치 아무 의도가 없는 데에서 비롯된 것 같았으나 실은 의도가 내재되어 있음을 몰랐으니, 아, 경계해야 합니다.

22-7-가[106)]

魯平公이 將出할새 嬖人臧倉者가 請曰 他日에 君이 出則必命有司所之러시니 今에 乘輿가 已駕矣로되 有司가 未知所之하니 敢請하노이다 公曰 將見孟子호리라 曰 何哉잇고 君所爲輕身하여 以先於匹夫者는 以爲賢乎잇가 禮義는 由賢者出이어늘 而孟子之後喪이 踰前喪하니 君無見焉①하소서 公曰 諾②다 樂正子가 入見(현)曰 君이 奚[107)]不見孟軻也잇고 曰 或이 告寡人曰 孟子之後喪이 踰前喪이라할새 是以로 不往見也호라 曰 何哉잇고 君所謂踰者는 前以士요 後以大夫며 前以三鼎[108)]이요 後以五鼎[109)]與③잇가 曰 否라 謂棺槨衣衾之美也니라 曰 非所謂踰也라 貧富가 不同也니이다

《宋宰輔編年錄 卷12 大觀 4年, 政和 1年》《宋史紀事本末 卷11》《續資治通鑑 卷91 北宋紀 徽宗 政和元年》

106) 《孟子》〈梁惠王 下〉 제16장에 보인다.

107) 奚 : 사고본에는 이 뒤에 '爲' 1자가 더 있다.

108) 前以三鼎 : 사고본에는 이 뒤에 '而' 1자가 있다.

109) 前以三……五鼎 : 《儀禮》〈士喪禮〉에 따르면, 三鼎은 特豚, 魚, 腊(석)을 말하는데, 鄭玄에 따르면 특돈은 돼지 한 마리를, 석은 말린 토끼고기를 가리킨다. 五鼎은 羊, 豕, 魚, 腊, 鮮獸를 말하는데, 정현에 따르면 선수는 막 잡은 토끼를 가리킨다. 《儀禮注疏 士喪禮 鄭玄注》

① 孟子……見焉 : 孟子前喪父, 後喪母. 踰, 過也.
맹자는 먼저 부친을 여의고 뒤에 모친을 여의었다. '踰'는 '과하게 치르다'라는 뜻이다.

② 諾 : 然臧[110)]倉[111)]之說.
노 평공이 장창의 말을 옳게 여긴 것이다.

③ 前以三……鼎與 : 三鼎, 士祭禮, 五鼎, 大夫祭禮.
'三鼎'은 士의 祭禮이고, '五鼎'은 대부의 제례이다.

魯 平公이 출행하려고 할 때 嬖人 臧倉이라는 자가 여쭈었다.

"예전에는 임금님께서 출행하시면 반드시 有司에게 갈 곳을 일러주셨는데, 오늘은 임금님의 수레에 이미 출발하려고 말에 멍에를 메었는데도 유사가 가는 곳을 모르니 감히 여쭙겠습니다."

孟子

평공이 말하였다.

"孟子를 만날 것이다."

장창이 말하였다.

"어째서입니까. 임금님께서 자신을 낮추어 필부보다 먼저 찾아가시는 것은 맹자가 어질다고 여겨서입니까? 禮義는 현자로부터 나오는 것인데 맹자가 나중에 치렀던 喪이 앞서 치렀던 상보다 과하게 치렀으니, 임금님께서는 그를 만나지 마십시오."

평공이 말하였다.

"알겠다."

樂正子(악정자)가 입궁하여 평공을 알현하고 말하였다.

"임금님께서는 어찌하여 孟軻를 만나지 않으셨습니까?"

평공이 말하였다.

110) 臧 : 사고본에는 없다.
111) 臧倉 : 대전본에는 '倉臧'으로 되어 있으나, 오자이다.

"누가 과인에게 이르기를, 맹자가 나중에 치렀던 상이 앞서 치렀던 상보다 과하게 치렀다고 하기에 이 때문에 가서 만나지 않은 것이다."

악정자가 말하였다.

"무엇을 말하는 것입니까? 임금님께서 말씀하신 '과하게 치렀다'라는 것이, 앞서 치렀던 상은 士의 禮로써 치렀고 나중의 상은 大夫의 禮로써 치렀으며, 이전의 상에는 三鼎을 쓰고 나중의 喪에는 五鼎을 쓴 것을 말씀하는 것입니까?"

평공이 말하였다.

"아니다. 棺槨과 壽衣·이불의 아름다움을 말한 것이다."

악정자가 말하였다.

"그것은 이른바 '과하게 치렀다'라는 것이 아니라 전후의 貧富가 같지 않았기 때문입니다."

22-7-나(按)

臣은 按 小人之讒毁君子에 必先探人主之意而爲說하여 以眩惑之하나니 魯平公之欲見孟子는 以其有禮義也라 臧倉이 覘(점)知其意하여 乃以孟子後喪踰前喪으로 毁之하니 謂其厚母薄父가 於禮義에 爲有愆也라 平公이 果惑其言하여 不復往見하니 蓋眞以臧倉之毁로 爲然也라 小人之能轉移主意[112)]가 類如此하니 殊不知孟子之後喪이 踰前喪者는 非於父母에 有所薄厚라 由其貧富가 不同爾라 夫喪禮는 稱家之有無니 孟子가 前貧後富라 故治喪之厚薄이 視其力焉이시니 正所謂禮也[113)]며 所謂義也라 烏得謂之踰哉리오 樂正子之辨이 甚明而終不能回平公之惑者는 以臧倉之言이 先入故也라 小人誣善之辭가 豈不可畏也哉니잇고

【臣按】 소인이 군자를 참소할 때 반드시 먼저 임금의 뜻을 탐지하여 말을 만들어냄으로써 현혹시키는 법입니다. 魯 平公이 孟子를 만나보고자 한 것은 맹자의 행동이 예의에 맞다고 생각해서입니다. 臧倉은 평공의 뜻을 엿보아 알고서 마침내 맹자가 나중에 치른 상이 그전에 치렀던 상보다 과하게 치렀다고 맹자를 헐뜯었으니, 맹자가 어머니는 후하게 치르고 아버지는 박하게 치른 것이 예의에 어긋남이 있다고 말한 것이었습니다. 평공이 과연 그 말에 미혹되어 다시 맹자를 찾아

112) 主意 : 사고본에는 '人主之意'로 되어 있다.

113) 所謂禮也 : 사고본에는 없다.

가 만나려고 하지 않았으니, 참으로 장창이 헐뜯은 말을 옳게 여겼기 때문이었습니다.

소인이 임금의 뜻을 바꾸어놓을 수 있는 것이 대체로 이러하니, 맹자가 나중에 치른 喪이 그전에 치렀던 상보다 과하게 치렀던 것은, 부모에 대해 누구는 박하게 치르고 누구는 후하게 치르는 차별을 둔 것이 아니라 맹자의 貧富가 같지 않았기 때문임을 너무나 몰랐던 것입니다. 무릇 喪禮는 집안의 형편에 걸맞게 치르는 것입니다. 맹자가 예전에는 빈한했고 나중에는 부유했기 때문에 상을 후하게 치르고 박하게 치른 것은 자신의 역량을 감안한 것이니, 이것이 바로 이른바 '禮'이며 '義'입니다. 어떻게 과하게 치렀다고 말할 수 있겠습니까. 樂正子가 분변한 말이 매우 분명한데도 끝내 평공의 현혹됨을 되돌릴 수 없었던 것은 장창의 말이 먼저 받아들여졌기 때문입니다. 소인이 선한 사람을 무함하는 말이 어찌 두렵지 않겠습니까.

22-8-가[114]

鄒忌[115]가 **爲齊相**하고 **田忌**[116]가 **爲將**하여 **不相悅**이러니 **公孫閈**(공손한)①[117]이 **謂鄒忌曰 公**은 **何不爲王謀伐魏**오 **勝則君之功也**요 **戰不勝**하면 **田忌不進**②이니 **戰而不死**라도 **曲撓**[118]**而誅**③라한대 **鄒忌**가 **以爲然**하여 **乃說**(세)**王**하여 **使田忌**로

---

114)《戰國策》〈齊策 齊1〉에 보인다.

115) 鄒忌 : 생몰년은 자세하지 않다. 기록에 따라 騶忌(추기), 騶忌子라고도 한다. 전국시대 齊나라 사람으로, 桓公, 威王, 宣王을 섬겼다. 위왕 초년에 相이 되었으며, 위왕 22년(기원전 357)에는 下邳(하비)를 封地로 받고 成侯에 봉해졌다. 현인을 등용시키고 법률을 정비하는 등의 치적이 있었으나 田忌와는 불화가 있어서 그를 달아나게 만들었다.

116) 田忌 : 생몰년은 자세하지 않다. 기록에 따라 田期, 田期思, 陳忌 등으로 되어 있다. 전국시대 齊나라 사람으로, 威王 때 장수가 되어 孫臏(손빈)을 왕에게 추천했다. 위왕 26년(기원전 353)에 魏나라 군대가 趙나라의 수도 邯鄲(한단)을 포위하자 병사를 이끌고 桂陵에서 위나라 군대를 대패시켰다. 鄒忌와 알력이 생겨 楚나라로 달아났다가 齊 宣王이 즉위한 뒤에 다시 장수로 기용되었다. 선왕 2년(기원전 341)에는 손빈과 함께 馬陵에서 魏나라의 龐涓(방연)을 격파하고 위나라의 태자 申을 사로잡았다.《史記 卷46 田敬仲完世家》

117) 公孫閈 : 생몰년은 자세하지 않다. 齊나라 사람으로, 본래 鄒忌의 문객이었다가 나중에 田嬰(전영)의 문객이 되었다.《사기》에는 公孫閱(공손열)로 되어 있다.《戰國策 齊策 齊1》《史記 卷46 田敬仲完世家》《何建章 注釋, 戰國策注釋, 北京 : 中華書局, 2011, 297쪽》

伐魏하니 三戰三勝이어늘 鄒忌가 以告公孫閈한대 閈이 乃使人操十金하여 卜於市曰 我는 田忌之人也로니 吾가 三戰三勝하여 聲威天下할새 欲爲大事하노니 吉否④아 卜者가 出커늘 因令人捕卜者하여 驗其辭於王前한대 田忌가 遂走[119]하다

① 公孫閈 : 齊人.
'公孫閈'은 齊나라 사람이다.

② 不進 : 無功[120], 不進用也.
'不進'은 공이 없어 더 이상 등용되지 않는다는 뜻이다.

③ 曲撓而誅 : 曲撓[121], 謂師不直前而敗. 漢法, 逗撓[122]有誅.
'曲撓'는 군대가 곧바로 전진하지 않아 패배한다는 뜻이다. 漢나라 법에 따르면, 적군이 무서워 피하거나 적에게 굴복한 경우에는 주살하였다.

④ 欲爲大事吉否 : 大事, 謂反叛也.
'大事'는 반란을 말한다.

鄒忌가 齊나라의 相이 되고 田忌가 장군이 되었는데 서로 사이가 좋지 않았다. 公孫閈이 추기에게 말하였다.

"공께서는 왜 왕을 위하여 魏나라 정벌을 도모하지 않습니까. 싸움에서 이기면 그대의 공이고, 싸움에서 이기지 못하면 전기가 더 이상 등용되지 않을 것이니, 싸우다 죽지 않더라도 싸움을 겁내 물러선 것으로 간주되어 주살될 것입니다."

추기가 이 말을 옳게 여겼다. 이에 齊 威王을 설득하여 전기로 하여금 위나라를 정벌하게 하니, 세 번을 싸워 세 번을 이겼다.

추기가 이 소식을 공손한에게 알려주자, 공손한이 이에 사람을 시켜 10金을 가지고 저잣거리에서 점을 보게 하면서 다음과 같이 말하게 하였다.

---

118) 撓 : 사고본에는 '橈'로 되어 있다.

119) 田忌遂走 : 《사기》에는 이때가 齊 威王 35년(기원전 344)으로, 전기가 수하들을 이끌고 추기를 제거하려고 했다가 이기지 못하여 망명한 것으로 되어 있다. 《資治通鑑》에는 周 顯王 28년(기원전 341) 기사에 보인다. 《史記 卷46 田敬仲完世家》《資治通鑑 卷2 周紀2 顯王 28年》

120) 功 : 대전본에는 '用'으로 되어 있다.

121) 撓 : 사고본에는 '橈'로 되어 있다.

122) 逗撓 : 대전본에는 '追遶'로, 사고본에는 '逗橈'로 되어 있다. 司馬貞은 東漢 때의 應劭의 말을 인용하여, '逗'는 우회하여 가서 적을 피하는 것이라고 하였다. 그리고 '橈'는 굴복하여 약해지는 것이다. 《史記 卷108 韓長孺列傳 司馬貞索隱》

“나는 전기의 사람이다. 우리가 세 번 싸워 세 번 이겨서 천하에 명성과 위엄을 떨쳤다. 큰일을 해보려고 하는데 길하겠는가?”

점쟁이가 그 자리를 떠나자, 이어서 사람을 시켜 점쟁이를 체포하여 위왕 앞에서 그 말을 하게 하였다. 전기가 마침내 달아났다.

22-8-나(按)

臣은 按 公孫閈此謀가 可謂淺矣라 豈有謀畔[123)]其君而卜於市者哉리오 威王은 明主也라 儻田忌가 出而與辨이면 其事가 必直而鄒忌가 屈矣어늘 何走之遽邪오 夫讒巧가 多端하니 惟以理察之則其誣를 可以坐照어니와 不然이면 未有不墮其欺者니이다

【臣按】 公孫閈의 이 꾀가 얕다고 할 수 있습니다. 어찌 자신의 임금에게 반역을 도모하면서 저잣거리에서 점을 보는 사람이 있겠습니까. 齊 威王은 명철한 임금이었습니다. 만약 田忌가 나와서 그와 시비를 가렸더라면 그 일이 틀림없이 올바르게 되었을 것이고 鄒忌가 굴복했을 것인데, 어찌 갑작스럽게 도망갔단 말입니까.

무릇 참소하는 기교가 여러 가지이니, 오직 이치를 가지고 살피면 무함이라는 것을 쉽게 알 수 있지만, 그렇지 않으면 그 속임수에 빠지지 않을 자가 없습니다.

22-9-가[124)]

秦이 使王翦(왕전)으로 攻趙어늘 趙가 使李牧 · 司馬尙으로 禦之하여 數(삭)破走秦軍한대 王翦이 惡(오)之하여 乃多與趙王寵臣郭開等金하여 使爲反間曰 李牧 · 司馬尙이 欲與秦反趙하여 以多取封於秦이라한대 趙王이 疑之하여 使趙蔥與顏聚로 代將하고 殺牧廢尙[125)]이러니 後五月에 翦이 擊破趙하고 虜[126)]王遷하다

123) 畔 : 대전본에는 '叛'으로 되어 있다.

124) 《史記》 卷81 〈廉頗藺相如列傳 李牧〉에 보인다. 기원전 229년(秦始皇18, 趙王 趙遷7)에 秦나라가 군사를 크게 일으켜 진나라 장수 王翦, 端和, 羌瘣(강외) 등이 각기 군대를 이끌고 趙나라를 쳤다. 이듬해에 조나라를 모두 평정하고 조나라 왕 趙遷을 사로잡았다.

125) 趙王……廢尙 : 이때 조나라가 大將 李牧과 將軍 司馬尙을 면직시키고 趙蔥과 齊나라 장수인 顏聚로 장수를 교체하였다. 그런데 이목이 명에 따르지 않자, 다시 사람을 시켜 이목을 체포하여 죽이게 하고서 사마상을 유폐시켰다.《史記 卷43 趙世家, 卷81 廉頗藺相如

秦나라가 王翦을 시켜 趙나라를 공격하게 하자, 조나라가 李牧과 司馬尙으로 하여금 왕전을 막게 하여 진나라 군대를 여러 차례 격파하여 패주시켰다. 왕전이 그 두 사람을 증오하여 마침내 조나라 왕의 총신인 郭開 등에게 금을 많이 주어 反間計를 펴서 다음과 같이 말하게 하였다.

"이목과 사마상이 진나라를 도와 조나라를 배반하여 진나라로부터 封地를 많이 얻으려고 합니다."

조나라 왕이 두 사람을 의심하여 趙蔥과 顔聚로 하여금 그들 대신 군대를 거느리게 하고서 이목을 죽이고 사마상을 유폐시켰다. 5개월 뒤에 왕전이 조나라를 격파하고 조나라 왕 趙遷을 사로잡았다.

22-9-나(按)

臣은 按 郭開가 受秦金而讒李牧하여 卒以亡趙하니 蓋內[127]有讒邪嗜利之臣然後에 敵間이 得行하나니 兵法之所謂內間[128]也[129]라 人主가 不察이면 鮮不墮其機者니이다

【臣按】 郭開가 秦나라의 금을 받고 이목을 참소하여 마침내 趙나라를 망하게 하였습니다. 참소하고 사특하며 이익을 탐하는 신하가 내부에 있고 난 뒤에 적의 이간책이 통할 수 있는 것이니, 병법에서 이른바 '內間'이라고 하는 것입니다. 임금이 잘 살피지 않으면 그 덫에 걸려들지 않을 자가 거의 없습니다.

22-10-가[130]

屈平[131]은 楚之同姓也라 爲楚懷王[132]左徒[133]러니 博聞彊記하여 明於治亂하며

列傳 李牧》

126) 虜 : 사고본에는 '擄'로 되어 있다.

127) 內 : 사고본에는 '由'로 되어 있다.

128) 內間 : 《孫子》 〈用間〉에 "內間은 적국의 벼슬아치를 통해 그를 활용하는 것이다.〔內間者 因其官人而用之〕"라는 내용이 보인다. 杜牧의 주석에 따르면, 적국의 벼슬아치 가운데 賢能함에도 관직을 잃거나 잘못이 있어 형벌을 받은 자와 같이 적국 내의 불만 세력을 매수한 뒤에 적국의 실정을 알아내고 적국의 군신을 이간시켜 화합하지 못하게 하는 것을 말한다. 《孫子集註 卷13 用間篇 杜牧注》

129) 也 : 대전본에는 '者'로 되어 있다.

130) 《史記》 卷84 〈屈原賈生列傳 屈原〉에 보인다.

嫺(한)於辭令①하여 入則與王圖議國事하여 以出號令하고 出則接遇賓客하며 應對諸侯하니 王이 甚任之하더시니 上官大夫[134]가 與之同列이라 爭寵而心害其能이러니 懷王이 使屈原으로 造爲憲令이어시늘 屈原이 屬(촉)草藁未定에 上官大夫가 見而欲奪之어늘 屈平이 不與한대 因讒之曰 王이 使屈平爲令을 衆莫不知하나니 每一令出에 平이 伐其功曰 非我면 莫能爲也라하나니이다 王이 怒而疏屈平한대 屈平이 疾王聽之不聰也하며 讒諂之蔽明也하며 邪曲之害公也하며 方正之不容也하여 故憂愁幽思而作離騷하니 離騷者는 猶離憂也라

① 嫺於辭令 : 嫺, 音閑, 習也.
'嫺'은 음이 '閑(한)'이니, '능숙하다'라는 뜻이다.

屈平(屈原)은 楚나라의 同姓이다. 楚 懷王의 左徒가 되었는데, 博覽强記하여 治亂에 밝았고 상대방을 응대하는 말에 능숙하였다. 그리하여 안으로는 회왕과 국사를 논의하여 명령을 내고 밖으로는 빈객을 접대하며 제후를 응대하니 회왕이 매우 신임하였다. 上官大夫는 굴평과 지위가 같았다. 총애를 다투어 속으로 그의

131) 屈平 : 기원전 340?~기원전 278. 전국시대 楚나라의 왕족이다. 姓은 芈(미)로, 屈은 氏이며, 平은 이름이다. 또 다른 이름은 正則이며, 자는 原, 靈均이다. 文才가 있어 懷王의 신임을 받아 左徒가 되었으나, 合縱策을 주장한 그와 달리 連橫策을 지지한 上官大夫 靳尙(근상)에게 모함을 받아 三閭大夫로 좌천되었다. 회왕이 秦나라에 갔다가 억류되어 죽은 뒤에 초나라의 국운을 탄식하며 〈離騷〉를 지었다. 頃襄王 때 다시 근상의 모함을 받아 유배되자 汨羅水(멱라수)에 투신자살하였다.

132) 楚懷王 : ?~기원전 296(재위 기원전 328~기원전 299). 전국시대 楚나라 37대 임금이다. 姓은 芈(미), 이름은 槐로, 威王의 아들이다. 대내적으로는 신하들의 간언을 잘 받아들이지 않았으며, 대외적으로는 秦나라에게 여러 번 패배를 겪었다. 기원전 299년에 秦나라 昭陽王이 동맹을 맺으러 오라고 제의했을 때 屈原의 만류에도 불구하고 진나라의 武關으로 갔다가 사로잡혀 3년 뒤에 진나라에서 죽었다.

133) 左徒 : 초나라의 벼슬 이름으로, 재상인 令尹의 다음가는 지위였다. 唐나라 때 張守節에 따르면, 좌도는 左拾遺나 右拾遺에 해당하는 관직이었다. 《史記 卷40 楚世家, 卷84 屈原賈生列傳 張守節正義》《史記辭典 左徒》

134) 上官大夫 : 전국시대 楚나라의 대부로, 劉向의 《新序》에 따르면 靳尙(근상)을 가리킨다. 王逸의 〈楚辭章句序〉에서는 '大夫上官靳尙'이라고 한 것으로 미루어, 왕일은 '상관'을 성씨로, '근상'을 이름으로 본 것으로 보인다. 《新序 卷7 節士》《楚辭章句 序》

재능을 시기하였다.

회왕이 굴원에게 법령을 제정하도록 하자, 굴원이 초고를 작성하였는데 완성하기 전에 상관대부가 보고 그것을 빼앗으려고 하였다. 굴평이 내주지 않자, 이로 인하여 상관대부가 굴평을 다음과 같이 참소하였다.

"왕께서 굴평에게 법령을 제정하도록 한 것을 뭇사람들 가운데 모르는 이가 없습니다. 그런데 하나의 법령이 나올 때마다 굴평이 그 공을 자랑하여 '내가 아니면 이렇게 할 수 있는 사람이 없다.'라고 말하였습니다."

회왕이 노하여 굴평을 멀리하자, 굴평은 회왕이 듣는 것이 밝지 못하고 참소가 현량한 사람을 가로막으며, 올바르지 않은 것이 공적인 것에 해를 끼치고 올바른 것이 용납되지 못하는 것을 미워하였다. 이 때문에 근심에 젖어 깊이 생각한 끝에 〈離騷〉를 지었으니, '이소'는 '근심에 걸리다'라는 뜻과 같다.

屈原

22-10-나(按)

臣은 按 楚懷王之於屈平에 知其賢而任之矣라가 一聞上官大夫之讒하고 遽怒而疏之는 何邪오 人君之患이 莫大於與臣下爭能이니 方王之使平草憲令也에 意必假手於平而竢[135]其成하여 以爲己出이라 上官大夫가 竊見此指하고 故讒之於王하여 謂 平이 以此로 矜衆而伐功이라하니 是가 正觸王之所忌也라 平之見疏也가 宜哉인저 大抵姦人之欲激怒其君者가 必覘上意之所忌하나니 屈平之見疏는 由上官大夫가 以王之所忌而激怒[136]之也라 夫惟聖明之君이 德度如天하여 媢之而不喜하며 激之而不怒者리야 其庶免於讒賊之害乎인저

135) 竢 : 사고본에는 '俟'로 되어 있다.

136) 怒 : 사고본에는 없다.

【臣按】楚 懷王이 屈平에 대해 그의 현능함을 알고 등용하였다가 上官大夫의 참소를 듣자마자 대번에 노하여 굴원을 멀리했던 것은 어째서이겠습니까? 임금의 문제는 신하와 능력을 다투는 것보다 큰 것이 없습니다. 회왕이 굴평에게 법령의 초고를 작성하게 했을 때, 틀림없이 굴평의 손을 빌려 법령이 완성되면 이 법령을 가지고 자신의 손에서 나온 것으로 삼으려고 했을 것입니다. 상관대부가 이러한 뜻을 엿보고 짐짓 회왕에게 굴평을 참소하여, 굴평이 이 법령을 가지고 뭇사람들에게 뽐내며 공로를 자랑했다고 말하였으니, 이는 회왕이 꺼리는 바를 정면으로 건드린 것이었습니다. 그러니 굴평이 소외를 당한 것이 당연하였습니다.

대저 간사한 사람으로서 자신의 임금을 격노시키는 자는 반드시 임금이 마음속으로 꺼리는 것을 엿보는 법이니, 굴평이 소외를 당한 것은 상관대부가 회왕이 꺼리는 바를 가지고 회왕을 격노시켰기 때문입니다. 오직 聖明한 임금으로서 덕과 도량이 하늘처럼 넓어서 아첨을 해도 기뻐하지 않으며 격노시켜도 노하지 않을 수준의 사람이라야, 남을 참소하여 해치는 사람의 폐해에서 거의 벗어날 것입니다.

22-11-가[137)]

漢武帝[138)]**時**에 **顏異**가 **以廉直**으로 **至九卿**이러니 **上**이 **與御史大夫張湯**으로 **造白鹿皮幣**[139)]하고 **問異**한대 **異曰 今王侯朝賀**[140)]에 **以蒼璧**하나니 **直**(치)**數千**이요

137)《資治通鑑》卷20〈漢紀12 武帝 中之下〉元狩 6년(기원전 117) 조에 보인다.

138) 漢武帝 : 기원전 156~기원전 87(재위 기원전 141~기원전 87). 前漢의 황제 劉徹로, 景帝의 아들이다. 즉위한 후 제후왕들의 세력을 약화시키고 유학만을 존숭하는 등의 기조를 펴 중앙 집권을 강화하였다. 또 鹽鐵을 전매하고 均輸法, 平準法, 告緡令(고민령) 등을 시행하였으며, 算緡錢을 징수하고 五銖錢을 발행하는 등의 정책으로 중앙 정부의 재정을 증대시켰다. 그러나 대외 정벌을 자주 일으켜 국력을 크게 손상시키기도 하였다.

139) 白鹿皮幣 : 흰 사슴 가죽으로 만든 화폐를 말한다. 기원전 140년(建元1) 漢 武帝가 즉위한 이후로 국가의 재용이 부족하여 민간에서 불법으로 만든 私鑄錢이 유행하고 물가가 치솟자, 元狩 4년(기원전 119)에 有司가 무제에게 皮幣를 사용하자고 건의하였다. 이에 흰 사슴 가죽으로 피폐를 만들었는데, 크기는 사방 1자로 만들고 오색 실로 가장자리를 수놓았으며 그 가치는 40만 錢으로 정하였다.《史記 卷30 平準書》

140) 今王侯朝賀 : 西漢 초기의 법에 따르면, 제후왕은 총 4차례에 걸쳐 천자를 朝見(현)한다. 첫 번째로는 제후왕이 도성에 도착하여 간단하게 뵙는 小見(현)을 행하고, 두 번째로는 정

而其皮薦이 **反四十萬**[141)]이니 **本末**이 **不相稱**이로소이다 **天子**가 **不悅**하시고 **湯**이 **又與有隙**이러니 **及人**이 **有告異以它議**어늘 **事下湯治**하니 **異**가 **與客語**할새 **客**이 **語初令下**에 **有不便者**어늘 **異**가 **不應**하고 **微反**(번)**脣**이러니 **湯**이 **奏當**호대 **異**가 **九卿**으로 **見令不便**하고 **不入言而腹非**①라하여 **論死**하니 **自是後**로 **有腹非之法**[142)] **比**②라 **而公卿大夫**가 **多諂諛**[143)]**取容矣**러라

① 腹非 : 非, 謂非毁時政也.
'非'는 당대의 정치를 비방하는 것을 말한다.

② 自是……法比 : 比, 則例也, 言自是遂爲例也.
'比'는 판례이니, '自是後 有腹非之法比'는 이로부터 마침내 판례가 되었다는 것을 말한다.

漢 武帝

漢 武帝 때 顔異가 청렴하고 정직하다는 이유로 九卿의 반열에 올랐다. 무제가 御史大夫 張湯과 함께 白鹿皮幣를 만들고 안이에게 물었는데, 안이

월 초하루 아침에 제후왕이 가죽 깔개에 얹어놓은 璧玉을 바치고 정월 초하루를 하례하면서 정식으로 뵙는 法見을 한다. 그로부터 사흘 뒤에 천자가 제후왕을 위해 주연을 베풀면서 돈과 재물을 하사할 때 세 번째로 뵙고, 또 이틀 뒤에 제후왕이 입궁하여 다시 소현으로 하직 인사를 함으로써 네 번째로 뵌다. 이때 제후왕이 長安에 머무는 기간은 20일을 넘을 수 없다. 武帝 때에는 제후왕 한 명이 侯를 네 명까지만 데리고 와서 정월 초하루를 하례했는데 그것도 10여 년에 한 번 꼴로 왔었다. 韓兆琦에 따르면, 이때의 '후'는 제후왕의 아들을 가리킨다. 《史記 卷58 梁孝王世家》《韓兆琦, 史記箋證 世家6, 南昌 : 江西人民出版社, 2005, 3631쪽》

141) 其皮薦反四十萬 : 皮幣의 가치가 40만 錢인 것은 위의 각주 '白鹿皮幣' 참조. 武帝 元狩 4년(기원전 119)에 백록피폐를 만들고 나서 제후왕과 侯, 宗室들이 朝覲(근)이나 聘享을 행할 때 반드시 백록피폐를 璧 아래에 깔아서 올리도록 규정하였다. 《史記 卷30 平準書》

142) 腹非之法 : 비방하는 말을 하지 않아도 마음속으로 비방하는 죄를 말한다. 《박기수 외, 사료로 읽는 중국고대사회경제사, 청어람미디어, 2005, 139쪽》

143) 諛 : 대전본에는 '諛'로 되어 있다.

가 아뢰었다.

“지금 諸侯王과 侯들이 입조하여 하례할 때 蒼璧을 쓰고 있습니다. 창벽의 값은 수천 錢이고 皮幣 깔개는 도리어 40만 전이나 되니, 본말이 서로 걸맞지 않습니다.”

무제가 기뻐하지 않았다.

장탕이 또 안이와 사이가 안 좋았다. 어떤 사람이 안이를 다른 안건으로 고발하자 무제는 이 사안을 장탕에게 내려 처결하게 하였다. 안이가 손님과 이야기를 할 때, 손님이 말하기를 “처음에 법령이 하달되었을 때 온당치 못한 데가 있었다.”라고 하자, 안이는 대답하지 않고 입술을 약간 들썩였다. 장탕이 안이의 죄를 판결한 내용을 상주하되, 안이가 구경의 반열에 있으면서 법령이 온당치 못한 것을 보고는 들어와서 말하지 않고 속으로 비방하였다고 하여 사형으로 논죄하였다. 이 이후로 속으로 비방하는 것에 대한 판례가 생겼으므로 公卿大夫들이 阿諛苟容(아유구용)하는 자가 많아졌다.

22-11-나(按)

臣은 按 胡寅이 曰 腹非[144]之法이 不亦異哉아 自堯・舜大聖으로도 猶以知人爲難[145]하시니 知人之道는 必自聽言始라 是故敷奏以觀其言하며 明試以考其功[146]이라야 庶幾乎盡之而大姦似忠・大佞似信者는 尙不得而知也어늘 今乃探其心腹之隱而罪之하니 夫人心難測이 甚於知天이라 腹之所藏을 何從而驗이리오 今에 指孝子曰 爾欲悖父라하며 指忠臣曰 爾欲背君이라하며 指廉士曰 爾欲爲[147]穿窬라하며 指義士曰 爾欲爲盜賊이라 爾雖未言未爲나 吾知爾之心也라하면 然則凡所惡(오)者를 孰不可

144) 非 : 대전본・사고본에는 ‘誹’로 되어 있다.

145) 自堯……爲難 : 《서경》 〈皐陶謨(고요모)〉에 “皐陶가 말하였다. ‘아! 사람을 알아보는 것에 있으며 백성을 편안히 하는 것에 있습니다.’ 禹가 말하였다. ‘허어! 모두 이와 같이 하는 것은 요임금도 어렵게 여기셨다.’〔皐陶曰 都 在知人 在安民 禹曰 吁 咸若時 惟帝其難之〕”라는 내용이 보인다.

146) 敷奏……其功 : 《서경》 〈舜典〉에 “천자가 5년에 한 번 순수하면 여러 제후가 번갈아 네 번 조회하니, 자신의 治積을 말로 아뢰게 하고 명확하게 공적으로 상고하여 수레와 의복으로 공을 표창하였다.〔五載 一巡守 群后 四朝 敷奏以言 明試以功 車服以庸〕”라는 내용이 보인다.

147) 爲 : 사고본에는 없다.

殺邪[148)]아

【臣按】胡寅이 다음과 같이 말하였습니다.

“마음속으로 비방하는 것에 대한 규례가 또한 괴이하지 않은가. 堯임금·舜임금과 같은 大聖으로도 오히려 사람 알아보는 것을 어렵게 여겼으니, 사람을 알아보는 방법은 반드시 말을 제대로 들을 줄 아는 것에서 시작한다. 이 때문에 進言하게 하여 그 말을 살펴보며 명확하게 상고하여 그 공적을 심사해야 거의 사람을 완전하게 알아볼 수 있을 것이다. 그러나 크게 간사하여 충성스러운 것 같고 크게 아첨하여 믿음직스러운 것과 같은 경우에는 오히려 알 수가 없는데, 지금 도리어 그 마음속에 숨어 있는 의중을 탐지하여 죄를 주었다. 무릇 사람의 마음을 헤아리기 어려운 것이 天命을 아는 것보다도 매우 어려운데 마음속에 간직하고 있는 것을 어떻게 증명하겠는가.

지금 효자를 가리켜 ‘네가 어버이에게 패륜을 저지르려고 하였다.’라고 하며, 忠臣을 가리켜 ‘네가 임금을 배반하려고 하였다.’라고 하며, 청렴한 선비를 가리켜 ‘네가 도둑질을 하려고 하였다.’라고 하며, 의로운 선비를 가리켜 ‘네가 도적질을 하려고 하였다. 네가 비록 말을 아직 하지 않고 행동으로 아직 하지 않았으나 나는 네 마음을 알고 있다.’라고 하면, 미워하는 사람들을 누구인들 죽이지 못하겠는가.”

夫管·蔡將叛에 周公이 不知[149)]어시늘 而張湯이 乃能隔皮肉骨血하여 見人順逆之情하니 吁亦異矣로다 孔子가 曰 不逆詐하며 不億不信[150)]이라하시고 其於宰予에 曰 吾가 聽其言而觀其行[151)]이라하시니 雖心如明鏡하여 物無遁情이나 終不立逆探臆度(탁)之法이어늘 後之人臣은 不幸有遭腹誹之讒者하니 明主가 其尙察之니이다

148) 腹非……殺邪 : 胡寅의 《致堂讀史管見》 卷2 〈孝武 漢紀〉에 보인다.

149) 管蔡……不知 : 21-6-나(按) ‘成王疑周公’ 주석 참조.

150) 孔子……不信 : 《논어》 〈憲問〉 제33장에 “남이 자신을 속일 것이라고 지레 넘겨짚지 않으며 남이 자신을 믿어주지 않으리라고 억측하지 않으나, 또한 먼저 깨닫는 사람이 현명할 것이다.〔不逆詐 不億不信 抑亦先覺者 是賢乎〕”라는 공자의 말이 보인다.

151) 其於……其行 : 《논어》 〈公冶長〉 제9장에 “처음에는 내가 남에 대하여 그의 말을 들어보고 그의 행동을 믿었는데, 지금은 내가 남에 대하여 그의 말을 들어보고 그의 행동을 살펴보니 宰予에게서 이렇게 고친 것이다.〔始吾於人也 聽其言而信其行 今吾於人也 聽其言而觀其行 於予與改是〕”라는 공자의 말이 보인다.

저 管叔과 蔡叔이 반란을 일으키려고 할 때 周公도 알지 못했는데, 장탕이 도리어 骨肉之親이 아닌데도 남이 순종하는지 거역하는지의 마음을 알 수 있었으니야, 또한 괴이한 일입니다.

孔子는 "남이 자신을 속일 것이라고 지레 넘겨짚지 않으며 남이 자신을 믿어주지 않으리라고 억측하지 않는다."라고 말하였고, 宰予에 대해서는 "내가 그의 말을 들어보고 그의 행동을 살펴본다."라고 하였습니다. 비록 마음은 맑은 거울과 같아 사물이 실정을 피할 수 있는 경우가 없지만 그래도 끝내 미리 탐지하여 억측하는 법을 세우지 않았습니다. 그런데 후대의 신하들은 불행하게도 속으로 비방한다는 참소를 당했던 경우가 있었으니, 명철한 군주는 부디 잘 살펴야 할 것입니다.

22-12-가1[152)]

漢武帝天漢末①에 **趙人江充**이 **爲趙敬肅王客**이러니 **得罪於太子丹**하여 **亡逃詣闕**[153)]하여 **告趙太子陰事**하니 **太子**가 **坐廢**하다 **上**이 **召充入見**에 **奇之**하여 **與語政事大悅**하시니 **由是有寵**이라 **拜爲直指繡衣使者**[154)]하여 **使**[155)]**督察貴戚 · 近臣踰侈者**하신대 **充**이 **擧劾無所避**하니 **上**이 **以爲忠直**하고 **所言**이 **皆中意**라하더시다

152) 《漢書》 卷45 〈江充傳〉, 《資治通鑑》 卷22 〈漢紀14 武帝 下之下〉 太始 3년(기원전 94) 기사에 보인다.

153) 趙人……詣闕 : 강충은 漢나라 趙國 邯鄲(한단) 사람으로, 가무에 능했던 강충의 누이가 趙 太子 劉丹에게 시집을 간 것이 계기가 되어 강충이 趙敬肅王 劉彭祖의 上客이 되었다. 그런데 유단은 강충이 자신의 사적인 일을 유팽조에게 고한다는 이유로 강충과 사이가 틀어져 그를 체포하려고 했으나 성공하지 못하고 강충의 父兄을 棄市刑에 처했다. 이에 강충이 長安의 황궁으로 가서 유단이 누이 및 유팽조의 후궁과 간음했다고 모함하여 무제를 격노하게 만들었다. 무제가 詔書를 내려 군대를 동원해 趙王의 궁을 포위한 뒤 유단을 잡아들여 구금하였다. 유단은 결국 태자에서 폐위되었다. 《漢書 卷45 江充傳》

154) 直指繡衣使者 : 繡衣直指使者, 繡衣直指, 繡衣御史라고도 한다. 漢 武帝 때 둔 관직으로, 常設職은 아니었다. 간사한 자를 討捕하거나 큰 獄事를 다스리는 일을 전담하기 위한 관직이다. 使命을 받들고 나갈 때 繡衣를 착용하였는데, 郡國의 군대를 징발하거나 상벌을 시행할 수 있었다. 《漢書辭典 直指使者》

155) 使者하여 使 : 509본에는 '使者使하여'로 되어 있으나, 오류이다.

嘗從上甘泉[156)]할새 **逢太子家使**[157)]가 **乘車馬行馳道**[158)]**中**하여 **充**이 **以屬吏**어늘 **太子**가 **聞之**하고 **使人謝充**한대 **充**이 **不聽**하고 **遂白奏**하니 **上**이 **曰 人臣**이 **當如是矣**라하고 **大見信用**하니 **威震京師**하더라

① 漢武帝天漢末：天漢, 年號也.
'天漢'은 연호이다.

漢 武帝 天漢 연간(기원전 100~기원전 97) 말엽에 趙國 사람 江充이 趙敬肅王(劉彭祖)의 門客이었는데, 趙 太子 劉丹에게 죄를 짓고서 도주하여 궁궐로 와서 조 태자의 은밀한 일을 고발하니 조 태자가 연루되어 폐위되었다.

무제가 강충을 불러들여 만나보고는 그를 뛰어나게 여겨 그와 정사에 대해 이야기하고서 크게 기뻐하니, 이로 말미암아 강충을 총애하였다. 그를 直指繡衣使者로 임명하여 貴戚과 近臣으로서 법도를 넘거나 사치를 부리는 자를 감찰하게 하였다. 강충이 적발하고 탄핵하는 데 있어 기피하는 바가 없으니, 무제가 그를 충직하다고 여기고 강충이 말하는 것마다 모두 마음에 든다고 하였다.

강충이 한번은 무제를 수행하여 甘泉宮으로 갔을 때, 태자의 심부름꾼이 거마를 타고 馳道 안으로 가고 있는 모습과 맞닥뜨려 강충이 그를 法吏에

甘泉宮

156) 甘泉：甘泉宮을 가리킨다. 현재 陝西省 淳化 서북쪽에 있는 甘泉山에 있었다.《漢書辭典 甘泉宮》

157) 家使：顔師古에 따르면, 당시 甘泉宮에 있던 武帝에게 문후를 여쭈고자 태자가 보낸 사람이다.《漢書 卷45 江充傳 顔師古注》

158) 馳道：황제의 거마가 다니는 전용 도로를 말한다.《資治通鑑 卷7 秦紀2 始皇帝 下 胡三省注》

게 회부하였다. 그러자 태자가 그 소식을 듣고 사람을 시켜 강충에게 사과했는데, 강충은 듣지 않고 마침내 무제에게 상주하자 무제가 말하였다.

"신하가 마땅히 이렇게 해야 한다."

강충이 크게 무제의 신임을 받으니 그의 위세가 京師를 진동시켰다.

22-12-가2[159]

初에 **上**이 **年二十九**에 **乃生戾太子**하여 **甚愛之**①러시니 **及長**에 **仁恕溫謹**이라 **上**이 **嫌其才能**이 **少不類己**하고 **而所幸王夫人等**이 **皆生子**하니 **皇后・太子**가 **寵浸**[160]**衰**하여 **常有不自安之意**라 **上**이 **每行幸**에 **以後事**로 **付太子**하시니 **有所平決**에 **還白其最**②어든 **上亦無異**하시고 **有時不省也**러시다 **上**이 **用法嚴**하여 **多任深刻吏**하시고 **太子**는 **寬厚**하여 **多所平反**(번)③이라 **雖得百姓心**이나 **而用法大臣**은 **皆不悅**하고 **群臣寬厚者**가 **皆附太子**호대 **而深酷用法者**는 **皆毀之**하니 **邪臣**이 **多黨與**라 **故太子**가 **譽少而毀多**하더라

① 乃生……愛之 : 衛后所生.
戾太子는 衛皇后의 소생이다.

② 還白其最 : 最, 凡目也.
'最'는 개요이다.

③ 多所平反 : 反, 音翻.
'反'은 음이 '翻(번)'이다.

과거에 漢 武帝가 29세에야 戾太子를 낳아 매우 사랑하였다. 여태자가 장성해서는 인자하고 너그러우며 온화하고 신중하였으므로, 무제가 여태자의 재능이 자신을 조금도 닮지 않은 점을 싫어하고 총애하는 王夫人 등이 모두 아들을 낳으니, 衛皇后와 여태자는 총애가 점점 쇠하여 항상 스스로 불안해하는 마음이 있었다.

무제가 거둥할 때마다 뒷일을 여태자에게 맡기니, 판결하여 처리한 일이 있어

---

159) 《漢書》 卷63 〈武五子傳〉, 《資治通鑑》 卷22 〈武帝 下之下〉 征和 2년(기원전 91) 기사에 보인다.

160) 浸 : 사고본에는 '寖'으로 되어 있다.

무제가 돌아왔을 때 여태자가 그 개요를 무제에게 보고하면, 무제 역시 이견이 없었으며 때로는 살펴보지 않기도 하였다.

무제는 법을 적용하는 것이 엄하여 매우 가혹한 관리를 임용하는 경우가 많았고, 태자는 관후하여 판결을 뒤집어 관대하게 처리하는 경우가 많았다. 비록 백성들의 마음은 얻었지만 법을 운용하는 대신들은 모두 좋아하지 않았고 신하들 가운데 관후한 자들은 모두 태자를 따랐다. 그러나 매우 가혹하게 법을 운용하는 자들은 모두 여태자를 비방하였으니, 간사한 신하들이 당여가 많았기 때문에 여태자는 칭송하는 사람이 줄어들고 비방하는 사람이 많아졌다.

上이 與諸子疏하시고 皇后가 希得見이러니 太子가 嘗謁皇后라가 移日乃出하니 黃門[161]蘇文[162]이 告上曰 太子가 與宮人戲라한대 上이 益太子宮人하시니 太子가 知之하고 心銜文이라 文이 與小黃門[163]常融等으로 常微伺太子過失하여 輒增加白之러니 上이 嘗小不平하여 使常融召太子하신대 融이 言 太子가 有喜色이러이다 上이 默然이러시니 及太子가 至하얀 上이 察其貌有泣涕處요 而佯語笑어늘 上이 怪之하사 微問知其情하시고 乃誅融하시다

무제가 황자들과 소원해지고 衛皇后가 무제를 알현할 기회가 거의 없었다. 여태자가 한번은 위황후를 알현했다가 이튿날이 되어서야 위황후의 처소에서 나오자 黃門 蘇文이 무제에게 다음과 같이 고하였다.

"태자가 宮人과 놀아났습니다."

161) 黃門 : 한나라 때 설치된 관서의 이름이자 관직 이름이다. 少府의 屬官인데, 환관으로 임명하였다. 황제의 측근에 있으면서 수레를 비롯하여 황제가 거둥할 때 필요한 물건들을 준비하는 업무를 담당하였다. 《漢書 卷9 元帝紀 顔師古注》《資治通鑑 卷22 漢紀14 武帝 下之下 征和 2年 胡三省注》《漢書辭典 黃門》

162) 蘇文 : ?~기원전 90. 漢 武帝 때의 환관이다. 征和 2년(기원전 91)에 江充이 太子宮에서 巫蠱의 증거를 찾아냈다고 하면서 태자 劉據를 모함할 때 강충을 도왔다. 그런데 태자가 거병하여 강충을 죽이자 몸을 빼내 甘泉宮에 있는 무제에게 가서 태자가 모반하였다고 고하였다. 이듬해에 무제가 태자의 억울함을 알고 강충의 집안을 멸족하면서 그를 橫橋에서 불태워 죽였다.

163) 小黃門 : 少府의 속관인데, 환관으로 임명하였다. 《資治通鑑 卷43 漢紀35 光武帝 中之下 建武 19年 胡三省注》

무제가 여태자의 궁인을 늘려주자 여태자가 이를 알고는 마음속으로 소문에게 원한을 품었다.

소문이 小黃門 常融 등과 늘 태자의 과실을 몰래 살펴 번번이 부풀려 무제에게 보고했다. 무제가 한번은 몸이 약간 좋지 않아 상융을 시켜 태자를 부르게 하자 상융이 아뢰었다.

"태자에게 기뻐하는 기색이 있었습니다."

무제가 묵묵히 아무 말이 없었다. 여태자가 도착해서는 무제가 태자의 얼굴에 눈물을 흘린 흔적을 살폈는데 태자가 억지로 이야기하며 웃자, 무제가 그 모습을 이상하게 여겨 은밀하게 탐문하여 그 진상을 알아내고서 마침내 상융을 주살하였다.

是時에 **方士及神巫**가 **多聚京師**하여 **率皆左道**[164]**惑衆**하고 **女巫**가 **往來宮中**하여 **敎美人**[165]**度厄**하여 **每屋**에 **輒埋木人祭祀之**러니 **因妬忌更相告訐**(알)이어늘 **上**이 **怒**하여 **所殺宮人**[166]**延及大臣死者**가 **數百人**이라 **上心**이 **旣疑**러시니 **嘗晝寢**에 **夢木人數千**이 **持杖**[167]**欲擊上**이어늘 **上**이 **驚寤**하여 **因是體不平**하여 **遂苦忽忽善忘**이러시니 **江充**이 **自以與**[168]**太子有隙**이라 **見上年老**하고 **恐晏駕後**에 **爲太子所誅**하여 **因是爲姦**하여 **言 上疾**이 **祟**(수)**在巫蠱**라한대 **於是**에 **上**이 **以充爲使者**하여 **治巫蠱獄**하여 **使**[169]**入宮掘地求蠱**하시니 **充**이 **云 於太子宮**에 **得木人尤多**하고 **又有帛書不道**하니 **當奏聞**이라하여늘

이때에 方士와 神巫가 京師에 많이 모여들어 대체로 모두 左道로 사람들을 미

164) 左道 : 儒敎의 입장에서 正道를 벗어난 邪道를 말하는데, 巫蠱나 方術 등을 가리킨다. 巫蠱는 무당을 시켜 제사를 올리거나 남을 저주하거나, 미신적인 방법으로 귀신에게 기도를 올려서 사람들을 蠱惑시키는 행위를 가리킨다.《資治通鑑 卷22 漢紀14 武帝 下之下 胡三省注》

165) 美人 : 漢나라 때 후궁 칭호의 하나이다. 한나라 때 후궁의 칭호로는 夫人, 美人, 良人, 八子, 七子, 長使, 少使 등이 있었다.《漢書 卷4 文帝紀 應劭注, 卷97上 外戚傳》

166) 宮人 : 대전본에는 '後宮'으로 되어 있다.

167) 杖 : 대전본에는 '仗'으로 되어 있다.

168) 與 : 대전본에는 '兵'으로 되어 있으나, 오자이다.

169) 使 : 사고본에는 이 뒤에 '人' 1자가 있다.

혹시켰다. 그리고 女巫가 궁중을 왕래하면서 美人들에게 액막이하는 법을 가르쳐주어서 거처마다 木人을 묻고 제사를 지냈다. 투기로 인하여 서로 번갈아 고자질을 하자 무제가 노하여 죽인 궁인들과 연루되어 죽은 대신들이 수백 명이나 되었다.

무제의 마음속에 이미 의심이 생겼는데, 한번은 낮잠을 잘 때 꿈에서 목인 수천 명이 몽둥이를 가지고 무제를 치려고 하자 무제가 놀라 잠에서 깼다. 이로 인하여 몸이 안 좋아져 마침내 건망증에 시달렸다. 강충이 스스로 태자와 사이가 안 좋다고 생각했기 때문에, 무제가 연로한 것을 보고 무제가 붕어한 후에 태자에게 주살될까 두려웠다. 이로 인하여 농간을 부려 무제의 병은 원인이 巫蠱에 있다고 말하였다.

이에 무제가 강충을 사자로 임명하여 무고 사건을 처리하게 하여 입궁하여 땅을 파내 무고의 증거를 찾게 하니, 강충이 말하였다.

"태자궁에서 목인을 찾아낸 것이 특히 많고 또 不道한 내용이 적힌 帛書가 있으니, 폐하께 보고해야 한다."

少傅[170)]石德이 懼幷誅하여 因謂太子曰 巫與使者가 掘地得徵驗하니 不知巫가 置之邪아 將實有也인댄 無以自明이니 可矯以節하여 收捕充等繫獄하여 窮治其姦詐[171)]요 且上이 疾在甘泉하사 皇后與家吏[172)]請問에 皆不報하니 上存亡을 未可知而姦臣이 如此하니 太子는 將不念秦扶蘇事[173)]邪아 太子가 曰 吾는 人子라 安得擅誅리오 不如歸謝하여 幸得無罪라하고 將往[174)]甘泉而江充이 持之甚急하니 太子가 計不知所出하여 遂從德計하여 收捕充等하여 自臨斬之하고 使舍人持

---

170) 少傅 : 太子少傅를 가리킨다. 太子太傅와 함께 태자의 교육을 담당하였다.《漢書 卷19上 百官公卿表上》

171) 詐 : 사고본에는 '計'로 되어 있다.

172) 家吏 : 顔師古에 따르면 황후의 官屬이다.《漢書 卷97下 外戚傳下 孝成許皇后傳 顔師古注》

173) 秦扶蘇事 : 扶蘇는 秦 始皇의 장자이다. '부소의 일'은, 기원전 210년(秦 始皇37)에 진 시황이 죽자 趙高가 진 시황의 遺詔를 위조하여 胡亥를 후계자로 삼고 부소를 賜死하게 만든 사건을 말한다.《史記 卷6 秦始皇本紀》

174) 往 : 대전본・사고본에는 이 뒤에 '之' 1자가 있다.

節[175]入宮[176]하여 白皇后하여 出武庫兵하고 發長樂宮衛卒하니 長安이 擾亂하여 言太子反이라하더라

少傅 石德이 함께 주살될까 두려워서 여태자에게 말하였다.

"무당과 사자가 땅을 파내 증거를 찾아냈으니, 무당이 증거를 묻어둔 것인지 알 수 없습니다. 실제로 그러한 증거가 있었다면 스스로 해명할 수 없으니, 節을 가지고 詔書를 칭탁해 강충 등을 체포하여 하옥시키고 그 간계를 철저히 조사해야 합니다. 게다가 폐하께서 병으로 甘泉宮에 계셔서 황후와 황후의 家吏가 문안을 청했을 때 모두 회답이 없었으니, 폐하의 생존 여부를 알 수 없는데 간신이 이와 같이 행동하니 태자께서는 秦나라 扶蘇의 일을 생각지 않아서야 되겠습니까."

여태자가 말하였다.

"나는 자식이니 어떻게 제멋대로 주살할 수 있겠습니까. 감천궁으로 가서 죄를 청하여 무죄를 얻어내기를 바라는 것이 낫겠습니다."

여태자가 감천궁으로 가려고 했는데 강충이 매우 급하게 태자를 압박하였다. 여태자가 어떻게 계책을 내야 할지 몰라, 마침내 석덕의 계책을 따라서 강충 등을 체포하여 직접 가서 그를 참수하였다. 그리고 舍人을 시켜 절을 가지고 입궁하여 위황후에게 보고하게 하고서 무기고의 병기들을 꺼내고 長樂宮의 衛卒들을 징발하니, 長安이 소란스러워져 태자가 반란을 일으켰다고 말하였다.

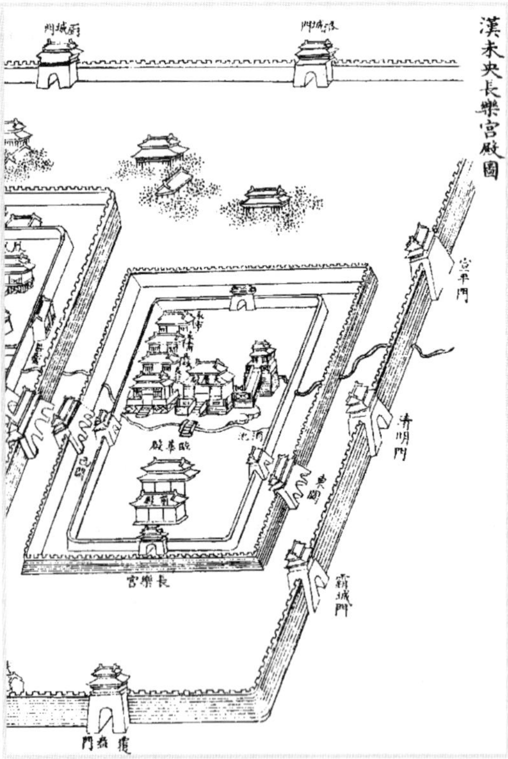

長樂宮

175) 節 : 고대에 사신으로 나가거나 병사를 징발할 때, 또는 관문을 통과할 때 증빙용으로 가지고 있었던 符信의 일종이다. 《漢書辭典 節》

176) 入宮 : 사고본에는 없다.

蘇文이 **亡歸甘泉言狀**한대 **上**이 **曰 太子**가 **心懼**하고 **又忿充等**하여 **故有此變**이라하고 **乃使使**(시)**召太子**한대 **使者**가 **不敢進**하여 **歸報云 太子**가 **反已成**이라 **欲斬臣**이어늘 **臣**이 **逃歸**호이다 **上**이 **大怒**하여 **賜丞相**[177)]**璽書**[178)]**曰 捕斬反者**하면 **自有賞罰**이니 **堅閉城門**하여 **毋令反者得出**하라 **太子**가 **引兵至長樂西闕下**하여 **逢丞相軍合戰**하여 **太子**가 **兵敗出亡**하여 **東至湖**[179)]하여 **匿泉鳩里**러니 **主人家**가 **發覺**이어늘 **吏**가 **圍捕太子**한대 **太子**가 **入室**하여 **距戶自經**하고 **皇孫二人**이 **幷遇害**[180)]하다

蘇文이 도망쳐 甘泉宮으로 돌아와 상황을 아뢰자 무제가 말하였다.

"태자가 마음속으로 두려워하고 또 강충 등에게 분노하여 이러한 변고가 생긴 것이다."

이에 使者를 보내어 여태자를 불렀는데, 사자가 감히 선뜻 나아가지 못하고 다시 돌아와 다음과 같이 보고하였다.

"태자가 반란을 이미 작정했으므로 신을 참수하려고 하기에, 신이 도망쳐 돌아왔습니다."

무제가 크게 노하여 丞相에게 璽書를 내리고 말하였다.

"반역자를 체포하거나 참살하면 응당 상을 내릴 것이니, 성문을 굳게 봉쇄하여 반역자가 빠져나가지 못하게 하라."

여태자가 병사들을 이끌고 長樂宮 西闕 아래에 이르러 승상의 군대와 만나 교전을 벌였다. 병사들이 패하자 몸을 빼내 도망쳐서 동쪽으로 湖縣에 이르러서 泉鳩里에 숨었다. 그런데 주인집이 발각되자 관리들이 태자를 에워싸고서 체포하려

---

177) 丞相 : 여기에서는 劉屈氂(유굴리)를 가리킨다. ?~기원전 90. 漢 武帝의 庶兄인 中山靖王 劉勝의 아들로, 무제 太初 3년(기원전 102)에 승상이 되었다. 여태자가 난을 일으켰을 때 長安에서 여태자의 군대와 5일 동안 血戰을 벌였다.

178) 璽書 : 秦나라 이전에는 印章으로 封緘한 문서를 지칭하였다. 여기에서는 황제의 詔書를 말한다.《漢書辭典 璽書》

179) 湖 : 당시 京兆에 속해 있던 湖縣을 가리킨다.《資治通鑑 卷22 武帝 下之下 征和 2年 胡三省注》

180) 皇孫二人幷遇害 : 劉據는 본래 3남 1녀를 두었는데, 巫蠱의 난 때 태자를 따라갔던 아들 둘이 이때 변을 당했다. 이들은 유거와 함께 湖縣에 묻혔다.《漢書 卷63 武五子傳 戾太子劉據》

고 하였다. 여태자가 방으로 들어가 문을 막고서 스스로 목을 매고 황손 두 사람도 함께 살해되었다.

後에 **吏民以巫蠱相告言者**가 **案驗多不實**이어늘 **上**이 **頗知太子惶恐無它**[181] **意**러시니 **會高寢郎**[182]**田千秋**[183]가 **上急變訟太子寃**한대 **上**이 **大感寤**[184]하여 **召見千秋**하시고 **謂曰 父子之間**은 **人所難言也**어늘 **公**이 **獨明其不然**하니 **此**는 **高廟神靈**이 **使敎我**라하시고 **立拜千秋爲大鴻臚而族滅江充家**하시다 **上**이 **憐太子無辜**하여 **乃作思子宮**하고 **爲歸來望思之臺於湖**하니 **天下**가 **聞而悲**[185]**之**하더라

후에 관리나 백성이 巫蠱 사건을 가지고 고발한 것들이 조사 결과 대부분 사실이 아니자, 무제는 태자가 두려워하여 벌인 일이지 다른 뜻이 없었음을 잘 알게 되었다. 마침 高寢郎 田千秋가 긴급을 요하는 上奏文을 올려 태자의 억울함을 호소하였는데, 무제가 크게 깨닫고서 전천추를 소견하여 말하였다.

"父子 사이의 일은 남들이 말하기 어려워하는 것인데, 公만이 태자가 반란을 일으키지 않았다는 점을 밝혀주었으니, 이는 高廟(漢 高祖)의 신령이 나를 가르쳐 주게 한 것이오."

무제가 즉시 전천추를 大鴻臚로 임명하고 강충의 집안을 멸족시켰다.

무제가 태자의 무고함을 불쌍하게 여겨 마침내 湖縣에 思子宮을 짓고 歸來望思臺를 쌓으니, 천하 사람들이 이 소식을 듣고 슬퍼하였다.

---

181) 它 : 사고본에는 '他'로 되어 있다.

182) 高寢郎 : 顔師古에 따르면 高廟를 지키며 숙직하는 郎官으로, 고묘는 漢 高祖에게 제사를 지냈던 廟이다. 《漢書 卷66 車千秋傳 顔師古注》

183) 田千秋 : ?~기원전 77. 西漢 때의 대신이다. 馮翊 長陵 사람으로, 전국시대 田氏 齊나라의 후손이다. 武帝 때 高寢郎으로 있으면서 巫蠱의 난을 일으킨 태자 劉據의 억울함을 무제에게 아뢰었다. 이를 계기로 征和 4년(기원전 89)에 丞相이 되고 富民侯에 봉해졌으며, 무제가 죽기 직전에 霍光(곽광) 등과 함께 遺詔를 받았다. 만년에는 수레를 타고 입궐하는 것을 허락받아 車丞相으로 불려졌다. 시호는 定侯이다.

184) 寤 : 대전본・사고본에는 '悟'로 되어 있다.

185) 悲 : 대전본・사고본에는 '寃'으로 되어 있다.

22-12-나(按)

臣은 按 戾園[186]之禍가 由江充之讒하니 是則然矣而所以致江充之讒者가 其失이 有四焉하니 方太子之生也에 武帝가 甚愛之러니 迨其後也에 後宮·嬖幸이 多하고 王夫人等이 皆生子하니 皇后·太子가 寵浸[187]衰라 於是에 用法大臣이 毁之하고 黃門小臣이 又毁之하고 其卒也에 江充이 興巫蠱事하여 陷之以死하니 大抵讒人之爲讒에 必先窺伺上意하여 上意所嚮을 讒人이 亦嚮之하며 上意所背를 讒人이 亦背之라 惟帝之於太子에 眷意가 先有所移然後에 臣下가 從風而靡하니 其失이 一也요

【臣按】戾太子가 화를 당한 일이 江充의 참소에서 비롯되었으니 이 점은 맞지만, 강충의 참소를 불러일으킨 원인을 따져보면 무제에게 네 가지 잘못이 있습니다.

여태자가 태어났을 때 무제가 여태자를 매우 사랑했는데, 뒤에 와서는 후궁과 총신들이 많아지고 王夫人 등이 모두 아들을 낳자 衛皇后와 여태자는 총애가 점점 시들어갔습니다. 이에 법을 운용하는 대신들이 여태자를 헐뜯고 黃門의 환관들이 또 여태자를 헐뜯었으며 그 마지막에는 강충이 巫蠱 사건을 일으켜서 여태자를 함정에 빠뜨려 죽게 하였습니다.

대저 참소하는 사람이 참소를 할 때 반드시 먼저 임금의 의중을 엿보아 임금의 뜻이 향하는 쪽을 참소하는 사람도 따라서 향하며, 임금의 뜻이 돌아선 곳을 참소하는 사람도 돌아섭니다. 오로지 무제가 여태자에 대하여 은총이 먼저 옮겨간 뒤에 신하들이 바람에 따라 쓰러지듯이 추종하였습니다. 이것이 무제의 첫 번째 잘못입니다.

當蘇文之譖也에 帝當考覈其實하여 有則太子가 譴이요 無則蘇文이 誅라 二者에 必居一於此어늘 顧乃泯焉不問하고 遽增太子宮人以愧之하니 是則浸潤之譖·膚受之愬가 行矣라 自今小人爲讒者가 誰復忌憚이리오 其失이 二也요

蘇文이 참소했을 때 무제가 마땅히 그 실상을 조사하여 여태자에게 잘못이 있으면 여태자가 견책을 받아야 하고 잘못이 없으면 소문이 주살되어야 했습니다.

186) 戾園 : 戾太子 劉據의 陵園을 가리킨다. 지금의 河南省 靈寶市 서북쪽 文鄕에 있었다.《漢書辭典 戾園》

187) 浸 : 사고본에는 '寖'으로 되어 있다.

이 두 가지 중에 반드시 한 가지로 처리했어야 했는데, 도리어 아무 일도 없었다는 듯이 불문에 부치고 대번에 여태자의 궁인을 늘려줌으로써 여태자를 부끄럽게 만들었습니다. 이는 물이 젖어드는 듯한 참소와 피부로 와 닿는 하소연이 먹힌 것입니다. 이제부터 소인으로서 참소를 하는 자들이 그 누가 또다시 꺼리겠습니까. 이것이 무제의 두 번째 잘못입니다.

太子가 無它[188]職이요 問安・視膳而已니 父子之親이 豈容一日不相接哉리오 自衛后之寵衰로 太子가 希得進見이로되 方常融之譖에 猶能微察其情하여 爲[189]之誅融하니 蓋父子之情이 未盡隔[190]塞故也라 其後에 帝幸甘泉而太子가 不從하고 家吏가 請問而帝가 不之報하여 父子之間이 乖隔至此하니 欲無讒間之入이나 得乎아 其失이 三也요

태자는 달리 맡은 일이 없으며 문안하고 御膳을 살피는 것뿐입니다. 친한 부자 사이에 어찌 하루라도 서로 만나지 않을 수 있겠습니까. 衛皇后에 대한 총애가 줄어든 뒤로 여태자가 무제를 거의 알현할 수 없었는데, 常融이 참소를 할 때에도 오히려 무제가 그 속마음을 은밀하게 살펴 여태자를 위해 상융을 주살할 수 있었습니다. 이는 부자간의 정이 그때까지만 해도 다 끊어지지 않았기 때문입니다. 그 후에 무제가 甘泉宮에 거둥하면서 여태자가 따라가지 않았고 황후의 家吏가 문안을 여쭈었음에도 무제가 회답을 주지 않아 부자지간이 이렇게까지 끊어졌으니, 참소와 이간질이 먹히지 않기를 바라더라도 될 수 있겠습니까. 이것이 무제의 세 번째 잘못입니다.

江充이 以告趙太子陰事而得幸하니 是其傾險有素요 又嘗以太子家使車馬로 屬吏而白奏焉하니 是其仇憾有素어늘 帝治巫蠱之獄을 不屬之它[191]人而屬之充하니 以傾險之人으로 挾仇憾之意則其致螫(석)於太子가 必矣어늘 而帝가 曾不之察하니 是는 假以斧斤而使之戕(장)伐國本이니 其失이 四也라

강충이 趙 太子의 은밀한 일을 고발한 것으로 무제의 총애를 얻었으니 이는 그 사특함이 평소에 있던 것이며, 또 일찍이 태자의 심부름꾼이 일으킨 車馬 사건을

188) 它 : 사고본에는 '他'로 되어 있다.
189) 爲 : 대전본에는 '僞'로 되어 있다.
190) 隔 : 대전본에는 '鬲'으로 되어 있다.
191) 它 : 사고본에는 '他'로 되어 있다.

이유로 삼아 그를 法吏에게 회부하고 무제에게 상주하였으니 이는 그 원한을 평소에 가지고 있던 것입니다.

그런데 무제가 巫蠱 사건의 처리를 다른 사람에게 맡기지 않고 강충에게 맡겼으니, 이는 사특한 사람으로서 원한의 뜻을 가졌다면 그가 여태자에게 해악을 끼칠 것이 틀림없었을 텐데도 무제가 이 점을 살피지 않았으니, 이는 도끼를 빌려주어 國本을 베어내도록 한 것입니다. 이것이 무제의 네 번째 잘못입니다.

雖然四者는 其事爾요 而本源[192]은 實出於一心하니 帝가 惟其多欲也라 故寵嬖가 盛而庶孽이 蕃하여 愛憎之意가 旣形하니 儲副之位가 安得而定이리오 惟其多惑也라 故溺於方士・巫覡(격)之說하여 精神意慮가 久已惛[193]亂이러니 及年老氣憊(비)에 百邪가 乘之하니 於是에 妖言이 煽於外하고 妖夢이 惑[194]於內라 巫蠱之事가 由此而起하니 使其以董仲舒正心之言[195]으로 銘諸盤・杅(우)[196]하여 朝夕是戒면 顧安有是哉리오 江充은 讒賊小人이라 其情이 無足論者니 獨推原武帝之失하여 庶來者가 有所儆云[197]하노이다

비록 그렇지만 네 가지는 현상적으로 나타난 일일 뿐 근원은 실로 마음 하나에서 나왔습니다. 무제가 오직 욕망이 많았기 때문에 애첩들이 많고 서자들이 많아서 사랑과 미움의 마음이 이미 표면에 드러났으니, 태자의 자리가 어떻게 안정될 수 있었겠습니까.

그리고 무제가 오직 미혹됨이 많았기 때문에 方士와 巫覡이 하는 말에 빠져서 정신과 사려가 오래전에 이미 혼란해졌으니, 나이가 들고 기력이 쇠해지자, 온갖 간사한 자들이 그 틈을 탔습니다. 그리하여 요망한 말이 밖에서 선동시키고 요사스러운 꿈이 안에서 미혹시켰으니, 巫蠱 사건이 여기에서 생긴 것입니다.

가령 董仲舒의 "마음을 바로잡는다."라고 했던 말을 盤과 杅에 새겨두고서 아침

192) 源 : 사고본에는 '原'으로 되어 있다.
193) 惛 : 사고본에는 '昏'으로 되어 있다.
194) 惑 : 대전본・사고본에는 '感'으로 되어 있다.
195) 董仲舒正心之言 : 1-11-가 참조.
196) 盤杅 : '盤'은 세수를 할 때 물을 받는 그릇이다. '杅'는 '盂'와 같은데, 음식이나 물을 담는 데 사용하였던 그릇이다.《商周彝器通考 第3章 水器及雜器 盤》《簡明中國文物辭典 夏商西周 銅器 銅盤, 銅盂》
197) 庶來者有所儆云 : 사고본에는 '以儆來者云'으로 되어 있다.

伯盞䋣盤

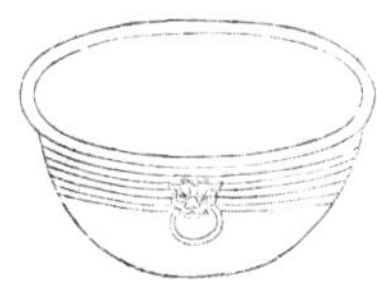
獸環盂

저녁으로 경계했더라면 어떻게 이러한 일이 있었겠습니까. 강충은 남을 참소하여 해치는 소인이므로 그 마음은 논할 만한 가치가 없습니다. 오직 무제가 범한 잘못의 근본을 따져서 후세 사람들이 경계하는 바가 있기를 바랍니다.

22-13-가1[198)]

漢哀帝[199)]**時中山王箕子**①[200)]가 **有眚病**(생병)②[201)]이어늘 **祖母馮太后**③[202)]가 **自養視**하고 **數**(삭)**爲禱祠解**④러니 **上**이 **遣謁者**[203)]**張由**[204)]하여 **將醫治之**⑤하신대 **由**가 **素有狂易病**⑥이라 **病發怒去**하여 **西歸長安**이어늘 **尙書**가 **簿責由**의 **擅去狀**⑦한대 **由**가 **恐**하여 **因誣言 中山太后**가 **祝詛**(저)**上及傅太后**[205)]라한대 **傅太后**가 **與馮**

198)《前漢書》卷97下〈外戚傳下 孝元馮昭儀傳〉,《資治通鑑》卷33〈漢紀25 哀帝 上〉建平 1년(기원전 6) 기사에 보인다.

199) 漢哀帝 : 기원전 25~기원전 1(재위 기원전 7~기원전 1). 前漢의 황제 劉欣(유흔)으로, 漢 元帝의 손자이며 定陶王 劉康의 아들이다. 아들이 없던 成帝에 의해 綏和 元年(기원전 8)에 태자가 되었으며 이듬해에 성제의 뒤를 이어 즉위하였다. 董賢에 대한 총애가 지나쳐 국정을 그르쳤다.

200) 箕子 : 기원전 9~5(재위 기원전 1~5). 漢 平帝 劉衎(유간)으로, 箕子는 초명이다. 元帝의 손자이며 中山王 劉興의 아들이다. 元壽 2년(기원전 1)에 哀帝가 후사 없이 죽자, 그의 뒤를 이어 즉위하였다. 元始 2년(2)에 衎으로 개명하였으며 元始 5년(5)에 병사하였다. 재위 기간 내내 王莽이 권력을 휘둘렀기에, 일설에는 왕망에 의해 독살당했다고도 한다.

201) 眚病 :《前漢書》에 주석을 단 학자 가운데 蘇林에 따르면 肝厥이라고도 하는데, 이 병에 걸리면 입술과 손발톱까지 모두 푸른빛이 돈다.《前漢書 卷97下 外戚傳下 孝元馮昭儀傳 李賢注》

202) 馮太后 : ?~기원전 6. 漢 元帝의 후궁이자 平帝의 조모로, 이름은 媛(원)이다. 光祿勳 馮奉世의 딸이며, 원제의 아들 劉興을 낳자 倢伃(첩여)가 되었다. 우리를 빠져나온 곰이 원제를 덮쳤을 때 곰을 맨몸으로 막아선 적이 있어 원제에게 중시를 받았다. 원제 建昭 2년(기원전 37)에 유흥이 信都王이 되었을 때 昭儀가 되었으며, 竟寧 원년(기원전 33)에 원제가 죽자 信都太后가 되었다. 훗날 유흥이 中山王으로 改封되면서 中山太后가 되었다. 哀帝가 즉위한 후 애제의 조모 傅太后 측의 압박에 못 이겨 음독자살하였다.《前漢書 卷97下 外戚傳下 孝元馮昭儀傳》

203) 謁者 : 아래의 '中謁者' 주석 참조.

204) 張由 : 생몰년은 자세하지 않다. 哀帝 때 馮太后를 고발한 공으로 關內侯가 되었다가 애제가 죽은 뒤 풍태후의 억울함이 밝혀지면서 庶人이 되었다.

太后로 竝事元帝라 追怨之하더니 因是遣御史하여 案驗數十日無所得하여 更使中謁者[206]治之하니 受傅太后指하여 誣奏云 祝詛謀殺上하고 立中山王이라하여늘 王이 乃飮藥自殺[207]하니 宜鄉侯參[208]等死者가 十七[209]人⑧이러라 張由가 以先告封侯하다

① 中山王箕子：中山，國名．箕子，王名．
'中山'은 國 이름이다．'箕子'는 中山王의 이름이다．

② 眚病：妖病也．
'眚病'은 알 수 없는 병이다．

③ 祖母馮太后：馮太后，中山王[210][211]母．漢制，諸侯王母・祖母，亦稱太后．

---

205) 傅太后：?～기원전 2. 漢 元帝의 후궁이자 哀帝의 조모로, 河內 溫縣 사람이다. 원제와의 사이에서 아들인 定陶王 劉康을 낳았다. 원제의 후궁 馮倢伃(풍첩여)가 中山王 劉興을 낳자, 원제가 살아 있어 太后로 불릴 수 없었기에 풍첩여와 함께 昭儀가 되었다. 원제가 죽자 定陶太后로 칭해졌으며, 유강이 죽고 그의 아들 劉欣이 哀帝로 즉위하자 恭皇太后로 높여졌다. 병사한 후에는 孝元傅皇后라고 칭해졌다.《前漢書 卷97下 外戚傳下 孝元傅昭儀傳》

206) 中謁者：궁중에 둔 謁者라는 뜻으로, 알자는 典禮를 거행할 때 의식을 안내하거나 황제의 명을 출납하고 신하가 올리는 글을 황제에게 전달하는 관원이다. 湯其領에 따르면, 중알자는 전적으로 황태후를 위해 알자의 업무를 수행하였으며 中謁者府에 소속되었다. 李正周와 殷昭魯에 따르면, 呂太后 이후에 중알자는 환관으로 임명하였으며, 지위는 그다지 높지 않았으나 권력이 컸다.《前漢書 卷19上 百官公卿表 上》《湯其領, 西漢中謁者制探論, 史學月刊 2008年 第11期, 125쪽.》《李正周・殷昭魯, 西漢"中謁者"考, 唐都學刊 2014年 7月 第30卷 第4期, 39～40쪽.》

207) 王乃飮藥自殺：《전한서》와《자치통감》에 따르면, 이때 자살한 사람은 劉箕子가 아니라 그의 조모인 馮太后이다. 진덕수가 史書의 내용을 인용하는 과정에서 오류를 일으킨 것으로 보인다. 훗날 유기자는 元壽 2년(기원전 1)에 후사가 없던 애제의 뒤를 이어 漢 平帝로 즉위하였다. 이러한 이유로 번역문에서는 이때 실제로 자살한 중산태후를 괄호 안에 첨가하였다.《前漢書 卷97下 外戚傳下 孝元馮昭儀傳》《資治通鑑 卷33 漢紀25 哀帝 上 建平 元年》

208) 宜鄉侯參：?～기원전 6. 馮參을 가리킨다. 자가 叔平으로, 上黨 潞縣(노현) 사람이다. 光祿勳 馮奉世의 아들이자 漢 元帝의 후궁 馮媛의 동생으로, 어려서《상서》에 정통했으며 인품이 근엄하였다. 諫大夫를 지냈으며 成帝 말엽에 定陶王 劉欣이 태자가 되었을 때 宜鄉侯로 봉해졌다. 哀帝의 조모 傅太后가 누이를 대역죄로 얽었을 때 이에 연루되어 廷尉에게 회부되자 자결하였다.

209) 七：대전본에는 '八'로 되어 있다.

210) 王：509본・512본에는 '三'으로 되어 있으나, 오자이다.

'馮太后'는 中山王(劉興)의 모친이다. 漢나라 제도에 따르면, 諸侯王의 모친과 祖母 또한 太后라고 칭하였다.

④ 數爲禱祠解 : 解, 猶人言賽謝也.
'解'는 사람들이 '賽謝(제사를 올리고 감사를 표하다.)'라고 말하는 것과 같다.

⑤ 上遣……治之 : 謁者, 官名.
'謁者'는 벼슬 이름이다.

⑥ 狂易病 : 所謂病風喪心[212)]者[213)].
'狂易病'은 이른바 '풍을 앓아 실성했다.'라는 것이다.

⑦ 尙書……去狀 : 尙書, 官名. 責其何[214)]故擅去, 令其書於簿也.
'尙書'는 벼슬 이름이다. '簿責由擅去狀'은 張由가 무엇 때문에 제멋대로 이탈했는지에 대하여 책임을 묻고 文簿에 쓰게 했다는 뜻이다.

⑧ 宜鄕……七人 : 參, 馮太后弟, 中山王舅.
'參'은 馮太后의 아우이자 中山王의 외삼촌이다.

漢 哀帝 때 中山王 劉箕子가 眚病이 들자 조모인 馮太后가 직접 간호를 하고 여러 차례 기도를 올려 병이 낫기를 빌었다. 애제가 謁者 張由를 보내 의원을 대동하고 중산왕을 치료하게 하였다. 그런데 장유가 평소 狂易病을 앓고 있었다. 그 병이 발작하여 화를 내면서 사신 행렬을 이탈하여 서쪽으로 가서 長安으로 돌아왔다. 그러자 尙書는 장유가 멋대로 이탈한 정황에 대하여 책임을 묻고 文簿에 쓰게 하자 장유가 두려워하였다. 이 때문에 장유가 무고하여 말하였다.

"중산왕의 태후가 폐하와 傅太后를 저주하였습니다."

부태후가 풍태후와 함께 元帝를 섬겼기에 원제가 붕어한 뒤에 풍태후에게 원한을 품었다. 이를 계기로 御史를 파견하여 수십 일 동안 조사하였으나 소득이 없어, 다시 中謁者를 시켜 처리하게 하였다. 중알자가 부태후의 지시를 받고서 다음과 같이 무고하였다.

"귀신에게 빌어 폐하를 시해하고 중산왕의 옹립을 획책하였습니다."

---

211) 中山王 : 여기에서는 馮太后의 아들이자 劉箕子의 부친인 劉興(?~기원전 8)을 가리킨다. 시호인 孝를 붙여 '中山孝王'이라고도 한다.

212) 病風喪心 : 蘇洵의 〈諫論〉에 "사람의 감정은 풍을 앓아 실성하지 않는 이상, 상을 피하고 형벌을 선택하는 경우는 없다.〔人之情非病風喪心 未有避賞而就刑者〕"라는 내용이 보인다.

213) 者 : 사고본에는 '也'로 되어 있다.

214) 何 : 대전본에는 '同'으로 되어 있으나, 오자이다.

중산왕(중산태후의 오류)이 이에 약을 마시고 자살하니 宜鄕侯 馮參 등 죽은 이가 17명이었다. 장유는 먼저 고발했다는 이유로 侯에 봉해졌다.

22-13-가2[215)]

史臣班固가 **曰 詩稱 抑抑威儀**는 **維**[216)]**德之隅**[217)]라하니 **宜鄕侯參**이 **鞠躬履方**하여 **擇地而行**하니 **可謂淑人君子**로되 **然卒死於罪**하여 **不能自免**하니 **哀哉**인저 **讒邪交亂**에 **貞良被害**는 **自古而然**이라 **經曰 心之憂矣**라 **涕旣隕之**[218)]라하니 **馮參姊弟**가 **亦云悲矣**로다

史臣 班固가 다음과 같이 평하였다.
"《시경》에 이르기를 '치밀한 威儀는 덕의 一端이다.'라고 하였으니, 宜鄕侯 馮參이 신중하고 공손하며 품행이 단정하여 조심스럽게 처신하였으니 正人君子라고 할 수 있었다. 그러나 끝내 죄에 걸려 죽어 스스로 화를 면치 못했으니 슬픈 일이다. 참소하는 사람과 간사한 사람이 교란시킴에 올곧은 사람과 선량한 사람이 해를 당하는 것은 예로부터 그러하였다. 《시경》에 이르기를 '마음에 근심되어 눈물이 벌써 떨어지네.'라고 하였으니, 풍참 남매의 경우에도 불쌍하다고 하겠다."

22-13-나(按)

臣은 按 張由祝詛之譖은 特欲以自解其將命擅去之罪耳니 使哀帝로 能遣外朝臣之知大體者하여 訊之則其誣가 立見矣어늘 而傅太后가 乃以宿怨으로 諭意指하여 以成其獄하여 使馮氏之門으로 無罪而死者가 十七人이요 而誣告者가 乃有封侯之賞하니 是時에 漢祚가 垂亡이라 君德不競而母后가 以私意로 殺諸侯王之祖母與外戚之賢者러니 未幾에 傅氏一門이 還自及焉[219)]하니 天有顯道하여 厥類惟彰[220)]이라하니 斯之謂矣라 班

215) 《前漢書》 卷79 〈馮奉世傳〉의 贊에 보인다.
216) 維 : 사고본에는 '惟'로 되어 있다.
217) 抑抑……之隅 : 《詩經》 〈大雅 抑〉에 보인다.
218) 心之……隕之 : 《詩經》 〈小雅 小弁(소반)〉에 보인다.
219) 傅氏……及焉 : 傅太后의 從姪女이자 哀帝의 황후인 孝哀傅皇后 일족이 몰락한 것을 말한

固之言이 至今讀之에 猶使人隕涕也로소이다

【臣按】 중산왕이 저주했다고 한 張由의 참소는 그저 어명을 받들고 갔다가 멋대로 이탈한 죄를 스스로 해명하고자 해서 행한 것일 뿐입니다. 만약 哀帝가 外朝의 신하들 가운데 大體를 아는 사람을 보내어 신문하게 했더라면 그 무함이 즉각 드러났을 것인데, 傅太后가 도리어 묵은 원한을 가지고 의도를 담아 지시하여 그 獄事를 만들어서 馮氏 집안으로 하여금 무고하게 죽은 이가 17명이나 되게 하였고, 무고를 한 사람이 마침내 侯에 봉해지는 상을 받도록 하였습니다.

이 당시에 漢나라의 국운이 거의 망해갔으므로 황제의 덕이 부진하고 황태후가 私心으로 諸侯王의 조모와 어진 외척을 죽였던 것입니다. 그런데 얼마 지나지 않아 傅氏 가문이 도리어 스스로 그 화가 자기 쪽에게 미쳤습니다. "하늘에는 분명한 도가 있어서 그 의리가 분명히 보였다."라고 하였으니 이를 두고 한 말입니다. 班固가 평한 말은 오늘날에 와서 읽어보아도 사람으로 하여금 눈물을 흘리게 합니다.

22-14-가[221)]

漢安帝[222)]가 冊[223)]楊震[224)]爲大[225)]尉(태위)하시니 時에 乳母王聖이 緣恩放恣하고

다. 元壽 2년(기원전 1)에 애제가 죽자, 王莽이 부황후의 아버지 傅晏을 탄핵하고 나서 부황후를 폐서인시키고 未央宮 밖 桂宮으로 퇴거시켰다. 결국 부황후가 자살하였다.

220) 天有……惟彰 : 《書經》 〈泰誓 下〉에 보인다.

221) 《後漢書》 卷54 〈楊震列傳〉, 《資治通鑑》 卷50 〈漢紀42 安帝 中〉 延光 2년(123) 기사에 보인다.

222) 漢安帝 : 94~125(재위 106~125). 後漢 제6대 황제 劉祜(유호)이다. 章帝의 손자이며 清河王 劉慶의 아들이다. 延平 元年(106)에 殤帝(상제)가 죽자 鄧太后의 詔書에 따라 즉위하였다. 재위 기간 동안 농민들의 반란이 끊이지 않았으며, 국가의 위기가 가중되었다.

223) 冊 : 대전본·사고본에는 '時'로 되어 있다.

224) 楊震 : ?~124. 漢 安帝 때의 대신이다. 자는 伯起로, 弘農 華陰 사람이다. 어려서 학문을 좋아했으며 桓郁에게 《尙書》를 배웠다. 경전에 널리 통달하여 '關西孔子 楊伯起'로 일컬어졌다. 50세에 처음 출사하여 여러 고을의 군수를 역임하면서 청렴하고 공정하게 처신하였다. 安帝 즉위 후 太僕, 司徒 등을 거쳐 延光 2년(123) 10월에 劉愷(유개)의 후임으로 太尉가 되었다. 권세가를 두려워하지 않아 환관과 외척들을 탄핵했다가 그들의 미움을 샀다. 결국 모함을 당하여 본래의 고향으로 돌아가라는 詔書를 받고 귀향하던 중 几陽亭에서 음독자살

聖女伯榮이 **出入宮掖**하여 **傳通姦賂**하고 **中常侍樊豐**[226]**等**이 **分威共權**하여 **屬託州郡**하며 **傾動大臣**하고 **又詐作詔書**하여 **調發司農錢穀**하여 **各起園宅廬觀**하니 **役費無數**어늘 **震**이 **數**(삭)**上疏切諫**한대 **帝**가 **不平之而豐等**이 **皆側目憤怨**이러니 **尋有河間男子趙騰**이 **詣闕上書**하여 **指陳得失**이어늘 **帝**가 **怒**하여 **收考詔獄**[227]이어늘 **震**이 **復上疏**[228]**救之**한대 **帝**가 **不省**하시고 **竟誅騰**하시다

楊震

漢 安帝가 楊震을 冊立하여 太尉로 임명하였다. 이 당시에 안제의 유모 王聖이 안제를 양육한 은혜로 인하여 방자하게 굴었으며, 왕성의 딸 伯榮이 황궁을 드나들면서 간사한 자들의 뇌물을 전달하고 中常侍 樊豐 등이 위세를 나누어 갖고 권력을 공유하여 州郡에 청탁을 넣고 大臣을 좌지우지하였다. 또 번풍 등이 詔書를 거짓으로 만들어서 司農의 돈과 곡식을 調發하여 저마다 동산이 딸린 저택과 樓臺를 지으니 공역의 비용을 헤아릴 수 없었다. 양진이 여러 차례 상소하여 極諫을 하자, 안제가 이를 언짢아하였으며 번풍 등이 모두 흘겨보며 분노하고 원망하였는데, 얼마 뒤에 河間의 남자 趙騰이 대궐로 와서 글을 올려 잘잘못을 지적하여 서술하였다. 그러자 안제가 노하여 조등을 詔獄으로 잡아들여 조사하였다. 양진이 다시 上疏하여 조등을 두둔하자 안제가 이를 살펴주지 않고 마침내 조등을 주살하였다.

하였다.

225) 大 : 사고본에는 '太'로 되어 있다.

226) 樊豐 : ?~125. 東漢 安帝 때의 환관으로, 延光 3년(124)에 中常侍가 되었다. 안제의 유모 王聖 등과 결탁하여 태자 劉保를 폐위시켰으며, 大將軍 耿寶에게 楊震의 죄를 탄핵하여 양진을 자리에서 물러나게 하였다. 안제가 죽고 順帝가 즉위한 뒤에 閻太后가 집권하여 경보를 삭탈관직했을 때 경보와 연루되어 옥사하였다.

227) 詔獄 : 詔書를 받들어 체포한 죄인을 가두는 감옥이다. 《漢書辭典 詔書》

228) 疏 : 대전본·사고본에는 '書'로 되어 있다.

豐等이 **遂共譖震云 自趙騰死後**로 **深懷**[229]**怨懟**라하여늘 **帝**가 **遣使者**하여 **收震印綬**러시니 **豐等**이 **復譖之**어늘 **詔遣還本郡**이러니 **震**이 **行至城西**하여 **乃慷慨謂其諸子門人曰 吾**가 **蒙恩居上司**[230]하여 **疾姦臣狡猾而不能誅**하고 **惡**(오)**嬖女傾亂而不能禁**하니 **何面目復見日月**이리오 **因飮酖**(짐)**卒**하다

번풍 등이 마침내 함께 다음과 같이 양진을 참소하였다.

"조등이 죽은 뒤로 깊이 원망하는 마음을 품고 있습니다."

안제가 사자를 보내어 양진의 印綬를 회수하였다. 번풍 등이 다시 양진을 참소하자 안제가 詔書를 내려 양진에게 본래의 고향으로 돌아가라고 하였다. 양진이 길을 떠나 洛陽城 서쪽에 도착하여 마침내 울분을 터뜨리면서 자식들과 문인에게 말하였다.

"내가 성은을 입어 上司의 자리에 있으면서 간신의 교활함은 미워하면서도 간신을 주살하지 못하고 寵姬가 환란을 일으키는 것을 미워하면서도 막지 못하였으니, 무슨 면목으로 다시 해와 달을 보겠는가."

양진이 그대로 독을 마시고 죽었다.

22-14-나(按)

臣은 按 樊豐之讒楊震에 曰怨懟라하니 亦猶石顯之讒蕭望之曰 怨望也라 怨은 在心이라 未形於事하고 未露於言하니 顯與豐이 曷從知之리오 亦何異張湯之譖顔異曰 此[231]가 腹非[232]也리오 探腹心之隱而加人以曖昧之辠(죄)[233]인대 非遇至明之主면 其誰能辨之리오 然則其果難辨歟[234]아 曰 特患人主가 無意耳라 儻有意焉이면 何患其難辨이리오 曰 爾之言彼曰怨望이라하니 以何事知之며 爾之言彼曰怨懟라하니 以何事知之며 爲之有何迹이며 覩之有何人고하면 則有無·虛實을 亦可以坐判矣라 猶聽訟焉하니 彼曲

---

229) 懷 : 대전본·사고본에는 '用'으로 되어 있다.

230) 上司 : 《後漢書》〈郞顗(낭의)傳〉의 李賢 注에 "'上司'는 司馬를 말한다. 光武帝 建武 27년(50)에 太尉로 개칭하였다.〔上司 謂司馬也 建武二十七年改爲太尉〕"라는 내용이 보인다.

231) 此 : 사고본에는 없다.

232) 非 : 대전본·사고본에는 '誹'로 되어 있다.

233) 辠 : 사고본에는 '罪'로 되어 있다.

234) 歟 : 사고본에는 '與'로 되어 있다.

也가 以何事而見其曲이며 彼直也가 以何事而見其直이니 未有指心腹未形者而可以蔽其辭也라 雖然聽訟이 不若無訟이요 辨讒이 不若無讒이니 使爲人上者로 心正意誠하여 私邪不能蔽하며 公聽竝觀하여 信任無所偏[235]則魑魅(이매)[236]가 讋(섭)於震霆이요 雨雪이 消於見晛(현)[237]이라 雖有善爲讒者나 且不敢爲矣니 此가 人主守約之方[238]也니이다

【臣按】 번풍이 양진을 참소할 때에 원망하는 마음을 품고 있다고 하였으니, 이 또한 石顯이 蕭望之를 참소할 때 원망하고 있다고 한 것과 같습니다. 원망은 마음속에 있으므로 아직 일로 나타나지 않고 말에 드러나지 않은 것이니, 석현과 번풍이 어떻게 그러한 줄 알겠습니까. 또한 張湯이 顔異를 참소하기를 "이것이 속으로 비방한 것입니다."라고 한 것과 무엇이 다르겠습니까.

腹心에 숨어 있는 은미한 마음을 탐지하여 남에게 애매한 죄를 뒤집어씌울 때, 지극히 영명한 군주를 만나지 않으면 그 누가 이를 분변할 수 있겠습니까. 그렇다면 그것이 과연 분변하기 어려운 것이겠습니까. 다만 군주가 뜻이 없는 것이 우려스럽습니다. 혹시 의지가 있다면 분변하기 어려운 것이 어찌 우려스럽겠습니까. 네가 저 사람을 두고 원망하고 있다고 하니 어떤 일로 안 것이며, 네가 저 사람을 두고 원망하는 마음을 품었다고 하니 어떤 일로 안 것이며, 그러한 행위를 했을 때 무슨 흔적을 남겼으며 그러한 행위를 목격했을 때 누가 있었느냐고 물어본다면, 有無와 虛實을 또한 쉽게 판단할 수 있습니다. 이는 송사를 처결하는 것과 같으니, 저 사람이 잘못인 경우에는 그 어떤 일로 그 잘못을 보는 것이며, 저 사람이 정당할 경우에는 그 어떤 일로 그 정당함을 보는 것이니, 복심에 숨어 있어 드러나지 않은 것을 가리켜 그가 하는 말을 증명할 수 있는 경우는 없습니다.

비록 그러하지만 송사를 처결하는 것이 송사가 아예 없는 것만 못한 것이고, 참소를 분별하는 것이 참소가 아예 없는 것만 못합니다. 만약 남들의 위에 있는 사

235) 偏 : 대전본·사고본에는 '倚'로 되어 있다.

236) 魑魅 : 산림 속에 살면서 사람들에게 해를 끼치는 괴물로, '螭魅'라고도 한다. 《春秋左氏傳注疏 文公 11年 杜預注》

237) 晛 : 대진본·사고본에는 '睍(현)'으로 되어 있다.

238) 守約之方 : 守約은 《맹자》 〈公孫丑 上〉 제2장에 보이는데, 朱熹에 따르면 지키는 것이 요령을 얻었다는 뜻이다. 按說에 보이는 '守約之方'은 쉽게 준행할 수 있는 간략한 방도를 말한다. 《孟子集註 公孫丑 上》

람이, 마음이 바르고 생각이 성실하여 사사로움과 사특함이 가로막지 못하며, 공평하게 듣고 두루 살펴서 믿고 맡기는 데 있어 치우친 데가 없으면, 魑魅가 벼락과 천둥에 무서워 떨고 내린 눈이 햇볕을 보는 데에서 사라지는 것과 같아서, 비록 참소를 잘하는 자가 있다고 하더라도 감히 어찌하지 못할 것이니, 이것이 군주가 守約하는 방도입니다.

22-15-가[239]

漢質帝[240]가 **卽位**에 **梁太后**[241]가 **臨朝**하여 **委政宰輔**하여 **李固**[242]**所言**①을 **太后**가 **多從之**하여 **黃門宦官爲惡者**를 **一皆斥遣**하니 **天下**가 **咸望治平而梁冀**[243]가 **深**

239)《資治通鑑》卷52〈漢紀44 沖帝〉永嘉 1년(145), 卷53〈漢紀45 質帝〉本初 1년(146) 기사에 보인다.

240) 漢質帝 : 138~146(재위 145~146). 東漢 제9대 황제 劉纘(유찬)이다. 章帝의 현손이며 渤海王 劉鴻의 아들이다. 沖帝(충제)의 뒤를 이어 즉위했으나, 이듬해 梁冀에게 독살당했다.

241) 梁太后 : 106~150. 東漢 順帝의 황후인 順烈梁皇后를 가리킨다. 이름은 妠(납)으로, 安定 烏氏縣 사람이다. 大將軍 梁商의 딸로, 13살에 입궁한 뒤 貴人이 되었다가 陽嘉 1년(132)에 황후가 되었다. 建康 1년(144)에 순제가 죽고 沖帝가 즉위하자 황태후가 되어 조정에 나와 정사를 보았으며, 얼마 후에 충제가 죽고 質帝가 즉위하자 여전히 국정을 장악하였다. 桓帝 때까지 정권을 잡았으나 말년에 李固의 죽음을 막지 못하고 환관의 말을 자주 따랐기에 천하 사람들에게 실망을 주었다.

242) 李固 : 94~147. 東漢 때의 대신이다. 자는 子堅으로, 漢中 城固 사람이다. 어려서부터 박학다식하여 여러 차례 천거를 받았으나 출사하지 않다가, 順帝 陽嘉 2년(133)에 議郎이 된 후에 여러 고을의 지방관을 역임하였다. 沖帝 때 태위가 되고 梁冀와 함께 參錄尙書事가 되었으며, 이듬해에 충제가 죽고 질제가 즉위한 뒤에 梁太后의 신임을 독차지하여 양기에게 시기를 받았다. 建和 1년(147)에 桓帝가 즉위하고 나서 양기의 모함을 받아 하옥되어 죽었다.

243) 梁冀 : ?~159. 東漢 때의 외척이다. 자는 伯卓으로, 安定 烏氏 사람이다. 漢 順帝의 황후와 桓帝의 황후의 오라비이다. 순제 永和 6년(141)에 大將軍이 되었으며, 沖帝가 즉위하자 李固와 함께 參錄尙書事가 되었다. 質帝 때에는 질제에게 '跋扈將軍'이라는 말을 듣고 앙심을 품은 뒤 本初 1년(146)에 질제를 독살하였다. 이고를 제거한 뒤 조정의 대권을 휘두르며 전횡을 일삼다가, 이를 미워한 환제가 延熹 2년(159)에 환관들과 결탁하여 梁氏들을 멸족시키려고 그의 집을 포위했을 때 자살하였다.

忌疾之하더라 初에 順帝時에 所除官이 多不以次러니 及固在事하여 免百餘人하니 此等이 旣怨하고 又希望冀旨하여 共作飛章하여 誣奏曰 太尉李固가 因公假私하며 依正行邪하여 山陵[244]未成에 違矯舊政하니 夫子罪가 莫大於累父요 臣惡이 莫深於毁君이니 固之罪釁(흔)은 事合誅辟이니이다 書奏에[245] 冀가 以白太后하여 使下其書한대 太后가 不聽이러니 冀가 尋[246]置毒以進하니 帝가 崩[247]커시늘 固가 請立長君[248]한대 冀가 不從하고 策免固하여 殺之[249]하다

① 李固所言 : 固爲太尉.
李固가 太尉로 있었다.

漢 質帝가 즉위하자 梁太后가 조정에 나와서 정무를 재상에게 맡겨 李固가 말하는 것을 태후가 대부분 따랐다. 그리하여 黃門의 환관들 가운데 악행을 저지른 자들을 하나같이 모두 몰아내니, 천하 사람들이 모두 태평치세를 기대하였으나 梁冀는 이고를 매우 미워하였다.

---

244) 山陵 : 여기에서는 沖帝의 황릉인 靜陵을 가리킨다.

245) 書奏에 : 509본에는 '書에 奏'로 되어 있으나, 오류이다.

246) 尋 : 대전본·사고본에는 '等'으로 되어 있다.

247) 帝崩 : 本初 1년(146) 윤6월의 甲申日의 일이다. 질제에게 앙심을 품었던 梁冀가 근신을 시켜 독을 넣은 湯餠을 질제에게 올리도록 했다. 질제가 이를 먹고는 괴로워하며 물을 찾았으나, 양기는 질제가 먹은 것을 토할까 두려워하여 물을 올리지 못하게 하였는데 말을 마치기 전에 질제가 죽었다.《資治通鑑 卷53 漢紀45 質帝 本初 1年》

248) 固請立長君 : 질제가 붕어하자 이고, 胡廣 등이 梁冀에게 편지를 보내 다음 황제를 세워야 한다고 촉구하였다. 이에 양기가 三公, 中二千石, 列侯들을 불러들여 회의를 열었다. 이때 이고, 호광 등은 淸河王 劉蒜(유산)의 덕망이 높고 나이도 질제보다 연상이므로 유산을 황제로 옹립하자고 주장하여 대부분 그 의견에 동의하는 추세였다. 그러나 유산을 미워하던 환관 曹騰 등이 양기에게 유산이 즉위하면 화를 당할 것이라고 부추겼다. 마침내 양기가 태후를 설득하여 이고를 太尉에서 파면시킨 뒤 蠡吾侯(여오후) 劉志를 옹립하니, 이 사람이 桓帝이다.《資治通鑑 卷53 漢紀45 質帝 本初 1年》

249) 冀不……殺之 : 桓帝 建和 1년(147) 11월의 일이다. 이때 劉文과 劉鮪(유유)가 劉蒜(유산)을 천자로 옹립하려고 모의하사 양기가 이를 빌미로 이고가 이들과 妖言을 꾸몄다고 모함하여 하옥시켰다. 이고의 문인들을 비롯한 여러 사람들이 이고의 억울함을 호소한 끝에 梁太后가 이고를 사면하는 詔書를 내렸으나, 양기가 이고를 옥에서 꺼내주지 않아 마침내 이고가 옥사하였다.《資治通鑑 卷53 漢紀45 桓帝 建和 1年》

李固

과거에 順帝 때 제수한 관원들이 대부분 순차대로 제수되지 않았는데, 이고가 일을 담당하고 나서는 그 이전에 순차대로 제수되지 않은 사람 100여 명을 면직시켰다. 이들이 이미 이고를 원망하는 데다 또 양기의 뜻에 영합하여 함께 긴급을 요하는 상주문을 작성하여 이고를 모함해서 다음과 같이 상주하였다.

"태위 이고가 公事를 빙자해 私益을 도모했으며 바른 도리에 기대어 간사한 짓을 저질러, 황릉이 조성되기도 전에 선황의 정사를 위배하였습니다. 무릇 자식의 죄는 아비를 허물하는 것보다 큰 것이 없으며 신하의 악은 임금을 비방하는 것보다 심각한 것이 없으니, 이고의 죄는 사안이 사형에 해당됩니다."

글이 상주되자 양기가 이것을 가지고 태후에게 보고하여 그 글을 담당 관서에 회부하도록 하였는데 태후가 들어주지 않았다. 양기가 이윽고 독을 넣어 질제에게 올리니 질제가 붕어하였다. 그러자 이고가 연장자를 황제로 옹립하자고 청했는데 양기가 따르지 않았다. 그리고 계책으로 이고를 면직시키고 나서 죽였다.

22-15-나(按)

臣은 按 李固가 陪輔初政에 斥惡黨·淸濫官이 正其宜也어늘 而讒者가 乃以違矯舊政으로 爲言하니 夫父[250]之道가 有不待三年而改者[251]하니 臣이 嘗論之於前矣[252]라

250) 父 : 대전본에는 '婦'로 되어 있으나, 오자이다.

251) 夫父……改者 : 《논어》〈學而〉 제11장에 "공자가 말하였다. '아버지가 살아 계실 때에는 그 뜻을 살피고 아버지가 돌아가신 뒤에는 그 행실을 살펴야 한다. 아버지가 돌아가신 뒤 3년 동안은 아버지가 하던 방식을 바꾸는 일이 없어야 孝라고 할 수 있다.'〔子曰 父在 觀其志 父沒 觀其行 三年無改於父之道 可謂孝矣〕"라는 내용이 보인다. 6-22-가 참조.

252) 臣嘗論之於前矣 : 6-22-나(按) 참조.

必曰 斥惡黨・淸濫官이 爲違矯舊政이라하면 則四凶이 在朝에 堯가 未及去而舜이 去之[253]하시니 毋亦違堯之政邪아 自梁冀之黨이 以是譖固로 至本[254]朝司馬光이 輔宣仁[255]하여 更王安石等所創新法[256]而熙・豐小人이 亦以是譖光하여 其後紹述之論이 興하여 卒爲宗社之禍[257]하니 吁可[258]戒哉니이다

【臣按】李固가 새로 즉위한 질제를 보좌할 때 악한 무리를 배척하고 탐관오리를 숙청한 것은 바로잡아야 할 것을 바로잡은 것인데, 참소하는 자들이 도리어 이고가 선황의 정사를 위배했다고 말을 만들었습니다. 아버지가 해오던 방식도 3년을 기다리지 않고 바꾸는 경우가 있으니 신이 전에 논한 적이 있습니다.

司馬光 王安石

만약 악한 무리를 배척하고 탐관오리를 숙청한 것이 선황의 정사를 위배한 것이라고 한다면, 四凶이 조정에 있었을 때

253) 四凶……去之 : 21-5-나(按)의 '四凶'과 '四裔' 주석 참조.

254) 本 : 사고본에는 '我'로 되어 있다.

255) 宣仁 : 1032~1093. 宋나라 5대 황제 英宗의 황후이자 6대 황제 神宗의 모후로, 성은 高이며, 亳州(박주) 蒙城 사람이다. 신종이 즉위하자 황태후가 되었으며, 王安石의 新法에 반대하였다. 元豐 8년(1085)에 신종이 병사하고 7대 황제 哲宗이 즉위하자 太皇太后가 되었다. 이때 철종을 도와 정사를 관장하면서 정치 일선에서 물러나 있던 司馬光, 呂公著, 文彦博 등을 불러들여 新法을 차례로 혁파하고 옛 법을 복구하였다.

256) 至本……新法 : 元豐 8년(1085)에 哲宗이 즉위하자, 司馬光이 조정으로 돌아와 이듬해인 紹聖 원년(1086)에 左僕射(좌복야)가 되었다.

257) 熙豐……之禍 : '熙豐'은 宋 神宗 때의 연호인 熙寧(1068~1077)과 元豐(1078~1085)을 가리키며, '熙豐小人'은 왕안석의 신법을 지지한 章惇 등을 말한다. '紹述'은 선인태후가 혁파했던 신법을 다시 복구하여 계승하자는 것을 말한다.

258) 可 : 사고본에는 이 뒤에 '不' 1자가 있다.

堯임금이 미처 제거하지 못했는데 舜임금이 그들을 제거하였으니 이 또한 요임금의 정사를 위배한 것이 아니겠습니까.

梁冀의 무리가 이를 구실로 삼아 이고를 참소한 이후로 우리 宋나라에 이르러 司馬光이 宣仁太后를 보좌하여 王安石 등이 창안한 新法을 고치자, 熙寧·元豐 연간의 소인배가 마찬가지로 이를 구실로 삼아 사마광을 참소하였습니다. 그리하여 그 후 신법을 계승하자는 논의가 일어나 마침내 종묘사직의 재앙이 되었으니, 아, 경계해야 할 일입니다.

以上은 論憸邪罔上之情二[259]라【讒臣[260]】

이상은 간사한 자들이 임금을 속인 정상을 논한 두 번째이다.【참소하는 신하】

259) 二 : 대전본에는 없다. 사고본에는 '一'로 되어 있으나, 오자이다.

260) 讒臣 : 사고본에는 없다.

大學衍義 卷23

格物致知之要(二) 사물의 원리를 깊이 연구하여 知性의 힘을 극대화하는 핵심적인 방법들 (2)

辨人材 人材를 구별하는 방법들

憸邪罔上之情【讒臣】 奸邪한 자들이 임금을 속인 정상【참소하는 신하들】

23-1-가[1]

晉武帝[2]時에 尙書張華[3]가 以文學才識으로 名重一時하니 論者가 皆謂華宜

1)《資治通鑑》卷81〈晉紀3 武帝 中〉太康 3년(282) 1월 조에 보인다.

2) 晉武帝 : 236~290(재위 265~290). 西晉의 초대 황제 司馬炎으로, 자는 安世이다. 河內 溫縣 사람이며, 司馬懿의 손자이자 司馬昭의 적장자이다. 魏 元帝 咸熙 2년(265)에 아버지의 작위를 이어받아 晉王이 되고, 몇 달 뒤에 원제 曹奐을 압박하여 양위를 받아 국호를 晉이라 하고, 수도를 洛陽으로 정하였다. 咸寧 6년(280)에 吳를 멸망시키고 전국을 통일하였다. 연호를 太康으로 바꾸고 율령을 새로 정비하여 太康之治를 이루었다. 만년에 佚樂에 빠져 정사를 게을리하였으며 어리석은 司馬衷을 태자로 세움으로써 훗날의 혼란에 빌미를 조성하였다. 病死하였다. 시호는 武皇帝, 묘호는 世祖이다.

晉 武帝

3) 張華 : 232~300. 西晉의 문학가이자 정치가이다. 자는 茂先이며 范陽 方城 사람이다. 晉 武帝 咸寧 5년(279)에 度支尙書에 임명되었다. 衆論과 달리 羊祜(221~278)·杜預(222~285)와 함께 東吳를 토벌할 것을 강력히 주장하였으며, 진 무제 太康 1년(280) 3월에 동오가 멸망

爲三公[4]이라하더니 **中書監**[5]**荀勗**(순욱)[6] · **侍中**[7]**馮紞**(풍담)[8]이 **以伐吳之謀**[9]로 **深疾之**러니 **會帝**가 **問華誰可託後事者**어시늘 **華**가 **對以明德至親**이 **莫如齊王**[10]이라하니 **由是忤旨**라 **勗**이 **因而譖之**한대 **以華**로 **都督幽州諸軍事**[11]하다

晉 武帝 때에 尙書 張華가 학문과 재능과 식견으로 당대에 명망이 높자 논하는

하자 廣武縣侯에 봉해졌다. 荀勗에게 미움을 받아 지방으로 나가 都督幽州諸軍事가 되었다. 惠帝가 즉위하자 太子少傅에 제수되었다. 楚王 司馬瑋를 제거하는 데 공을 세워 侍中에 제수되고 司空을 거쳐 壯武郡公에 봉해졌다. 趙王 司馬倫에게 피살되었다. 죽은 뒤에 집안에는 남은 재산이 없었고 오직 서적만이 가득하였다고 한다. 저서에 《博物志》가 있다.

4) 三公 : 서진의 3公은 太尉, 司空, 司徒이다. 뒤에 太宰, 太傅, 太保, 太尉, 司徒, 司空, 大司馬, 大將軍의 8公으로 확대되었으며, 대체로 황제의 친척이나 世家大族으로 충임되었다.

5) 中書監 : 관직명이다. 魏 文帝 黃初 연간에 처음 설치하였으며, 주로 기밀문서를 관장하였다.

6) 荀勗 : ?~289. 서진의 개국공신이자 音律學家, 文學家, 藏書家이다. 자는 公曾이며, 潁川 潁陰 사람이다. 후한 말의 경학가인 荀爽(128~190)의 증손자이다. 대장군 司馬昭의 記室이 되어 자주 계책을 진달하여 깊은 신임을 얻었다. 晉나라가 건국된 뒤 濟北郡侯에 봉해졌으며, 中書監, 侍中, 領著作을 역임하였다. 오랫동안 국가의 요직에 있으면서 군주의 은미한 뜻을 탐지하는 데 뛰어나서 죽을 때까지 寵祿을 보전하였다. 시호는 成이다. 열전이 《晉書》 卷39에 있다.

7) 侍中 : 관직명이다. 동한 獻帝 이후 덕망이 높고 학식이 많은 儒者로 충임되었다. 晉나라에 와서 門下省의 장관이 되어 주로 간쟁을 담당하고 황제의 자문에 응하였다.

8) 馮紞 : ?~286. 西晉의 奸臣이다. 자는 少胄이며 安平 사람이다. 魏郡太守, 步兵校尉, 越騎校尉, 左衛將軍, 御史中丞, 侍中, 散騎常侍 등을 역임하였다. 젊어서 經史 전적을 섭렵하고 변론에 뛰어났다. 晉 武帝의 총애를 받았으며 賈充 · 荀顗(순의)와 함께 당을 이루었다. 권세를 유지하기 위해 가충의 딸을 훗날 晉 惠帝가 되는 태자 司馬衷에게 시집보내도록 무제를 설득하기도 하였다. 東吳 정벌을 반대했으나 결과적으로 순조롭게 동오가 멸망하자 정벌을 주장했던 張華와 더욱 틈이 벌어졌다. 病死하였다. 열전이 《晉書》 卷39에 있다.

9) 伐吳之謀 : 장화가 東吳를 토벌해야 한다고 강력히 주장한 것을 이른다.

10) 齊王 : 晉 武帝 司馬炎의 同母弟인 司馬攸(248~283)를 이른다. 사마유는 자는 大猷, 어렸을 때의 자는 桃符로, 河內郡 溫縣 사람이다. 성품이 온화하고 총명하였으며, 書法에 뛰어났다. 백부 司馬師의 양자로 들어가 舞陽侯에 襲封되었다. 西晉이 건립된 후에 齊王에 봉해졌고, 驃騎將軍, 司空, 開府儀同三司 등을 역임하였다. 무제 말년에 荀勖 · 馮紞 등의 참소로 조정에서 쫓겨나자 병이 나서 피를 토하고 죽었다. 시호는 獻王이다.

11) 以華……軍事 : 晉 武帝 太康 3년(282) 1월 18일 甲午日의 일이다.

자들이 모두 장화가 三公이 되어야 한다고 말하였다. 中書監 荀勗과 侍中 馮紞이 吳나라 정벌에 대한 논의로 장화를 매우 미워하였다.

마침 무제가 누구에게 뒷일을 부탁할 만하느냐고 장화에게 묻자, 장화가 덕망이 높고 지극히 가까운 친척으로는 齊王(司馬攸)만 한 사람이 없다고 대답하였다. 이로 말미암아 무제의 뜻을 거슬렀다. 순욱이 이를 기회로 삼아 장화를 참소하자, 무제가 장화를 都督幽州諸軍事에 임명하였다.

華가 至鎭하여 撫循夷夏[12)]하니 譽望이 益振이어늘 帝가 復(부)欲徵之러시니 馮紞이 侍帝하여 從容語及鍾會[13)]러니 紞이 曰 會之反이 頗由太祖니이다 帝가 變色曰 卿是何言邪(야)오 紞이 免冠[14)]謝曰 臣은 聞善馭者는 必知六轡緩急之宜하나니 故孔子가 以仲由兼人而退之하시며 冉求退弱而進之[15)]하시고 漢高祖가 尊寵五王而夷滅[16)]하고 光武가 抑損諸將而克終[17)]하니 非上有仁暴之殊요 下有愚智

---

12) 夷夏 : 사고본에는 '軍民'으로 되어 있다.

13) 鍾會 : 225~264. 삼국시대 魏나라의 名將이자 서법가이다. 자는 士季이며, 潁川 長社 사람이다. 太傅 鍾繇(151~230)의 아들이다. 秘書郞, 黃門侍郞, 司徒를 역임하고 東武亭侯에 봉해졌다. 毌丘儉(관구검)과 諸葛誕을 정벌할 때 여러 번 묘책을 내어 前漢의 張良에 비견되었다. 竹林七賢의 한 사람이자 曹操의 증손 사위인 嵇康(224~263)의 죽음 역시 그의 무고에서 나왔다. 魏 元帝 景元 4년(263)에 鄧艾와 함께 鎭西將軍·假節·都督關中諸軍事가 되어 蜀漢 정벌에 참여하였는데, 촉한이 멸망하자 촉한의 降將 姜維와 함께 촉을 근거지로 반란을 도모하였으나 부하의 배반으로 실패하고 亂軍에게 피살되었다.

14) 免冠 : 사죄의 뜻을 나타내거나 파면도 불사하겠다는 확고한 의지를 표시한다.

15) 孔子……進之 : 《논어》〈先進〉 제21장에 "자로가 '옳은 것을 들으면 실행하여야 합니까?'라고 묻자, 공자가 '부형이 계시니 어찌 들으면 곧 실행할 수 있겠는가.'라고 대답하였다. 염유가 '옳은 것을 들으면 곧 실행하여야 합니까?'라고 묻자, 공자가 '들으면 곧 실행하여야 한다.'라고 대답하였다.……공자가 말하였다. '求(염유)는 물러나므로 곧 나아가게 한 것이고, 由(자로)는 보통 사람보다 뛰어나므로 물러가게 한 것이다.〔子路問 聞斯行諸 子曰 有父兄在 如之何其聞斯行之 冉有問 聞斯行諸 子曰 聞斯行之……子曰 求也退故進之 由也兼人故退之〕"라는 내용이 보인다.

16) 漢高……夷滅 : '五王'은 楚王 韓信, 梁王 彭越, 淮南王 英布, 燕王 盧綰, 韓王 信을 가리킨다. 韓信(?~기원전 196)은 서한 개국공신으로 淮陽 사람이다. 처음에는 楚의 項梁·項羽를 섬겨 郞中이 되었으나 중용되지 못하였다. 뒤에 劉邦軍에 들어왔다가 승상 蕭何의 인정을 받아 대장군에 임용되었다. 三秦의 점령부터 垓下의 전투에 이르기까지 漢軍을 지휘하여 많

之異也라 **蓋抑揚與**[18]**奪**이 **使之然耳**니 **鍾會**가 **才智有限而太祖**가 **誇奬無極**하사

은 공을 세웠다. 高帝 4년(기원전 203)에 相國이 되고, 다음 해에 齊王이 되었다. 漢나라의 통일이 이룩되자 다시 楚王에 책봉되었으나 모반을 꾀한다는 참언을 받아 淮陰侯로 강등되었다. 고제 11년(기원전 196)에 陳豨의 난에 가담하였다가 呂后에 의해 長樂宮에서 참살되었다.

彭越(?~기원전 196)은 서한 개국공신으로 山陽 昌邑 사람이다. 秦나라 말기에 군사를 모아 기병하였으며, 뒤에 3만 군사를 끌고 劉邦에게 귀의하여 魏相國, 建成侯에 봉해졌다. 韓信・英布와 함께 漢初 3대 名將으로 불린다. 서한 건립 후에 梁王에 봉해졌으나 뒤에 모반했다는 고발을 받아 '모반의 형적이 이미 갖추어졌다.〔反形已具〕'라는 이유로 三族이 주멸되었다.

英布(?~기원전 196)는 秦末 漢初의 名將으로 六縣 사람이다. 秦나라 때 黥刑을 받았기 때문에 黥布라고도 불린다. 처음에는 項梁에게 귀의하였다가 항량이 죽자 項羽의 막하로 들어가 九江王에 봉해졌다. 일찍이 항우의 명을 받고 義帝를 격살하였다. 뒤에 漢나라에 귀의하여 유방을 따라 垓下에서 항우를 격멸하고 淮南王에 봉해졌다. 뒤에 韓信과 彭越이 죽임을 당하는 것을 보고 두려워 반란을 일으켰으나 고조에게 토벌되어 피살되었다.

盧綰(기원전 256~기원전 193)은 沛國 豐縣 사람으로 劉邦과 동향인이라 하여 총애를 받았다. 楚・漢 전쟁 때 太尉가 되었고 長安侯에 봉해졌다. 뒤에 劉賈와 臨江王 共尉를 격멸하고 유방을 따라 燕王 藏荼를 격파하여 燕王에 봉해졌다. 陳豨가 반란을 일으키자 고제 12년(기원전 195)에 군사를 일으켜 진희를 공격하였다가 도리어 흉노와 연대하려는 진희의 계획을 도왔는데, 뒤에 이 일이 알려지자 흉노로 달아났다. 흉노가 東胡盧王으로 삼았으나 1년여 만에 흉노에서 죽었다.

韓王 信(?~기원전 196)은 전국시대 말 韓나라 襄王의 庶孫이다. 張良을 따라 韓에 가서 장수가 되었다가 유방을 따라 漢中에 들어갔다. 고조 2년(기원전 205)에 韓王에 옹립되었다. 고조 6년(기원전 201)에 군사적 재능을 인정받아 太原郡에 移封되어 태원군을 韓國으로 만들고 晉陽을 수도로 삼아 흉노에 대비토록 하였다. 뒤에 다시 馬邑으로 옮겨졌다. 여러 차례 冒頓單于(묵특선우)의 침공을 받아 항복했다. 고조 11년(기원전 196)에 漢나라 장수 柴武에게 죽었다.

17) 光武……克終 : 東漢 光武帝 劉秀(기원전 5~57)가 공신들로 하여금 정권을 잡지 못하게 하여 공신들이 모두 복록을 누리고 주벌되는 자가 없었던 것을 이른다. 동한 明帝 永平 3년(60)에 洛陽 南宮 雲臺閣에 동한의 개국공신 28명의 초상을 그리게 하였는데, 이를 雲臺二十八將 또는 中興二十八將이라 일컫는다. 이들 중 馮異(?~34), 岑彭(?~36), 祭遵(?~33), 劉植(?~26)이 일찍 죽은 것을 제외하고는 鄧禹(2~58), 吳漢(?~44)을 비롯하여 다른 공신들은 모두 평안한 여생을 보내고 천수를 누렸다. 《後漢書》에 이들의 열전이 있다.

18) 與 : 사고본에는 '予'로 되어 있다.

居以重勢하며 **委**[19]**以大兵**하여 **使會**로 **自謂算無遺策**하며 **功在不賞**이라하여 **遂構**[20]**凶逆耳**니 **向令太祖**로 **錄其小能**하시며 **節以大禮**하시고 **抑之以威權**하시며 **納之以軌則**하시면 **則亂心**이 **無由生矣**리이다 **帝**가 **曰 然**하다

張華가 鎭에 도착하여 胡人과 漢人을 慰撫하자 명망이 더욱 커지게 되었다. 이에 武帝가 다시 장화를 부르고자 하였다. 馮紞이 무제를 모시고서 조용히 이야기를 나눌 때 鍾會의 이야기가 나왔는데, 풍담이 말하였다.

"종회의 반란은 상당 부분 태조(司馬昭)에게서 연유한 것입니다."

무제가 안색이 변하여 말하였다.

"卿의 이 말은 무슨 말인가?"

풍담이 冠을 벗어 사죄하고 말하였다.

"신은, 수레를 잘 모는 자는 반드시 여섯 마리 말에 맨 고삐의 완급을 적절하게 다룰 줄 알아야 한다고 들었습니다. 이 때문에 공자가 仲由(子路)는 보통 사람보다 뛰어나고 하여 물러나게 하고 冉求는 유약하다고 하여 나아가게 했던 것이며, 漢 高祖가 다섯 왕을 존귀하게 하고 총애하여 이들이 주멸되었던 것이며, 後漢 光武帝가 여러 장수들을 억제하여 이들이 죽을 때까지 복록을 누릴 수 있었던 것입니다. 이것은 윗사람에게 어짊과 포악함의 다름이 있고 아랫사람에게 어리석음과 지혜로움의 차이가 있어서가 아닙니다. 억제와 선양, 부여와 박탈이 그렇게 하도록 한 것뿐입니다.

종회는 재능과 지모에 한계가 있었습니다. 그런데도 태조는 칭찬과 장려를 끝없이 하여 큰 권세를 주고 많은 군대를 맡김으로써, 종회로 하여금 자신이 낸 계책은 잘못된 계책이 없고 자신이 이룬 공은 상을 내릴 수 없을 정도로 크다고 스스로 생각하게 만들어서 마침내 모반을 꾸미도록 한 것입니다. 당초에 태조가 그 작은 재능을 써서 임용하고 大禮로 절제하며 위엄과 권세로 억제하고 올바른 법도를 따르도록 하셨다면 반란을 일으키려는 마음이 생겨날 길이 없었을 것입니다."

무제가 말하였다.

---

19) 委 : 대전본에는 '季'로 되어 있으나, 오자이다.

20) 構 : 대전본에는 '搆'로 되어 있으나, 南宋 高宗 趙構를 피휘한 것이다.

"옳은 말이다."

紞이 稽首[21)]曰 陛下가 旣然臣之言이신대 宜思堅冰之漸[22)]하사 勿使如會之徒로 復(부)致傾覆하소서 帝가 曰 當今에 豈復(부)有如會者邪(야)리오 紞이 因屛左右而言曰 陛下謀畫之臣이 著大功於天下하여 據方鎭總戎馬者가 皆在陛下聖慮矣니이다 帝가 默然이러시니 由是로 止不徵華하시다

馮紞이 무릎을 꿇고 절을 한 뒤에 말하였다.

"폐하께서 이미 신의 말을 옳게 여기신다면 의당 단단한 얼음은 점점 이루어진다는 것을 생각하시어 鍾會와 같은 자들이 다시 나라를 기울게 하고 전복시키도록 하지 마소서."

武帝가 말하였다.

"지금 어찌 다시 종회와 같은 자가 있겠는가."

풍담이 이로 인해 좌우를 물리치고 말하였다.

"폐하의 謀臣이 천하에 큰 공을 드러내어 한 지역의 鎭을 차지하고 군대를 통수하는 것은 모두 폐하께서 염려해두실 일입니다."

무제가 묵묵히 말이 없었는데, 이로 말미암아 張華를 부를 생각을 그만두었다.

23-1-나(按)

臣은 按 伐吳之役을 華가 實主之而馮紞·荀勗則附賈充[23)]以沮其議者也라 平吳之

---

21) 稽首 : 신하가 임금에게 무릎을 꿇고 하는 절로, '머리가 바닥에 닿도록 절하는 것〔拜頭至地〕'이다. 《周禮》〈春官宗伯 大祝〉에 보이는 稽首, 頓首, 空首, 振動, 吉拜, 凶拜, 奇拜, 襃拜, 肅拜의 9拜 중 가장 중한 절이다. 凌廷堪의 《禮經釋例》 권1 〈周官九拜解〉에 따르면, 일반적으로 신하가 임금과 禮를 행할 때에는 계단을 내려가 再拜稽首하며 임금이 사양하면 당에 올라와 다시 再拜稽首한다.

22) 堅冰之漸 : 《주역》〈坤卦〉 初六 爻辭에 "서리를 밟으면 단단한 얼음이 곧 얼게 된다.〔履霜堅氷至〕"라는 말에서 온 것으로, 미세한 조짐이 있을 때 앞으로 닥칠 일을 미리 알아서 경계하고 제거해야 함을 이른다.

23) 賈充 : 217~282. 魏晉 시기의 重臣이다. 자는 公閭이며 지금의 山西省 襄汾 동북쪽에 있었던 平陽 襄陵 사람이다. 曹魏의 건국을 도왔던 賈逵(174~228)의 아들이며 西晉의 개국공신이다. 魏나라 제4대 임금 高貴鄕公 曹髦(241~260, 재위 254~260)가 당시 재상이었던 司

後에 紞等이 不知自媿하고 乃反加讒疾焉하니 觀其言於武帝者가 援據古今하여 從容近理하니 人主가 聽之에 安得不爲之動이리오 其實則誣善之巧辭요 蔽賢之邪說也라 詩人之所謂貝錦[24]者가 殆此類邪(아)인저 人主가 於此에 尤不可以不察이니이다

【臣按】 東吳를 정벌하는 전쟁을 張華가 실로 주장하였고 馮紞과 荀勗은 賈充에게 붙어서 그 논의를 저지했던 자들입니다. 동오를 평정한 뒤에 풍담 등은 스스로 부끄러워할 줄을 모르고 도리어 참소하고 질시하였습니다. 그들이 武帝에게 한 말을 보면 고금의 일을 근거로 끌어들여 유혹한 것이 이치에 가까우니, 군주가 들고서 어찌 여기에 마음이 흔들리지 않을 수 있겠습니까. 그러나 사실은 善人을 무고한 교묘한 말이었고 賢者를 가린 간사한 말이었습니다. 시인이 이른바 '조개무늬 비단〔貝錦〕'이라는 것이 아마도 이러한 종류일 것입니다. 군주가 이에 대해 더욱 자세히 살피지 않으면 안 됩니다.

23-2-가[25]

齊王攸[26]가 德望日隆하니 荀勗(순욱)[27]・馮紞(풍담)[28]・楊[29]珧(양요)[30]가 皆惡(오)

馬昭를 공격하자 군사를 이끌고 이를 맞아 싸웠는데, 敗色이 짙을 무렵 太子舍人 成濟를 독려하여 성제가 고귀향공을 시해하도록 하였다. 이 일로 司馬氏의 신임을 얻었다. 뒤에 두 딸을 司馬炎(236~290, 晉 武帝)의 아우인 司馬攸(248~283)와 차자인 司馬衷(259~307, 晉 惠帝)에게 출가시켜 사마씨와 인척을 맺으면서 더욱 현달한 지위를 갖게 되었다. 晉나라가 건립된 뒤 車騎將軍, 散騎常侍, 尙書僕射, 司空, 太尉 등을 두루 역임하였다. 魯郡公에 봉해졌다. 東吳 정벌을 반대하였으나 동오를 정벌할 때 大都督으로서 6군을 통수하였다. 사후에 太宰로 추증되었으며 시호는 武이다. 열전이 《晉書》 권40에 있다.

24) 貝錦 : 참소를 비유한다. 21-5-가 참조.

25) 《資治通鑑》 卷81 〈晉紀3 武帝 中〉 太康 3년(282) 윤4월 조에 보인다.

26) 齊王攸 : 23-1-가 '齊王' 주석 참조.

27) 荀勗 : 23-1-가 '荀勗' 주석 참조.

28) 馮紞 : 23-1-가 '馮紞' 주석 참조.

29) 楊 : 사고본에는 '揚'으로 되어 있으나, 오자이다.

30) 楊珧 : ?~291. 西晉의 산신이다. 자는 文琚이며 弘農 華陰 사람이다. 형 楊駿, 아우 楊濟와 함께 권세가 천하를 뒤흔들어서 당시에 '三楊'으로 불렸다. 晉 武帝에게 총애를 받아 尙書令, 衛將軍 등을 역임하였다. 惠帝가 즉위하자 자신의 권세가 지나쳐서 화를 입을까 두려워하여 자주 사직을 청하였다. 만년에 齊王 司馬攸를 참소하여 封國으로 돌아가도록 만들었

之러니 紞이 言於帝[31]曰 陛下가 詔諸侯之國하시니 宜從親者始라 親者가 莫如齊王이니 今獨留京師가 可乎잇가 勗이 曰 百僚內外가 皆歸心齊王하니 陛下萬歲後에 太子가 不得立矣리이다 陛下가 試詔齊王之國하시면 必擧朝가 以爲不可라하리니 則臣言이 驗矣리이다

齊王 司馬攸가 덕망이 나날이 높아가자 荀勗·馮紞·楊珧가 모두 사마유를 미워하였다.

풍담이 晉 武帝에게 말하였다.

"폐하께서 조서를 내려 제후들에게 자신의 封國으로 돌아가도록 하셨으니, 의당 가까운 친척부터 가기 시작해야 할 것입니다. 가까운 사람으로 제왕만 한 이가 없으니, 지금 제왕을 유독 京師에 남겨두는 것이 될 말입니까."

순욱이 말하였다.

"백관의 마음이 안팎으로 모두 제왕에게 쏠리고 있으니, 폐하께서 붕어하신 뒤에 태자가 즉위하지 못할 것입니다. 폐하께서 제왕에게 조서를 내려 봉국으로 가라고 해보소서. 그러면 틀림없이 온 조정이 안 된다고 할 것이니, 신의 말이 입증될 것입니다."

帝가 以爲然하여 詔以爲大司馬·都督靑州諸軍事[32]하신대 征東大將軍王渾[33]이 上書以爲 攸는 至親盛德이라 宜贊皇朝하여 與聞政事요 太子太保[34]가 闕[35]하니 宜留攸居之니이다 於是에 扶風王駿[36]·光祿大夫李憙(이희)[37]·中護軍羊

다. 형 양준과 함께 賈皇后에게 피살되었다.

31) 帝 : 23-1-가 '晉武帝' 주석 참조.

32) 詔以……軍事 : 晉 武帝 太康 3년(282) 12월 13일 甲申日의 일이다.

33) 王渾 : 223~297. 西晉의 大臣이다. 자는 玄沖이며 太原 晉陽 사람이다. 魏나라 司空 王昶의 아들이며 아들은 武帝의 사위가 되었다. 晉 武帝 咸寧 5년(279)에 장수로 東吳 정벌에 참여하여 京陵公에 봉해졌다. 征東大將軍 등을 거쳐 司徒에 올랐고, 惠帝(259~307)가 즉위한 뒤 侍中, 錄尙書事가 더해졌다. 시호는 元이다.

34) 太子太保 : 관직명이다. 西晉 때 처음으로 설치하였다. 太子太師, 太子太傅, 太子太保의 東宮三師 중 지위가 가장 낮다.

35) 闕 : 대전본·사고본에는 '缺'로 되어 있다.

36) 駿 : 司馬懿의 아들 司馬駿(233~286)으로, 서진 시기의 將領이자 藩王이다. 晉 景帝 司馬

琇(양수)[38]·侍中王濟[39]·甄德[40]이 皆切諫한대 帝竝不從하시고 帝가 命太常[41]議寵錫齊王之物하신대 博士庾旉(유부)等七人[42]이 表稱王不宜出外니이다 事過博士祭(좨)酒[43]曹志[44]하니 志가 乃奏當如博士議니이다 帝가 覽之大怒하여 免志官하고 旉等을 皆付廷尉科罪[45]하니 攸가 辭數日에 歐血薨[46]하다

師와 文帝 司馬昭의 異母弟이며 武帝 司馬炎의 숙부이다. 晉나라가 건립된 뒤 汝陰王, 扶風王에 봉해지고 鎭西大將軍, 驃騎將軍, 開府儀同三司, 都督 등을 역임하였다. 사후에 大司馬·侍中·假黃鉞에 추증되었다. 시호가 武이기 때문에 扶風武王으로 불린다.

37) 李憙 : 생몰년은 자세하지 않다. 위진 시기의 대신으로, 上黨郡 銅鞮縣 사람이다. 동한 大鴻臚 李牷의 아들이다. 西晉이 건립된 뒤 光祿大夫·特進에 임명되었고 祁侯에 봉해졌다. 사후에 太保에 추증되었다. 시호는 成이다.

38) 羊琇 : 236~282. 서진 때의 외척이자 대신으로, 泰山 南城 사람이다. 泰山 羊氏 명문가의 한 사람으로, 아버지 羊耽은 魏나라 때 太常이었다. 晉 景帝 司馬師의 景獻皇后 羊徽瑜의 사촌 아우이자 서진의 명장 羊祜의 사촌 아우이다. 中護軍으로 禁兵을 관장하였으며 무제의 총애가 두터웠다. 齊王 司馬攸를 지방으로 내보내지 말라고 간하다가 太僕으로 좌천되자 병이 나서 죽었다.

39) 王濟 : 생몰년은 자세하지 않다. 서진 때의 대신으로, 太原 晉陽 사람이다. 司徒 王渾의 아들이자 晉 文帝의 사위이다. 駙馬都尉에 제수되었으며, 驍騎將軍, 侍中을 역임하였다. 활쏘기와 말타기를 좋아하였으며 용력이 뛰어났다. 文詞에도 뛰어나 당시에 和嶠·裴楷와 이름을 나란히 하였다. 사후에 驃騎將軍에 추증되었다.

40) 甄德 : 생몰년은 자세하지 않다. 위진 시기의 대신으로 西平 사람이다. 晉 武帝의 누나 京兆公主의 남편이다. 본래 성은 郭氏로 魏 明帝 曹叡의 明元郭皇后의 사촌 아우였으나 뒤에 甄氏에게 양자로 들어갔다. 명제 사후 曹芳이 즉위하자 司馬師가 郭太后에게 영합하여 자기 딸을 견덕에게 시집보내었으나 일찍 죽자 다시 司馬昭의 딸을 견덕에게 시집보내어 사마씨와 인척을 맺었다. 晉나라가 건립된 뒤 宗正, 侍中, 大鴻臚 등을 역임하였고 사후에 中軍大將軍에 추증되었다. 시호는 恭公이다.

41) 太常 : 관직명이자 기구 이름이다. 주로 종묘와 조정의 제사 의식, 능침과 陵邑의 행정, 문화 교육과 박사의 선발 등을 담당하였다.

42) 博士庾旉等七人 : 博士 庾旉, 太叔廣, 劉暾(유돈), 繆蔚(목울), 郭頤, 秦秀, 傅珍 등 7인이다.

43) 博士祭酒 : 관직명이다. 博士의 우두머리로, 太常에 속하였다. 魏나라 때 太學博士祭酒로 명칭을 바꾸어 國子學의 長으로 삼았으며 晉나라 이후로는 國子祭酒라고 칭하였다.

44) 曹志 : ?~283. 魏晉 시기의 관리이다. 曹植의 서자로, 조식의 장자가 일찍 죽자 후사가 되어 濟北王을 계승하였다. 晉나라가 건립된 뒤에 鄄城縣公이 되었고, 樂平太守, 散騎常侍 兼 國子博士, 博士祭酒 등을 역임하였다. 晉 武帝가 아우 司馬攸를 封國으로 보낼 때 상소하여 간하다가 免官되었다. 뒤에 다시 散騎常侍가 되었다. 시호는 定이다.

晉 武帝가 이들의 말을 옳게 여겨서 조서를 내려 〈齊王 司馬攸를〉 大司馬·都督靑州諸軍事에 임명하자, 征東大將軍 王渾이 상서하여 다음과 같이 말하였다. "사마유는 지친으로 덕망이 높으니 조정을 도와 정사에 참여하도록 해야 합니다. 太子太保의 자리가 비어 있으니 사마유를 경사에 머무르게 하여 이 자리에 앉혀야 할 것입니다."

그리하여 扶風王 司馬駿, 光祿大夫 李憙, 中護軍 羊琇, 侍中 王濟와 甄德이 모두 극구 간하였는데, 무제가 이들의 간언을 모두 따르지 않았다.

무제가 太常에 명을 내려 제왕에게 은사로 내릴 물건을 의론하게 하자, 박사 庾旉 등 일곱 사람이 표문을 올려 "왕은 지방으로 내보내서는 안 됩니다."라고 하였다. 사안이 博士祭酒 曹志를 거치게 되자 조지가 "마땅히 박사들의 논의와 같이 해야 합니다."라고 상주하였다. 무제가 이 상소를 보고 크게 노하여 조지의 관직을 파면하고 유부 등을 모두 廷尉에게 회부하여 죄목을 정하게 하였다. 사마유가 하직하고 도성을 떠난 지 수일 만에 피를 토하고 죽었다.

初에 **帝**가 **愛攸甚篤**이러시니 **爲荀·馮等所構**하여 **欲爲身後之慮**라 **故出之**[47)]러시니 **及薨**에 **帝**가 **哀慟不已**어시늘 **馮紞**이 **侍側曰 齊王**이 **名過其實**하고 **天下**가 **歸之**러니 **今自薨殞**하니 **社稷之福也**라 **陛下**가 **何哀之過**잇고 **帝**가 **收淚而止**하시다

처음에 武帝는 司馬攸를 끔찍히 사랑하였는데, 荀勖과 馮紞 등의 모함에 넘어가서 자신이 죽은 뒤 태자의 즉위에 대한 계책을 세우고자 하였기 때문에 사마유

---

45) 帝命……科罪 : 晉 武帝 太康 4년(283) 1월의 일이다. 무제가 庾旉 등의 사건을 廷尉에게 내리자, 정위 劉頌이 유부 등의 죄는 大不敬에 해당하니 棄市刑에 처해야 한다고 아뢰었다. 이에 대신들 사이에 찬반 의견이 팽팽히 맞서자 무제는 7일 뒤에 조서를 내려, 유부는 의론의 당사자이니 효수하고 나머지 태숙광 등은 모두 除名하라고 하였다.

46) 攸辭數日歐血薨 : 진 무제 태강 4년(283) 4월의 일이다. 齊王 司馬攸는 무제의 조서를 받고 분노와 원한으로 병이 나자 母后의 능을 지키게 해달라고 청하였으나 무제는 윤허하지 않고 어의를 보내 진찰하게 하였다. 어의가 돌아와 무제의 의중을 헤아려 사마유가 병이 나지 않았다고 보고하자 무제는 사마유를 더욱 의심하여 속히 封國으로 가도록 재촉하였다. 결국 사마유가 병이 깊은 상태로 도성을 떠난 지 수일 만에 죽자 무제는 뒤늦게 어의가 거짓말한 것을 알고 어의를 죽였다.

47) 爲荀……出之 : 23-1-가 참조.

를 지방으로 내보냈던 것이다. 사마유가 죽자 무제가 애통해 마지않았는데, 풍담이 옆에서 모시고 있다가 말하였다.

"齊王(사마유)은 명성이 그 실제를 넘고 천하 사람들이 마음으로 따랐던 자입니다. 지금 자연스럽게 운명하였으니 이것은 社稷의 복입니다. 폐하께서는 어찌하여 그리 지나치게 슬퍼하십니까."

무제가 눈물을 거두고 슬퍼하기를 그쳤다.

23-2-나(按)

臣은 按 武帝之於齊王攸에 蓋嘗受太后[48]遺命하여 俾友愛之[49]어시늘 以介弟之親·太母之命而搖於荀勗[50]·馮紞之一言은 何也오 蓋其爲說에 曰 百僚內外가 皆歸心齊王하니 陛下萬歲後에 太子가 不得立矣라하니 斯言이 一入에 武帝友愛之心이 於是轉爲猜(시)忍[51]하니 臣下가 雖百喙나 其能解乎아 又其說에 曰 陛下가 試詔齊王之國하시면 必擧朝가 以爲不可則臣言이 驗矣而詔命이 旣出에 擧朝가 果爭하니 是乃益帝之疑而實二人之說也라

【臣按】武帝는 齊王 司馬攸에 대해 일찍이 태후로부터 형제간에 우애하라는 遺命을 받았었는데, 아우라는 지친의 관계일 뿐 아니라 자기 어머니의 명을 받고서도 荀勗과 馮紞의 한마디 말에 흔들렸던 것은 무엇 때문이겠습니까.

48) 太后 : 晉 文帝 司馬昭의 비이자 武帝 司馬炎과 齊王 司馬攸의 생모인 王元姬(217~268)를 이른다. 東海 郯縣 사람이다. 魏나라 경학가인 王朗의 손녀이자 王肅의 딸이다. 泰始 원년(265)에 西晉이 건립된 뒤 황태후가 되었다. 시호는 文明皇后이다. 사후에 司馬昭와 함께 崇陽陵에 합장되었다.

49) 武帝……愛之 : 사마유는 사마소가 자신이 앉은 자리를 어루만지며 "이 자리는 도부(사마유)의 자리이다.〔此桃符座也〕"라고 말할 정도로 사마소에게 매우 사랑을 받았으며, 사마소가 임종 시에는 또 曹조의 아우 曹植의 일을 언급하며 직접 사마유의 손을 잡아 무제에게 주기도 하였다. 태후 역시 임종 시에 눈물을 흘리며 "도부는 성질이 급한데 너는 형이 되어 자애롭게 대해주지 않으니, 내가 만약 일어나지 못한다면 네가 필시 용납하지 못할까 걱정된다. 이 때문에 너에게 부탁하니 나의 말을 잊지 말라.〔桃符性急 而汝爲兄不慈 我若不起 必恐汝不能相容 以是屬汝 勿忘我言〕"라고 하여 무제에게 우애를 부탁한 일이 있다.《資治通鑑 卷80 晉紀2 武帝 上之下 咸寧 2年》

50) 勗 : 대전본에는 '勉'으로 되어 있으나, 北宋 神宗 趙頊(조욱)을 피휘한 것이다.

51) 忍 : 대전본에는 '忌'로 되어 있다.

그들의 말에 "백관이 안팎으로 모두 제왕을 마음으로 따르고 있으니, 폐하께서 붕어하신 뒤에 태자가 즉위하지 못할 것입니다."라고 하였는데, 이 말이 한번 들어가자 무제의 우애하는 마음이 이에 의심으로 변하게 된 것입니다. 신하들이 백 번 호소하더라도 이 의심을 풀 수 있었겠습니까.

또 그들의 말에 "폐하께서 제왕에게 조서를 내려 封國으로 가라고 해보시면 틀림없이 온 조정이 안 된다고 할 것이니, 신의 말이 입증될 것입니다."라고 하였는데, 詔命이 내려지자 온 조정이 과연 간하였습니다. 이것은 바로 무제의 의심을 더하게 한 것이었고 두 사람의 말을 입증한 것이었습니다.

讒邪之徒가 巧爲鉗(겸)鍵하여 以固主意하며 豫設機穽(정)하여 以待人言이 大抵如此하니 原晉之亡컨대 由惠帝가 以昏庸主器하고 賈后가 以凶險作配故也而二人이 實主之[52)]하고 親賢이 莫如齊王攸요 忠勳이 莫如張華而二人이 實傾之하니 故史臣이 譏其援朱・均[53)]以貳極하며 煽褒(포)・閻[54)]而偶震은 勗[55)]之力也요 斃攸安賈①하며 交勗[56)]讎

52) 惠帝……主之 : 18-15-가 참조.

53) 朱均 : 堯임금의 아들 丹朱와 舜임금의 아들 商均으로, 不肖한 자식을 비유한다. 여기에서는 어리석은 태자 司馬衷을 가리킨다. 司馬攸는 평소 荀勗과 馮紞을 아첨한다고 미워하였는데, 무제의 아버지 司馬昭가 사마유를 총애하여 帝位를 사마유에게 넘길 뜻을 비치자, 순욱이 풍담을 시켜 武帝에게 "폐하께서는 전일에 위중하여 낫지 못할 듯하였습니다. 제왕(사마유)은 공경과 백성들이 귀부하는 사람이니 태자(司馬衷, 훗날의 惠帝)가 비록 제위를 사양하고자 하더라도 화를 면할 수 있겠습니까. 제왕을 보내 藩國으로 돌아가게 해서 사직을 안정시켜야 할 것입니다.〔陛下前日疾若不愈 齊王爲公卿百姓所歸 太子雖欲高讓 其得免乎 宜遣還藩 以安社稷〕"라고 말하게 하였다. 무제는 이 말을 받아들여, 태자와 사마유 중 덕이 있는 사람을 세워야 한다고 말한 하남윤 夏侯和를 면직시키고 사마유의 장인인 賈充의 병권을 빼앗았다.《資治通鑑 卷80 晉紀2 武帝 上之下 咸寧 2年》

54) 褒閻 : 褒姒와 閻妻로, 나라를 망하게 만든 아름다운 부인을 이른다. 여기에서는 투기하고 참소했던 晉 惠帝의 황후인 賈皇后를 가리킨다. 포사는 周 幽王이 褒나라를 정벌하자 포나라에서 바친 여자이다. 유왕이 매우 총애하여 왕후인 申后와 태자 宜臼를 폐하고 포사를 왕후로, 포사의 아들 伯服을 태자로 삼았다. 또한 포사가 웃게 하기 위해 외적의 침입이 없는데도 거짓으로 봉화를 올리곤 하였는데, 뒤에 申后의 친정아버지인 申侯가 犬戎과 연합하여 주나라를 공격했을 때 아무도 달려오는 제후가 없어 유왕은 피살되고 西周는 망하였다. '閻妻'는 아름다운 아내를 이른다. 이와 관련하여《시경》〈小雅 正月〉에 "찬란한 주나라를 포사가 멸망시키리라.〔赫赫宗周 褒姒滅之〕",《시경》〈小雅 十月之交〉에 "우씨가 사씨가 되었거늘 염처가 화를 일으키며 자리를 차지하고 그대로 있도다.〔楀維師氏 豔妻煽方處〕"라는 내용

張하여 心滔楚費②하고 過踰晉伍③57)는 紞之罪焉58)이라하니 可謂略盡二人之情實矣라 故併著之59)하노이다

① 賈 : 謂賈充60)也.
賈充을 이른다.
② 楚費 : 無極61)也.
楚나라의 費無極이다.
③ 晉伍 : 二五62)也.
梁五와 東關嬖五이다.

참소하는 간사한 무리가 계략을 꾸미는 것이 뛰어나서 군주의 뜻을 굳히며, 미리 덫을 놓고 함정을 파고서 사람들의 말을 기다리는 것이 대체로 이와 같습니다. 晉나라가 망한 원인을 따져보면, 惠帝가 어리석은 자질로 군주의 자리를 차지하고 賈皇后가 악랄한 성품으로 배필이 되었기 때문이지만 荀勗과 馮紞 두 사람이 실로 이를 주관했으며, 가깝고 어진 사람으로는 齊王 司馬攸만 한 사람이 없었고 충성스럽고 공훈이 있는 사람으로는 張華만 한 이가 없었는데 순욱과 풍담 두 사람이 실로 이들을 무너뜨렸기 때문입니다.

이 때문에 史臣이 비판하기를, 어리석은 태자를 끌어들여 후계자로서의 지위를 공고히 만들어주고 나라를 망칠 여자를 추천하여 태자의 배필이 되게 한 것은 순욱의 힘이었으며, 사마유를 죽게 만들고 賈充의 지위를 안정시키며 순욱과 교분

이 보인다. '閻'과 '豔'은 통용한다.

55) 勗 : 대전본에는 '勉'으로 되어 있으나, 北宋 神宗 趙頊을 피휘한 것이다.

56) 勗 : 대전본에는 '勉'으로 되어 있으나, 北宋 神宗 趙頊을 피휘한 것이다.

57) 伍 : 사고본에는 '五'로 되어 있다. 《欽定四庫全書考證》에 따르면 '伍'는 오자이다.

58) 史臣……罪焉 : 《晉書》 권39 〈馮紞列傳〉 말미의 史臣의 평에 보인다.

59) 之 : 대전본·사고본에는 '云'으로 되어 있다.

60) 賈充 : 23-1-나(按) '賈充' 주석 참조.

61) 無極 : 춘추시대 楚나라의 대부인 費無極(?~기원전 515)을 이른다. 費無忌라고도 한다. 楚 平王 2년(기원전 527)에 명을 받고 秦나라에 가서 태자 建의 신붓감을 데리고 돌아와 평왕에게 직접 아내로 맞이하라고 권하고, 뒤에 태자 건을 참소하여 태자가 宋나라로 달아나도록 만들었다. 22-3-가 참조.

62) 二五 : 춘추시대 晉 獻公 때의 外嬖인 梁五와 東關嬖五를 이른다. 驪姬를 도와 태자 申生을 참소하여 헌공이 신생을 폐하고 여희의 아들 奚齊를 태자로 세우도록 하였다. 21-7-가1 참조.

을 맺고 장화를 원수로 대적함으로써 그 마음이 楚나라의 讒臣 費無極을 넘어서고 그 잘못이 晉나라의 讒臣 梁五와 東關嬖五를 뛰어넘었던 것은 풍담의 죄라고 하였던 것입니다. 이것은 두 사람의 실정을 거의 남김없이 기술하였다고 이를 만하기에 함께 수록합니다.

23-3-가[63)]

晉惠帝愍懷太子遹(휼)[①64)]이 **非賈后**[65)]**所生**[②]이라 **后母郭氏**[66)]가 **常勸后慈愛太子**호대 **后**가 **不從**하고 **更與賈午**[67)]**等謀害之**러니 **又侍中賈謐**(가밀)[68)]이 **驕貴**[③]어늘 **太子**가 **性剛**하여 **不能假借之**하니 **謐**이 **譖於后曰 太子**가 **多蓄私財**하여

---

63)《資治通鑑》卷83〈晉紀5 惠帝 上之下〉元康 9년(299) 11월, 12월 조에 보인다.

64) 愍懷太子遹 : 司馬遹(278~300)로, '민회'는 시호이다. 晉 惠帝의 태자이다. 자는 熙祖이며 어렸을 때의 이름은 沙門이다. 武帝 때 廣陵王에 봉해졌다. 학문을 좋아하지 않고 성정이 포악한 데다 사치와 무술을 좋아하자 혜제 사후에 자신의 안위를 걱정한 賈皇后(賈南風)에 의해 모반의 혐의로 廢庶人되고 얼마 뒤에 독약을 거부하다가 맞아죽었다. 가황후가 죽은 뒤 태자로 복권되었다.

65) 賈后 : 賈南風(257~300)이다. 平陽 襄陵 사람이다. 西晉 惠帝의 황후이자 權臣 賈充의 딸이다. 武帝 泰始 8년(272)에 태자비가 되었고, 혜제가 즉위하자 황후가 되었다. 荒淫放恣하고 포악하였다. 태후(武元皇后)의 아버지 楊駿(?~291)이 정사를 보좌하였는데 혜제 永平 원년(291)에 楚王 司馬瑋(271~291)를 시켜 살해하였고, 汝南王 司馬亮(?~291)을 太宰로 임명하였다가 사마위를 시켜 살해하였다. 얼마 뒤에 사마위를 '제멋대로 죽였다〔擅殺〕'는 죄명을 씌워 죽였다. 또 愍懷太子 司馬遹을 죽임으로써 八王의 亂을 야기하였다. 뒤에 趙王 司馬倫(?~301)에게 피살되었다.

66) 后母郭氏 : 廣城君 郭槐(237~296)이다. 서진의 대신 賈充의 繼室로, 太原 陽曲 사람이다. 2남 2녀를 낳았다. 장녀 賈南風은 晉 惠帝의 황후가 되었고, 차녀는 賈午이며, 아들 賈黎民은 3세에, 다른 아들은 돌이 되기 전에 죽었다. 賈謐을 가여민의 후사로 삼았다.

67) 賈午 : 260~300. 서진 초기의 權臣 賈充의 딸이자 惠帝의 황후 賈南風의 同母妹이다. 趙王 司馬倫이 집정할 때 아들 賈謐과 함께 피살되었다.

68) 賈謐 : ?~300. 賈充의 외손자이자 賈午의 아들로, 원래는 韓氏였으나 뒤에 가충의 아들 賈黎民의 후사가 되면서 賈氏가 되었다. 散騎常侍, 秘書監, 侍中 등을 역임하였다. 권세가 크고 사치가 지나쳐서 그와 교유한 石崇·歐陽建 등이 二十四友로 불리게 되었다. 문학에 재능이 있어 서한의 賈誼와 비견되었다. 賈皇后와 함께 태자를 모함하였으며 趙王 司馬倫에게 피살되었다.

以結小人者는 爲賈氏[69]也니 不如早圖之하고 更立慈順者면 可以自安이라한대 后가 納其言하여 乃宣揚太子之短하여 布於遠近이러니

① 愍懷太子遹：愍懷，諡也.
'愍懷'는 시호이다.
② 非賈后所生：母曰謝氏[70].
민회태자의 어머니는 謝氏이다.
③ 更與……驕貴：午・謐皆后戚也.
賈午와 賈謐은 모두 賈皇后의 친족이다.

晉 惠帝의 愍懷太子 司馬遹은 賈皇后의 소생이 아니었다. 황후의 어머니 郭氏가 늘 황후에게 태자를 사랑할 것을 권하였으나 황후가 이 말을 따르지 않고 다시 賈午 등과 함께 태자를 해칠 것을 모의하였다. 또 侍中 賈謐이 교만하고 신분이 높았는데 태자가 성격이 강하여 너그럽게 포용해주지 못하자 가밀이 황후에게 다음과 같이 참소하였다.

"태자가 私財를 많이 축적하여 소인들과 결탁하는 것은 우리 賈氏 때문이니, 일찌감치 태자를 도모하여 제거하고 다시 유순한 사람을 태자로 세우면 저절로 안정될 수 있는 것만 못합니다."

황후가 그 말을 받아들여 태자의 부족한 점을 들추어서 원근에 퍼뜨렸다.

太子長子[71]가 病이어늘 太子가 爲禱祀求福한대 后가 聞之하고 乃詐稱帝不豫하여

---

69) 氏：대전본에는 '后'로 되어 있다.

70) 謝氏：'氏'가 대전본・사고본에는 '妃'로 되어 있다. 사씨는 謝玖(269~300)이다. 晉 惠帝 司馬衷의 姬妾이자 愍懷太子 司馬遹의 어머니이다. 사마충이 賈南風을 태자비로 맞기 전에 사씨에게서 사마휼을 낳았다. 290년에 사마충이 즉위하자 아들 사마휼은 태자가 되었고, 惠帝 元康 5년(295)에는 才人에서 淑媛이 되었다. 원강 9년(299)에 賈皇后에 의해 모반을 도모한다는 죄명으로 동년 12월에 체포되어 이듬해에 杖殺되었다. 가황후 사후 혜제의 詔命으로 아들 사마휼과 함께 顯平陵에 합장되고 夫人에 추증되었다.

71) 太子長子：司馬彪(사마반, ?~300)이다. 晉 惠帝 司馬衷의 손자이자 愍懷太子 司馬遹(사마휼)의 장자이다. 아버지 사마휼이 賈皇后의 계략에 빠져 廢庶人 된 뒤에 생모 및 두 아우와 함께 金鏞城에 갇혔다가 惠帝 永康 원년(300) 1월 14일 丙子日에 죽었다. 동년 4월에 사마휼의 작위와 봉호가 복권되면서 南陽王에 추봉되었다.

召太子入宮하여 旣至에 后가 不見하고 置于別室하고 遣婢陳舞하여 以帝命賜太子酒三升하여 使盡飮之한대 太子가 辭不能이어늘 舞가 逼之[72]한대 强飮至盡[73]하여 遂大醉어늘 后가 使黃門侍郎[74]潘岳[75]으로 作書草하여 令小婢陳福으로 以紙筆及草로 稱詔使書之[①]한대 太子가 醉迷不覺하여 遂依而寫之하니 其字가 半不成이어늘 后가 補成之하여 以呈帝[76]한대

① 后使……書之 : 其詞皆凶逆, 今不錄.[77]
그 내용이 모두 흉악하고 패역스러워 여기에 수록하지 않는다.

愍懷太子의 장자가 병이 위독해지자 태자가 장자를 위해 기원하는 제사를 지내

72) 舞逼之 : 시녀 陳舞는 "불효자이십니다! 황상께서 당신에게 술을 내리셨는데 마시지 않으시니, 술 안에 나쁜 것이라도 들었단 말입니까.〔不孝邪 天賜汝酒而不飮 酒中有惡物邪〕"라고 말하여 태자에게 술을 마실 것을 강요하였다.

73) 强飮至盡 : 태자는 陳舞에게 두 되는 마실 수 있지만 나머지 한 되는 동궁으로 가지고 가서 마저 마시겠다고 하였다. 그러나 강요가 계속되자 태자는 부득이 다시 한 되를 더 마셨고 결국 大醉하여 인사불성이 되고 말았다.《晉書 卷53 愍懷太子列傳》

74) 黃門侍郎 : 관직명이다. 위진남북조 시대에 기밀 문건을 관장하고 황제의 자문에 응하였다.

75) 潘岳 : 247~300. 서진의 저명한 문학가이다. 자는 安仁이며, 滎陽 中牟 사람이다. 아름다웠을 뿐 아니라 젊을 때부터 문학적 재능으로 유명하여, 외출했다가 돌아올 때면 타고 간 수레가 부녀자들이 던진 과일로 가득하였다고 하며 시를 잘 지어서 陸機와 병칭되었다. 30여 세 때 河陽令이 되었는데 온 고을에 복숭아와 오얏 꽃을 심어 '河陽一縣花'의 전고가 생겨났다. 賈謐을 섬겨 石崇·陸機·劉琨·左思 등의 賈謐二十四友 중 으뜸이 되었다. 趙王 司馬倫이 집정할 때 孫秀의 무고를 받아 모반죄로 주살되었다.

76) 太子長子……呈帝 : 惠帝 元康 9년(299) 12월 조에 보인다.

77) 其詞……不錄 : 賈皇后가 潘岳에게 글을 짓도록 한 뒤 태자에게 이를 베껴 쓰게 한 내용은 다음과 같다. "폐하께서는 자진하셔야 할 것이니 자진하지 않으시면 제가 들어가서 끝낼 것입니다. 중궁께서도 속히 자진하셔야 할 것이니 자진하지 않으시면 제가 직접 끝낼 것입니다. 그리고 謝妃(태자의 생모)와 함께 언약하였습니다. 날을 잡아 황궁 안팎에서 거사를 일으킬 것이니 의심하고 주저하여 후환을 초래하지 마소서. 일월성신 아래에서 희생의 털과 피로 맹세하였으니, 하늘이 환난과 해악을 제거하라고 허락하였습니다. 道文(사마반의 아명)을 왕으로 세우고 蔣氏(사마반의 생모)를 황후로 삼을 것입니다. 이 소원이 이루어지면 세 희생으로 北帝에게 제사 지낼 것입니다.〔陛下宜自了 不自了 吾當入了之 中宮又宜速自了 不自了 吾當手了之 並與謝妃共要 刻期兩發 勿疑猶豫 以致後患 茹毛飮血於三辰之下 皇天許當掃除患害 立道文爲王 蔣氏爲內主 願成 當以三牲祠北君〕"

복을 빌었다. 賈皇后가 이 소식을 듣고 마침내 황제가 몸이 좋지 않다고 거짓으로 말하여 태자를 불러 궁에 들어오도록 하였다.

태자가 도착하자 황후는 태자를 만나지 않고 별실에 머물게 한 뒤에 시녀 陳舞를 보내 황제의 명으로 태자에게 술 석 되를 하사하고 이를 다 마시게 하였다. 태자가 석 되를 다 마실 수 없다고 사양하자 진무가 강요하였다. 태자가 억지로 이를 다 마셔서 마침내 크게 취하자, 황후가 黃門侍郎 潘岳으로 하여금 글의 초안을 짓게 한 뒤에 어린 시녀 陳福을 시켜 종이와 붓, 초안을 가지고 황제의 詔命을 칭탁하여 태자로 하여금 이를 베껴 쓰게 하였다. 태자가 취하여서 혼미한 가운데 이를 깨닫지 못하고 마침내 반악의 초안을 그대로 베껴 썼다. 그 베껴 쓴 글자가 반은 형태를 이루지 못하자 황후가 이를 보충해 완성하여 惠帝에게 올렸다.

帝가 **幸式乾殿**[78)]하여 **召公卿入**하여 **以太子書示之曰 遹**(휼)**書**가 **如此**하니 **今賜死**라하고 **徧示諸王公**[79)]하니 **莫有言者**어늘 **張華**가 **曰 此**가 **國之大禍**라 **自古以來**로 **常因廢黜正嫡**하여 **以致喪亂**하나니 **願陛下**는 **詳之**하소서 **裴頠**(배외)[80)]가 **以爲 宜先檢校**[81)]**傳書者**라하고 **又請比校**[82)]**太子手書**하소서 **不然**이면 **恐有詐妄**이라한대 **賈后**가 **乃出太子啓事十餘紙**하니 **衆人**이 **旣視**에 **亦無敢言非者**러라 **議至日西不決**이러니 **后**가 **見華等意堅**하고 **懼事變**하여 **乃表免太子爲庶人**한대 **詔許之**[83)]러시니 **尋殺之**[84)]하다

---

78) 式乾殿 : 胡三省의 주에 따르면 황후궁이다. '式乾'은, 坤은 母이고 乾은 父이니, 황후가 천하의 어머니가 되어 乾, 즉 남편을 법식으로 삼는다는 말이다.《資治通鑑 卷75 魏紀7 邵陵厲公 中 胡三省音註》

79) 王公 :《資治通鑑》胡三省 注에 따르면, 司馬氏 종실의 王으로 조정에서 三公이나 재상의 직위를 가진 사람을 이른다.

80) 裴頠 : 267~300. 서진의 대신이자 철학가이다. 河東 聞喜 사람이며, 司空 裴秀의 아들이다. 박학다식하였으며, 散騎常侍, 國子祭酒 兼 右軍將軍, 尙書左僕射, 侍中 등을 역임하였다. 賈皇后와 인척 관계가 있음에도 愍懷太子를 보호하였다. 趙王 司馬倫과 평소 반목하여 사마륜이 賈氏를 주일 때 함께 피살되었다. 저술에 〈崇有論〉이 있는데,《晉書》本傳에 전문이 실려 있다. 시호는 成이다.

81) 檢校 : 사고본에는 '簡較'로 되어 있다.

82) 校 : 사고본에는 '較'로 되어 있다.

惠帝가 式乾殿에 거둥하여 公卿들을 불러 들어오게 해서 태자가 쓴 글을 보여주고 "遹의 글이 이와 같으니 이제 죽음을 내리겠다."라고 하였다. 그리고 여러 왕공에게 두루 보여주자 아무도 말하는 사람이 없었는데, 張華가 다음과 같이 말하였다.

"이것은 나라의 큰 화입니다. 예로부터 항상 적자를 폐함으로 인해 喪亂에 이르게 되었으니, 바라건대 폐하께서는 자세히 살피소서."

裴頠가 그 글을 전한 자를 먼저 조사하여 대질시켜야 한다고 말하고, 또 청하기를 "태자의 친필과 비교해보소서. 그렇게 하지 않으면 기망이 있을 수 있습니다."라고 하였다. 賈皇后가 이에 태자의 上奏文 10여 장을 꺼내놓자 사람들이 보고난 뒤에 또한 감히 아니라고 말하는 자가 없었다.

논의가 날이 저물도록 결론이 나지 않자 황후가 장화 등의 뜻이 견고함을 보고 일이 틀어질까 두려워 마침내 표문을 올려 태자를 폐하여 庶人으로 삼도록 청하였다. 혜제가 조서를 내려 이를 윤허하였는데, 얼마 지나지 않아 가황후가 태자를 죽였다.

23-3-나(按)

臣은 按 賈謐之譖太子於后也에 后가 信之호대 以其未有可廢之罪라 故爲不臣之語하여 强使醉而書之나 然其迹甚明하고 其情易(이)察이라 孰有臣子가 將爲逆於君親而敢露其手書乎리오 藉使誠有此書나 不知何所從得고 太子가 自發之邪(야)아 抑它[85]人發之也아 惠帝가 昏庸하여 旣莫之辨하고 大臣惟裴頠(배외)所請이 粗得其要호대 而亦未能深辨其妄也하여 遂使儲君被誣하여 莫能自白하여 卒寃以死[86]하니 豈不哀哉리오 夫事之可驗이 莫如手書로되 而亦有不可盡據者하니 此類가 是也라

---

83) 帝幸……許之 : 惠帝 元康 9년(299) 12월 30일 壬戌日 조에 보인다.

84) 尋殺之 : 惠帝 永康 원년(300) 1월 14일 丙子日의 일이다.

85) 它 : 사고본에는 '他'로 되어 있다.

86) 卒寃以死 : 愍懷太子가 賈皇后의 모함으로 폐위되기 전에 당시 불렸던 洛陽의 동요 중에 다음과 같은 노래가 있었다고 한다. "남풍이 불어와서 백사를 날리도다. 멀리 노국을 바라보니 높은 산 근심스러워라. 천 년의 해골에 치아가 생기도다.〔南風起兮吹白沙 遙望魯國鬱嵯峨 千歲髑髏生齒牙〕" '南風'은 가황후의 이름이며, '白沙'는 민회태자를 비유하는데 민회태자의 어렸을 적 字가 '沙門'이다.《晉書 卷53 愍懷太子列傳》

【臣按】賈謐이 황후에게 태자를 참소했을 때 황후가 이를 믿었으나 아직 폐위할 만한 죄가 있지 않았습니다. 이 때문에 신하로서 해서는 안 될 말을 지어서 태자를 억지로 취하게 한 뒤 이를 베껴 쓰게 하였습니다. 그러나 그 자취는 매우 분명하고 그 실정은 살피기가 쉬웠습니다. 신하이자 자식으로 그 누가 군주이자 어버이에게 앞으로 逆亂을 일으키려고 하면서 감히 직접 쓰는 글에 그 뜻을 드러내겠습니까.

설령 참으로 이러한 글이 있다 할지라도 어느 곳에서 얻었는지 알지 못하니 말해 무엇하겠습니까. 태자가 스스로 내놓은 것입니까, 아니면 다른 사람이 내놓은 것입니까? 惠帝는 어리석어서 이미 그것을 제대로 분변할 수 없었고, 오직 대신 裴頠가 청한 것만이 그런대로 요점을 얻었으나 또한 그 거짓을 깊이 분변하지 못함으로써 마침내 儲君(태자)으로 하여금 무고를 당하고서 스스로 결백을 밝히지 못하여 끝내 원통하게 죽게 만들었으니 어찌 애통하지 않겠습니까.

무릇 일은 징험할 수 있는 것이 직접 쓴 글만 한 것이 없으나, 또한 모두 다 근거로 삼을 수는 없는 경우도 있으니 바로 이와 같은 유입니다.

本朝慶曆中에 石介[87]가 作聖德詩하여 譽富弼[88]而譏夏竦(하송)[89]한대 竦이 怨之切

---

87) 石介 : 1005~1045. 북송 초기의 사상가이자 理學의 선구자이다. 자는 守道이며 兗州 奉符 사람이다. 일찍이 泰山書院과 徂徠書院을 설립하고 《易》과 《春秋》를 가르쳐서 徂徠先生으로 불린다. 泰山學派의 창시자이며 정자와 주자에게 많은 영향을 미쳤다. 宋 仁宗 慶曆 연간에 太子中允으로 발탁되었다. 宋 仁宗 경력 5년(1045)에 붕당을 지었다는 무고를 받아 濮州通判에 임명되었으나 부임하지 못하고 病死하였다. 道統과 文統의 합일설을 주장하고 老佛과 騈文을 반대하였다. 《徂徠集》이 있다.

88) 富弼 : 1004~1083. 북송의 명재상이다. 자는 彦國이며 洛陽 사람이다. 경력 3년(1043)에 樞密使가 되어 范仲淹 등과 함께 慶曆新政을 시행하였다. 인종 至和 2년(1055)에는 中書門下平章事가 되었다. 神宗 때 王安石의 變法에 반대하다 判亳州로 쫓겨났으나 青苗法을 시행하지 않아 탄핵당하였다. 洛陽에 물러나 살면서도 계속해서 新法 폐지를 청하였다. 《富鄭公詩集》이 있다. 시호는 文忠이다.

89) 本朝……夏竦 : '聖德詩'는 宋 仁宗 慶曆 3년(1043)에 國子監直講 石介가 지은 〈慶曆聖德頌〉을 이른다. 〈慶曆聖德詩〉라고도 한다. 모두 960자이다. 석개의 문집인 《徂徠集》에는 실려 있지 않고 《宋文鑑》 권74, 《古今事文類聚別集》 권8 〈文章部 頌 慶曆聖德頌〉 등에 수록되어 있다. 경력 3년에 晏殊를 同平章事 兼 樞密使에, 韓琦와 富弼을 樞密副使에, 杜衍을 樞密使에, 范仲淹을 參知政事에 임명하고, 夏竦을 동년 3월에 樞密使에 임명하였다가 하송이 동년

骨하여 則使婢習爲介書하여 既成則僞作介與富弼書하여 勸其廢立하여 播之朝野하니 二臣者가 非遇仁祖之聖이면 其得免乎[90]아 英宗이 踐位에 有惡(오)三司使[91]蔡襄[92]

4월에 경사에 왔을 때 諫官 歐陽脩의 간언을 받아들여 하송을 파직하고 本鎭으로 돌려보내자, 석개가 이 시를 지어 신하들을 노래한 것이다.

그 가운데 "오직 범중엄과 부필이 기이며 설이라오.〔維仲淹弼 一夔一契〕", "뭇 현자들 등용함은 띠풀처럼 한꺼번에 발탁한 것이요, 큰 奸人을 제거함은 며느리발톱을 뽑아버린 듯 가차 없도다.〔衆賢之進 如茅斯拔 大奸之去 如距斯脫〕"라는 구절이 있는데, 석개가 범중엄과 부필 등은 賢臣으로 찬미하고 하송은 姦臣으로 기롱한 것이다. 이로 인해 하송은 석개에 대해 원한을 갖게 되었다. 夔(기)는 舜임금 때의 樂官이며 契(설)은 堯임금 때의 司徒로, 여기에서는 모두 賢臣을 비유한다.

夏竦(985~1051)은 송나라 江州 德安 사람이다. 眞宗 景德 4년(1007)에 賢良方正科로 발탁되었으며, 이후 知制誥, 樞密副使, 參知政事, 樞密使 등을 역임하였다. 재능이 있었으나 권모술수에 능하고 탐욕스러웠다. 저서에 《文莊集》, 《古文四聲韻》이 있다. 시호는 文莊이다.

90) 竦怨……免乎 : 宋 仁宗 慶曆 4년(1044)의 일이다. 石介는 이전에 富弼에게 '伊尹과 周公의 일을 행하라〔行伊周之事〕'는 내용의 글을 보낸 적이 있는데, 夏竦이 이를 위조하여 '伊周'를 '伊霍'으로 고쳐 '伊尹과 霍光의 일을 행하라.'는 내용으로 만들고, 또 석개가 부필을 위하여 황제의 폐립을 논하는 초안을 위조하여 范仲淹을 위시한 개혁파가 仁宗을 폐하고 새로운 군주를 세우자고 논의하는 것과 같이 만들었다. 仁宗은 이를 믿지는 않았으나, 범중엄과 부필은 편안히 여기지 못하고 두려워하여 자발적으로 외직을 청하여 나가 범중엄은 동년 6월에 陝西・河東宣撫使로, 부필은 동년 8월에 河北宣撫使로 나갔다. 범중엄과 부필이 모두 외직으로 나가자 석개 역시 濮州通判으로 나갔으나 임지에 도착하기 전에 죽었다. 이듬해 3월에는 韓琦가 상소하여 부필을 변호하다가 揚州로 폄적되었다. 그리하여 주요 개혁파 인사들이 모두 외직으로 나가면서 慶曆新政 역시 중지되었다.

伊尹은 商나라 湯王을 보필했던 대신으로, 탕왕 사후에 太甲이 즉위하여 국정을 돌보지 않자 桐으로 放逐하였다가 3년 만에 태갑이 뉘우치자 다시 태갑을 맞이하여 복위시켰다. 霍光(?~기원전 68)은 漢 武帝 때 국정을 담당하였던 대신으로, 昭帝 사후에 昌邑王 劉賀를 옹립했으나 유하가 국정을 황폐하게 하자 곧바로 폐위시키고 宣帝(기원전 91~기원전 49)를 옹립하였다. 《續資治通鑑長編 卷150 仁宗 慶曆 4年》

91) 三司使 : 관직명이다. 唐代의 判戶部, 判度支, 鹽鐵使를 三司로 삼은 것을 五代 이후 後唐 明宗 때 하나의 관직으로 통합되어 '삼사사'라고 칭하였다. 송나라에서는 이 제도를 그대로 따라서 국가 최고의 재정 담당관으로 삼았다. 中書門下, 樞密院과 함께 각각 재정, 정사, 군사를 나누어 담당하였다. 執政에 다음가는 지위를 가져서 計相이라고 불렀다.

92) 蔡襄 : 1012~1067. 북송의 저명한 서법가이자 정치가이다. 자는 君謨이며 興化軍 仙遊 사람이다. 宋 仁宗 天聖 8년(1030)에 進士가 되고, 館閣校勘, 知諫院, 直史館, 知制誥, 龍圖閣直學士, 樞密院直學士, 翰林學士, 三司使, 端明殿學士, 福建路轉運使, 知泉州, 知福州 등을 역

而譖之者가 曰 仁宗이 選上爲皇嗣[93]어시늘 襄이 嘗沮之也[94]라한대 上이 頗怒襄이어시늘 大臣歐陽脩가 爲言 陛下가 嘗見襄書邪(야)잇가 抑傳聞之也잇가 臣在先朝에 有僞爲臣疏請沙汰宦官者하여 欲以激怒左右하니 陛下가 果嘗見書라도 猶當辨其眞僞어든 況傳聞乎[95]잇가 英宗이 於是釋然하시고 其後元符小人이 亦僞爲諫書하여 以陷鄒浩[96]하니 世降俗末에 情僞日滋하니 何所不有리오 公私貿易에 所憑者가 契券이로되 而巧詐者가 能爲之하니 況讒人之工於讒者乎아 故因懲懷之事하여 倂著之하여 以見臣子가 遇讒에

임하였다. 泉州知府로 있을 때 泉州灣을 가로지르는 萬安橋를 건설하였다. 이 다리는 泉州洛陽橋라고도 부르는데, 현존하는 중국 최초의 해양 다리이다. 서법에도 뛰어나 宋四家 중 한 사람이다. 저술에 《茶錄》·《荔枝譜》·《蔡忠惠集》이 있다. 시호는 忠惠이다.

93) 仁宗選上爲皇嗣 : 宋나라 제5대 임금 英宗(1032~1067, 재위 1063~1067)은 제2대 임금 太宗의 증손자이자 濮王 趙允讓의 13번째 아들이다. 제4대 임금 仁宗이 후사가 없어 4세인 趙曙(영종)를 양자로 들여서 嘉祐 7년(1062)에 황태자에 책립하고 이듬해에 죽자, 인종의 뒤를 이어 즉위하였다.

94) 襄嘗沮之也 : 蔡襄의 本傳에 다음과 같은 일화가 있다. 英宗이 병이 나서 황태후가 聽政한 적이 있었다. 이때 채양이 보좌하는 신하들에게 “선황제께서 이미 황자를 정하여 세우셨는데, 환관들이 다시 선황제를 현혹시키고 이름 있는 근신들 역시 이와 같아서 대사가 거의 어그러질 뻔하였다. 최근에 그들의 상주문을 벌써 불태웠다.〔先帝旣立皇子 宦妾更加熒惑 而近臣知名者亦然 幾敗大事 近已焚其章矣〕”라고 말한 적이 있다. 얼마 지나지 않아 채양이 영종의 승계에 대해 의론했다고 말하는 사람이 있자 영종이 전해 듣고 채양을 의심하였다고 한다. 여기에서는 이를 가리켜 말한 듯하다. 《宋史 卷320 蔡襄列傳》

95) 陛下嘗見……聞乎 : 구양수의 〈辯蔡襄異議〉에 유사한 내용이 보인다.

96) 元符……鄒浩 : ‘元符’는 宋 哲宗 때 사용한 세 번째 연호로, 1098~1100년이다. ‘元符小人’은 북송 때의 간신인 蔡京(1047~1126)을 이른다.

鄒浩(1060~1111)는 북송 때의 관리이다. 자는 志完, 호는 道鄕居士이며, 常州 晉陵 사람이다. 宋 神宗 元豐 5년(1082)에 進士가 되었고, 呂公著·范純仁이 군수로 있을 때 모두 예우하였다. 哲宗 때 右正言이 되어 賢妃 劉氏를 황후로 책립하는 것을 간하였다가 削官되어 新州에 구금되었다. 1100년에 徽宗이 즉위하자 復官되어 다시 우정언이 되고, 이어 左司諫, 起居舍人, 中書舍人, 兵部侍郎, 吏部侍郎 등을 역임하였다. 다시 劉皇后를 책립했던 일에 연루되어 永州 등지로 폄적되었으며, 휘종 崇寧 5년(1106)에 고향으로 돌아왔다. 저술에 《論語解義》, 《孟子解義》, 《道鄕集》 40권이 있다. 시호는 忠이다.

여기에서 말하는 사건은, 휘종 때 평소 추호를 비워했던 채경이 자신의 당여를 시켜 유황후가 卓氏를 죽이고 그 아들을 빼앗았다는 내용의 거짓 상소를 지어서 추호의 상소로 만든 것을 이른다. 이 일로 추호는 衡州別駕로 폄적되고 다시 昭州로 유배되었다가 5년 뒤에나 비로소 돌아올 수 있었다. 《宋史 卷345 鄒浩列傳》

雖有可驗如手書者라도 **猶難遽信**이라 **要必審而覈之**니 **不然**이면 **將有不獲自明**을 **如愍懷者**니이다

蔡襄

우리 송나라 慶曆(1041~1048) 연간에 石介가 〈聖德詩〉를 지어서 富弼을 찬양하고 夏竦을 기롱하자 하송이 이를 뼛속 깊이 원망하였습니다. 그리하여 시녀로 하여금 석개의 글씨를 익히게 하여 시녀가 모두 익히자 석개가 부필에게 보내는 편지를 거짓으로 쓰게 하여 황제의 폐립을 권하게 하고서 이를 朝野에 퍼뜨렸으니, 두 신하가 성명한 仁宗을 만나지 못했다면 화를 면할 수 있었겠습니까.

英宗이 즉위하자 三司使 蔡襄을 미워하여 참소하는 자가 있어 말하기를 "인종께서 폐하를 皇嗣로 선택하셨는데 채양이 일찍이 이를 저지하였습니다."라고 하였습니다. 영종이 채양에게 매우 노하자, 대신 歐陽脩가 다음과 같이 말하였습니다.

"폐하께서는 채양의 글을 보신 적이 있으십니까? 아니면 전해 들으신 것입니까? 신이 선대의 조정에 있을 때 어떤 자가 신이 벼슬하는 자들을 가려서 쓰라고 청하는 내용의 疏를 거짓으로 지어서 좌우의 신하들을 격노시키고자 하였습니다. 폐하께서 과연 채양의 글을 보았다 할지라도 오히려 그 眞僞 여부를 분변해야 할 것인데, 더구나 전해 들은 것은 말해 무엇하겠습니까."

영종이 이에 노여움을 풀었습니다.

그 뒤에 元符(1098~1100) 연간의 소인 역시 거짓으로 간하는 글을 지어 鄒浩를 모함하였습니다. 世道가 떨어지고 풍속이 나빠져서 거짓이 날로 더해만 가니 속임수가 어느 곳인들 없겠습니까. 公私의 거래에 근거로 삼는 것은 계약 문건이지만 교묘하게 속이는 자가 능히 이를 만드니, 더구나 참소하는 자가 참소에 뛰어난 것이야 더 말해 무엇하겠습니까.

그러므로 愍懷太子의 일을 계기로 함께 수록함으로써, 신하가 참소를 당했을 때 비록 직접 쓴 글과 같이 징험할 만한 것이 있다 할지라도 오히려 대번에 믿기

는 어려우니 요컨대 반드시 자세히 살펴서 조사해야 할 것이요, 그렇지 않으면 이후에도 민회태자처럼 스스로 결백을 밝히지 못한 사람이 있을 것임을 보입니다.

23-4-가[97]

北齊尙書右[98]僕射(우복야)**祖珽**[99]이 **勢傾朝野**라 **咸陽王斛律光**(곡률광)[100]이 **惡**(오)**之**하여 **見必遙罵**[101]하니 **珽**이 **聞而怨之**러니 **女侍中**[102]**陸令萱**(육령훤)[103]의 **子穆**

97)《資治通鑑》卷171〈陳紀5 宣帝 上之下〉太建 4년(572) 5월·6월 조에 보인다.

98) 右:《資治通鑑》에는 '右',《北齊書》권39〈祖珽列傳〉에는 '左'로 되어 있다.

99) 祖珽:생몰년은 자세하지 않다. 北齊의 대신이자 저명한 시인이다. 자는 孝徵이며 范陽 狄道 사람으로, 東魏 護軍將軍 祖瑩의 아들이다. 음률에 뛰어났고 鮮卑語를 잘 알았다. 秘書郎으로 벼슬을 시작하여 中書侍郎, 齊郡太守, 太常少卿, 散騎常侍 등을 역임하였으며, 後主 高緯(556~577, 재위 565~576)가 즉위한 뒤에는 秘書監, 侍中, 尙書左僕射 등을 역임하였다. 燕郡公에 봉해졌다. 탐욕스럽고 교만하였다. 재상의 지위를 탐하여 和士開(524~571)를 무고했다가 光州로 유배되어 토굴에 갇히면서 실명하였다. 후주 天統 4년(568)에 복관되었으나 후주 武平 4년(573)에 권신 韓鳳 등의 참소로 侍中, 僕射에서 면직되고 北徐州刺史로 좌천되었다가 그곳에서 죽었다.《北齊書》권39에 열전이 있다.

100) 斛律光:515~572. 北齊의 名將이다. 자는 明月이며 朔州 敕勒部 사람이다. 北魏의 武衛大將軍·左丞相을 역임한 斛律金의 아들이다. 말 타고 활 쏘는 데 뛰어나 射雕手로 불렸으며, 여러 번 北周의 군대를 패퇴시켰다. 大將軍, 太傅, 右丞相, 左丞相 등을 역임하고 咸陽王에 봉해졌다. 後主 高緯의 장인이기도 하다. 뒤에 祖珽의 참소를 받아 後主 高緯에 의해 피살되었다.

101) 見必遙罵:斛律光은 祖珽이 멀리서 보이면 "끝도 없이 탐하여 나라에 일을 많이 만드는 소인이 무슨 계략을 꾸미고자 하는가.〔多事乞索小人 欲行何計〕"라고 욕을 하고, 또 장수들에게도 그를 가리켜 "병마의 처분에 대해 趙令(尙書令 趙彦深)이 늘 우리들과 논의하였는데 장님이 기밀을 관장한 뒤로는 전혀 우리와 말을 하지 않으니 바로 국가의 일을 그르칠까 두렵다.〔兵馬處分 趙令恒與吾輩參論 盲人掌機密以來 全不與吾輩語 正恐誤國家事耳〕", "장님이 들어왔으니 우리나라가 필시 망할 것이다.〔盲人入 國必破矣〕"라고 욕하기도 한 것을 이른다.

102) 女侍中:外命婦에 속한 女官 이름이다. 3품 여관 중에 가장 높으며 어전에서 칼을 찰 수 있었다. 대체로 공주 등 지위를 가진 종실 여성, 황제의 이모, 황후의 친족, 조정 중신의 처나 모친 등의 신분을 가진 여성을 임명하였다.

103) 陸令萱:504~576. 北齊 後主 高緯의 유모이자 女官이다. 漢族이다. 남편이 모반죄로 伏誅되자 掖庭에 배치되어 태자 고위를 양육하였는데, 간교한 변설로 태후에게 아첨하여 상

提婆[104]가 **常求牧田於帝**[105]어늘 **光**이 **又爭之不與**[106]하니 **由是祖 · 穆**이 **皆怨之**하더라

北齊의 尙書右僕射 祖珽이 권세가 朝野를 뒤흔들었다. 咸陽王 斛律光이 그를 미워하여 그를 보면 반드시 멀리에서 욕을 하자 조정이 듣고서 곡률광을 원망하였다. 女侍中 陸令萱의 아들 穆提婆가 일찍이 後主(高緯)에게 목장을 청하였는데, 곡률광이 또 이를 간쟁하여 주지 않게 되었다. 이로 말미암아 조정과 목제파가 모두 곡률광을 원망하였다.

光이 **性節儉**하여 **不好聲色**하며 **罕接賓客**하며 **杜絶饋餉**하며 **不貪權勢**하고 **每朝廷會議**에 **常獨後言**이요 **言輒合理**러라 **行兵**에 **營舍未定**이면 **終不入幕**하고 **身不脫介冑**하여 **常爲士卒先**하니 **結髮從軍**하여 **未嘗敗北**(패배)라 **深爲鄰敵所憚**이러니

벌을 내리는 권한을 마음대로 휘둘렀으며, 佞臣 和士開와 高阿那肱 등을 수양아들로 삼고 후궁 穆昭儀를 양녀로 삼았다. 郡君, 女侍中에 봉해졌다. 후주가 즉위한 뒤 아들 穆提婆가 총애를 받자 모자의 권세가 朝野를 뒤흔들어 매관매직과 聚斂을 끝없이 하였으며, 황후의 廢立과 대신의 黜殺에 관여하였다. 北周의 군대가 쳐들어오자 자살하였다.

104) 穆提婆 : ?~577. 北齊의 간신이다. 秦州 漢陽 사람으로, 본래 성은 駱이었다. 아버지가 모반죄로 죽자 어머니 陸令萱을 따라 궁에 들어와 노비가 되었다. 어머니가 총애를 얻자 後主를 모시게 되어 벼슬이 侍中, 尙書左僕射, 領軍大將軍 錄尙書事에까지 이르렀으며, 城陽郡王에 봉해졌다. 陸令萱이 양녀로 삼은 穆昭儀가 총애를 받자 성을 穆氏로 바꾸었다. 목소의가 뒤에 황후가 되자 母子가 안팎으로 국정을 좌지우지하며 나라를 어지럽혔다. 北周의 군대가 晉陽으로 쳐들어오자 항복하고 宜州刺史가 되었는데, 北齊가 망하자 모반죄로 주살되었다.

105) 帝 : 北齊의 제5대 임금인 後主 高緯(556~577, 재위 565~576)이다. 간신을 등용하고 충신을 해치며 방탕한 생활을 즐기다가 결국 망국에 이르게 만들었다. 576년 21세에 태자 高恒에게 傳位하고 태상황이 되었다. 577년에 北周의 군대에 의해 수도 鄴이 함락되자 달아났다가 붙잡혀 溫公에 봉해졌다가 동년 10월에 賜死되었다.

106) 女侍……不與 : 北齊 後主가 穆提婆에게 晉陽의 땅을 하사하려 하자, 斛律光이 간언하여 "이 땅은 신무제 이래로 항상 벼를 심어 말 수천 필을 먹여서 적을 막는 데 쓰는 것이었습니다. 지금 이 땅을 목제파에게 내려주려 하시니 군무를 손상시키는 것이 아니겠습니까.〔此田 神武帝以來常種禾 飼馬數千匹 以擬寇敵 今賜提婆 毋乃闕軍務也〕"라고 한 것을 이른다. 《資治通鑑 卷171 陳紀5 宣帝 上之下 太建 4年》

斛律光은 천성이 검소하여 歌舞와 女色을 좋아하지 않았으며 賓客을 만나는 일이 드물었고 음식 대접을 하지도 않고 받지도 않았으며 권세를 탐하지 않았다. 매번 조정에서 회의할 때에는 늘 혼자서 나중에 말하였고 말을 하면 번번이 이치에 맞았다. 군대를 이끌 때에는 군영이 정해지지 않으면 끝내 막사에 들어가지 않고 몸에서 갑옷과 투구를 벗지 않아서 항상 士卒의 솔선수범이 되었다. 어렸을 때 군대에 들어와 일찍이 패배를 한 적이 없었기 때문에 이웃나라의 적에게는 매우 두려운 대상이었다.

周勳州[107]刺史韋孝寬[108]이 密爲謠言曰 百升[109]이 飛上天이요 明月이 照長安①이라하고 又曰 高山이 不摧[110]自崩②이요 槲木(곡목)[111]이 不扶自擧라하여 令諜人(첩인)傳之於鄴하니 鄴中小兒가 歌之於路어늘 珽이 因續之曰 盲老公背受大斧요 饒舌老母不得語라하여 使其妻兄鄭道蓋로 奏之한대 帝가 以問珽하시니 珽與陸令萱(육령훤)이 皆曰 實聞有之니이다 珽이 因解之曰 百升者는 斛也요 盲老公은 謂臣也[112]니 與國同憂요 饒舌老母는 似謂女侍中陸氏也로소이다 且斛律이 累世大將이라 明月이 聲震關西[113]하고 威行突厥[114]하니 謠言이 甚可

107) 勳州 : 지금의 산서성 稷山縣 서남쪽에 있었다. 北齊 개국황제 高洋(529~559, 재위 550~559)의 아버지 高歡(496~547)이 北周 개국황제 宇文覺(542~557, 재위 557~557)의 아버지 宇文泰(507~556)와 싸울 때 우문태가 韋孝寬을 보내 玉壁을 지키라고 하였는데, 고환이 공격했다가 이기지 못하고 돌아가 곧 죽자 우문태가 위효관의 공을 기리기 위해 이곳에 훈주를 세웠다고 한다.

108) 韋孝寬 : 509~580. 西魏와 北周의 군사가이자 전략가이다. 이름은 叔裕이나 세상에 字(孝寬)로 통용한다. 京兆 杜陵 사람이다. 일생을 전장에서 보냈으며 공을 많이 세웠다. 大司空, 上柱國을 역임하였고 鄖國公에 봉해졌다. 사후에 太傅·十二州諸軍事·雍州牧이 증직되었다. 시호는 襄이다.

109) 百升 : 1斛으로, 여기에서는 斛律光을 가리킨다. 10升이 1斗, 10斗가 1斛이다.

110) 摧 : 사고본에는 '推'로 되어 있다.

111) 槲木 : 斛律光을 가리킨다.

112) 盲老公謂臣也 : 곡률광이 祖珽을 '盲人'이라고 욕한 것을 빗대어 말한 것이다. 위 '見必遙罵' 주석 참조.

113) 關西 : 지금의 河南省 新安縣 동쪽에 있는 函谷關 서쪽의 땅으로, 여기에서는 北周를 이른다.

畏也[115]니이다 **遂召光入**하여 **殺之**하니 **血流於地**어늘 **剗**(잔)**之**호대 **迹**[116]**終不滅**[117]이러라 **周主**[118]가 **聞光死**하고 **爲之大赦**[119]러니 **後六年**에 **周**가 **滅齊**[120]하다

① 明月照長安 : 光, 字明月.
　 斛律光은 자가 明月이다.

② 高山不推自崩 : 高, 齊姓也.
　 '高'는 北齊의 國姓이다.

---

114) 威行突厥 : 《資治通鑑》·《北齊書》·《北史》 등에는 이 앞에 '豐樂' 2자가 더 있는데, 풍락은 斛律光의 아우인 斛律羨(?~572)의 字이다. 北齊 武成帝 河淸 3년(564) 가을에 돌궐이 10만 대군을 이끌고 변경을 침략하자 都督幽·安·平·南·北營·東燕六州諸軍事, 幽州刺史였던 곡률선이 이에 응전하였는데, 돌궐군이 곡률선의 군대가 기강이 엄정한 것을 보고 싸우지 않고 물러가고, 이듬해인 後主 天統 원년(565) 5월부터 북제에 조공을 보내온 것을 이른다. 곡률선은 후주 武平 3년(572)에 곡률광이 피살될 때 연루되어 함께 피살되었다. 《北齊書 卷17 斛律金列傳 羨》

115) 周勳……畏也 : 陳 宣帝 太建 4년(572) 5월의 일이다.

116) 迹 : 사고본에는 '跡'으로 되어 있다.

117) 遂召……不滅 : 陳 宣帝 太建 4년(572) 7월의 일이다. 《자치통감》에는 동년 6월 조에 보이나 이는 오류로 보인다. 《北齊書》 권8 〈後主紀〉 武平 3년(572) 조에 "가을 7월 무진일에 좌승상·함양왕 곡률광을 죽였다.〔秋七月戊辰 誅左丞相咸陽王斛律光〕"라고 기록되어 있으며, 《北史》 권8 〈齊本紀下 後主紀〉의 기록도 동일하다.

118) 周主 : 북주 제3대 임금 武帝 宇文邕(543~578, 재위 560~578)이다. 제2대 임금 明帝 宇文毓(534~560, 재위 557~560)을 독살한 사촌형 宇文護(513~572)에 의해 옹립되어 18세의 나이로 즉위하였다. 577년에 北齊를 멸망시키고 북방을 통일하였으며, 이듬해에 病死하였다.

119) 周主……大赦 : 북주의 武帝는 斛律光이 죽었다는 말을 듣고 기뻐하여 경내에 사면령을 내렸다. 6년 뒤에 北齊의 수도 鄴을 함락시켰는데, 이때 곡률광을 上柱國公에 추증하고는 추증 조서를 가리키며 "이 사람이 살아 있었다면 짐이 어찌 업에 이를 수 있었겠는가.〔此人若在 朕豈能至鄴〕"라고 하였다 한다. 《北齊書 卷17 斛律金列傳 光》

120) 後六年周滅齊 : 陳 宣帝 太建 9년(577) 2월의 일이다. 北齊 幼主 高恒(570~577, 재위 577~577)이 동년 1월 1일 乙亥日에 즉위한 지 한 달이 채 못 된 동월 20일 甲午日에 北周의 군대가 북제의 수도 鄴으로 쳐들어오자 북제의 왕공 이하가 모두 항복하였으며, 동년 2월에 북제의 任城王 高湝(고개)가 信都에서 4만여 군대로 마지막 항전하였으나 결국 패배함으로써 북제는 멸망하였다. 태상황인 後主 高緯와 幼主 고항은 달아났다가 포로로 잡혀 동년 10월에 賜死되었다. 北周는 북제를 멸망시킴으로써 북방을 통일하였다.

北周의 勳州刺史 韋孝寬이 남몰래 謠言을 지어 "百升이 높은 하늘을 날고, 明月이 長安을 비추네."라고 하고, 또 "高山은 밀지 않아도 절로 무너지고, 槲木은 붙들지 않아도 절로 우뚝하네."라고 하여 첩자에게 이것을 鄴에 퍼뜨리게 하자, 업의 어린아이들이 길에서 이것을 노래하였다. 北齊의 祖珽이 이로 인해 그 뒤를 이어서 짓기를 "눈먼 老公은 등에 큰 도끼를 받고, 말 많은 老母는 말을 하지 못하네."라고 하여, 그 매형인 鄭道蓋로 하여금 이를 북제의 後主(高緯)에게 아뢰게 하였다.

후주가 이 노래에 대해 조정에게 묻자, 조정과 陸令萱이 모두 함께 "참으로 그런 노래를 들었습니다."라고 하였다. 조정이 이로 인해 다음과 같이 해석하였다. "百升은 斛이고 눈먼 老公은 소신을 이르니 나라와 근심을 같이한다는 뜻이며, 말 많은 老母는 女侍中 陸氏(陸令萱)를 말하는 듯합니다. 그리고 斛律光은 대를 이어 대장이 된 자입니다. 명월의 명성이 關西에 진동하고 명월의 위엄이 突厥에 행해지니 요언이 매우 두렵습니다."

마침내 곡률광을 불러 들어오게 해서 죽였다. 곡률광의 피가 땅에 흘렀는데, 이 핏자국을 깎아냈으나 흔적이 끝내 없어지지 않았다. 北周의 武帝가 곡률광이 죽었다는 말을 듣고 大赦令을 내렸다. 6년 뒤에 북주가 북제를 멸망시켰다.

23-4-나(按)

臣은 按 周之與齊가 實爲敵國이니 周有韋孝寬하고 齊有斛律光하니 皆名將也라 然是時에 周主가 方明①하여 賢能이 効職하고 齊君이 昏暴②하여 政出多門하니 陸令萱이 以保母用事於內하며 祖珽이 以憸邪弄權於外하고 而穆提婆者는 令萱之子也라 表裏交煽하여 肆爲姦利어늘 斛律光이 以忠勞自奮하여 實深嫉之하니 於是에 珽與提婆가 皆切齒之矣라

① 周主方明 : 武帝[121)]也.
'周主'는 北周의 武帝이다.

② 齊君昏暴 : 高緯[122)].
'齊君'은 高緯이다.

【臣按】 北周는 北齊와 실로 敵國이었는데, 북주에는 韋孝寬이 있고 북제에는 斛

121) 武帝 : 위의 '周主' 주석 참조.

122) 高緯 : 위의 '帝' 주석 참조.

律光이 있었으니 모두 명장이었습니다. 그러나 이때 북주의 군주는 한창 聖明하여 어진 자와 재능 있는 자들이 그 직분을 다하였고, 북제의 군주는 어둡고 포악하여 정사가 여러 곳에서 나왔습니다. 북제의 陸令萱은 보모로서 안에서 권력을 휘둘렀고, 祖珽은 간악한 소인으로 밖에서 권력을 농단하였으며, 穆提婆는 육영훤의 아들이었습니다. 안팎이 서로 부추겨서 제멋대로 부정한 이익을 취하였는데, 곡률광이 충성심과 수고로움으로 스스로 떨쳐 일어나 실로 이들을 매우 미워하니 이에 조정과 목제파가 이를 갈며 미워하였습니다.

韋孝寬之謠는 所以傾光也니 傾光은 所以傾齊也라 敵國相傾은 末世常態어늘 而珽等이 又從而傾之하니 是는 自傾其國也라 光死而周爲之大赦하니 蓋曰莫予毒也已라 讒邪之臣이 殺忠良以資敵國이어늘 而庸君昏主가 一不之察하니 可勝歎[123]哉아 光之死가 財[124]六年에 而周가 滅齊하니 非周能滅之라 高緯君臣이 實自滅也라 臣이 前嘗論讒臣之譖과 敵國之間이 用智略同이라 不可不察[125]이라호니 此가 一事而二者가 俱라 故錄之하여 以爲千載之戒하노이다

韋孝寬의 謠言은 斛律光을 무너뜨리기 위한 것이었으니, 곡률광을 무너뜨리는 것은 北齊를 무너뜨리는 것이었습니다. 敵國이 서로 무너뜨리는 것은 말세에 늘 보이는 행태인데도 祖珽 등이 또 장단을 맞추어 곡률광을 무너뜨렸으니, 이것은 스스로 자기 나라를 무너뜨린 것입니다. 곡률광이 죽자 北周에서 대사령을 내렸으니, 이것은 자신을 해칠 자가 없다고 생각했기 때문입니다.

참소하는 간사한 신하가 충성스럽고 어진 신하를 죽여서 적국에 도움이 되게 하는데도 어리석고 어두운 군주가 조금도 이를 살피지 못하였으니 탄식을 금할 수 있겠습니까. 곡률광이 죽은 지 겨우 6년 만에 북주가 북제를 멸망시켰으니, 이것은 북주가 능히 멸망시켰던 것이 아니라 북제 高緯(後主)의 군신이 실로 스스로 멸망시킨 것입니다.

신은 앞에서 讒臣의 참소와 적국의 이간책은 그 계략을 쓰는 것이 대체로 같기 때문에 자세히 살피지 않으면 안 된다고 논한 적이 있습니다. 이 사례는 한 가지 일에 이 두 가지가 모두 들어 있기 때문에 이를 수록하여 천 년의 경계로

123) 歎 : 사고본에는 '嘆'으로 되어 있다.

124) 財 : 사고본에는 '讒(참)'으로 되어 있으나, 오자이다.

125) 臣前……不察 : 22-2-나(按) 참조.

삼습니다.

23-5-가[126)]

唐太宗[127)]이 卽位하여 以魏徵[128)]爲諫議大夫[129)]하신대 徵이 自以不世遇라하여

126)《新唐書》 卷97 〈魏徵列傳〉에 보인다.

127) 唐太宗 : 599~649. 재위 626~649. 당나라 제2대 황제로, 휘는 世民이며 시호는 文皇帝이다. 高祖 李淵의 2남으로, 부친을 도와 隋나라 말에 거병했던 세력들을 평정하고 唐을 건국하는 데 많은 공을 세워 秦王이 되었다. 고조 武德 9년(626)에 玄武門의 변을 일으켜 형인 태자 李建成과 동생 李元吉을 죽이고 부친에게 양위를 받아 즉위하였다. 이후 均田制, 租庸調, 府兵制 등을 시행하고 突厥과 高昌 등 주변 나라들을 제압함으로써 국내외로 많은 치적을 세워 貞觀之治를 이룩하였다.《晉書》·《隋書》 등을 편수하게 하고 《五經正義》를 편찬하여 역대의 경전 해석을 통일하였으며, 태자를 위하여 《帝範》을 저술하였다.

128) 魏徵 : 580~643. 唐나라의 名臣이다. 자는 玄成이며, 魏郡 內黃 사람이다. 隋나라 말에 元寶藏의 典書記로 있다가 李密에게 귀순했으며, 다시 唐 高祖에게 귀순하여 태자 李建成의 측근이 되었다. 玄武門의 변(626) 이후에는 태종의 부름을 받아 諫議大夫, 太子太師 등을 역임하고 鄭國公에 봉해졌으며, 태종 貞觀 16년(642)에 太子太師가 되었다. 시호는 文貞이다.

129) 唐太……大夫 : 唐 高祖 武德 9년(626) 6월의 일이다. 《자치통감강목》 동년 6월 조에 "위징과 왕규를 간의대부로 삼았다.〔以魏徵王珪爲諫議大夫〕"라고 기록되어 있으며, 《자치통감》 동년 6월 12일 戊辰日 조에는 "이세민이 평소 위징의 재능을 중히 여겼기 때문에 용모를 고치고 예우하여 위징을 이끌어서 첨사 주부로 임명하였다. 또한 왕규와 위정을 휴주에서 불러와 모두 간의대부로 삼았다.〔世民素重其才 改容禮之 引爲詹事主簿 亦召王珪韋挺於巂州 皆以爲諫議大夫〕", 동년 7월 11일 丁酉日 조에는 "간의대부 위징을 보내 산동을 시찰하고 위무하게 하였다.〔遣諫議大夫魏徵宣慰山東〕"라고 기록되어 있다.

《자치통감》에 따르면 태종은 동년 6월 7일 癸亥日에 황태자가 되고 동년 8월 9일 甲子日에 즉위하였다고 하여 저본에서 즉위한 뒤에 魏徵을 간의대부에 임명했다는 내용과는 다르다. 즉 《자치통감》대로라면 여기에서 말하는 '卽位'는 황태자가 된 뒤라고 해야 한다.

그러나 《신당서》 〈위징열전〉에는 "즉위한 뒤에 위징을 간의대부에 임명하고 거록현남에 봉하였다.〔卽位 拜諫議大夫 封鉅鹿縣男〕", 《구당서》 〈위징열전〉에는 "즉위하자 위징을 발탁하여 간의대부에 임명하였다.〔及踐祚 擢拜諫議大夫〕"라고 되어 있어 저본과 동일하다.

'諫議大夫'는 관직명으로 당나라 때에는 左右로 구분하여 각각 4명의 성원을 두었다. 정4품에 해당한다. 좌간의대부는 門下省에, 우간의대부는 中書省에 소속되었으며, 모두 간언을 담당하였다. 《資治通鑑綱目 卷39 高祖 武德 9年》《資治通鑑 卷191 唐紀7 高祖 下之上 武德 9年》《新唐書 卷97 魏徵列傳》《舊唐書 卷71 魏徵列傳》

展盡底蘊하여 無所隱하니 凡二百餘奏가 無不剴(개)切當帝心者라 由是拜尙書右丞兼諫議[130)]하다 左右가 有毁徵阿黨親戚者어늘 帝가 使溫彦博[131)]按訊하신대 非是어늘 彦博이 曰 徵이 爲人臣하여 不能著形迹遠嫌疑而被飛謗하니 是宜責也니이다 帝謂彦博行讓徵①하신대 徵이 見帝謝曰 君臣同心이 是謂一體니 豈宜置至公·事形迹이리잇고 若上下가 共由玆路면 邦之興喪을 未可知也니이다

① 帝謂彦博行讓徵 : 謂令彦博往責徵[132)]也.
溫彦博으로 하여금 가서 魏徵을 책망하도록 한 것을 이른다.

唐 太宗이 즉위하여 魏徵을 諫議大夫에 임명하자 위징은 자신이 세상에 드문 知遇를 받았다고 여겨서 온축한 재능을 남김없이 펴서 숨김이 없었으니, 올린 2백여 건의 상주가 절절히 태종의 마음에 부합하지 않은 것이 없었다. 이로 말미암아 태종은 위징을 尙書右丞에 임명하고 간의대부를 겸하게 하였다.

좌우의 신하 중에 위징이 친척을 편든다고 비방하는 자가 있자 태종이 溫彦博으로 하여금 조사하여 심문하게 하였는데 사실이 아니었다. 온언박이 말하였다. "위징이 신하가 되어 행적을 드러내어 혐의를 멀리 피하지 못함으로써 비방을 당하게 되었으니 이는 마땅히 책임을 물어야 합니다."

태종이 온언박을 보내 위징을 꾸짖게 하자, 위징이 태종을 알현하고 사죄하며

130) 拜尙……諫議 : 唐 太宗 貞觀 2년(628)의 일이다. '右丞'은 관직명으로, 당나라 제도에 정4품下였다. 정4품上인 左丞과 함께 尙書省 6部의 일을 총괄하여, 좌승은 이부·예부·호부의 일을 관장하고 우승은 병부·형부·공부의 일을 관장하였다. 또한 御史의 부당한 탄핵을 규탄할 수 있었으며, 조서를 封還하고 낭관의 선발을 결정할 수 있는 권한이 있었다. 《唐會要 卷58 尙書省諸司中 左右丞》

131) 溫彦博 : 574~637. 당나라의 재상이다. 자는 大臨이며 太原 祁 사람이다. 禮部尙書 溫大雅의 아우이다. 수나라에서 文林郎 등을 역임하였고, 장령 羅藝를 따라 당나라에 귀의하여 幽州長史, 中書舍人 등을 역임하고 西河郡公에 봉해졌다. 당 고조 武德 8년(625)에 돌궐과 싸우다가 패하여 포로로 잡혀 극히 추운 지역인 陰山에 갇혔다. 태종이 즉위한 뒤 돌궐과 화해가 이루어져 돌아와 中書侍郎에 임명되었으며, 태종 貞觀 4년(630)에는 中書令에 임명되고 虞國公에 봉해졌다. 정관 10년(636)에 尙書右僕射에 임명되었다. 나라의 기밀을 관장할 때에는 빈객을 사절하였고 나라의 이해에 관계되는 일은 알면 간언하지 않음이 없었다. 病死하였다. 시호는 恭이다.

132) 徵 : 대전본에는 '證'으로 되어 있으나, 北宋 仁宗 趙禎을 피휘한 것이다.

말하였다.

"군주와 신하가 한마음인 것을 일러 한 몸이라고 합니다. 어찌 지극히 공적인 국사를 버려두고 개인의 행적에만 주의하겠습니까. 만약 상하가 모두 이 길을 간다면 나라의 흥망을 알 수 없습니다."

唐 太宗

魏徵

23-5-나(按)

臣은 按 魏徵[133)]이 盡忠無隱하니 非姦邪小人之所便也라 故設爲飛謗以間染之하니 使太宗蓄之胸中하여 不爲辨白則疑情[134)]이 一萌에 姦言이 益乘之而入矣라 然使之按驗者가 或非其人하여 如權萬紀[135)]輩가 得任其事면 必將組織以成其罪니 惟帝之明이 不

133) 徵 : 대전본에는 '證'으로 되어 있으나, 北宋 仁宗 趙禎을 피휘한 것이다.

134) 情 : 사고본에는 '猜'로 되어 있다.

135) 權萬紀 : ?~643. 唐 太宗의 셋째 아들 吳王 李恪(619~653)의 스승이다. 성정이 강직하고 직언을 잘하였다. 공적인 일로 房玄齡·王珪·溫彦博 등을 탄핵한 적이 있었는데, 태종이 이를 좋게 여겨 매우 예우하였다.

다만 〈大寶箴〉을 지어 태종에게 賞讚을 받았던 張蘊古(?~631)가 大理丞으로서, 미쳐서 요망한 말을 지껄이는 李好德이란 자의 사건을 맡아 이호덕이 미쳤다는 이유로 죄를 묻지

以按驗으로 屬之小人而屬之彦博하시니 彦博이 固非王・魏[136]之倫이나 然亦當時之良臣也라 故能直徵[137]之枉하여 使帝不以浮言으로 罪賢者하니 其益이 大矣라 然徵[138]之枉이 雖直而左右之爲讒者를 不聞顯正其罪하니 是亦未爲盡善也라 卽此一事而言컨대 太宗之得이 有二요 其失이 有一이니 人主가 可不鑒之哉잇가

【臣按】 魏徵이 충성을 다하여 숨김이 없으니 간사한 소인에게는 유리한 것이 아니었습니다. 이 때문에 소인들이 비방하는 말을 지어서 太宗에게 모함을 하였으니, 만일 태종이 이 말을 가슴에 담아두고 분명히 분변하지 않았다면 의심이 한 번 싹틈에 간사한 말이 더욱 그 의심을 타고 들어갔을 것입니다.

그러나 보내어 조사하도록 한 사람이 혹여 적임자가 아니어서 權萬紀와 같은 무리가 그 일을 맡게 되었다면 틀림없이 날조하여 그 죄가 성립되도록 했을 것입니다. 생각건대 聖明한 태종이 그 조사를 소인에게 맡기지 않고 溫彦博에게 맡겼으니, 온언박은 진실로 王珪나 위징 같은 무리는 아니었으나 또한 당시의 훌륭한 신하였습니다. 이 때문에 위징의 억울함을 바로잡아 태종으로 하여금 유언비어로

않은 일이 있었다. 당시 治書侍御史였던 권만기가 장온고의 고향이 相州이고 이호덕의 형이 相州刺史이기 때문에 이호덕을 비호한 것이라고 탄핵하여 장온고를 棄市刑에 처하도록 만들자, 魏徵이 "권만기 등 소인이 대체를 알지 못하여 고자질을 정직함으로 여기고 참소를 충성으로 여긴다.〔萬紀等小人 不識大體 以訐爲直 以讒爲忠〕"라고 간언하였다. 태종이 뉘우치고 이후로는 사형을 판결할 때 3번을 覆奏하도록 하였다는 일화가 있을 정도로 지나친 면이 있었다.

권만기는 尙書左丞을 거쳐 태종의 다섯째 아들 齊王 李祐의 長史가 되었는데, 이우가 소인들과 어울리자 누차 간하였으나 그래도 듣지 않자 이를 태종에게 알렸다가 결국 이우에게 피살되었다. 시호는 敢이다. 25-12-가 참조. 《舊唐書 卷190上 文苑列傳上 張蘊古》《新唐書 卷100 權萬紀列傳》《資治通鑑 卷193 唐紀9 太宗 上之中 貞觀 5年》

136) 王魏 : 王珪와 魏徵을 이른다. 王珪(571~639)는 당나라 초기의 명재상이다. 자는 叔玠이며 太原 祁 사람이다. 남조 梁나라의 명장 王僧辯(?~555)의 손자이다. 어려서 아버지를 여의었으며, 성정이 담박하여 안빈낙도하였다. 당나라가 건립되자 태자 李建成의 中舍人이 되었으며, 태종 때에는 諫議大夫, 黃門侍郎, 侍中, 同州刺史, 禮部尙書 등을 역임하고 永寧郡公에 봉해졌다. 房玄齡・李靖・溫彦博・魏徵 등과 함께 國政을 담당하여 남의 장점을 알아보고 직임을 맡기는 데 뛰어났다. 病死하였는데, 태종이 그의 부음을 듣고 소복을 입고서 오랫동안 애도하였다. 시호는 懿이다. '魏徵'은 23-5-가 '魏徵' 주석 참조.

137) 徵 : 대전본에는 '證'으로 되어 있으나, 北宋 仁宗 趙禎을 피휘한 것이다.

138) 徵 : 대전본에는 '證'으로 되어 있으나, 北宋 仁宗 趙禎을 피휘한 것이다.

현자를 죄주게 하지 않도록 할 수 있었던 것이니, 나라에 유익함이 컸습니다.

그러나 위징의 억울함은 비록 바로잡혔다 하나 참소했던 좌우 신하들에 대해 그 죄를 드러내어 바로잡았다는 말은 들리지 않으니, 이런 점에서 또한 지극히 훌륭했던 것은 아닙니다. 이 한 가지 일에 나아가서 말한다면 태종이 잘한 것은 둘이고 잘못한 것은 하나이니 군주가 경계하지 않아서야 되겠습니까.

23-6-가[139]

魏徵[140]이 **寢疾**이어늘 **上**이 **與太子**[141]**同至其第**하여 **指衡山公主**[142]하여 **欲以妻其子叔玉**하시고 **徵**이 **薨**[143]커늘 **上**이 **自製碑文**하사 **幷爲書石**하시다 **徵**이 **嘗薦杜正倫**[144]**及侯君集**[145]이 **有宰相材**러니 **及正倫**이 **以罪黜**하고 **君集**이 **謀反誅**하여는

139)《資治通鑑》卷196 〈唐紀12 太宗 中之中〉 貞觀 17년(643) 1월, 卷197 〈唐紀13 太宗 中之下〉 貞觀 17년(643) 7월 조에 보인다.

140) 魏徵 : 23-5-가 '魏徵' 주석 참조.

141) 太子 : 李承乾(619~644)이다. 唐 太宗의 장자로, 자는 高明이다. 承乾殿에서 태어나 이를 따라 이름을 지었다. 처음에는 恒山王에 봉해졌다가 다시 中山王에 봉해졌다. 태종이 즉위하고 두 달 뒤에 8세의 나이로 황태자가 되었다. 매우 총명하여 태종에게 사랑받았으나 장성한 뒤에는 聲色에 빠져 황음무도하였다. 뒤에 대립하던 아우 李泰의 살해를 기도하다가 발각되어 태종 貞觀 17년(643) 4월 6일 乙酉日에 庶人으로 강등되었으며, 동년 9월 7일 癸未日에 黔州로 유배되고, 이듬해 12월 2일 壬人日에 그곳에서 죽었다. 시호는 愍이다.

142) 衡山公主 : 634~663. 당 태종의 막내딸이다. 新城公主라고도 한다. 태종 정관 16년(642)에 衡山郡公主에 봉해지고 이듬해에 魏徵의 장자 魏叔玉과 혼인하기로 되었다가 위징이 죽은 뒤 취소되었다. 정관 23년(649)에 長孫無忌의 從父 長孫操의 아들인 長孫詮(?~659)에게 下嫁하였으나 태종의 죽음으로 혼례식은 중지되었다. 高宗 永徽 3년(652)에 新城郡長公主에 봉해지고 중지되었던 혼례식을 거행하였다. 고종 顯慶 4년(659)에 장손전이 武后의 무고를 받아 모반죄로 유배된 뒤 살해되자 다시 韋正矩(?~663)에게 개가하였다. 663년에 30세의 나이로 病死하였다.

143) 徵薨 : 唐 太宗 貞觀 17년(643) 1월 17일 戊辰日의 일이다.

144) 杜正倫 : ?~659. 당나라 초기의 재상이다. 相州 洹水 사람이다. 隋 文帝 때 秀才로 발탁되었으며 글을 잘 짓고 불경에 조예가 깊었다. 당나라에 들어와 齊州總管府錄事參軍이 되고 秦王府 文學館에 들어갔다. 태종 때 魏徵의 천거로 兵部員外郎이 되었으며 이어 給事中, 中書侍郎, 太子左庶子 등을 역임하고 南陽縣侯에 봉해졌다. 태종 정관 17년(643)에 태자 李承乾의 모반에 연루되어 驩州로 유배되었다. 高宗 顯慶 원년(656)에 黃門侍郎, 同中書門

上이 **始疑徵阿黨**이러시니 **又有言 徵**이 **自錄前後諫辭**하여 **以示起居郞**[146]**褚遂良**[147]이라하여늘 **上**이 **愈不悅**하여 **乃罷叔玉尙主而踣所撰碑**[148]하시다

魏徵이 병으로 드러눕자 태종은 태자와 함께 위징의 집에 가서 衡山公主를 지목하여 위징의 아들 魏叔玉에게 下嫁시키려고 하였다. 그리고 위징이 죽자 태종은 직접 비문을 짓고 아울러 비석에 이 글을 직접 쓰기까지 하였다.

위징이 일찍이 杜正倫과 侯君集을 재상의 재능이 있다고 천거하였는데, 두정륜이 죄를 받아 쫓겨나고 후군집이 모반으로 주벌되자 태종은 처음으로 위징이 파벌을 짓지 않았을까 의심하였다. 그런데 또 어떤 자가 위징이 스스로 그동안 자신이 했던 諫言을 기록하여 起居郞 褚遂良에게 보여주었다고 하였다. 이에 태종은 더욱 불쾌해져서 마침내 위숙옥에게 공주를 출가시키겠다는 언약을 파기하고

下三品에 임명되어 재상이 되었고, 현경 2년(657)에 中書令에 임명되었다. 현경 3년(658)에 李義府와 불화하여 무고를 받고 橫州刺史로 폄적되었다가 얼마 뒤 그곳에서 病死하였다.

145) 侯君集 : ?~643. 당나라 초기의 名將으로 凌煙閣 24공신 중의 한 사람이다. 豳州 三水 사람이다. 처음에는 학문을 모르고 무용으로 자부하였으나 당나라에 들어와서 태종의 신임을 받아 관직이 높아져가자 학문을 시작하였다. 右衛大將軍, 兵部尙書, 吏部尙書 등을 역임하였으며 陳國公에 봉해졌다. 副將으로 李靖을 따라 吐谷渾(토욕혼)을 평정하였으며, 交河道行軍大總管이 되어 高昌國을 멸망시키고 비석에 공을 새기고 돌아오기도 하였다. 그러나 이 과정에서 사사로이 재물을 탐하다가 하옥되었는데, 태종이 죄를 묻지 않고 바로 석방시켰으나 원한을 품고 태자 李承乾에게 모반을 권하였다. 이 일이 발각되어 참수되었다.

146) 起居郞 : 관직명이다. 당나라 때 처음 설치되었으며 門下省에 속하였다. 종6품上이다. 천자의 기거 법도를 기록하는 일을 담당하였다. 천자가 正殿에 나오면 기거랑은 왼쪽에, 起居舍人은 오른쪽에 위치하여 보고 들은 것을 기록해두었다가 季冬에 史官에게 주었다.

147) 褚遂良 : 대전본·사고본에는 이 뒤에 '者'가 있다. 저수량(596~658 또는 597~659)은 太宗·高宗 때의 정치가이자 歐陽詢·虞世南·薛稷과 함께 당나라 초기 4대 서법가 중 한 사람이다. 자는 登善이며, 杭州 錢塘 사람이다. 太宗 때 起居郞, 諫議大夫, 中書令 등을 역임하였다. 태종 貞觀 23년(649)에 長孫無忌와 함께 고종을 보좌하라는 태종의 遺詔를 받았다. 高宗이 즉위한 뒤 尙書右僕射에 임명되고 河南郡公에 봉해져 褚河南으로 불렸다. 고종이 武則天을 황후로 삼는 것에 극력 반대하다가 潭州都督으로 폄적되었고, 武后가 즉위한 뒤에는 다시 桂州都督, 愛州刺史로 폄적되어 애주에서 죽었다. 세상에 전하는 墨跡으로 〈孟法師碑〉, 〈雁塔聖敎序〉 등이 있다.

148) 徵嘗……撰碑 : 唐 太宗 貞觀 17년(643) 7월의 일이다.

직접 글을 짓고 썼던 비석을 쓰러트렸다.

23-6-나(按)

臣은 按 太宗之於魏徵[149]에 可謂極君臣之契矣로되 及其薨也에 所薦之人이 適抵罪誅어늘 帝가 遂以阿黨疑之하니 疑情이 一生에 讒者가 遽乘之而入하여 謂其錄諫藁[150] 以示史官하여 有賣己直・彰君過之意라하니 雖帝之明이라도 不能不爲之惑하여 於是에 停婚仆碑而眷寵이 衰矣라

【臣按】太宗은 魏徵에 대해 군신간의 遭遇가 극에 달했다고 말할 만합니다. 그러나 위징이 죽은 뒤에 위징이 천거했던 사람들이 때마침 죄를 받아 주벌되자, 태종은 마침내 위징이 파벌을 짓지 않았을까 의심하였습니다. 의심하는 마음이 한 번 생기자, 참소하는 자들이 대번에 그 틈을 타고 들어와 말하기를 "위징이 자신의 간언을 기록한 원고를 史官에게 보여줌으로써 자신의 곧음을 과시하고 군주의 잘못을 드러내려는 뜻이 있었습니다."라고 하였으니, 명민한 태종도 이 말에 현혹되지 않을 수 없었습니다. 이에 혼약을 파기하고 비석을 쓰러뜨리면서 총애도 시들게 되었습니다.

原讒言之所以得入者컨대 由帝心先疑故也라 使帝聞讒者之言에 召遂良而質之하면 使誠有邪(야)인대 遂良이 固不敢隱이요 若其無邪(야)인대 遂良이 亦豈肯厚誣리오 言者之虛實이 於是乎不可揜矣어늘 帝乃蓄疑於中하여 泯嘿[151]不問하니 視昔者命溫彦博按驗[152]之時컨대 何其甚異也오 使無它[153]日征遼之悔[154]런들 其尙得爲明主乎①잇가

149) 徵 : 대전본에는 '證'으로 되어 있으나, 北宋 仁宗 趙禎을 피휘한 것이다.

150) 其錄諫藁 : 이와 관련하여 唐나라 王方慶(?~702)이 魏徵의 생전 간언과 태종의 위징에 대한 褒奬을 집록하여 만든 《魏鄭公諫錄》이 현재 전한다.

151) 嘿 : 사고본에는 '默'으로 되어 있다.

152) 命溫彦博按驗 : 23-5-가 참조.

153) 它 : 사고본에는 '他'로 되어 있다.

154) 征遼之悔 : 高句麗와 百濟 연합군의 침략을 당한 新羅가 당나라에 구원을 요청해오자, 太宗은 魏徵이 죽은 다음해인 貞觀 18년(644) 11월에 張亮을 平壤道行軍都總管에 임명하여 군사 4만 명, 전함 5백 척을 거느리고 平壤으로 진격하게 하고, 李世勣을 遼東道行軍都總管에 임명하여 군사 6만 명을 거느리고 遼東으로 진격하게 하였다. 이듬해 5월에는 태종 자

① 使無……主乎 : 帝末年征遼, 不能成功, 甚悔之. 歎[155]曰 : 魏徵若在, 不使我有此行也. 命馳驛祀徵以少牢,[156] 復(부)立所製碑, 勞賜其妻子.[157]
태종은 말년에 遼東을 정벌하였다가 성공하지 못하고 매우 후회하였다. 탄식하기를 "위징이 살아 있었다면 나에게 이 정벌을 하지 못하도록 했을 것이다."라고 하였다. 명을 내려 파발마를 보내 위징을 少牢로 제사하도록 하고, 직접 지었던 비석을 다시 세우도록 하였으며 위징의 처자식을 위로하고 예물을 하사하였다.

참소가 먹혀들 수 있었던 원인을 궁구해보면 太宗이 마음속으로 먼저 의심한 데서 말미암은 것입니다. 만일 태종이 참소하는 자의 말을 들었을 때 褚遂良을 불러 대질해보았다면, 그리하여 참으로 그런 일이 있었다면 저수량이 진실로 감히 숨기지 못했을 것이고, 만약 그런 일이 없었다면 저수량이 또한 어찌 무고한 자를 두둔했겠습니까. 참소한 자의 거짓된 말이 이에 덮여 가려질 수 없게 되었을 것입니다. 그런데 태종은 속에 의심을 쌓아두고서 잠자코 아무 말도 묻지 않았으니, 예전에 溫彦博에게 명하여 조사를 시켰을 때와 비교해보면 어찌 그렇게도 매우 다르단 말입니까. 만일 훗날 遼東 정벌에 대한 후회가 없었다면 그래도 현명한 군주가 될 수 있었겠습니까.

신이 직접 수백만 기병을 거느리고 요동으로 출전하여 요동성을 함락하였다. 그러나 安市城 공략이 실패로 돌아간 데다 날씨가 추워지고 군량마저 떨어지자 동년 10월에 철군하였다. 태종은 그 뒤에도 한 차례 더 요동 정벌에 나섰으나 끝내 목적을 달성하지 못하였다.

이와 관련하여 星湖 李瀷(이익)은 태종이 이때 流矢에 맞아 눈이 멀게 되었으나 중국과 우리나라의 史書에서 이를 숨기고 적지 않았다고 말하고 있다. 그 증거로 牧隱 李穡의 〈貞觀吟〉이라는 시를 소개하였는데, 시의 내용 중에 "주머니 속의 물건일 뿐이라고 생각했는데, 검은 눈이 白羽箭에 멀 줄을 어찌 알았으리.〔謂是囊中一物耳 那知玄花落白羽〕"라는 내용이 보인다. 《星湖僿說 卷5 萬物門 木弩千步》《牧隱詩藁 卷2 貞觀吟楡林關作》

155) 歎 : 사고본에는 '嘆'으로 되어 있다.

156) 祀徵以小牢 : '소뢰'는 제사 때 희생으로 양과 돼지를 쓰는 것을 이른다. 唐나라의 법에 따르면 일반적으로 내외 관직이 5품 이상으로 兩京에서 죽었거나 國事에 죽었을 경우에는 장례를 앞두고 小牢로 제사하고, 여기에 3품 이상은 束帛을 더하고 1품은 乘馬를 더한다. 발인을 한 뒤에는 또 사신을 보내 郭門 밖에서 束帛을 보내주는데, 여기에 1품은 璧을 더한다. 위징은 종1품하인 太子太師를 역임하였다. 《唐六典 卷4 尙書禮部, 卷26 太子三師 太子太師》

157) 帝末……妻子 : 사고본에는 소자쌍행이 아닌 대문으로 되어 있다. 唐 太宗 貞觀 19년(645) 10월의 일이다.

23-7-가[158]

唐玄[159]**宗**[160]**開元中**에 **宰臣宋璟**[161]이 **疾負罪而妄訴不已者**하여 **付御史臺推治之**러니 **會天旱有魃**(발)[162]이라 **優人**이 **作魃戱於上前**하여 **問魃何爲出**고 **對曰奉相公處分**이니라 **又問何故**오 **魃曰 負寃者二**[163]**百餘人**을 **相公**이 **悉以繫獄**이라 **故魃不得不出**이니라 **上**이 **心以爲然**이러시니 **未幾**에 **罷璟相**[164]하시다

---

158)《資治通鑑》卷212〈唐紀28 玄宗 上之下〉開元 8년(720) 1월 조에 보인다. 문자의 詳略이 있다.

159) 玄 : 대전본에는 '元'으로 되어 있으나, 宋 황실의 시조인 聖祖 趙玄朗을 피휘한 것이다.

160) 唐玄宗 : 685~762. 재위 712~756. 武則天을 포함했을 때 당나라 제7대 임금 李隆基로, 시호는 至道大聖大明孝皇帝이며 '현종'은 묘호이다. 시호로 인해 唐明皇이라고도 칭한다. 제6대 임금 睿宗 李旦의 셋째 아들이며 어머니는 竇皇后이다. 中宗 唐隆 원년(710)에 거병하여 韋皇后와 安樂公主를 제거하고 부친인 예종을 황제로 옹립하였다. 같은 해 황태자에 봉해지고, 2년 뒤인 712년 8월 25일에 예종의 양위로 즉위하였다. 太平公主를 제거하고 姚崇·宋璟·張說·張九齡 등을 재상으로 임용하여 漕運 개량과 屯田 개발 등 내정을 정비하고 밖으로는 東突厥·吐蕃·契丹 등에 대한 방비를 강화하여 開元之治를 이루었다. 만년에 楊貴妃에 빠져 국정을 등한시하고 권신 李林甫, 楊國忠 등을 총애하여 나라가 어지러워졌다. 결국 755년 安祿山의 난을 맞아 四川으로 파천하였으며, 이듬해 태자 李亨(肅宗)에게 양위하고 太上皇으로 물러났다. 長安으로 돌아온 뒤 78세를 일기로 病死하였다.

161) 宋璟 : 663~737. 당나라의 명재상이다. 자는 廣平이며 邢州 南和 사람이다. 高宗 調露 원년(679)에 進士가 된 후 監察御史·御史中丞 등을 역임하였다. 中宗 때 吏部尙書가 되고 諫議大夫를 겸하였으며, 睿宗 景雲 원년(710)에 吏部尙書·同中書門下三品이 되었다. 玄宗이 즉위한 뒤 御史大夫, 刑部尙書가 되었다. 얼마 뒤에 姚崇의 뒤를 이어 侍中이 되었는데, 간신을 내치고 형벌을 관대하게 하며 변경의 장수들이 병력을 함부로 움직이는 것을 엄금하는 등 치적을 쌓아 요숭과 함께 명재상으로 불렸다. 개원 20년(732)에 치사하여 낙양에 살았다. 강직하고 장중한 풍도가 있었으므로 현종이 경외하여 늘 뜻을 굽혀 의견을 받아들였다. 시호는 文貞이다.

162) 魃 : 가뭄의 신으로, 여기에서는 가뭄을 뜻한다.《神異經》에 "남방에 사람이 있는데 키가 두세 자이다. 상체를 벗었으며 눈이 정수리 위에 있다. 달리면 바람과 같다. 이름을 발이라고 하는데, 발이 나타난 나라는 크게 가문다.〔南方有人 長二三尺 袒身而目在頂上 走行如風 名曰魃 所見之國大旱〕"라는 내용이 보인다.《藝文類聚 災異部 旱》

163) 二 :《資治通鑑》에는 '三'으로 되어 있다.

164) 罷璟相 : 唐 玄宗 開元 8년(720) 1월 28일 辛巳日의 일이다. 현종은 宋璟을 侍中에서 면직하고 開府儀同三司로 삼았다.

唐 玄宗 開元 연간에 재상 宋璟이, 죄를 짓고서도 망령되이 고소를 그치지 않는 자들을 미워하여 御史臺에 넘겨서 심문하여 치죄하도록 하였다. 마침 가뭄이 들어서 魃이 나타났다. 優人이 현종 앞에서 魃戲를 하여 발에게 물었다.

"무엇 때문에 나왔는가?"

발이 대답하였다.

"相公에 대한 처분을 받들고 왔다."

또 물었다.

"왜인가?"

발이 대답하였다.

"원통한 사람 2백여 명을 상공이 모두 옥에 가두었기 때문에 내가 나오지 않을 수 없었다."

현종이 속으로 옳다고 여겼다. 그리고 얼마 지나지 않아 송경의 재상직을 파면하였다.

唐 玄宗

宋璟

魃

23-7-나(按)

臣은 按 讒人之害君子가 亦多端矣라 璟은 開元賢相也라 持紀綱[165] · 抑僥倖하니 蓋近習小人之所不便이라 故因天旱而使優伶輩로 作魃戲以傾之하니 恢諧笑謔이 似出無心而玄[166]宗이 信之하사 遽罷璟相하시니 然則其使之者가 誰與오 曰 是不可知也어니와

165) 紀綱 : 대전본 · 사고본에는 '綱紀'로 되어 있다.

166) 玄 : 대전본에는 '元'으로 되어 있으나, 宋 황실의 시조인 聖祖 趙玄朗을 피휘한 것이다.

以其時考之컨대 楊思勉[167)]이 以內侍貴幸而璟이 不與交言하고 姜皎[168)]가 以舊勳寵昵而璟이 斥其大[169)]盛하고 王仁皎[170)]는 后[171)]父也라 築墳過制而璟이 爭之[172)]하고 王仁琛(침)은 藩邸故吏也라 除官過制而璟이 又爭之[173)]하니 是數人者가 皆不便於璟者也라 優伶之戲가 必此輩가 實爲之라

【臣按】 참소하는 자가 군자를 해치는 데는 또한 여러 가지 방법을 사용합니다.

---

167) 勉 : 저본의 欄上에는 "勉字綱目及唐書本傳作勗('勉'자가 《資治通鑑綱目》과 《唐書》 本傳에는 '勗'으로 되어 있다.)" 11자가 筆書되어 있다. 《資治通鑑綱目》 권43上 玄宗 開元 10년·12년·16년 조, 《舊唐書》 권184 〈宦官列傳 楊思勗〉, 《新唐書》 권207 〈宦者列傳上 楊思勗〉에 모두 '勉'이 '勗'으로 되어 있다. 다만 규장각 소장(奎中 2737) 《대학연의》에도 '勉'으로 되어 있다.

168) 姜皎 : 673~722. 唐 玄宗 때의 大臣이다. 秦州 上邽(상규) 사람이다. 武則天 長安(701~704) 연간에 尙衣奉御가 되었고, 玄宗이 즉위하자 殿中少監에 임명되었다. 竇懷貞(?~713)과 太平公主(?~713) 등의 역란 모의를 진압할 때 현종을 도운 공으로 殿中監에 임명되고 楚國公에 봉해졌다. 얼마 뒤에 太常卿이 되고 秘書監을 겸하였다. 현종 開元 10년(722)에 일에 연루되어 欽州로 유배되어 가는 도중에 病死하였다.

169) 大 : 대전본·사고본에는 '太'로 되어 있다.

170) 王仁皎 : ?~719. 玄宗이 폐위시킨 王皇后의 아버지이다. 현종 때 將作大匠, 太僕卿을 역임하였으며 祁國公에 봉해졌다. 사후에 太尉에 증직되었다. 시호는 昭宣이다.

171) 后 : ?~725. 玄宗의 첫 번째 황후 王氏이다. 현종이 臨淄王으로 있을 때 맞이하여 妃로 삼았다. 현종 開元 12년(724)에 왕황후의 오빠인 王守一이 황후에게 자식이 없어 지위가 위태로울 것을 걱정하여 左道의 승려를 불러서 왕황후의 生子를 위해 벼락 맞은 나무에 天地 글자와 현종의 휘를 새겨서 왕황후에게 휴대하고 다니도록 한 符厭事件이 발생하였다. 이 일이 발각되어 왕수일은 賜死되었으며 왕황후는 폐서인되고 3개월 뒤인 10월에 죽었다. 代宗 때 황후의 명호가 회복되었다. 《舊唐書 卷51 后妃上 玄宗廢后王氏》

172) 築墳……爭之 : 玄宗 開元 7년(719) 4월의 일이다. 王皇后의 아버지 王仁皎가 開府儀同三司 祁國公王의 신분으로 동년 4월 24일 壬午日에 죽자, 그 아들 駙馬都尉 王守一(?~725)이 현종의 어머니인 竇皇后의 아버지 竇孝諶의 사례를 따라 분묘의 높이를 5丈 2尺으로 해 줄 것을 청하였다. 현종이 허락하자, 宋璟과 蘇頲(소정)이 이를 간쟁하여 1품관의 분묘는 법에 따르면 1장 9척이라며 반대하였다. 이에 현종이 기뻐하며 간언을 받아들이고 송경과 소정에게 4백 필의 비단을 하사한 적이 있다.

173) 除官……爭之 : 玄宗 開元 7년(719) 11월의 일이다. 현종이 동년 11월 18일 壬申日에 王皇后의 친족인 岐山令 王仁琛에게 藩邸의 옛 관리라고 하여 中書省과 門下省을 거치지 않은 칙령으로 5품관을 제수하자, 송경이 상주하여 과분한 임명으로 다른 사람들과 다르니 법에 따라 吏部의 검토를 거치도록 간쟁한 것을 이른다. 현종은 송경의 간언을 따랐다.

宋璟은 開元 연간의 어진 재상이었습니다. 기강을 잡고 요행을 억제하였으니, 이것은 玄宗을 가까이서 모시는 소인들이 불편하게 여기는 것이었습니다. 이 때문에 가뭄이 든 것을 이용하여 優人들로 하여금 魃戲를 벌이도록 하여 송경을 무너뜨렸던 것입니다. 풍자와 농담이 의도가 없는 데서 나온 듯하자 현종은 이를 믿어 대번에 송경의 재상직을 파면하였습니다.

그렇다면 그렇게 시킨 사람은 누구이겠습니까? 이것은 알 수 없지만 그때의 시대적 상황으로 고찰해보면, 楊思勉은 내시의 신분으로 지위가 높고 총애를 받았는데 송경이 그와 말도 주고받지 않았고, 姜皎는 옛 공훈으로 총애를 받고 현종과 가까웠는데 송경이 그 지나친 권세를 배척하였으며, 王仁皎는 황후의 아버지였는데 그의 분묘를 조성할 때에 제도를 넘게 하려고 하자 송경이 이를 간쟁하였고, 王仁琛은 현종이 藩邸에 있을 때 옛 관리였는데 왕인침을 관직에 임명한 것이 제도를 넘자 송경이 또 이를 간쟁하였으니, 이 몇 사람들은 모두 송경을 불편하게 여긴 자들이었습니다. 우인들의 놀이는 틀림없이 이들이 실로 시켰을 것입니다.

帝雖始初淸明이나 已溺意敎坊之樂(악)①하여 倡優[174]雜伎가 得在左右라 至是하여 遂能以術傾賢相하니 夫近習小人이 工於覘(첨)上之意하여 其薦人也가 未嘗直薦이라 游揚之而已矣요 其毁人也가 未嘗直毁라 陰中之而已矣니 魏弘[175]簡이 將引元稹[176]而誦其詩於宮中②하니 是는 不薦之薦也요 若優人之魃戲는 是又[177]不毁之毁也라 機穽之深・計數之巧가 孰此爲甚이리오 然此가 不獨近倖이 爲然[178]이라 我朝宣和中에 王

174) 倡優 : 가무와 잡기로 오락을 제공하던 才人을 이른다. 《漢書》 顔師古의 주에 따르면 倡은 樂人이고 優는 諧戲者이다.

175) 弘 : 저본・대전본에는 '洪', 사고본에는 '弘'으로 되어 있으나, 각각 淸 高宗 愛新覺羅弘曆과 宋 太祖의 아버지 趙弘殷을 피휘한 것이어서 바로잡아 번역하였다.

176) 元稹 : 779~831. 당나라 때의 저명한 시인이다. 자는 微之이며 河南 사람이다. 총명하였으며 젊었을 때부터 재능으로 명성이 있었다. 白居易와 함께 당시 元白으로 불렸으며, 관청에서는 元才子로 불렸다. 그의 詩體는 元和體라고 한다. 憲宗 元和(806~819) 연간에 左拾遺에 임명된 것을 시작으로 監察御史 등을 역임하였으며, 穆宗 長慶(820~824) 연간에 荊南監軍 崔潭峻이 목종에게 그의 宮詞 등 100여 편을 올리면서 知制誥에 발탁되고, 이어 中書舍人, 翰林學士承旨, 同中書門下平章事 등을 역임하였다. 裴度(765~839)의 탄핵으로 재상에서 파면되어 越州刺史, 浙東觀察使로 폄적되었다. 文宗 大和(827~835) 연간에 武昌節度使로 있다가 죽었다. 현존하는 시는 모두 800여 수이며, 저술에 《元氏長慶集》이 있다.

177) 又 : 대전본에는 없다.

黼[179]・蔡攸[180]가 以大臣入侍禁中하여 每因謔浪・中人하여 無不售者하니 姦讒之伎(기)[181]가 千古一律이라 人主가 其可以無心聽之哉잇가

① 已溺意敎坊之樂 : 開元二年, 置敎坊以敎俗樂(악).[182]
개원 2년(714)에 敎坊을 설치하여 속악을 가르쳤다.

② 魏弘……宮中 : 唐穆宗時, 弘[183]簡內臣之得幸者, 稹以此取相位.
唐 穆宗 때 魏弘簡은 환관으로서 총애를 받은 자였는데, 元稹은 이자를 통해 재상의 지위를 얻었다.

---

178) 然 : 대전본에는 없다.

179) 王黼 : 1079~1126. 북송 말기 徽宗 때의 재상이다. 초명은 甫이며 자는 將明이다. 開封 祥符 사람이다. 徽宗 崇寧(1102~1106) 연간에 進士가 되었다. 학식이 없었으나 꾀가 많고 말재주가 뛰어나 아첨에 능하였다. 蔡京(1047~1126)이 재상으로 복직하는 데 도움을 주어 대번에 御史中丞에 이르렀으며, 휘종 宣和 元年(1119)에는 特進・少宰가 되었으니, 通議大夫에서 8단계를 뛰어넘어 재상이 된 것은 송나라 개국 이래 없었던 일이었다. 執政한 뒤에 사방의 물산과 진귀한 물건들을 마구 거두어들였다. 欽宗은 태자 때부터 왕보를 싫어하였는데, 즉위하자 왕보가 金나라 군대가 汴京에 쳐들어왔을 때 詔命을 기다리지 않고 처자식을 데리고 달아난 일을 문제 삼아 가산을 적몰하고 얼마 뒤에 주벌하였다.

180) 蔡攸 : 1077~1126. 북송 말기 徽宗과 欽宗 때의 재상이다. 자는 居安이며 興化 仙遊 사람이다. 蔡京의 長子이다. 휘종 崇寧 3년(1104)에 進士가 되었다. 이후 中書郎, 樞密直學士, 少保, 少師, 太保 등을 두루 역임하였다. 궁궐을 출입하면서 市井의 俗語와 道家의 부정한 말로 휘종의 뜻에 영합하여 英國公에 봉해졌다. 靖康 원년(1126)에 흠종이 즉위하자 太中大夫로 강등되었고 뒤이어 永州, 潯州, 雷州에 안치되었다. 채경이 죽자 萬安軍에 안치되었고 얼마 뒤에 흠종이 보낸 사자에 의해 유배지에서 주살되었다.

181) 伎 : 대전본・사고본에는 '技'로 되어 있다.

182) 開元……俗樂 : 玄宗 開元 2년(714) 1월의 일이다. 敎坊은 당나라 때 궁정 음악을 관리하던 관청으로 雅樂 이외의 음악, 춤, 百戲의 교습과 연출 등의 일을 전적으로 관장하였다. 唐 高祖 武德(618~626) 연간에 궁 안에 內敎坊을 설치하여 음악을 익히고 優人을 관리하도록 하였다. 현종 개원 2년에 내교방을 蓬萊宮 옆에 설치하고 별도로 女樂을 관장하는 左右 敎坊을 두어 俗樂을 가르쳤다. 左敎坊은 朱雀門街 동쪽 제4街의 長樂坊에 두었고 右敎坊은 朱雀門街 동쪽 제3街의 廣宅坊에 두었으며, 환관을 敎坊使로 삼아 太常寺에 예속되지 않게 하였다. 崔令欽의 《敎坊記》에 따르면 좌교방은 춤에 뛰어났고 우교방은 노래에 뛰어났다고 한다. 《資治通鑑 卷211 唐紀27 玄宗 開元 2年》

183) 弘 : 저본에는 '洪', 사고본에는 '⿰弓乚'으로 되어 있으나, 각각 宋 太祖의 아버지 趙弘殷과 淸 高宗 愛新覺羅弘曆을 피휘한 것이어서 바로잡아 번역하였다.

玄宗이 비록 즉위한 초기에는 밝았으나 얼마 지나지 않아 教坊의 음악에 빠져서 樂人과 優人, 잡기를 가진 자들이 좌우에 있을 수 있게 되었습니다. 이때에 이르러 마침내 술수로 어진 재상을 무너뜨릴 수 있게 되었습니다.

가까이서 모시는 저 소인들은 군주의 뜻을 엿보는 데 뛰어나서, 사람을 천거할 때는 일찍이 직접적으로 천거한 적이 없고 흘리는 말로 추켜세울 뿐이었으며, 사람을 비방할 때는 일찍이 직접적으로 비방한 적이 없고 암암리에 해칠 뿐이었습니다. 환관 魏弘簡이 元稹을 끌어들이기 위해 그의 시를 궁중에서 외웠으니 이것은 천거하지 않은 천거였으며, 優人의 魅戲는 이것은 또 비방하지 않은 비방이었습니다. 그 깊은 함정과 그 교묘한 술수가 어떤 것이 이보다 심하겠습니까.

그러나 이것은 가까이서 총애를 받는 소신만 그런 것이 아닙니다. 우리 송나라 徽宗 宣和(1119~1126) 연간에 王黼와 蔡攸가 대신의 신분으로 궁중에 들어가 모시면서 매번 해학하는 자와 환관을 통해 자신들의 계략을 쓰지 않음이 없었으니, 간사한 신하와 참소하는 신하들이 〈그 목적을 이루는〉 수단은 오랜 옛날부터 똑같습니다. 인군이 이것을 의도가 없는 것으로 들을 수 있겠습니까.

唐人宮樂圖

23-8-가[184)]

德宗[185)]이 使人諭陸贄(육지)①[186)]호대 苗粲[187)]父晉卿[188)]이 往年攝政에 有不臣之言②하고 諸子가 皆與古帝王同名[189)]하니 今不欲明行斥逐하노니 兄弟를 宜各降外官하라 贄가 奏曰 凡是譖愬之輩가 多非信實之言이라 利於中傷하고 懼於公辯하여 或云歲月已久하니 不可究尋이라하며 或云事體有妨하니 須爲隱忍이라하며 或云惡跡未露하니 宜假他事爲名이라하며 或云但棄其人이라 何必明言責辱이리오하나니 詞皆近理나 意實矯誣라 傷善售[190)]姦이 莫斯爲甚이니이다

---

184)《資治通鑑》卷234〈唐紀50 德宗9〉貞元 9년(793) 2월 조에 보인다.

185) 德宗 : 20-5-가 '德宗' 주석 참조.

186) 陸贄 : 754~805. 당나라 때 유명한 정치가이자 문학가이다. 자는 敬興이며 蘇州 嘉興 사람이다. 代宗 大曆 8년(773)에 進士가 되고 博學宏詞科에 합격하였다. 德宗이 즉위한 뒤 翰林學士가 되었다. 덕종 建中 4년(783)에 朱泚(주자)가 반란을 일으키자 덕종을 호종하여 奉天으로 갔는데, 그가 기초한 詔書에 武夫悍卒도 눈물을 흘리며 감동하지 않은 사람이 없었다고 한다. 주자의 반란은 20-8-가 '朱泚' 주석 참조. 덕종 貞元 7년(791)에 兵部侍郎이 되었고, 이듬해에 中書侍郎·同門下平章事가 되었다. 재상으로 있으면서 弊政을 진달하고 가혹한 세금을 폐지하였다. 정원 10년(794)에 戶部侍郎 裴延齡의 모함으로 재상에서 파면되었고 이듬해에 忠州別駕로 폄적되었다. 順宗 永貞 원년(805)에 임소에서 죽었다. 시문에 뛰어났으며 특히 制誥와 政論에 뛰어났다. 저술에《陸宣公翰苑集》등이 있다. 시호는 宣이다.

187) 苗粲 : 생몰년은 자세하지 않다. 당나라 때의 대신으로, 潞州 壺關 사람이다. 苗晉卿의 아들이다. 玄宗, 肅宗, 代宗의 세 조정에 벼슬하였다.

188) 晉卿 : 苗晉卿(675~765)이다. 당나라 때의 재상으로, 苗粲의 아버지이다. 進士에 급제하였으며, 侍御史, 兵部員外郎, 吏部郎中, 中書舍人, 吏部侍郎, 工部尙書, 憲部尙書 등을 역임하였다. 安史의 난이 일어나 長安이 함락되자 金州로 달아났다가 肅宗의 부름을 받고 鳳翔의 행재소로 가서 宰相이 되었다. 장안으로 돌아온 뒤 侍中에 임명되고 韓國公에 봉해졌다. 代宗 廣德 원년(763)에 太保로 致仕하였다. 病死하였다. 시호는 처음에 懿獻이었다가 뒤에 文貞으로 바뀌었다.

189) 諸子……同名 : 묘진경의 아들 열 명의 이름은 發, 丕, 堅, 粲, 垂, 向, 呂, 稷, 望, 咸이다. 여기에서는 이 가운데 發, 丕, 堅, 粲, 垂의 이름이 옛 제왕인 周 武王 姬發(기원전 1087~기원전 1043), 魏 文帝 曹丕(187~226)와 東晉 哀帝 司馬丕(341~365)와 前秦 哀平帝 苻丕(?~386), 前秦 宣昭帝 苻堅(338~385), 漢(前趙) 隱帝 劉粲(?~318), 後燕 成武帝 慕容垂(326~396)와 같은 것을 이른다.

① 使人諭陸贄 : 贄時爲相.
陸贄는 당시 재상이었다.

② 苗粲……之言 : 晉卿, 肅・代時宰相, 肅宗末, 攝冢宰[191]. 粲, 其子也.
苗晉卿은 肅宗과 代宗 때의 재상으로, 숙종 조 말에 攝冢宰가 되었다. 苗粲은 苗晉卿의 아들이다.

陸贄

德宗이 사람을 보내 陸贄에게 다음과 같이 諭示하였다.

"苗粲의 아비 苗晉卿이 예전에 임시로 정사를 주관할 때 신하로서 할 수 없는 말을 하였고 아들들이 모두 옛 제왕의 이름과 같다. 지금 드러내놓고 내쫓고 싶지는 않으니 묘찬의 형제들을 각각 지방관으로 강등시키도록 하라."

육지가 상주하여 말하였다.

"무릇 참소하는 무리가 하는 말은 대부분 미덥고 진실한 말이 아닙니다. 남몰래 해치는 것을 이롭게 여기고 공개적으로 논의하는 것을 두려워하여, 혹은 '세월이 이미 오래 흘렀으니 끝까지 추적할 수 없다.'라고 하고, 혹은 '事體에 방해가 되니 눌러 참아야 한다.'라고 하며, 혹은 '악행의 형적이 드러나지 않았으니 다른 일을 빌려 명분으로 삼아야 한다.'라고 하고, 혹은 '다만 그 사람을 버릴 뿐이니 어찌 굳이 책망하고 모욕 주는 말을 드러내놓고 할 필요가 있겠는가.'라고 합니다. 말이 모두 그럴듯하지만 그 속뜻은 실로 名義를 빌려 무함하는 것입니다. 善人을 해치고 奸計를 꾸미는 것이 이보다 더 심한 것이 없습니다."

---

190) 售 : 대전본에는 '受'로 되어 있다.

191) 肅宗末攝冢宰 : 숙종 寶應 원년(762) 4월 5일 甲寅日에 玄宗(685~762)이 神龍殿에서 붕어하고 숙종이 병으로 드러눕자, 동년 4월 7일 丙辰日에 苗晉卿에게 攝冢宰를 명하였고, 숙종이 동년 4월 18일 丁卯日에 붕어하자 代宗이 동년 4월 20일 己巳日에 즉위하여 다시 한 번 묘진경에게 섭총재를 명하였다. 그러나 묘진경은 두 번 모두 표문을 올려서 간곡하게 이를 사양하여 모두 윤허를 받았다. 묘진경이 올린 두 편의 표문은《구당서》에 실려 있다.《資治通鑑 卷222 唐紀38 肅宗 下之下 寶應 元年》《舊唐書 卷113 苗晉卿列傳》

23-8-나(按)

臣은 按 贄(지)는 可謂得讒人之情矣로다 蓋其爲言이 大抵非實이니 若人主가 顯行辨白則是非曲直이 有不可揜者라 故但陰肆中傷하여 使人主自加譴怒則爲讒者가 無罪而被讒者가 不得免하나니 自古忠良이 喑嗚(암오)[192]受禍者가 此其由也라

【臣按】陸贄는 참소하는 자의 실정을 알았다고 말할 만합니다. 그 참소하는 말이 대체로 진실이 아니니, 만약 군주가 공개적으로 그 흑백을 가린다면 시비곡직이 덮어질 수 없기 때문에 단지 암암리에 중상모략을 하여 군주로 하여금 스스로 견책하도록 할 뿐입니다. 이렇게 하면 참소하는 자는 죄가 없고 참소를 당하는 자는 화를 면할 수 없게 됩니다. 예로부터 충성스럽고 선량한 신하들이 소리 없이 오열하며 화를 입었던 것은 바로 이런 방법을 통해서였습니다.

晉卿이 在肅・代朝에 它[193]無可紀나 然亦循謹恭順하야 見稱于時하니 雖因山陵하여 暫攝冢宰나 軍國威權이 初非己出이니 安敢輕出不臣之言이리오 諸子命名이 與帝王同은 殆亦偶然이라 非必有意니 趙堯[194]・李舜[195]이 未聞爲逆於當時요 王莽[196]・

192) 喑嗚 : 슬픔으로 오열하는 것이다.《資治通鑑》胡三省의 주에 따르면 "소리 없이 눈물을 흘리는 것을 喑이라 하고, 탄식하며 슬퍼하는 것을 嗚라고 한다.〔啼泣無聲謂之喑 歎傷謂之嗚〕"라는 내용이 보인다.

193) 它 : 사고본에는 '他'로 되어 있다.

194) 趙堯 :《전한서》에 따르면 漢 高帝 때 천자의 봄철 法服을 관장하던 사람이다.《前漢書 卷74 魏相丙吉傳 魏相》

195) 李舜 :《전한서》에 따르면 漢 高帝 때 천자의 여름 法服을 관장하던 사람이다.《前漢書 卷74 魏相丙吉傳 魏相》

196) 王莽 : 기원전 45~23(재위 8~23). 서한 말의 대신이자 新나라의 건립자이다. 자는 巨君이며 濟南 東平陵 사람이다. 서한 元帝의 황후 王政君의 조카이다. 일찍이 아버지를 여의고 노모를 착실히 섬겨 덕행으로 이름이 났다. 賢者를 예우하고 자신을 낮추어 朝野에 명성이 자자하였다. 서한 말에 백부 王鳳의 추천으로 黃門郎에 임명되었다. 이후 成帝, 哀帝, 平帝를 거치면서 光祿大夫, 侍中, 大司馬 등을 역임하였다. 평제가 즉위하여 元后가 태황태후로 臨朝하자 국정을 총괄하였으며, 딸을 황후로 삼았다. 5년에 평제를 독살하고 두 살 된 孺子 嬰을 옹립한 뒤, 섭정의 명분으로 천자의 자리에 올라 假皇帝라 칭하고 居攝으로 개원하였다. 8년에 稱帝하고 국호를 新이라고 하였다. 재위 기간에 託古改制하였으며, 법령이 가혹하고 세금이 무거워 17년에 농민의 반란이 일어났다. 23년에 綠林軍이 長安에 쳐들어오자 漸台로 달아났다가 상인 杜吳에게 피살되었다.

曹操[197]가 不假襲名於前代而讒者가 以此誣之하니 可謂寃矣라 使無陸贄之辯이면 庸得免乎아 然粲等이 雖幸獲全而德宗之疑가 終不盡釋[198]하시니 此其所以爲闇主也라

苗晉卿이 肅宗과 代宗 때에 별달리 기록할 만한 공적은 없으나 또한 근실하고 공손하여 당시에 칭송을 받았습니다. 비록 황제의 붕어로 인해 잠시 攝冢宰의 자리에 있기는 하였으나 軍務와 국정을 관장하는 위엄과 권세가 애초에 그 자신에게서 나오지 않았으니, 어찌 감히 경솔하게 신하로서 할 수 없는 말을 입 밖에 내었겠습니까.

여러 아들의 이름을 지은 것이 제왕들과 똑같았던 것은 아마도 또한 우연히 그런 것이어서 반드시 어떤 의도가 있었던 것은 아닐 것입니다. 趙堯와 李舜이 당시에 반역을 했다는 말은 들은 적이 없으며, 王莽과 曹操는 前代의 제왕에게서 이름을 가져다 쓰지 않았습니다. 그런데도 참소하는 자들이, 옛 제왕과 이름이 같다는 것을 가지고 묘진경을 무함하였으니 억울하다고 할 만합니다. 만약 육지의 변론이 없었더라면 어떻게 화를 면하였겠습니까.

그러나 苗粲 등이 비록 다행히 목숨을 보전했다고는 하나 德宗의 의심이 끝내 다 풀리지는 않았으니, 이것이 바로 덕종을 어두운 군주로 보는 이유입니다.

---

197) 曹操 : 155~220. 동한 말의 정치가이자 문학가이다. 자는 孟德이며 小字는 阿瞞이다. 沛國 譙縣 사람이다. 동한 말에 천하가 어지러워지자 獻帝 建安 원년(196)에 헌제를 자신의 근거지인 許都로 옮겨온 뒤 천자의 명의를 빌려 袁紹, 袁術, 呂布, 劉表, 馬超, 韓遂 등의 할거 세력을 제거하고, 대외적으로는 南匈奴, 烏桓, 鮮卑 등을 복속시켜 북방을 통일하였다. 建安 13년(208)에 승상이 되어 군대를 끌고 남하하였다가 赤壁에서 孫權과 劉備의 연합군에게 대패하였다. 이후 魏王에 봉해졌다. 민생에 힘을 씀으로써 曹魏 건립의 기초를 닦았다. 조위가 건립된 뒤 아들 曹丕에 의해 武皇帝로 추존되었다. 시호는 武, 묘호는 太祖이다. 역대 名人들의 조조에 대한 평가는 대체로 후하나, 남송의 학자 尹起莘은 "역적 王莽이 漢나라를 찬탈할 때에 그 구실을 찾고자 하였으나 찾지 못하자 周公이 居攝한 것을 칭탁하였는데, 조조와 조비에 이르게 되자 처음으로 제위를 양위하는 것으로 문식하였다. 이후로 찬탈과 도적질이 이어졌는데 모두 이를 뒤따라 행하였으니, 그 근원은 조씨의 나쁜 전례에서 시작되었다.〔莽賊簒漢 欲求其說而不可得 乃以周公居攝稱之 至操丕 始以傳禪爲文 自後簒竊相繼 皆踵而行之 其原起於曹氏之作俑也〕"라고 말하고 있다.《資治通鑑綱目 卷14 獻帝 庚子二十五年〔魏文帝曹丕黃初元年〕 發明》

198) 德宗……盡釋 : 苗粲 본전에 "德宗은 〈陸贄의 간언을 듣고〉 옳다고 여겼으나 묘찬의 벼슬은 끝내 현달되지 못하였다.〔帝然之 而粲官終不顯〕"라는 내용이 보이는데, 이를 가리키는 듯하다.《新唐書 卷140 崔苗二裴呂列傳 苗晉卿》

我朝仁皇時에 宋郊[199]가 以名儒進用이어늘 有讒之者가 曰 姓符國號요 名應天郊[200]라하여늘 郊가 不自安하여 易名曰庠이라하니 然仁皇이 未嘗疑之而不命之相也[201]하시니 此가 其所以爲聖君與신저 後之欲堲(즐)讒說者가 其必以仁皇爲法이니이다

우리 송나라 仁宗 때 宋郊가 名儒라 하여 등용되자, 참소하는 자가 "성은 국호에 부합하고 이름은 하늘의 郊祭에 대응한다."라고 하였습니다. 송교가 스스로 편안히 여기지 못하고 이름을 宋庠으로 바꾸었습니다. 그러나 인종은 일찍이 송교를 의심하지 않고 재상으로 명하였으니, 이것이 바로 聖君으로 보는 이유일 것입니다. 뒤에 참언을 미워하고자 하는 사람은 반드시 인종을 법으로 삼아야 할 것입니다.

23-9-가[202]

唐敬宗[203]初①에 裴度[204]가 自興[205]元入朝[206]하니 李逢吉[207]之黨이 百計毁

199) 宋郊 : 996~1066. 북송의 재상이자 문학가이다. 뒤에 宋庠으로 개명하였다. 자는 伯庠이며 뒤에 公序로 바꾸었다. 安州 安陸 사람이다. 아우 宋祁와 함께 모두 문장으로 이름이 나서 二宋으로 불렸다. 仁宗 天聖 2년(1024)에 進士에 급제한 뒤 翰林學士, 參知政事, 樞密使 등을 역임하고, 인종 皇祐 원년(1049)에 재상이 되었다. 英宗이 즉위한 뒤 鄭國公에 봉해졌다. 시호는 元憲이다.

200) 天郊 : 대전본・사고본에는 '郊天'으로 되어 있다.

201) 我朝……相也 : 宋郊가 당시 翰林學士에 임명되어 仁宗의 총애를 받자, 李淑이 자신보다 송교의 벼슬이 높아질까 두려워하여 참소한 것이다. 다만 《송사》 本傳에는 이숙이 "'宋'은 천명을 받은 국호이고 '郊'는 건네준다는 뜻의 交와 같으니 송교의 성과 이름을 합하여 말하면 상서롭지 못합니다.〔宋 受命之號 郊 交也 合姓名言之爲不祥〕"라고 참소했다고 하여 저본과는 조금 다르다. 인종은 이숙의 이 말을 개의치는 않았으나 훗날 이 말을 송교에게 전해주자 송교가 이름을 바꾼 것이다. 송교는 인종 寶元 2년(1039)에 右諫議大夫로서 재상의 직인 參知政事에 임명되었다. 《宋史 卷284 宋庠列傳》《東都事略 卷65 宋庠列傳》

202) 《資治通鑑》 卷243 〈唐紀59 敬宗〉 寶曆 2년(826) 1월 조에 보인다.

203) 唐敬宗 : 20-13-가 '敬宗' 주석 참조.

204) 裴度 : 765~839. 당나라 중기의 문학가이자 정치가이다. 자는 中立이며 河東 聞喜 사람이다. 德宗 貞元 5년(789)에 進士가 되었다. 憲宗 元和(806~820) 연간에 中書舍人, 御史中丞 등을 역임하고 同中書門下平章事에 임명되었으며 藩鎭의 세력 축소를 주장하였다. 얼마 뒤에 재상의 신분으로 吳元濟를 토벌하자 河北의 번진이 크게 두려워하여 조정에 귀순하는 자가 많았다. 晉國公에 봉해져 裴晉公으로 불렸다. 文宗을 옹립하는 데 공을 세워 관

之하더라 先是에 民間이 謠云 緋(비)衣小兒坦(탄)其腹②하니 天上有口被驅逐③이라하고 又長安城中에 有橫亘(긍)六崗[208]이 如乾象[209]이러니 度宅이 偶居第五崗[210][211]이라 諫官張權輿[212]가 上言 度가 名應圖[213]讖하며 宅占崗[214]原하고 不召而來하니 其旨可見[215]이니이다 上이 雖年少나 悉察其誣謗하사 待度益厚러시니 未幾에 以度爲司空[216]·平章事[217]하시다

직이 中書令에 이르렀다. 시호는 文忠이다.

205) 興 : 대전본에는 '開'로 되어 있으나, 오자이다.

206) 裴度自興元入朝 : 敬宗 寶曆 2년(826) 1월 24일 壬辰日의 일이다. '興元'은 府 이름으로 지금의 陝西省 漢中에 있었다. 이때 言官이 배도를 藩鎭에 내버려두어서는 안 된다고 자주 말하자 경종이 사신을 興元府에 보내 배도를 위로하고, 李逢吉을 꺼려 배도에게 은밀히 조정에 돌아올 날짜를 보여주자 배도가 이로 인해 入朝를 청했던 것이다.《資治通鑑 卷243 唐紀59 敬宗 寶曆 1年 12月》

207) 李逢吉 : 20-13-가 '李逢吉' 주석 참조.

208) 崗 : 대전본·사고본에는 '岡'으로 되어 있다. 崗은 岡의 속자이다.

209) 有橫……乾象 : 6개의 가로로 뻗은 언덕이 마치《周易》〈乾卦〉 6획의 형상(☰)과 같았다는 말이다.

210) 崗 : 대전본·사고본에는 '岡'으로 되어 있다. 崗은 岡의 속자이다.

211) 度宅偶居第五崗 :《周易》〈乾卦 九五 爻辭〉에 "나는 용이 하늘에 있으니 대인을 만나봄이 이롭다.〔飛龍在天 利見大人〕"라는 내용이 보인다. 程頤의 傳에 따르면 이것은 聖人이 이미 천자의 지위를 얻었으면 아래에 있는 大德의 사람을 만나보아 함께 천하의 일을 이루는 것이 이롭고, 천하 사람들은 大德의 군주를 만남이 이롭다는 말이다. 宇文愷(555~612)가 隋나라 도읍을 설계할 때 朱雀街 남북으로 여섯 개의 높은 언덕이 乾卦 6爻의 형상처럼 있자, 일부러 九二의 위치에 궁전을 지어 제왕의 거처로 삼고 九三의 위치에 百司를 세워 벼슬아치들의 수에 대응시키고 九五(帝位를 상징)의 위치에 보통 사람들이 살지 못하게 하기 위해서 玄都觀과 興善寺를 세워서 그 地氣를 눌렀다고 한다. 裴度의 집은 바로 주작가에 있는 현도관과 마주보는 곳에 있었다.《資治通鑑 卷243 唐紀59 敬宗 寶曆 2年 胡三省注》

212) 張權輿 : 생몰년은 자세하지 않다. 唐 穆宗 때 재상 李逢吉의 당여인 八關十六子 중 한 사람이다. 아래 '八關十六子' 주석 참조.

213) 圖 : 사고본에는 '度'로 되어 있으나, 오자이다.

214) 崗 : 대전본·사고본에는 '岡'으로 되어 있다. 崗은 岡의 속자이다.

215) 諫官……可見 : 敬宗 寶曆 2년(826) 2월의 일이다.

216) 司空 : 관직명이다. 당나라 때 太尉·司徒와 함께 三公으로 불렸으며 명의상 국가의 大事를 논의하는 데 참여할 수 있었으나 실제로는 加官이었다.

① 唐敬宗初 : 敬宗, 穆宗子也.
敬宗은 穆宗의 아들이다.
② 緋衣小兒坦其腹 : 非衣, 裴字也[218], 俗以腹爲肚(두)[219].
非衣는 裴자이며, 세속에서는 腹을 肚라고 생각하였다.
③ 天上有口被驅逐 : 俗以口天爲吳字.
세속에서는 口天을 吴(吳)자로 생각하였다.

唐 敬宗 초에 裴度가 興元에서 와서 入朝하자 李逢吉의 무리가 백방으로 비방하였다.

裴度

이보다 앞서 민간에서 불리는 노래가 있었는데, "비단옷〔緋衣〕을 입은 아이가 그 배〔腹〕가 편안하니, 하늘〔天〕 위에 입 달린〔口〕 자가 내쫓김을 당하네."라고 하였다. 또 長安城 안에 乾卦(☰)와 같은 형상을 가진 가로로 뻗은 6개의 언덕이 있었는데, 배도의 집이 우연히 다섯 번째 언덕에 있자 諫官 張權輿가 다음과 같이 上言하였다.

"배도가 이름은 圖讖에 들어맞고 집은 높은 언덕에 있습니다. 그리고 부르지도 않았는데 도성에 왔으니 그 뜻을 알 만합니다."

경종이 비록 나이가 어렸으나 그것이 거짓 비방임을 모두 살펴 알아서 배도를 더욱 후히 대하더니, 얼마 지나지 않아 배도를 司空·同中書門下平章事에 임명하였다.

---

217) 以度……章事 : 敬宗 寶曆 2년(826) 2월 9일 丁未日의 일이다. '平章事'는 관직명으로, 여기에서는 同中書門下平章事를 가리킨다. 당나라 초기에는 퇴직한 재상의 명호로 삼아 계속해서 재상의 일에 참여하여 들을 수 있도록 하였다. 중엽 이후에는 실제로 재상의 직임을 맡은 사람은 반드시 그 본직 외에 '동중서문하평장사'라는 관함을 덧붙여야 했다. 동중서문하평장사는 간략하게 '同平章事'라고 칭하였는데, 함께 정사를 논의한다는 뜻이다.

218) 非衣裴字也 : 《廣韻》에 따르면 '非'의 음은 '緋'와 함께 모두 甫微切, 즉 '비'이다. '緋衣'는 붉은색 관복으로, 고위 관리를 의미한다.

219) 俗以腹爲肚 : 《廣韻》에 따르면 '肚'의 음은 裴度의 '度'와 함께 모두 徒古切, 즉 '도'이다.

23-9-나(按)

臣은 按 緋衣之謠는 必時人이 美其平吳元濟[220]之功하여 以俚語歌之하니 亦猶薛仁貴[221]之定天山而有三箭之謠[222]也어늘 逢吉等이 乃用以爲謗하니 蓋度가 自憲宗[223]

---

220) 吳元濟 : 783~817. 唐 憲宗 때 藩鎭의 수령으로, 滄州 淸池 사람이다. 淮西節度使 吳少陽(?~814)의 아들이다. 憲宗 元和 9년(814)에 아버지의 상을 당하자 이를 숨기고 오소양이 지은 것처럼 표문을 위조하여 올렸는데, 오소양이 병을 핑계로 아들 오원제를 留後로 삼아 달라는 내용이었다. 그러나 조정에서 이를 허락하지 않자 군대를 보내 武陽을 도륙하고 葉縣을 불태웠으며, 魯山, 襄城, 陽翟을 공략하고 洛陽을 위협하였다. 뒤에 裴度에게 토벌당하자 장수와 군사들 중에 이반자가 많았다. 원화 12년(817) 10월에 할거했던 蔡州가 李愬(이소)에게 격파되자 오원제는 포로로 잡혀 동년 11월에 長安에서 참수되었다.

221) 薛仁貴 : 614~683. 당나라의 名將이다. 이름은 禮, 자는 仁貴로, 絳州 龍門 사람이다. 젊어서는 농사를 지었다. 태종 때 募兵에 응하여 군대에 들어와서 고구려 정벌에 참여하였는데, 무용으로 전군에 이름이 났으며 그 공으로 右領軍中郎將에 임명되었다. 高宗 顯慶(656~660) 연간에 고구려를 격파하고 거란왕을 사로잡아 그 공으로 左武衛將軍에 임명되었다. 또한 天山에서 鐵勒의 9개 부족을 격파하는 등 혁혁한 전공을 세웠다.

222) 薛仁……之謠 : 高宗 龍朔 원년(661)에 그동안 당나라와 우호적으로 지냈던 回紇의 수령 婆閏이 죽은 뒤 그 지위를 계승한 조카 比粟이 당나라와 대적하여 변경을 침범하자 고종은 鄭仁泰를 장수로 삼고 薛仁貴를 부장으로 삼아 군대를 끌고 天山으로 가서 鐵勒의 9개 부족을 치게 하였다. 철륵은 군사 10여만 명을 모아 이를 막고 또 날랜 기병 수십 명을 보내 도발하게 하였는데, 설인귀가 화살 세 발을 쏘아 세 사람을 죽이자 나머지 기병들이 모두 겁을 먹고 항복하였다. 설인귀가 이 승기를 타고 적을 공격하여 철륵을 격파하고 적의 수령 형제 3명을 사로잡아서 돌아오자, 당시 군중에서 "장군이 세 화살로 천산을 평정시키니, 장사들이 크게 노래하며 변경 관문으로 들어오네.〔將軍三箭定天山 壯士長歌入漢關〕"라는 노래를 불렀다고 한다. '天山'은 일명 蔚督軍山으로 지금의 몽골 경내에 있는 산이다. '鐵勒'은 북방 소수 민족 이름이다.《資治通鑑 卷200 唐紀16 高宗 上之下 龍朔 元年》

223) 憲宗 : 778~820. 재위 805~820. 武則天을 포함하면 당나라 제13대 임금 李純이다. 초명은 淳, 시호는 昭文章武大聖至神孝皇帝이다. 제12대 임금 順宗의 장자이다. 순종 永貞 원년(805)에 황태자에 책립되어 李純으로 개명하였다. 재위 중에 杜黃裳, 武元衡, 李吉甫, 李絳 등의 名臣을 재상으로 임용하고 폐정을 개혁하였다. 아울러 번진의 약화를 추진하여 元和 2년(807) 이래로 원화 13년(818)까지 鎭海節度使 李錡, 魏博節度使 田興歸, 成德節度使 王承宗, 淮西節度使 吳元濟, 淄淸節度使 李師道 등을 토벌하고 河朔 3鎭을 제압하여 천하에 위망을 떨쳐 元和中興을 이룩하였다. 그러나 태자 李寧이 요절한 이후에 불교와 도교에 빠져들었고 환관 세력을 견제하는 데 실패하여 元和 15년(820)에 환관 王守澄과 陳弘志에게 시해당했다. 능침은 景陵이다.

時로 已與逢吉相爲水火하니 憲宗이 始初清明하여 銳意討叛則相度而黜逢吉하고 及蔡功既成[224)]하여 志漸驕怠則相逢吉而黜度하니 正邪之不竝立也가 久矣라 既歷三朝하여 度之勳德이 愈茂而羣邪媢疾이 甚於仇讎라 故因其入朝하여 中以飛謗而張權輿者가 又從而詆之하니 逢吉·權輿는 姦險[225)]相濟하여 所謂八關十六子[226)]也而因謠言以傾大臣하니 卽祖珽之中斛律光者也[227)]라 高緯는 不察하여 殺光而齊以亡하고 敬宗은 察之하여 相度而唐以未亂하니 吁라 來者가 其尙監[228)]玆니이다

【臣按】緋衣의 노래는 필시 당시 사람들이 吳元濟를 평정한 裴度의 공을 찬미하여 속어로 노래한 것이었을 것이니, 또한 薛仁貴가 天山을 평정하자 화살 세 발의 노래가 있었던 것과 같습니다. 그런데 李逢吉 등이 마침내 이것을 가지고 비방을 하였으니, 이것은 裴度가 憲宗 때부터 이미 이봉길과 서로 물과 불 같은 사이가 되었기 때문입니다.

헌종이 처음 즉위한 초기에는 매우 밝아서 강인한 의지로 반란을 토벌할 때에는 배도를 재상으로 삼고 이봉길을 축출했으며, 蔡州의 공이 이미 이루어져서 뜻이 점점 교만하고 태만해지게 되어서는 이봉길을 재상으로 삼고 배도를 축출하였으니, 올바른 사람과 간사한 자가 병립하지 못한 지가 오래되었던 것입니다.

이미 세 임금을 거치면서 배도의 공훈과 덕이 더욱 성해지자 여러 간사한 자들이 질투하고 미워하는 것이 원수보다도 더하였습니다. 이 때문에 배도가 入朝한 것으로 인하여 비방으로 중상하였던 것인데, 張權輿라는 자가 또 이에 장단을 맞추어 헐뜯었습니다.

이봉길과 장권여는 간사함과 음험함을 서로 도와 이루어서 이른바 '八關十六子'

---

224) 蔡功既成 : 당 헌종은 藩鎭의 세력을 축소하기 위해 재위 기간 동안 끊임없이 전쟁을 벌였는데, 이 전쟁들 중 元和 12년(817) 10월 겨울밤에 李愬가 8천 군사를 이끌고 蔡州를 습격하여 吳元濟를 사로잡고 淮西의 난을 평정한 것을 이른다. 淮西의 治所는 蔡州였다. 위의 '吳元濟' 주석 참조.

225) 險 : 대전본에는 '嶮'으로 되어 있다.

226) 八關十六子 : 唐 穆宗 때 재상 李逢吉의 당여 여덟 사람, 즉 張又新, 李仲言, 李續之, 李虞, 劉栖楚, 姜洽, 張權輿, 程昔範과 이들에게 붙은 자 여덟 사람을 이른다. 이들이 모두 요직을 차지했기 때문에 당시 사람들이 이렇게 부른 것이다. '關'은 胡三省에 따르면 '要'와 같다. 《資治通鑑 卷243 唐紀59 穆宗 下 長慶 4年 胡三省注》

227) 祖珽……者也 : 23-4-가 참조.

228) 監 : 사고본에는 '鑒'으로 되어 있다.

였는데 민간의 노래를 이용하여 대신을 무너뜨렸으니, 바로 祖珽이 斛律光을 중상했던 방법이었습니다. 高緯(北齊 後主)는 이를 잘 살피지 못하여 곡률광을 죽이자 北齊가 이 때문에 망하였고, 敬宗은 이를 잘 살펴 배도를 재상으로 삼자 당나라가 이 때문에 어지러워지지 않았습니다. 아, 이후의 군주들은 부디 이것을 거울삼아야 할 것입니다.

以上은 論憸邪罔上之情二라【讒臣】

이상은 간사한 자들이 임금을 속인 정상을 논한 두 번째이다.【참소하는 신하】

大學衍義 卷24

格物致知之要(二) 사물의 원리를 깊이 연구하여 知性의 힘을 극대화하는 핵심적인 방법들 (2)

辨人材 人材를 구별하는 방법들

憸邪罔上之情【佞幸之臣】 奸邪한 자들이 임금을 속인 정상【아첨하여 총애받는 신하】

24-1-가[1)]

齊桓公[2)]**末**에 **管仲**[3)]이 **病**이어늘 **公**이 **問 群臣**이 **誰可相者**오 **管仲**이 **曰 知臣**이

---

1) 《史記》 卷32 〈齊太公世家〉에 보인다. 《韓非子》에 따르면, 죽음을 앞둔 管仲이 齊 桓公에게 豎刁(수조)와 易牙를 제거하고 開方을 멀리하라고 간하였으나, 환공은 그 말을 받아들이지 않았다. 훗날 수조·역아·개방이 난을 일으키자 환공은 飢渴에 시달리면서 죽음을 맞았으며, 시신 또한 제때 수습되지 않아 구더기가 생기는 지경에 이르렀다. 《韓非子 十過, 難1》

2) 齊桓公 : ?~기원전 643(재위 기원전 685~기원전 643). 춘추시대 齊나라의 임금으로 성은 姜, 씨는 呂, 이름은 小白으로, 桓은 시호이다. 齊 釐公(희공)의 아들이자 襄公의 동생이며, 公子 無詭·孝公(昭)·昭公(潘)·懿公(商人)·惠公(元)의 아버지이다. 즉위한 후 管仲을 등용하여 제나라를 부강하게 만들고 春秋五霸의 한 사람이 되었으나, 말년에는 易牙·開方·豎刁 등과 같은 간신들을 중용하여 국정을 그르쳤다. 죽기 전에 아들 昭(孝公)를 태자로 세웠다. 기원전 643년 10월에 병사하고 나서 역아 등 간신들로 인하여 제나라가 혼란스러워지는 바람에 시신도 제때 수습되지 않아 12월에야 入棺을 할 수 있었으며, 이듬해 8월에 이르러서야 안장될 수 있었다.

3) 管仲 : ?~기원전 645. 이름은 夷吾로, 仲은 자이며, 齊나라 潁上 사람이다. 齊 桓公이 즉위한 기원전 685년에 大夫로 등용되었으며, 후에 제나라의 相이 되었다. 수십 년간 집권하면서 제나라를 부강하게 만들어 환공을 춘추시대 최초의 霸者로 만들었다. 병사한 후에 易牙·開方·豎刁 등으로 인하여 상당 기간 동안 정국이 혼란스러웠음에도 제나라가 그의 정책을 준용한 덕에 제후들 사이에서 한동안 강자로 군림할 수 있었다.

莫若君이니이다 公曰 易牙[4)]가 何如오 對曰 殺子以適君하니 非人情이라 不可니이다 曰 開方[5)]이 何如오 對曰 倍親以適君하니 非人情이라 難近이니이다 公曰 豎刁(수조)[6)]가 何如오 對曰 自宮以適君[①]하니 非人情이라 難親이니이다 管仲이 死커늘 公이 用三子하니 三子가 專權이러니 公이 卒커늘 易牙가 入與豎刁로 因內寵[7)]하여 殺群吏[②]而立公子無詭[8)]러니 宋이 伐齊한대 齊人이 殺無詭하고 立孝公[9)]이러니 孝公이 卒커늘 公弟潘이 因開方하여 殺孝公子而立潘[10)]하니라

① 自宮以適君 : 宮, 腐刑也.
'宮'은 거세하는 형벌이다.

---

4) 易牙 : 생몰년은 자세하지 않다. 雍巫라고도 한다. 《韓非子》에 따르면, 珍味를 좋아하는 제 환공이 인육만 먹어본 적이 없었으므로 역아가 자신의 첫아이를 쪄 환공에게 올려서 그의 환심을 샀다. 환공의 후궁이자 公子 無詭의 생모인 長衛姬의 총애를 받았는데, 환공이 죽은 뒤 豎刁와 함께 무궤를 임금으로 옹립하였다. 《韓非子 難1》

5) 開方 : 생몰년은 자세하지 않다. 《韓非子》에 따르면 衛나라의 公子로, 태자의 신분을 버리고서 齊 桓公을 섬겼다. 환공을 섬기면서 15년 동안 고국으로 돌아가 부모를 만나지 않았다. 기원전 633년에 齊 孝公이 죽었을 때 효공의 동생 潘이 효공의 아들을 죽이는 데 협력하였다. 《韓非子 十過, 難1》

6) 豎刁 : 생몰년은 자세하지 않다. 기록에 따라 豎刀 또는 豎貂(수초)라고도 한다. 齊 桓公의 총애를 받았던 환관으로, 환공 사후에 易牙가 환공의 아들 無詭를 옹립할 때 협력하였다.

7) 內寵 : 杜預에 따르면, 內官으로서 권력이 있고 임금의 총애를 받는 자를 가리킨다. 《史記 卷32 齊太公世家 裴駰集解》

8) 公子無詭 : ?~기원전 643(재위 기원전 643). 齊 桓公의 아들로, 長衛姬의 소생이다. 기원전 643년에 환공이 죽자 易牙·豎刁 등의 도움을 받아 옹립되었으나 재위 3개월 만에 죽임을 당했다.

9) 孝公 : ?~기원전 633(재위 기원전 642~기원전 633). 이름은 昭이며, 齊 桓公의 아들로, 鄭姬의 소생이다. 환공이 살아 있을 때 태자가 되었다. 환공이 죽은 뒤 이복형제인 公子 無詭·元(惠公)·潘(昭公)·商人(懿公) 등의 무리가 공격하는 바람에 송나라로 달아났는데, 환공이 죽기 전에 宋 襄公에게 효공을 부탁했기 때문이다. 그 후 송 양공의 보호를 받으며 제나라로 귀국하자 제나라 사람들이 무궤를 죽였는데, 송나라가 환공의 다른 아들들의 세력을 제압한 뒤에 즉위하였다.

10) 潘 : ?~기원전 614(재위 기원전 633~기원전 614). 齊 昭公이다. 桓公의 아들로, 葛嬴(갈영)의 소생이다. 기원전 633년에 이복형인 孝公이 죽자, 간신 開方과 결탁하여 효공의 아들을 죽이고 즉위하였다.

② 群吏 : 諸大夫也.
'群吏'는 대부들이다.

管仲

齊 桓公 말에 管仲이 병세가 위독해지자 환공이 물었다.

"신하들 가운데 누가 相으로 삼을 만한 사람이겠소?"

관중이 대답하였다.

"신하를 아는 것이 임금만 한 이가 없습니다."

환공이 물었다.

"易牙가 어떻겠소?"

관중이 대답하였다.

"자식을 죽여 임금의 구미에 맞추었으니 人之常情이 아니므로 불가합니다."

환공이 말하였다.

"開方이 어떻겠소?"

관중이 대답하였다.

"어버이를 등져 임금의 비위를 맞추었으니 인지상정이 아니므로 가까이하기 어렵습니다."

환공이 말하였다.

"豎刁가 어떻겠소?"

관중이 대답하였다.

"스스로 거세하여 임금의 비위를 맞추었으니 인지상정이 아니므로 가까이하기 어렵습니다."

관중이 죽자 환공이 세 사람을 중용하니 세 사람이 권력을 전단하였다. 환공이 죽자 역아가 입궐해서 수조와 함께 內寵을 통하여 대부들을 죽이고 公子 無詭를 옹립하였다. 宋나라가 齊나라를 정벌하였는데, 제나라 사람들이 무궤를 죽이고 孝公을 옹립하였다. 효공이 죽자 효공의 아우 潘이 개방을 통하여 효공의 아들을 죽이고 개방이 반을 옹립하였다.

24-1-나(按)

臣은 按 姦邪小人이 欲求寵於君에 必先有以順適其心하여 使悅而親之然後에 可[11]肆其惡이라 易牙가 殺子以適君而桓[12]公이 悅之하니 蓋曰 是가 不私其子하니 必能忠於我也며 開方이 背親以適君而桓[13]公이 悅之하니 蓋曰 是가 不私其親하니 必能忠於我也며 豎[14]刁가 自宮以適君而桓[15]公이 悅之하니 蓋曰 是가 不愛其身하니 必能忠於我也而不知人之情이 能愛其所愛而後에 能推之하여 以及其所不愛[16]하며 所厚者에 薄이면 而無所不薄[17]이라 有子而殺之하며 有親而背之하며 有身而自殘之하니 是는 於所愛者에 不之愛니 焉能愛其君이며 於所厚者에 薄이니 焉能厚其君이리오 其爲此也는 特以順適君心而求濟所大欲爾니 豈其情也哉리오

【臣按】 간사한 소인이 임금에게 총애를 얻고자 할 때에는, 반드시 먼저 임금의 마음에 비위를 맞추어 임금이 기뻐해 가까이하게 만든 뒤에야 악을 자행할 수 있습니다. 易牙가 제 아이를 죽여 임금의 구미에 맞추자 桓公이 기뻐하였으니, 아마도 이 사람이 제 아이를 사랑하지 않으니 필시 자신에게 충성을 할 수 있으리라고 여겼을 것입니다. 開方이 어버이를 등져 임금의 비위를 맞추자 환공이 기뻐하였으니, 아마도 이 사람이 제 어버이를 사랑하지 않으니 필시 자신에게 충성을 할 수 있으리라고 여겼을 것입니다. 豎刁가 스스로 거세하여 임금의 비위를 맞추자 환공이 기뻐하였으니, 아마도 이 사람이 제 몸을 아끼지 않으니 필시 자신에게 충성을 할 수 있으리라고 여겼을 것입니다.

그러나 사람의 감정은 자신이 사랑해야 할 대상을 사랑할 수 있어야 그 후에 이

11) 可 : 사고본에는 이 뒤에 '以' 1자가 있다.
12) 桓 : 대전본에는 '威'로 되어 있으나, 宋 欽宗 趙桓의 피휘이다.
13) 桓 : 대전본에는 '威'로 되어 있으나, 宋 欽宗 趙桓의 피휘이다.
14) 豎 : 대전본에는 '孺'로 되어 있으나, 宋 英宗 趙曙의 피휘이다.
15) 桓 : 대전본에는 '威'로 되어 있으나, 宋 欽宗 趙桓의 피휘이다.
16) 人之……不愛 : 이와 관련하여《孟子》〈盡心 下〉 제1장에 "仁한 자는 자신이 사랑하는 것으로 사랑하지 않는 대상에까지 미치고, 仁하지 않은 자는 자신이 사랑하지 않는 것으로 사랑하는 대상에까지 미친다.〔仁者以其所愛及其所不愛 不仁者以其所不愛及其所愛〕"라는 내용이 보인다.
17) 所厚……不薄 : 이와 관련하여《大學》經1章에 "그 근본이 어지럽고서 말단이 다스려지는 경우는 없으며, 후하게 할 것에게는 박하게 하고 박하게 할 것에 후하게 하는 경우는 있지 않다.〔其本亂而末治者否矣 其所厚者薄 而其所薄者厚 未之有也〕"라는 내용이 보인다.

를 확장하여 평소 사랑하지 않던 대상에까지 미치며, 후하게 해야 할 대상에게 박하게 하면 박하게 하지 않을 대상이 없다는 것은 몰랐던 것입니다. 아이가 있었는데도 죽였으며 어버이가 있었는데도 등졌으며 육신이 있는데도 스스로 해쳤습니다. 이는 사랑해야 할 대상을 사랑하지 않은 것이니 어떻게 자신의 임금을 사랑할 수 있겠으며, 후하게 해야 할 대상에게 박하게 대한 것이니 어떻게 자신의 임금에게 후하게 할 수 있겠습니까. 그들이 이러한 일을 한 것은 다만 임금의 마음에 비위를 맞추어 그들이 크게 원하는 바를 이루려고 해서였을 뿐이니, 이것이 어찌 인지상정이겠습니까.

昔人이 有因放麑(예)而知其可以託國者[18]하니 夫於一麑에 且不忍이면 其仁을 可知라 是以可託之國也니 桓[19]公이 不察三子之情하여 迺欲以爲相하여 管仲이 言之而不聽하고 遂授以柄하니 卒之殺諸大夫而立公所不欲立之子者는 易牙・豎[20]刁也요 殺孝公之子而立其不當立之弟者는 開方也라 齊國大亂이 垂三十年하니 前日之適君者가 乃所以爲賊君之地與인저

옛사람 가운데 새끼 사슴을 놓아준 일을 통하여 그에게 나라를 맡길 만하다는 것을 안 사람이 있었습니다. 저 한 마리 새끼 사슴도 차마 죽이지 못했다면 그가 어진 사람임을 알 수 있기 때문에 그에게 나라를 맡겼던 것입니다.

桓公이 세 사람의 속마음을 잘 살피지 않아서 마침내 그들을 相으로 임명하려고 하여, 管仲이 이에 대해 진언하였음에도 듣지 않고 마침내 권력을 주었습니다. 결국 대부들을 죽이고 환공이 후계자로 세우려고 하지 않았던 아들을 세운 자들은 易牙와 豎刁였고, 齊 孝公의 아들을 죽이고 임금으로 세워서는 안 될 동생을

18) 昔人……國者 : 《三國志》 卷3 〈魏書3 明帝紀〉의 裴松之 注에 인용된 《魏略》에 "魏 明帝(曹叡)가 한번은 文帝(曹丕)를 따라 사냥을 나가 새끼 사슴과 어미 사슴을 발견하였다. 문제가 어미 사슴을 쏘아 죽이고 명제에게는 새끼 사슴을 쏘라고 했는데, 명제는 명을 따르지 않고 말하기를 '폐하께서 이미 어미 사슴을 죽이셨는데 신은 차마 또 그 새끼를 죽이지 못하겠습니다.'라고 하면서 눈물을 흘리며 울었다. 문제가 곧바로 활과 화살을 내던졌다. 이 일로 명제를 매우 기특하게 여기고 명제를 태자로 책봉할 뜻이 굳어졌다.〔帝常從文帝獵 見子母鹿 文帝射殺鹿母 使帝射鹿子 帝不從曰 陛下已殺其母 臣不忍復殺其子 因涕泣 文帝卽放弓箭 以此深奇之 而樹立之意定〕"라는 내용이 보인다.

19) 桓 : 대전본에는 '威'로 되어 있으나, 宋 欽宗 趙桓의 피휘이다.

20) 豎 : 대전본에는 '孺'로 되어 있으나, 宋 英宗 趙曙의 피휘이다.

세운 것은 開方이었습니다. 齊나라의 대란이 이후 30년 동안 지속되었으니, 지난날 그들이 임금의 비위를 맞추었던 일은 바로 임금을 해치는 토대가 되었다고 할 것입니다.

24-2-가[21]

趙孝成王[22]時에 **客**이 **有見**(현)**王曰 世有所謂桑雍者**①하니 **王**은 **知之乎**잇가 **王曰 未之聞也**로라 **曰**② **所謂桑雍者**는 **便辟**③[23]**左右之人及優・愛・孺子也**④라 **此**가 **皆能乘王之醉昏而求所欲於王者也**니 **是能得之於內則大臣**이 **爲枉法於外矣**⑤라 **故日月**이 **暉**(휘)**於外**나 **其賊**이 **在於內**⑥하나니 **謹備其所憎而禍在於所愛**니이다

① 世有所謂桑雍者 : 雍, 與癰(옹)同. 桑中有蠹(두), 見則外磈磈(외외), 如人之生癰.
'雍'은 '癰(종기)'과 같다. 뽕나무 속에 좀이 슬었는데 나타나면 겉이 울퉁불퉁하여 마치 사람에게 종기가 난 것과 같다.

② 曰 : 客言.
'曰' 이하는 객의 말이다.

③ 便辟 : 音[24]僻.
'辟'은 음이 '僻(벽)'이다.

④ 優愛孺子也 : 優, 謂倡優. 愛, 謂王之所愛. 孺子, 宦侍之屬.
'優'는 배우를 말한다. '愛'는 왕이 총애하는 사람을 말한다. '孺子'는 내시의 부류이다.

⑤ 枉法於外矣 : 枉, 猶屈也.
'枉'은 '屈(굽히다)'과 같다.

---

21) 《戰國策》 〈趙策4〉에 보인다.

22) 趙孝成王 : ?~기원전 245(재위 기원전 265~기원전 245). 전국시대 趙나라 8대 임금으로, 이름은 丹이다. 기원전 259년에는 長平을 지키던 대장을 廉頗에서 趙括로 교체하는 바람에 秦나라에게 40여만 대군을 잃는 참패를 겪었다. 이를 계기로 조나라의 국력이 크게 기울었다.

23) 便辟 : 蔡沈의 《書集傳》 〈冏命(경명)〉 주석에 "便은 남이 하고 싶은 바를 따라주는 것이다. 辟은 남이 싫어하는 바를 피해주는 것이다.〔便者 順人之所欲 辟者 避人之所惡〕"라는 내용이 보인다.

24) 音 : 대전본에는 '書'로 되어 있으나, 오자이다.

⑥ 日月……於內 : 俗謂蟾蜍(섬서)食月.
세상 사람들은 두꺼비가 달을 먹는다고 한다.

趙나라 孝成王 때 어떤 객이 효성왕을 알현하고 다음과 같이 말하였다.
"세상에 이른바 '桑雍'이라는 것이 있는데 왕께서는 아십니까?"
효성왕이 말하였다.
"들어본 적이 없다."
객이 말하였다.
"이른바 '상옹'이라는 것은 아첨하는 측근의 사람 및 배우·총애하는 사람·내시입니다. 이자들은 모두 왕이 취하여 정신이 흐린 틈을 타서 원하는 것을 왕에게 얻어낼 수 있는 자들입니다. 이들이 안에서 얻어낼 수 있으면 대신이 그들을 위하여 밖에서 법을 왜곡시킵니다. 그러므로 해와 달이 밖으로 빛을 발하고 있으나 해와 달을 해치는 것은 안에 있으니, 미워하는 사람에 대해서는 삼가 대비하지만 재앙은 총애하는 사람에게서 나옵니다."

24-2-나(按)

臣은 按 是時에 建信君[25]이 以色寵於王하니 客所謂便辟左右之人與優·愛·孺子者는 蓋指建信而言也라 桑中有蠹(두)則磈硊(외외)之形이 見於外니 猶人受病於中而癰(옹)發於外也라 便辟佞幸之徒가 密近左右하여 營[26]惑君心하나니 君心이 蠹於內則言行之疵와 政事之失이 彰灼外著而不可揜矣라 夫君德이 清明則私謁이 不得入하나니 惟夫沈湎(면)於酒하여 心志昏荒則小人이 乘之以求所欲하여 既得之於內則大臣이 屈法以從之於外矣니 蓋大臣之不忠不正者가 類與近習相表裏故也라 日月之明而蟾蜍(섬서)[27]食之는 喩人君之明而近幸小人이 能賊之니 皆禍伏於中而不知也라 常人之情이 於所憎惡則謹爲之防하고 於其所愛則忽焉而莫之備하나니 不知禍亂之萌이 往往自所忽始라

【臣按】이 당시에 建信君이 미색으로 孝成王에게 총애를 받았으니, 객이 이른바

25) 建信君 : 생몰년은 자세하지 않다. 趙나라의 총신으로, 孝成王 때 君에 봉해졌다. 벼슬이 相邦에 이르렀다. 《張淸常·王延棟, 戰國策箋注, 南開大學出版社, 1993, 444쪽》
26) 營 : 사고본에는 '熒'으로 되어 있다.
27) 蜍 : 대전본에는 '蠩(저)'로 되어 있다.

'총신과 측근으로 있는 사람 및 배우・총애하는 사람・내시'는 아마도 건신군을 가리켜 말했을 것입니다. 뽕나무 속에 좀이 슬면 울퉁불퉁한 모습이 겉으로 나타나니, 마치 사람이 몸속에 병이 들면 종기가 밖으로 나는 것과 같습니다. 총신 및 아첨하여 총애받는 무리가 임금의 곁에 매우 가까이 있으면서 임금의 마음을 미혹시키는 것이니, 임금의 마음이 안에서 좀이 슬면 언행의 흠과 政事의 잘못이 뚜렷하게 겉으로 드러나 덮을 수 없습니다.

무릇 임금의 덕이 청명하면 사사로운 청탁이 받아들여지지 못합니다. 오로지 임금이 술에 탐닉하여 心志가 어두워지고 황폐해지면 소인이 그 틈을 타 바라는 것을 얻어냅니다. 그리하여 이미 안에서 얻어내고 나면 대신이 밖에서 법을 왜곡시켜 그를 따르니, 이는 불충하고 부정한 대신이 대체로 임금의 측근과 서로 표리관계를 이루기 때문입니다. 해와 달이 밝더라도 두꺼비가 달을 먹는 것은, 임금이 명철하더라도 측근에서 총애를 받는 소인이 임금을 해칠 수 있음을 비유한 것이니, 이는 모두 재앙이 안에 잠복해 있는데도 알지 못하는 것입니다. 보통 사람들의 일반적인 마음은 증오하는 대상에게는 삼가 방비를 하고 총애하는 대상에게는 크게 신경 쓰지 않아 대비하는 것이 없으니, 화란의 싹이 종종 크게 신경 쓰지 않는 대상에서 시작됨을 모르는 것입니다.

齊桓[28]이 能服勁楚호대 卒之亂齊者는 三孺[29]而非楚也[30]요 秦皇이 能陷彊胡[31]호대 卒之滅秦者는 中車府令[32]高而非胡[33]也[34]라 蟾蜍[35]가 食月은 古有是言而月之食이

28) 桓 : 대전본에는 '威'로 되어 있으나, 宋 欽宗 趙桓의 피휘이다.

29) 三孺 : 易牙・豎刁・開方을 가리킨다. 24-1-가 참조.

30) 齊桓……楚也 : 齊 桓公 30년(기원전 656)에 환공이 楚나라를 치면서 초나라가 周나라에 바쳐야 할 공물인 包茅를 바치지 않고 周 昭王이 남쪽으로 巡狩를 나갔다가 돌아오지 못한 책임을 초나라에 추궁하였다. 초나라가 포모를 바치지 않은 잘못을 인정하자, 환공이 초나라의 屈完과 맹약을 맺고 나서 군대를 물렸다. 세 小臣이 제나라를 망하게 한 것은 24-1-가 참조. 《史記 卷32 齊太公世家, 卷40 楚世家》

31) 陷彊胡 : 사고본에는 '倂六國'으로 되어 있다.

32) 中車府令 : 車府令은 秦나라 때 太僕의 屬官으로, 中은 궁중이라는 뜻이다. 즉, 중거부령은 궁중의 환관으로 充任한 거부령이다. 裴駰(배인)의 《史記集解》에 따르면 황제가 타는 수레에 동승하는 일을 주로 담당하였다. 진 시황은 조고가 능력이 탁월하고 형법에 통달했다는 말을 듣고 중거부령으로 삼았다. 《史記 卷6 秦始皇本紀 裴駰集解, 卷88 蒙恬列傳》《資治通鑑 卷7 秦紀2 始皇帝下 胡三省注》《史記辭典 中車府令》

初不由此라 言者가 特借此以覺悟王心하여 使知近習이 託身於王而能禍王이 若蟾蜍[36]가 託身於月而能食月也라 其爲言也가 懇至하고 其引喩也가 深切하니 爲人君者가 觀此에 可以悚然矣니이다

齊 桓公이 강한 楚나라를 복종시킬 수 있었는데도 결과적으로는 제나라를 혼란에 빠뜨린 것은 세 近臣이었고 초나라가 아니었으며, 秦 始皇이 강성한 胡를 무너뜨릴 수 있었는데도 결과적으로는 진나라를 멸망시킨 것은 中車府令 趙高였고 호가 아니었습니다.

두꺼비가 달을 먹는 것은 옛날에 그러한 말이 있었는데 월식이 일어나는 것은 애초에 이 때문이 아닙니다. 객이 오로지 이 이야기를 빌려 효성왕의 마음을 깨우쳐서, 왕의 측근이 왕에게 몸을 의탁하면서도 왕에게 화를 끼칠 수 있는 것이, 마치 두꺼비가 달에 몸을 의탁하면서도 달을 먹을 수 있는 것과 같다는 점을 알게 하고자 한 것뿐입니다. 객의 말이 지극히 간절하고 그가 인용한 비유가 매우 절실하니 임금 된 이가 이 말을 살필 때 두려워해야 할 것입니다.

24-3-가[37]

漢哀帝[38]時에 郎董賢[39]이 爲人이 美麗自喜러니 帝가 召與語하시고 拜爲黃門

---

33) 而非胡 : 사고본에는 '非六國'으로 되어 있다.

34) 卒之……胡也 : 秦 始皇 32년(기원전 215)에 燕나라 출신의 方士 盧生이 올린 《錄圖書》에 "진나라를 망하게 할 자는 胡이다.〔亡秦者 胡也〕"라는 讖言(참언)이 있었다. 이에 시황제가 蒙恬(몽염)에게 30만 대군을 이끌고 가 胡를 공격하게 하였다. 훗날 진 시황 37년(기원전 210)에 시황제가 외방을 순행하던 중 沙丘에서 죽자, 中車府令 趙高는 시황제가 생전에 작성했던 璽書를 조작하여 胡亥를 태자로 삼고, 시황제의 장자 扶蘇에게 자진을 명하는 거짓 새서를 보내 부소를 죽게 만들고 호해가 즉위하였다. 호해와 조고가 국정을 크게 어지럽혀 진나라는 마침내 멸망으로 치닫는데, '亡秦者胡也'의 '胡'는 결국 호해를 가리킨 셈이 되었다. 《史記 卷6 秦始皇本紀》

35) 蜍 : 대전본에는 '蠩(저)'로 되어 있다.

36) 蜍 : 대전본에는 '蠩'로 되어 있다.

37) 《前漢書》 卷93 〈佞幸傳 董賢〉, 《資治通鑑》 卷34 〈漢紀26 哀帝 中〉 建平 4년(기원전 3), 卷35 〈漢紀27 哀帝 下〉 元壽 1년(기원전 2), 元壽 2년(기원전 1) 조에 보인다.

38) 漢哀帝 : 22-13-가1 '漢哀帝' 주석 참조.

39) 董賢 : 기원전 22~기원전 1. 漢 哀帝의 총신이다. 자는 聖卿으로, 雲陽 사람이다. 董恭의

郎하시니 繇(요)是始幸하여 出則參乘하고 入御左右하니 旬月間에 賞賜가 累鉅萬이요 貴震朝廷하더라 賢이 性이 柔和便辟하여 善爲媚以自固하여 每賜洗沐[40)41)]에 不肯出하고 常留中視醫藥이라 詔將作[42)]하여 爲起大第[43)]하니 木土之功이 窮極技巧하고 下至僮僕히 亦受上賜하고 及武庫[44)]禁兵과 上方[45)]珍寶가 其選物上第는 盡在董氏요 而乘輿[46)]所服은 迺其副也러라 又封賢爲高安侯[47)]러니 後에 又以爲大司馬·衛將軍하니 時年이 二十二[48)]라 雖爲三公[49)]이나

아들로, 成帝 때 太子舍人이 되었다. 애제가 즉위한 후 郎官이 되었고, 외모로 애제의 총애를 받아 黃門郎, 駙馬都尉侍中이 되었다. 애제와 늘 함께 있으면서 같은 침상을 썼으며, 애제가 그의 잠을 깨우지 않으려고 그의 몸에 눌린 소매를 잘라내기까지 한 적이 있어 '斷袖'라는 말이 생겨났다. 벼슬이 大司馬·衛將軍에 이르렀으나, 애제가 죽은 후 王莽의 농간으로 대사마의 印綬가 몰수되자 두려움을 느끼고 아내와 함께 자살하였다. 이후 일가가 몰락하였으며, 왕망이 그가 죽은 척했다고 의심하여 관이 파헤쳐지고 檢驗이 끝난 뒤에는 시신이 감옥 안에 묻혔다.

40) 沐 : 사고본에는 '浴'으로 되어 있다.

41) 洗沐 : 漢나라 때 관원들에게는 정기적으로 5일에 한 번씩 휴가가 주어졌는데, 이를 洗沐, 또는 休沐이라고 하였다. 《初學記 卷20》《宋杰, 漢代官吏的休假制度, 北京師範學院學報, 1986, 67쪽.》

42) 將作 : 《前漢書》〈董賢傳〉에 따르면, 여기에서는 將作大匠을 가리킨다. 顔師古에 따르면 '將作'은 將領으로서 건축을 담당했던 사람이다. 동현의 저택을 지을 당시에는 동현의 장인이 장작대장으로 있었다. 《前漢書 卷93 佞幸傳 董賢, 卷99下 王莽傳 顔師古注》

43) 詔將作爲起大第 : 《前漢書》〈董賢傳〉에 따르면, 이때 北闕 곁에 동현의 저택을 지으면서 前殿과 後殿을 두고 문의 크기도 궁궐의 크기로 만들었다. 안사고에 따르면, 이러한 것은 천자의 제도를 僭用한 것이었다. 《前漢書 卷93 佞幸傳 董賢 顔師古注》

44) 武庫 : 前漢 때 무기를 저장하던 창고 이름으로, 未央宮과 長樂宮 사이에 있었다. 《漢書辭典 武庫》

45) 上方 : 胡三省에 따르면 禁中, 즉 궁중을 가리킨다. 《資治通鑑 卷34 漢紀26 哀帝 中 建平 4年 胡三省注》

46) 乘輿 : 여기에서는 천자를 가리킨다. 乘輿는 본래 천자가 타는 수레를 가리키는데, 존귀한 천자를 직접 가리켜 말할 수 없으므로 승여가 천자를 가리키는 말로도 사용되었다. 《獨斷 上》《後漢書 卷5 孝安帝紀 李賢注》

47) 又封賢爲高安侯 : 建平 4년(기원전 3) 8월의 일이다. 《資治通鑑 卷34 漢紀26 哀帝 中 建平 4年》

48) 後又……十二 : 元壽 1년(기원전 2) 12월 6일의 일이다. 《資治通鑑 卷35 漢紀27 哀帝 下 元壽 1年》

常給事中·領尙書[50)]하니 **百官**이 **因賢奏事**하더라 **哀帝**가 **崩**[51)]커시늘 **太后**가 **冊免賢**[52)]하신대 **卽日自殺**하고 **家屬**을 **徙合浦**하고 **縣官**이 **斥賣董氏財**하니 **凡四十三萬**[53)]이러라

漢 哀帝 때 郎官 董賢은 외모가 수려하여 저절로 호감을 샀는데, 애제가 그를 불러 함께 이야기를 나누고 黃門郞으로 임명하였다. 이로 말미암아 동현이 비로소 총애를 받아 출행할 때에는 황제가 타는 수레에 같이 타고 들어와서는 애제를 곁에서 모시니, 한 달도 되지 않은 사이에 상으로 하사받은 것이 수백만 錢이나 되었으며 존귀함이 조정을 진동시켰다.

동현은 성품이 유순하고 남의 비위를 잘 맞추어 아첨을 잘함으로써 자신의 지위를 공고히 하였다. 그리하여 애제가 휴가를 내릴 때마다 동현이 궁 밖으로 나가려고 하지 않고 늘 궁중에 머무르며 의약을 살폈다.

애제가 將作大匠에게 詔書를 내려 동현을

斷袖 : 침상에서 누워 자는 董賢을 깨우지 않으려 자신의 소매를 자르는 漢 哀帝

49) 三公 : 漢 武帝 이후 前漢 때에는 大司徒, 大司馬, 大司空을 가리킨다. 《漢書辭典 三公》

50) 給事中領尙書 : 胡三省은 "궁중에서 사무를 처리하면서 상서의 업무를 총괄하는 것이다.〔給事禁中而領尙書事也〕"라고 설명하였다. 《資治通鑑 卷35 漢紀27 哀帝 下 元壽 1年 胡三省注》

51) 哀帝崩 : 元壽 2년(기원전 1) 6월 26일에 애제가 未央宮에서 붕어하였다. 《資治通鑑 卷35 漢紀27 哀帝 下 元壽 2年》

52) 太后冊免賢 : 太后는 王莽의 고모이자 漢 元帝의 황후인 太皇太后 王政君을 가리킨다. 《前漢書》〈董賢傳〉에 따르면, 왕망이 謁者를 시켜 궁궐에 있던 동현에게 태후의 명의를 사칭한 책서를 보내 면직시킨 것이다. 《前漢書 卷93 佞幸傳 董賢》

53) 萬 : 대전본·사고본에는 이 뒤에 '萬' 1자가 더 있다. 服虔에 따르면, '萬萬'은 억이다. 따라서 이 두 판본에 따르면, 동현의 재산을 매각한 액수는 43억 錢이 된다. 《前漢書 卷24上 食貨志 上 顔師古注》

위해 큰 저택을 지어주니 토목공사에 기교를 극도로 다하였으며, 아래로 동현의 僮僕들에 이르기까지 역시 애제의 하사품을 받았다. 그리고 武庫에 있던 황제의 전용 무기와 궁중의 진귀한 보물에 이르기까지 선택된 물건 중 최상급의 것은 모두 董氏 일가에 있었으며, 황제가 사용하는 기물들은 바로 그 다음 등급의 것이었다.

또 동현을 高安侯로 봉하였는데, 후에 또 大司馬·衛將軍으로 임명하니 이때 동현의 나이가 22세였다. 동현이 비록 三公이 되었으나 늘 궁중에서 사무를 처리하며 尙書의 업무를 총괄하니 백관들이 동현을 통하여 나랏일을 상주하였다.

애제가 붕어하자 태후가 冊書를 내려 동현을 파면하였는데, 동현이 그날로 자살하고 그의 家屬들을 合浦로 강제 이주시켰으며 官府에서 동씨 일가의 재산을 내어다 매각하니 총 43만 錢이었다.

24-3-나(按)

臣은 按 漢世佞幸之臣이 雖衆이나 然其窮寵極貴가 未有如董賢者하니 其所以得此於帝者는 柔和便辟하여 善爲媚以自固而已라 是時에 山崩地動하고 日食三朝[54)]어늘 丞相王嘉[55)]가 以爲寵賢之應[56)]이라하고 白虹(홍)奸日하고 連陰不雨어늘 司隸鮑宣[57)]이 亦以爲寵賢之應[58)]이라하니 夫人君이 親一嬖幸之臣而天爲之示戒가 如此하니 可不懼哉아

【臣按】 漢나라 때 아첨하여 총애를 받았던 신하들이 비록 많았지만, 총애와 존귀함을 극도로 누린 것이 董賢만 한 사람은 없었으니, 그가 황제에게 이러한 총애와 존귀함을 얻었던 이유는 유순하고 남의 비위를 잘 맞추어 아첨을 잘함으로써

---

54) 三朝 : 年·月·日의 시작인 정월 초하루를 말한다. 《文選六臣注 東京賦 李善注》

55) 王嘉 : ?~기원전 2. 漢 成帝·哀帝 때의 대신이다. 자는 公仲으로, 平陵 사람이다. 직언을 잘하여 성제 때 太中大夫가 되었으며, 이후 御史大夫, 丞相 등을 역임하였다. 애제 때 동현이 侯에 봉해지는 것을 반대하다가 하옥되자 음식을 먹지 않다가 피를 토하고 죽었다. 시호는 忠侯이다.

56) 山崩……之應 : 《資治通鑑》 卷35 〈漢紀27 哀帝 下〉 元壽 원년(기원전 2) 1월 조에 보인다.

57) 鮑宣 : 생몰년은 자세하지 않다. 漢 哀帝·平帝 때의 관리이다. 자는 子都로, 渤海 高城 사람이다. 학문을 좋아하고 경전에 밝았으며 직언을 잘했다. 孝廉으로 천거되고 나서 애제 때 西曹掾, 諫大夫 등을 역임하고 벼슬이 司隸校尉에 이르렀다. 후에 御史의 조사에 항거한 죄로 上黨으로 귀양 갔다가, 평제가 즉위한 후 王莽이 반대파를 제거할 때 투옥되자 자살하였다.

58) 白虹……之應 : 《資治通鑑》 卷35 〈漢紀27 哀帝 下〉 元壽 원년(기원전 2) 조에 보인다.

자신의 지위를 공고히 했기 때문일 뿐입니다.

이 당시에 산이 무너지고 지진이 발생하였으며 정월 초하루에 일식이 발생하자 丞相 王嘉가 이러한 현상을 애제가 동현을 총애한 응험이라 하였고, 흰 무지개가 해를 범하고 내내 흐린 채 비가 내리지 않자 司隷校尉 鮑宣 또한 이러한 현상을 애제가 동현을 총애한 응험이라 하였습니다. 무릇 임금이 한 사람의 寵臣을 가까이하였는데 하늘이 임금을 위하여 경계를 보여준 것이 이와 같으니, 두려워하지 않아서야 되겠습니까.

嘉之言에 曰 宜深覽前世하여 以節賢寵하여 全安其命[59]이라하고 宣이 亦曰 誠欲哀賢인댄 宜爲謝過天地하며 解讎海內하여 免遣就國이니 如此면 父子가 可以終其性命[60]이라하니 二臣之言이 惓惓懇懇하여 非獨效忠人主라 亦欲保全幸臣이어늘 而帝가 溺於寵愛之私하여 排忠言而不聽하고 方且擢賢하여 以至三公하여 棟撓[61]鼎覆[62]을 曾莫之卹하니 原帝之意컨대 豈非謂其柔和巧媚가 非能爲惡而不知陰忍之資가 操權擅事에 未有不爲害者라 漢業이 旣由此大壞하고 而賢이 亦不免於誅하니 蓋親便嬖而遠仁賢에 其禍가 必至此也하나니 人主가 其亦懋(무)戒之哉인저

王嘉의 말에 "前代의 역사를 깊이 살펴 동현에 대한 총애를 절제하셔서 그의 목숨을 보전하게 해야 합니다."라고 하였고, 鮑宣이 또한 "참으로 동현을 사랑하고

59) 宜深……其命 : 哀帝 元壽 1년(기원전 2) 1월에 일식이 발생하자 애제가 공경대부들에게 詔書를 내려 잘못된 점을 진달하라고 했을 때 王嘉가 올린 封事에 보인다. 《前漢書 卷86 王嘉傳》《資治通鑑 卷35 漢紀27 哀帝 下 元壽 元年》

60) 誠欲……性命 : 哀帝 元壽 1년(기원전 2)에 鮑宣이 애제에게 올린 上書에 보인다. 여기서 '父子'는 동현과 그의 아비 董恭을 말한다. 《前漢書 卷72 鮑宣傳》《資治通鑑 卷35 漢紀27 哀帝 下 元壽 元年》

61) 撓 : 대전본·사고본에는 '橈'로 되어 있다.

62) 棟撓鼎覆 : 대들보가 휘고 鼎이 엎어진다는 뜻으로, 《周易》에 보인다. '棟撓'는 집이 무너질 정도로 대들보가 휘어지듯이 중임을 감당하지 못한다는 뜻으로, 《주역》〈大過卦 九三〉 爻辭에 "대들보가 휘어지는 것이니, 흉하다.〔棟撓 凶〕"라는 내용이 보인다. '鼎覆'은 鼎의 다리가 부러져 정 안에 있던 음식물이 쏟아져 무안해지는 것처럼 소인을 등용하여 나라를 그르친다는 뜻으로, 《주역》〈鼎卦 九四〉 爻辭에 "정에 다리가 부러져 조정에 올릴 음식물을 엎으니 그 낯빛이 붉어지는 것이기에, 흉하다.〔鼎折足 覆公餗 其形渥 凶〕"라는 내용이 보인다. 《伊川易傳 大過, 鼎》

자 한다면 그를 위하여 천지에 잘못을 사죄하고 동현에 대한 천하 사람들의 원한을 풀어주어 동현을 파면시키고 내보내 封國으로 가게 해야 하니, 이와 같이 하면 동현 부자가 자신들의 생명을 제대로 끝마칠 수 있습니다."라고 하였습니다. 두 신하의 말은 정성스럽고 간절하여 임금에게 충성을 다한 것이었을 뿐만 아니라 또한 寵臣도 보전하고자 한 것이었습니다.

그런데 애제가 사사로운 총애에 빠져 忠言을 물리치고 듣지 않은 데다가 또 동현을 발탁함으로써 그를 三公의 지위에 오르게 하여, 소인을 등용해 나라가 무너질 수도 있음을 염두에 두지 않았습니다. 애제의 생각을 따져보건대, 어찌 유순하고 남의 비위를 잘 맞추어 아첨에 능한 사람이 악을 행하지 못하리라고 여겨서가 아니겠습니까. 그러나 음험하고 잔인한 자질을 가진 사람이 권력을 잡고서 나랏일을 제멋대로 할 때 해를 끼치지 않는 경우가 없는 줄 몰랐던 것입니다.

漢나라의 基業이 이미 이로 말미암아 크게 무너졌고 동현 또한 죽음을 면치 못하였으니, 아첨을 잘하는 총신을 가까이하고 어진 이를 멀리하면 그 화가 반드시 이 지경에 이르게 됩니다. 임금이 또한 힘써 경계해야 할 것입니다.

24-4-가[63)]

漢靈帝[64)]時에 **將作畢[65)]圭**(필규)·**靈昆[66)]苑**이러니 **司徒楊賜[67)]**가 **諫**호대 **宜思夏禹卑宮[68)]之意**하여 **以慰[69)]下民之勞**하소서 **帝**가 **欲止**하여 **以問侍中任芝·**

---

63) 《後漢書》〈楊震列傳 楊賜〉, 《資治通鑑》 卷57 〈漢紀49 靈帝 上之下〉 光和 3년(180) 기사에 보인다.

64) 漢靈帝 : 156~189(재위 168~189). 東漢 제11대 황제 劉宏이다. 章帝의 玄孫이자 劉萇(유장)의 아들로, 후사를 두지 못한 桓帝의 뒤를 이어 168년에 즉위하였다. 환관을 중용하여 국정을 그르쳤으며, 매관매직을 일삼고 갖가지 명목으로 세금을 거두어 백성을 착취하고 향락에 빠졌다. 재위 기간 동안 제2차 黨錮의 화와 黃巾賊의 난이 일어났다.

65) 畢 : 사고본에는 '畢'로 되어 있다.

66) 昆 : 사고본에는 '琨(곤)'으로 되어 있다.

67) 楊賜 : ?~185. 동한 말의 명신이다. 자는 伯獻으로, 楊震의 손자이자 楊秉의 아들이다. 학문에 능통하고 직언을 잘했는데, 靈帝에게 《尙書》를 가르치고 나서 少府, 光祿勳이 되었으며, 이후 司空, 太尉 등을 역임하였다. 시호는 文烈侯이다.

68) 夏禹卑宮 : 《論語》〈泰伯〉 제21장에 "禹王은 내가 비판할 것이 없다. 본인이 먹는 음식은 검박하게 하면서도 제사를 올리는 귀신에 대해서는 효도를 다하였으며, 본인이 입는 의복은

樂松(악송)하신대 **對曰 文王之囿**[70]가 **百里**로되 **人以爲小**하고 **齊宣**이 **五里**로되 **人以爲大**[71]하니 **今與百姓共之**하시면 **無害於政也**리이다 **帝**가 **悅**하여 **遂爲之**하시다

漢 靈帝 때 畢圭苑(필규원)과 靈昆苑을 지으려고 했는데 司徒 楊賜가 다음과 같이 간하였다.

"마땅히 夏나라 禹王이 궁실을 낮게 지었던 뜻을 생각하여 백성들의 노고를 위로하소서."

영제가 그만두려고 侍中 任芝와 樂松에게 묻자, 임지와 악송이 대답하였다.

"周 文王의 동산이 100리였으나 사람들이 이를 작다고 여겼으며, 齊 宣王의 동산이 5리였으나 사람들이 이를 크다고 여겼으니, 지금 백성들과 동산의 이익을 공유하시면 정사에 문제 될 게 없을 것입니다."

영제가 기뻐하여 마침내 필규원과 영곤원을 지었다.

조악하게 하였으면서도 祭服에 대해서는 아름다움을 극진히 하였으며, 본인이 사는 궁실은 낮게 지으면서도 치수 사업에는 온 힘을 다하였으니, 우왕은 내가 비판할 것이 없다.〔禹 吾無間然矣 菲飮食而致孝乎鬼神 惡衣服而致美乎黻冕 卑宮室而盡力乎溝洫 禹 吾無間然矣〕"라고 한 공자의 말이 보인다.

69) 慰 : 대전본에는 '尉'로 되어 있다.

70) 文王之囿 : 대전본·사고본에는 이 앞에 '昔' 1자가 있다.

71) 文王……爲大 : 《孟子》〈梁惠王 下〉 제2장에 "제 선왕이 질문하였다. '주 문왕의 동산이 사방 70리였다고 하는데, 그러한 일이 있었습니까?' 맹자가 대답하였다. '옛 기록에 그러한 말이 있습니다.' 선왕이 말하였다. '이처럼 동산이 컸습니까?' 맹자가 말하였다. '백성들은 오히려 작다고 여겼습니다.' 선왕이 말하였다. '과인의 동산은 사방 40리인데도 백성들이 오히려 크다고 여기는 것은 어째서입니까?' 맹자가 말하였다. '문왕의 동산 사방 70리에 꼴을 베고 나무하는 자들이 들어갔으며 꿩 잡고 토끼 잡는 자들이 들어가서 백성들과 동산을 공유하였으니, 백성들이 작다고 여긴 것이 또한 당연하지 않습니까.'〔齊宣王問曰 文王之囿 方七十里 有諸 孟子對曰 於傳有之 曰 若是其大乎 曰 民猶以爲小也 曰 寡人之囿 方四十里 民猶以爲大 何也 曰 文王之囿 方七十里 芻蕘者往焉 雉兎者往焉 與民同之 民以爲小 不亦宜乎〕"라는 내용이 보인다. 주 문왕과 제 선왕의 동산 크기는 《맹자》와 《대학연의》의 내용에 차이가 있다. 당나라 때 章懷太子 李賢도 《後漢書》〈楊賜傳〉 주석에서 이 점을 지적했다. 宋나라 때 王楙(왕무)는 《野客叢書》 卷10 〈文王之囿〉에서 자신이 보았던 《世說新語》에 인용된 樂松의 말에는 제나라의 동산이 50리로 되어 있다고 하면서 《후한서》〈양사전〉 '五'자 아래에 '十'자 하나가 빠진 것으로 보인다고 하였다. 단, 현행본 《세설신어》에는 제나라의 동산이 50리라고 언급된 부분이 없다.

24-4-나(按)

臣은 按 楊賜는 直臣也라 引夏禹以諍(쟁)其君則靈帝가 未之信하고 任芝·樂松은 佞臣也라 引文王以諛(유)其君則信之하니 蓋苦言難入而甘言易售故也라 夫文王之囿百里가 初不經見而於傳則有之[72)]하니 孟子가 方欲導齊王以與民同樂이라 故其爲說에 曰[73)] 芻蕘者가 往焉하며 雉兎者가 往焉하니 民以爲小가 不亦宜乎[74)]아하시고 至其擧文王之事하여 以告時君則曰 鰥(환)寡孤獨을 謂之窮民이니 發政施仁에 必先四者也라하시며 曰 耕者九一하며 仕者世祿하며 澤梁無禁하며 罪人不孥(노)也[75)]라하시니 文王之愛民이 如此라 故囿雖大而民以爲小하니 使[76)]靈帝所問者가 忠賢이면 必將曰 文王之仁政을 陛下가 能盡行之未邪아 如其未也어든 願姑以愛民爲急이요 而緩其所以自奉者라하리니 若是則有益於帝矣어늘 而芝·松二臣이 乃妄引古義하여 以悅其君하니 所謂逢君之惡[77)]者也라 以帝之昏而濟之以二臣之佞하니 其卒致[78)]禍敗也가 宜哉로소이다

---

72) 夫文……有之 : 經은《詩》·《書》·《禮》·《樂》·《易》·《春秋》 등의 六經을 가리키며, 傳은《춘추좌씨전》 등과 같이 경에 주석을 단 문헌이나《논어》·《맹자》 등과 같이 육경 이외에 성현의 말이 담긴 문헌을 말한다. 안설에 보인 '傳'은《맹자》를 가리킨다. 周 文王의 동산 크기에 대해서는《孟子》〈梁惠王 下〉 제2장에 보인다. 위의 '文王……爲大' 주석 참조.

73) 曰 : 사고본에는 '也'로 되어 있다.

74) 孟子……宜乎 : '齊王'은 齊 宣王을 가리킨다. 위의 '文王……爲大' 주석 참조.

75) 至其……孥也 : 여기에서의 '時君'도 齊 宣王을 가리킨다.《孟子》〈梁惠王 下〉 제5장에서 맹자가 제 선왕에게 한 말 가운데 "옛날 周 文王이 岐를 다스릴 때 농사를 짓는 이에게는 1/9의 조세를 거두고 벼슬을 하는 이에게는 대대로 녹을 주었으며, 관문과 시장을 기찰만 돌고 조세는 징수하지 않게 하였으며, 어획을 위해 물을 막은 시설의 출입을 금하는 것이 없었으며, 죄인에 대하여 처자까지 연좌되지 않게 하였습니다. 늙어서 아내가 없는 사람을 홀아비라 하고, 늙어서 남편이 없는 사람을 과부라 하며, 늙어서 자식이 없는 사람을 독거노인이라 하고, 어려서 부모가 없는 사람을 고아라고 하니, 이 네 부류의 사람들은 천하의 곤궁한 백성이며 하소연할 데가 없는 이들입니다. 문왕이 政令을 내고 仁을 베풀되 반드시 이 네 부류의 사람들을 우선하였습니다.〔昔者文王之治岐也 耕者九一 仕者世祿 關市譏而不征 澤梁無禁 罪人不孥 老而無妻曰鰥 老而無夫曰寡 老而無子曰獨 幼而無父曰孤 此四者 天下之窮民而無告者 文王發政施仁 必先斯四者〕"라는 내용이 보인다.

76) 使 : 대전본·사고본에는 '此'로 되어 있다.

77) 逢君之惡 :《孟子》〈告子 下〉 제7장에 "임금의 악을 조장하는 것은 그 죄가 작고 임금의 악을 미리 유도하는 것은 그 죄가 크니, 지금의 대부들은 모두 임금의 악을 미리 유도한다.〔長君之惡 其罪小 逢君之惡 其罪大 今之大夫皆逢君之惡〕"라는 내용이 보인다.

【臣按】楊賜는 올곧은 신하이기에 夏나라 禹王을 인용하여 자신의 임금에게 간쟁하니 靈帝가 이를 믿지 않았고, 任芝와 樂松은 아첨에 능한 신하이기에 周 文王을 인용하여 자신들의 임금에게 아첨하니 靈帝가 이를 믿었습니다. 이는 苦言은 받아들여지기 어렵고 甘言은 먹히기가 쉽기 때문입니다.

저 周 文王의 동산이 100리라는 것은 애초에 經에는 보이지 않고 傳에는 있으니, 맹자가 이제 막 齊나라 왕을 與民同樂으로 인도하게 하고자 했기 때문에 설명하기를 "꼴을 베고 나무하는 자들이 문왕의 동산에 들어갔으며 꿩 잡고 토끼 잡는 자들이 그 동산에 들어갔으니, 백성들이 동산을 작다고 여긴 것이 또한 당연하지 않습니까."라고 하였습니다.

그리고 문왕의 고사를 들어서 당시 임금에게 일러줄 때에는 "홀아비·과부·고아·독거노인을 '곤궁한 백성'이라고 하니 政令을 내고 仁을 베풀되 반드시 이 네 부류의 사람들을 우선하였습니다."라고 하였으며, "농사를 짓는 이에게는 1/9의 조세를 거두고 벼슬을 하는 이에게는 대대로 녹을 주었으며, 어획을 위해 물을 막은 시설의 출입을 금하는 것이 없었으며 죄인에 대하여 그 처자까지 연좌되지 않게 하였습니다."라고 하였으니 문왕의 愛民이 이와 같았습니다. 이 때문에 동산이 비록 컸으나 백성들이 작게 여겼던 것입니다.

만약 영제가 질문을 했던 사람이 충성스럽고 어질었다면 틀림없이 "문왕의 仁政을 폐하께서 모두 실행하실 수 있겠습니까. 만약 그렇게 하지 못하시겠다면, 우선 愛民을 시급한 것으로 여기고 스스로를 봉양하는 것은 천천히 생각하소서."라고 말했을 것이니, 이와 같이 했다면 영제에게 보탬이 있었을 것입니다. 그런데 임지와 악송 두 신하는 도리어 옛 글의 뜻을 제멋대로 인용함으로써 자기 임금의 환심을 샀으니, 이른바 '임금의 악을 미리 유도하는' 자입니다. 영제의 어리석음에 두 신하의 아첨이 보태졌으니, 영제가 마침내 재앙과 실패를 부른 것이 당연하였습니다.

24-5-가[79]

北齊侍中和士開[80]가 **有寵於齊主湛**(담)[81]하여 **姦諂百端**하니 **寵愛日隆**이러라

78) 致 : 사고본에는 '至'로 되어 있다.

79) 《資治通鑑》 卷169 〈陳紀3 文帝 下〉 天嘉 4년(563) 6월 기사에 보인다.

80) 和士開 : 524~571. 北朝 北齊 때의 간신이다. 자는 彦通으로, 清都 臨漳 사람이다. 본래의

每侍左右에 言辭容止가 極諸(저)鄙褻(설)하여 以夜繼晝하여 無復君臣之禮하고 前後賞賜를 不可勝記[82]러라 嘗謂帝曰 自古帝王이 盡爲灰土하니 堯·舜·桀·紂가 竟復何異리잇고 陛下가 宜及少壯하여 極意爲樂하소서 一日取快[83]가 可敵千年이니 國事를 盡付大臣이면 何慮不辦이리오 無爲自勤約也니이다 帝가 大悅하여 以官爵·財用等으로 分委大臣[84]하고 三四日[85]一視朝호대 須臾復入하여 唯翫(완)聲色하니 朝政이 日紊하더라

北齊의 侍中 和士開가 북제의 임금 高湛(武成帝)에게 총애를 받아 갖가지 방법으로 간사하게 아첨하니 총애가 날로 커졌다. 고담을 곁에서 모실 때마다 화사개의 언사와 행동거지가 매우 비루하고 褻慢하여 밤낮없이 이어져서 더 이상 군신 간의 禮가 없었으며 전후에 걸쳐 상으로 하사받은 것을 이루 다 기록할 수 없을 정도였다. 화사개가 한번은 武成帝에게 다음과 같이 말하였다.

"예로부터 제왕들이 모두 塵土가 되었으니 堯임금·舜임금·桀王·紂王이 결국 또 무엇이 다르겠습니까. 폐하께서는 마땅히 젊으실 때 마음껏 즐거움을 누리셔야 할 것입니다. 하루라도 쾌락을 누리는 것이 천년을 사는 것과 맞먹을 수 있으니, 나랏일을 모두 대신에게 맡기시면 어찌 잘해내지 못할까 우려할 것이 있겠습

성은 素和氏이다. 武成帝 高湛(고담)이 즉위하기 전부터 총애를 받았으며 고담이 즉위한 뒤 黃門侍郞, 侍中, 尙書左僕射를 역임하였다. 後主 高緯가 즉위한 후에 淮陽王에 봉해지고 尙書令·錄尙書事가 되었으며, 고담이 죽기 전에 후주를 보좌해줄 것을 부탁받았다. 고담이 죽은 후 더욱 방자해져 琅邪王 高儼(고엄)에게 미움을 사 피살당했다.

81) 齊主湛 : 537~568(재위 561~565). 北齊의 4대 황제인 武成帝 高湛으로, 高歡의 아들이다. 東魏 때 長廣郡公에 봉해졌으며, 文宣帝 高洋이 北齊를 건국하고 나서 尙書令, 太尉 등을 역임하였다. 고양이 죽고 廢帝 高殷이 즉위한 뒤 孝昭帝 高演이 고은을 시해하고 즉위했는데, 이듬해 고연이 죽고 나서 황제가 되었다. 즉위 후에는 간신 和士開를 총애하고 황음무도하여 국정을 크게 그르쳤다. 565년에 태자 高緯에게 선위하고, 태상황이 되었다.

82) 記 : 대전본·사고본에는 '紀'로 되어 있다.

83) 快 : 대전본에는 '決'로 되어 있다.

84) 以官……大臣 : 이때 武成帝가 趙彦深에게는 官爵을, 元文遙에게는 財政을, 唐邕(당옹)에게는 外兵과 騎兵을, 信都 사람 馮子琮과 胡長粲에게는 東宮을 관장하게 하였다. 《資治通鑑 卷169 陳紀3 文帝 下 天嘉 4年》

85) 日 : 대전본·사고본에는 '月'로 되어 있다.

니까. 스스로 근검을 실천할 필요가 없습니다."

무성제가 크게 기뻐하여 관작과 재정 등에 관한 일을 대신들에게 나누어 맡기고 사나흘에 한 번 꼴로 조회를 보았는데, 잠깐 있다가 도로 들어가서 오로지 가무와 여색을 즐기니 조정의 정사가 날로 문란해졌다.

24-5-나(按)

臣은 按 和士開之佞齊主가 卽趙高・李斯의 蠱二世之術也라 斯・高가 以此亡秦하고 而士開가 亦以此亡齊하니 古人이 以燕安爲鴆毒(짐독)[86]이라하니 飮鴆毒者가 必死而溺燕安者가 必亡하나니 可不戒哉잇가

【臣按】 和士開가 北齊의 임금(高湛)에게 아첨했던 것은 바로 趙高와 李斯가 秦二世를 미혹시켰던 술책입니다. 이사와 조고가 이것으로 秦나라를 망하게 하였고 화사개 또한 이것으로 북제를 망하게 하였습니다. 옛사람이 안일함을 맹독이라고 하였습니다. 맹독을 마신 사람은 반드시 죽고 안일에 빠진 사람은 반드시 망하는 법이니, 경계하지 않아서야 되겠습니까.

24-6-가[87]

唐太宗[88]이 嘗玩禁中樹曰 此가 嘉木也로다 右衛大將軍宇文士及[89]이 從旁美歎[90]不已어늘 帝가 正色曰 魏徵이 嘗勸我遠佞人[91]호대 不識佞人이 爲誰러니

86) 古人……鴆毒 : 《춘추좌씨전》 閔公 1년(기원전 661) 기사에 따르면, 管仲이 齊 桓公에게 한 말에 "융적은 승냥이나 이리와 같으니 만족시킬 수 없으며, 諸夏는 친근한 관계이니 버릴 수 없으며, 안일함은 맹독과 같으니 마음에 품을 수 없습니다.〔戎狄豺狼 不可厭也 諸夏親暱 不可棄也 宴安酖毒 不可懷也〕"라는 내용이 보인다.

87) 《新唐書》 卷100 〈宇文士及列傳〉에 보인다. 《資治通鑑》 卷196 〈唐紀12 太宗 中之中〉 貞觀 16년(642) 10월 기사에 있는 우문사급의 卒記에도 간략하게 인용되어 있다.

88) 唐太宗 : 23-5-가의 '唐太宗' 주석 참조.

89) 宇文士及 : ?~642. 자는 仁人으로, 長安 사람이다. 宇文述의 아들이자 宇文化及의 동생이다. 隋 文帝 때 新城縣公이 되었으며, 후에 煬帝의 딸과 혼인하였다. 唐나라로 귀순한 후에는 郢國公(영국공)이 되었으며, 太宗 때 中書令, 殿中監, 右衛大將軍 등을 역임하였다. 시호는 縱이다.

90) 歎 : 사고본에는 '嘆'으로 되어 있다.

乃今信然이로다 **士及**이 **謝曰 南衙**[92]**群臣**이 **面折廷爭**하니 **陛下**가 **不得一擧手**하시나니 **今臣**이 **幸在左右**하여 **不少有將順**이면 **雖貴爲天子**나 **亦何聊**리잇고 **帝意**가 **解**하시다 **史臣**이 **曰 太宗**이 **知士及之佞**호대 **爲游言自解**에 **亦不能斥**하시니 **彼中材之主**가 **求不惑於佞**이 **難哉**인저

唐 太宗이 한번은 궁중의 나무를 구경하다가 말하였다.

"이 나무가 아름다운 나무로다."

右衛大將軍 宇文士及이 태종 곁에서 그 나무를 찬미해 마지않자 태종이 정색을 하고 말하였다.

"魏徵이 일찍이 나에게 아첨하는 사람을 멀리하라고 권했으나 아첨하는 사람이 누구인지 몰랐는데, 지금 과연 그대가 그러한 사람이구나."

우문사급이 사죄하고 아뢰었다.

"南衙의 신료들이 폐하의 면전에서 비판하고 조정에서 공공연하게 간쟁하니 폐하께서 손 하나 까딱하실 수 없습니다. 지금 신이 요행으로 폐하의 곁에 있으면서 조금이나마 뜻을 받들고 따르는 것이 있지 않으면 비록 천자의 귀하신 몸이라도 얼마나 따분하겠습니까."

이에 태종의 마음이 풀어졌다.

史臣이 다음과 같이 논평하였다.

"태종은 우문사급이 아첨하는 줄을 알았으면서도 빈말로 찬미한 말에 대하여 스스로 해명하자 또한 물리치지 못했으니, 저 중등의 자질을 가진 임금이 아첨에 미혹되지 않기를 바라기가 어렵다."

---

91) 魏徵……佞人 : 《貞觀政要》 卷6 〈杜讒邪 第23〉에 따르면, 정관 10년(636)에 魏徵이 태종에게 했던 간언 중에 "다만 經에 이르기를 '鄭나라의 음악 소리를 내치고 아첨하는 사람을 멀리하라.'라고 하였으니, 측근에 있는 사람들을 특히 매우 조심해야 합니다.〔但經云 放鄭聲遠佞人 近習之間 尤宜深愼〕"라는 내용이 보인다. 여기에서 經은 《논어》를 가리키며, 인용 내용은 〈衛靈公〉 제10장에 보인다.

92) 南衙 : 唐나라 때 中書省, 門下省, 尙書省 및 각 관사들을 지칭한다. 이들 부서가 모두 궁성 남쪽에 있어서 '南衙'라고 하였다. 기록에 따라 '南司', '南牙'라고도 하는데, 조정 관원들을 범범하게 가리키는 말로도 사용하였다. 《兩唐書辭典 南司》

24-6-나(按)

臣은 按 范祖禹가 曰 大禹가 曰 何畏乎巧言令色孔壬[93]이리오하시며 孔子가 曰 佞人은 殆[94]라하시니 佞人者는 止於諛悅順從而已로되 近之면 必至於殆는 何也오 彼佞人者는 不知義之所在而惟利之從故也라 利在君父則從君父하고 利在權臣則附權臣하고 利在敵國則交敵國하고 利在戎狄則親戎狄하여 利之所在則從之하고 利之所去則違之니 於君父에 何有哉리오 忠臣則不然하여 從義而不從君하며 從道而不從父하여 使君不陷於非義하며 父不入於非道라 故雖有不從其命이나 將以處君父於安也라 君有不義면 不從也하니 而況於權臣乎며 父有不義면 不從也하니 而況於它[95]人乎아 古之佞者가 其始에 莫不巧言令色하여 未必有悖逆之心이라가 及其患失하얀 則無所不至[96]하나니 終於弑君亡國者가 皆始之諛悅順從者也[97]라하니

【臣按】 范祖禹가 말하였습니다.

"大禹가 말하기를 '어찌 말을 좋게 하고 얼굴빛을 잘 꾸며 매우 간악한 마음을 숨기고 있는 자를 두려워하겠는가.'라고 하였으며, 孔子가 말하기를 '아첨에 능한 사람은 위험하다.'라고 하였다. 아첨에 능한 사람은 아첨으로 환심을 사고 순종하는 것에 그칠 뿐인데도 그를 가까이하면 반드시 위태로움에 이르는 것은 어째서인가? 저 아첨하는 사람은 義가 있는 곳을 알지 못하고 오직 이익만을 따르기 때문이다. 이익이 임금이나 아버지에게 있으면 임금이나 아버지를 따르고 이익이 權臣에게 있으면 권신에게 빌붙으며, 이익이 적국에게 있으면 적국과 내통하고 이익이 戎狄에게 있으면 융적을 가까이하여, 이익이 있는 곳이면 따르고 이익이

93) 何畏……孔壬 : 《書經》 〈皐陶謨(고요모)〉에 보인다. 15-2-가 참조.

94) 佞人殆 : 《論語》 〈衛靈公〉 제10장에 "顔淵이 나라를 다스리는 방법에 대하여 질문하자, 공자가 말하였다. '夏나라의 冊曆을 시행하며 殷나라의 木輅를 타며 周나라의 冕冠을 착용하고 음악은 韶舞를 사용하며 鄭나라의 음악을 내치고 아첨에 능한 사람을 멀리해야 할 것이니, 정나라의 음악은 음탕하고 아첨에 능한 사람은 위험하기 때문이다.'〔顔淵問爲邦 子曰 行夏之時 乘殷之輅 服周之冕 樂則韶舞 放鄭聲 遠佞人 鄭聲淫 佞人殆〕"라는 내용이 보인다.

95) 它 : 사고본에는 '他'로 되어 있다.

96) 及其……不至 : 《논어》 〈陽貨〉 제15장에 "비루한 사람과 임금을 섬길 수 있겠는가. 아직 얻지 못했을 때에는 얻지 못할까 근심하고, 얻은 뒤에는 잃을까 근심하니, 만약 잃을까 근심하면 못하는 짓이 없을 것이다.〔鄙夫可與事君也與哉 其未得之也 患得之 旣得之 患失之 苟患失之 無所不至矣〕"라는 내용이 보인다.

97) 大禹……者也 : 《唐鑑》 卷5 〈太宗3〉에 보인다.

떠난 곳이면 멀리하니, 임금이나 아버지에 대하여 무엇이 있겠는가.

충신은 그러하지 않아서 義를 따르고 임금을 따르지 않으며, 道를 따르고 아버지를 따르지 않는다. 그리하여 임금으로 하여금 不義에 빠지지 않게 하며 아버지로 하여금 不道에 들지 않게 한다. 이 때문에 비록 임금이나 아버지의 명을 따르지 않는 경우가 있으나, 이는 명에 따르지 않음으로써 장차 임금이나 아버지를 편안한 데에 처하게 하려는 것이다. 임금에게 불의가 있으면 따르지 않으니 하물며 권신의 경우에야 말할 것이 있겠으며, 아버지에게 불의가 있으면 따르지 않으니 하물며 타인의 경우에야 말할 것이 있겠는가.

옛날 아첨하는 자들이 처음에는 말을 교묘하게 하고 낯빛을 좋게 꾸미지 않는 자가 없어서 반드시 悖逆할 마음을 가지고 있지는 않았다가, 잃을 것을 두려워하는 지경에 이르게 되면 못하는 짓이 없었다. 임금을 시해하고 나라를 망하게 하는 것으로 끝을 맺었던 자들은 모두 처음에 아첨으로 환심을 사고 순종했던 자들이었다."

臣은 謂 佞臣之害를 祖禹가 盡之라 抑士及之言이 有深爲人君之鴆毒者니 夫盛明之世엔 忠讜(당)이 盈朝하여 言動少差에 箴儆隨至하니 貴爲天子나 宜若無聊矣로되 而每措身於至安至榮之地하고 昏亂之世엔 諂[98]諛(첨유)가 塞耳하여 窮侈縱欲호대 下無敢言하니 貴爲天子하여 宜若適意矣로되 而每措身於至危至難之中하니 然則人主가 將何擇焉고 如士及者는 亡隋之餘孽(얼)이라 何足多責이리오 所可惜者는 太宗이 知其佞而不知去之爾니이다

신은 생각건대 아첨하는 신하의 해악을 범조우가 남김없이 말하였습니다. 또 우문사급의 말이 크게 임금의 맹독이 되는 점이 있었습니다. 저 聖明한 군주가 다스리는 시대에는 충성스럽고 정직한 이들이 조정에 가득하여 군주의 언동이 조금만 잘못되어도 신하들이 경계하는 말이 뒤따라 이르니, 천자의 귀한 몸이 되었더라도 의당 무료한 듯하지만 늘 지극히 편안하고 영화로운 곳에 몸을 두게 됩니다. 그리고 혼란한 군주가 다스리는 시대에는 아첨이 귀를 막아 사치를 극도로 부리고 욕망을 마음껏 누리는데도 아랫사람 중에 감히 진언하는 자가 없으니, 천자의 귀한 몸이 되어 의당 마음에 드는 것만 누려야 할 듯하지만 늘 지극히 위태롭고

98) 諂 : 사고본에는 '謟'으로 되어 있다.

어려운 가운데 몸을 두게 됩니다. 그렇다면 임금이 장차 그중에서 어떤 쪽을 선택해야 하겠습니까?

우문사급과 같은 자는 멸망한 隋나라의 잔존 세력이니, 어찌 크게 책망할 것이 있겠습니까. 애석한 점은 태종이 그가 아첨한다는 것을 알면서도 그를 버릴 줄 몰랐던 것입니다.

以上은 論憸邪罔上之情三이라【佞幸之臣[99]】

이상은 간사한 자들이 임금을 속인 정상을 논한 세 번째이다.【아첨하여 총애받는 신하】

辨人材 人材를 구별하는 방법들

憸邪罔上之情【聚斂之臣】 奸邪한 자들이 임금을 속인 정상【苛斂誅求를 일삼는 신하】

24-7-가[100]

漢武帝時에 **雒陽賈**(고)**人子桑弘羊**[101]이 **以心計**로 **年十三**에 **侍中**이러니 **後爲治粟都尉**[102] · **領大農**[103]하여 **盡筦**(관)**天下鹽鐵**할새 **弘羊**이 **以諸商**[104]**官**이 **各**

99) 佞幸之臣 : 사고본에는 없다.

100) 《漢書》 卷24下 〈食貨志 下〉, 《資治通鑑》 卷19 〈漢紀11 武帝 中之上〉 元狩 4년(기원전 119), 卷20 〈漢紀12 武帝 中之下〉 元封 원년(기원전 110) 기사에 보인다.

101) 桑弘羊 : ?~기원전 80. 洛陽 사람으로, 상인의 아들로 태어났다. 漢 武帝 때 암산 능력을 인정받아 侍中이 되었으며, 이후 재무 능력을 발휘하면서 大司農中丞, 搜粟都尉, 大司農 등을 역임하였다. 御史大夫로 재직했을 때 賢良文學의 선비들과 염철 전매 문제로 토론한 내용이 《鹽鐵論》으로 정리되었다. 훗날 大將軍 霍光과 사이가 틀어졌는데, 昭帝 때 燕王 劉旦, 上官傑 등과 반역을 도모하다가 주살되었다.

102) 治粟都尉 : 나라의 곡식과 재화를 담당하던 大司農의 속관이다. 박기수 등은, 치속도위가 한나라 초에만 설치되었던 관직이므로 《漢書》 〈百官公卿表〉와 〈霍光傳〉 등에 근거하여 상홍양이 임명되었던 관직이 '搜粟都尉'여야 한다고 주장하였다. 수속도위 역시 대사농의 속관으로 농경, 둔전 등과 관련된 업무를 담당하였다. 《資治通鑑 卷9 漢紀1 太祖 上之上 元年 胡

自市하여 相與爭利하니 物故騰踊而天下賦輸가 或不償其僦費(추비)라하여 乃請置大農部丞數十人하여 分部主郡國하고 各往往縣置均輸[105]・鹽鐵官[106]하여 令遠方以其物로 如異時[107]商賈所轉販者爲賦而相灌輸[108]하고 置平準[109]于京師하여 都受天下委輸[110]하고 令[111]工官[112]治車諸器를 皆仰給大農하니 大農

三省注》《漢書 卷19下 百官公卿表, 卷68 霍光傳》《박기수 외 역, 사료로 읽는 중국 고대 사회경제사, 청어람미디어, 2005, 163・518쪽》

103) 領大農 : '領'은 한나라 때의 관직 용어로, 本職이 있는 상태에서 다른 관사의 업무를 겸하여 관장할 때 그 다른 관사의 이름 앞에 붙인다. '大農'은 大司農의 약칭으로, 당시 국가 재정을 총괄했던 관청이다. 즉, 본문에 따르면 상홍양은 본직이 치속도위인데 대사농의 업무까지 겸하여 관장했던 것이다. 《漢書辭典 領, 大司農》《資治通鑑 卷20 漢紀12 武帝 中之下 元封 元年 胡三省注》

104) 商 : 대전본・사고본에는 없다.

105) 均輸 : 여기에서는 '均輸官'을 가리킨다. 균수관은 漢 武帝 때 균수 업무를 담당했던 관서의 이름이면서 관리의 통칭이기도 하다. '균수'는 運輸를 조절한다는 뜻이다. 기존에는 중앙정부가 필요한 물품을 상인들이 확보하여 중앙으로 수송했는데, 이를 균수관이 대신하여 물품을 구입하고 수송하도록 한 것이다. 즉, 균수관이 징수한 부세로서 자기 지역의 산물을 구매하여 외지로 운반하며 외지의 산물을 자기 지역으로 운반하였다. 《漢書辭典 均輸・均輸官》《박기수 외 역, 사료로 읽는 중국 고대 사회경제사, 청어람미디어, 2005, 164쪽》《西嶋定生 저, 최덕경 외 역, 중국의 역사(진한사), 혜안, 2013, 236~237쪽》

106) 鹽鐵官 : 여기에서는 '鹽官'과 '鐵官'을 가리킨다. 염관은 鹽稅 업무를 주관하기 위하여 제염업이 이루어져 왔던 郡國에 설치한 관서의 이름이다. 이때 소금 생산 자체는 민간 제염업자가 담당하고 생산된 소금을 모두 염관이 사들였으며 개인적인 판매는 허용되지 않았다. 철관은 製鐵과 농기 주조 업무를 주관하기 위하여 철이 생산되는 지역에 설치했던 관서의 이름이다. 철이 생산되지 않는 지역에는 '小鐵官'을 두어 폐철을 수집하게 하였다. 철의 경우에는 생산과 판매를 모두 정부가 담당하고 수익을 국가 재정으로 삼았다. 《漢書辭典 鹽官・鐵官》《西嶋定生 저, 최덕경 외 역, 중국의 역사(진한사), 혜안, 2013, 235쪽》

107) 如異時 : 대전본・사고본에는 '貴時'로 되어 있다. 《史記》〈平準書〉에도 '貴時'로 되어 있는데, 여기에 따르면 '異時'는 기존에 물건이 비쌌던 때를 말한다.

108) 令遠……灌輸 : 균수법을 시행하기 전에는 각 지역에서 나지 않는 물건들을 상인들이 다른 지역에서 구입한 다음 이를 유통시킴으로써 큰 시세 차익을 남겼고 정부는 여기에 대하여 조세를 부과했다. 그런데 균수법을 시행한 뒤에는 이러한 유통 행위를 정부에서 파견한 관리가 대신함으로써 상인들에게 돌아갈 이익을 정부가 독점하였다. 위의 '均輸' 주석 참조.

109) 平準 : 여기에서는 한 무제 때 평준 업무를 담당했던 관서의 이름이다. '平準'은 물가에 평형을 이루게 한다는 뜻이다. 아래의 '平準' 주석 참조. 《漢書辭典 均輸》

諸官이 盡籠天下之貨物하여 貴卽賣之하고 賤卽買之하여 如此에 富商이 無所牟利則反[113]本而萬物이 不得騰踊이라 故抑天下物하여 名曰平準[114]이라한대 天子가 以爲然하여 許之하시니 民不益賦[115]而天下가 用饒[116]러라 是歲에 旱이어늘 上이 令官求雨러시니 卜式[117]이 言曰 縣官이 當食租衣稅而已어늘 今弘羊이 令吏坐市列肆하여 販物求利하니 烹[118]弘羊이라야 天乃雨하리이다

漢 武帝 때 雒陽(洛陽) 상인의 아들 桑弘羊이 암산 능력으로 나이 열셋에 侍中

---

110) 委輸 : '委'는 화물을 운반하거나 수레에 적재하는 것을 뜻하며, '輸'는 적재한 화물을 목적지에 운반하여 판매하는 것을 뜻한다. '委輸'는 郡國에 축적되어 있는 화물을 수시로 京師에 수송하는 것을 말한다.《박기수 외 역, 사료로 읽는 중국 고대 사회경제사, 청어람미디어, 2005, 164쪽》

111) 令 : 대전본·사고본에는 '名'으로 되어 있다. 저본에는 이 부분의 書眉에 '令字唐本及史記漢書俱作召(令자는 중국본《대학연의》와《史記》·《漢書》에 모두 召자로 되어 있다.)'라는 頭註가 보인다. 宏遠堂 熊氏가 증보하여 판각한《史記評林》(서울대학교 규장각 소장본, 청구기호 : 奎古 181)의 卷8 〈平準書〉에도 '召'로 되어 있다.

112) 工官 : 漢나라 때 무기, 생활용품, 수공예품 등을 만드는 일을 관장했던 관서의 이름이다.《漢書辭典 工官》

113) 反 : 509본에는 '及'으로 되어 있다.

114) 平準 : 여기에서는 '平準法'을 가리킨다. 평준법은 漢 武帝 元封 원년(기원전 110)에 실시된 법으로, 균수법보다 5년 뒤에 시행되었다. 元鼎 2년(기원전 115)에 균수법이 시행되자 중앙의 각 관서가 지방에 관리를 파견하여 물자를 구입하느라 물가가 치솟고 조세를 수송하는 비용 부담이 커졌다. 이에 상홍양의 건의에 따라 각 郡國에 均輸官을 증설하는 한편 물가가 떨어졌을 때 물자를 사들여 平準이라는 관서에 저장해두었다가 물가가 오르면 물자를 유통시켜 물가를 안정시켰다.《西嶋定生 저, 최덕경 외 역, 중국의 역사(진한사), 혜안, 2013, 237쪽》

115) 賦 : 대전본에는 '富'로 되어 있다.

116) 饒 : 509본에는 '鐃'로 되어 있으나, 오자이다.

117) 卜式 : 생몰년 미상이다. 漢 武帝 때의 관료로, 河南 사람이다. 양을 키워 치부를 했었는데, 나라에서 재정을 많이 소모했을 때 재산의 절반을 헌납한 일을 계기로 무제의 부름을 받아 中郎에 임명되었다. 그 후 緱氏令(구지령)을 역임하고 關內侯에 봉해졌으며 벼슬이 御史大夫에 올랐다. 鹽鐵의 전매 정책에 반대했다가 무제의 미움을 샀으며 문장을 익히지 않아 太子太傅로 좌천되었다.

118) 烹 : 대전본에는 '亨(팽)'으로 되어 있다.

이 되었는데, 후에 治粟都尉·領大農이 되어 전국의 소금과 철을 모두 관장하였다. 이때 상홍양은, 상업을 담당하는 관리들이 각각 자체적으로 판매하여 서로 함께 이익을 다투니, 물건이 이 때문에 값이 치솟고 전국에서 賦稅를 운송할 때 혹 그 운송비조차 건지지 못하는 경우가 있다고 하여, 마침내 다음과 같은 내용으로 주청하였다.

"大司農 部丞 수십 인을 두어 구역을 나누어서 郡國을 주관하게 하고, 각각 곳곳에 縣마다 均輸官과 鹽鐵官을 두어 먼 지역으로 하여금 자기 지역에서 나는 물건을 가지고 서로 유통시키되, 마치 예전에 상인들이 다른 지역으로 가져가 판매하여 생긴 시세 차익을 과세 대상으로 지정했던 때처럼 하게 합니다. 그리고 京師에 平準을 설치하여 전국에서 실어 보내온 물자를 모두 받아들이고, 工官으로 하여금 수레와 여러 장비를 만드는 것을 모두 大司農에게서 지원을 받도록 합니다. 대사농의 관원들이 전국의 재화를 모두 총괄하여, 물자가 귀해지면 즉시 보관해오던 물자를 팔고 물자가 흔해지면 곧바로 물자를 사들입니다. 이처럼 했을 때 富商들이 이익을 얻을 길이 없어지면 본래의 상태로 되돌아가 모든 물건 값이 뛰지 못할 것입니다. 이 때문에 천하의 물가를 억제시켜 그 명칭을 '平準法'이라고 합니다."

무제가 이 주청을 옳게 여겨 윤허하니, 백성들이 부세를 더 내지 않고도 천하가 이 때문에 풍요로워졌다.

이해에 가뭄이 들자 무제가 관원을 시켜 祈雨祭를 지내게 하였는데, 卜式이 다음과 같이 말하였다.

"官府는 조세를 받아서 衣食을 해결해야 할 뿐인데 지금 상홍양이 관리들을 시켜 저잣거리에 앉아 가게를 열어 물건을 팔아 이익을 추구하게 하니, 상홍양을 烹刑에 처해야 하늘이 비를 내릴 것입니다."

24-7-나(按)

臣은 按 弘[119]羊均輸之法이 不過陰奪商賈之利하여 以歸公上하여 爲天子斂怨於民而已니 非能上下兼足也라 卜式之言이 可謂當其罪矣어늘 而武帝가 弗之省也하니이다 本

119) 弘 : 대전본에는 '洪'으로 되어 있으나, 北宋 太祖의 부친인 趙弘殷의 피휘이다.

朝[120]熙寧間에 宰相王安石이 又祖弘[121]羊故智하여 立市易法[122]하고 亦言善理財者는 不加賦而上用足이라하여늘 而司馬光이 闢之曰 天下에 安有此理리오 天地所生財貨百物이 止有此數하니 不在民則在官이라 譬如雨澤이 夏澇(로)則秋旱이니 不加賦而上用足은 不過設法하여 陰奪民利니 其害가 有甚於加賦라 此乃桑羊[123]欺漢武之言이니 太史公이 書之하여 以見武帝不明耳[124]라하니 嗚呼라 司馬光之言은 古今之至言也라 後世之臣이 有以言利로 媒人主者어든 其尙以是察之니이다

【臣按】 상홍양의 均輸法은 암암리에 상인들의 이익을 빼앗아 조정으로 귀속시켜 백성들로부터 천자에게 원망을 몰아주는 것에 불과할 뿐이었으니, 상하가 함께 풍족해질 수 있는 것이 아니었습니다. 卜式의 말이 상홍양의 죄에 판결을 내렸다고 할 수 있었는데도 한 무제는 이를 살피지 않았습니다.

우리 宋나라 熙寧 연간에 재상 王安石이 또 상홍양의 낡은 수법을 본받아 市易法을 만들고서, 또한 "재정을 잘 관리하는 사람은 增稅를 하지 않고도 황제의 재용이 풍족해지는 법입니다."라고 말하였습니다. 그러자 司馬光이 그 말을 다음과 같이 반박하였습니다.

"천하에 어떻게 이러한 이치가 있겠습니까. 천지가 생성한 재화와 만물이 다만 이에 따른 일정한 수효가 있는 것이니 민간에 있지 않으면 官에 있습니다. 비유하자면 비가 여름 장마로 많이 내리면 가을 가뭄이 드는 것과 같습니다. 증세를 하지 않고도 황제의 재용이 풍족해진다고 하는 것은 법을 만들어 암암리에 백성들의 이익을 빼앗는 것에 불과하니, 그 폐해가 증세보다도 심합니다. 이것이 바로 상홍양이 한 무제를 속였던 말이니, 太史公(司馬遷)이 이를 기록하여 무제의 명철하지 못함을 보였습니다."

---

120) 本朝 : 사고본에 이 앞에 '又' 1자가 있다.

121) 弘 : 대전본에는 '洪'으로 되어 있으나, 北宋 太祖의 부친인 趙弘殷의 피휘이다.

122) 市易法 : 王安石 新法의 일환으로 추진되었던 정책의 하나로, 神宗 熙寧 5년(1072) 3월에 제정되었다. 정부가 중소 상인들에게 낮은 이자로 자금을 빌려주는 정책으로, 중소 상인들을 거상들의 수탈에서 보호하고 물자의 유통을 원활하게 하는 동시에, 기존에 거상들이 갖고 있었던 물가의 결정권을 정부가 장악하고자 하였다. 《東一夫, 王安石事典, 東京 : 國會刊行會, 1980, 307쪽》

123) 桑羊 : 사고본에는 '桑弘羊'으로 되어 있다. 저본과 대전본에 '弘' 자가 빠진 것으로 보인다.

124) 天下……明耳 : 蘇軾의 《東坡集》 卷36 〈司馬溫公行狀〉에 보인다.

아, 사마광의 말은 고금의 至論입니다. 후세의 신하 가운데 이익을 말하는 것으로 임금을 꾀는 자가 있으면, 부디 이 말을 가지고 잘 살펴야 합니다.

24-8-가1[125)]

唐玄[126)]宗[127)]開元中에 戶部侍郎宇文融[128)]이 性精敏하고 應對辯給하더니 以治財賦로 得幸於上하여 始廣置諸使[129)]하여 競爲聚斂하니 由是百官이 寖失其職하고 而上心이 益侈하니 百姓이 皆愁苦之러니 及融이 旣敗而楊愼矜[130)]이

125)《資治通鑑》卷213 〈唐紀29 玄宗 中之上〉 開元 17년(729), 卷215 〈唐紀31 玄宗 中之下〉 天寶 원년(742) 기사에 보인다.

126) 玄 : 대전본에는 '元'으로 되어 있으나, 宋代의 시조 趙玄郞의 피휘이다.

127) 唐玄宗 : 685~762(재위 712~756). 당나라 6대 황제 李隆基이다. 睿宗의 셋째 아들로, 712년에 예종의 양위로 즉위하였다. 재위 기간 동안 括戶 정책을 실시하여 부역에서 빠졌던 戶口를 파악하게 하였으며, 조세·조운·법제 등을 개혁하여 중앙 정부의 재정을 증대시켰다. 그러나 天寶 연간(742~756)으로 접어들면서 간신들을 중용하여 국정을 그르쳤다.

128) 宇文融 : ?~731. 京兆 萬年 사람으로, 隋나라 때 禮部尙書인 昌平公 宇文弼(우문필)의 현손이다. 명석하고 언변에 능했으며 官吏 업무에 재간이 있었다. 玄宗 때 覆田勸農使가 되어 조세와 요역에서 빠진 戶口들을 파악해 稅收를 크게 늘렸다. 또 兵部員外郞 兼 侍御史가 되어서는 수십 명의 勸農判官을 파견하여 떠돌아다니는 가호들을 모아 농사를 짓게 하였다. 이후 鴻臚卿 兼 戶部侍郎이 되고 벼슬이 同中書門下平章事에 이르렀으나, 말년에 탄핵을 받고 巖州로 유배를 가는 도중에 죽었다.

129) 使 : 使職을 가리킨다. 당나라 때에는 특정 업무를 담당하는 정식 관원 이외에 다른 관원을 임시로 差任하여 파견하는 使職差遣制가 있었다. 陳仲安에 따르면, 당나라 때의 사직은 형식상 임시직의 형태를 띠고 있었으나 사실상 고정적인 관직이었으며, 특정 부문에만 두지 않고 광범위하게 사직을 두었다. 당나라의 사직차견제는 현종 때 크게 발전했는데 재정 부문에 둔 사직으로는 鹽池使, 轉運使, 勸農使, 諸色安輯戶口使, 戶口色役使, 租庸地稅使, 鑄錢使, 木炭使, 出納使 등으로 다양했다. 胡三省은, 이로 말미암아 백관들이 차츰 자신의 직분을 다하지 못하고 현종의 마음이 더욱 사치에 젖었다고 설명하였다.《資治通鑑 卷213 唐紀29 玄宗 中之上 開元 17年 胡三省注》《陳仲安, 唐代的使職差遣制, 武漢大學學報, 1963年 第1期, 87, 91~92쪽.》

130) 楊愼矜 : ?~747. 唐 玄宗 때의 관료로, 隋 煬帝의 현손이자 戶部尙書로 치사한 楊隆禮의 아들이다. 사람됨이 신중하고 재간이 있었는데, 현종에 의해 監察御史로 발탁되었다. 이후 御史中丞 兼 諸道鑄錢使, 戶部侍郎 등을 역임하였다. 王鉷(왕홍)과 李林甫에 의해 隋나라를

得幸하니 於是에 韋堅[131] · 王鉷(왕홍)[132]之徒가 競以利進하여 百司有事權者를 稍稍置使以領之러라

唐 玄宗 開元 연간 때 戶部侍郎 宇文融은 성품이 영민하고 응대할 때 언변이 뛰어났는데, 재정과 부세를 잘 관리한다는 이유로 현종에게 총애를 받아 처음으로 여러 使職을 광범위하게 두어 경쟁적으로 가렴주구를 일삼게 하였다. 이 때문에 백관들이 차츰 제 직분을 그르치고 현종의 마음이 더욱 사치에 젖으니 백성들이 모두 이를 근심하고 괴로워하였다.

우문융이 몰락한 뒤에 楊愼矜이 현종의 총애를 받았다. 이에 韋堅과 王鉷의 무리가 앞다투어 이익을 가지고 조정으로 진출하여, 여러 관사 가운데 권한이 있는 곳을 대상으로 차츰차츰 使職을 두어 그 업무를 관장하게 하였다.

24-8-가2[133]

天寶初에 韋堅이 爲吏에 以幹敏稱이러니 上이 使之督江淮[134]租運하신대 堅이 引滻水(산수)하여 抵苑東望春樓下爲潭하여 以聚江淮運船할새 役夫匠 · 通漕渠하여 發人丘壟하니 自江淮至京城히 民間이 蕭然愁怨이러니 二年而成이어늘 上이 幸望春樓하여 觀新潭이러시니 堅이 以新船數百艘(수)로 遍榜郡名하고 陳郡

부활시키려고 했다는 모함을 받아 사사되었다.

131) 韋堅 : ?~747. 唐 玄宗 때의 관료이다. 자는 子全으로, 京兆 萬年 사람이다. 정부의 세수를 늘린 宇文融·楊愼矜 등을 본받아 江淮의 조세를 많이 걷어 현종의 인정을 받았다. 이후 陝郡太守(섬군태수) · 水陸轉運使가 되자 백성들을 징발하여 天寶 원년(742)에 渭水의 漕運을 개통하였다. 그 공으로 江淮南租庸 · 轉運 · 處置使를 겸하였다. 후에 사이가 틀어져버린 李林甫의 모함으로 폄척과 유배를 당하고 천보 6년(747)에 피살되었다.

132) 王鉷 : ?~752. 唐 玄宗 때의 관료로, 太原 祁(기) 사람이다. 開元 10년(722)에 鄠縣尉(호현위)가 되었으며 戶部員外郎, 戶部郎中, 戶口色役使 등을 역임하였다. 현종에게 재무 능력을 인정받은 후 戶部侍郎, 京兆尹 등을 역임하고 20여 使職을 겸임하기까지 하였다. 후에 동생 王銲(왕한)의 모반에 연루되어 賜死되었다.

133) 《資治通鑑》 卷215 〈唐紀31 玄宗 中之下〉 天寶 2년(743) 기사에 보인다.

134) 江淮 : 현재의 長江과 淮河 유역의 하류 지역을 가리킨다. 당나라 때에는 여기에 江淮轉運使를 두었는데, 당나라 후기에는 양곡을 공급하던 중요한 지역이 되었다. 《兩唐書辭典 江淮》

中珍貨於船背하고 陝尉(섬위)崔成甫가 著(착)錦半臂와 缺胯(과)綠衫而裼(석)之하고 紅袙(파)首하고 居前船하여 唱得寶歌[135]하고 使美婦百人으로 盛飾而和之하니 連檣(장)數里라 堅이 跪進諸郡輕貨[136]하고 仍上百牙盤食[137]한대 上이 置宴竟日而罷하시니 觀者가 山積이러라 加堅左散騎常侍하고 其僚屬吏卒을 褒賞有差하고 名其潭曰廣運이라하다

天寶 연간 초에 韋堅이 관리가 되자 재간 있고 민첩하다고 칭찬을 받았다. 玄宗이 위견으로 하여금 江淮 지역의 조세 운송을 감독하게 하자, 위견이 滻水를 끌어들여 禁苑 동쪽 望春樓 아래까지 이르도록 하여 못을 만들고서 강회 지역의 조세 운송선을 집합시키게 하였다. 이때 인부와 工匠들을 노역에 동원하고 漕運에 이용하는 운하를 개통하면서 백성들의 무덤까지 파헤치니 장회에서 京城(長安)에 이르기까지 백성들이 근심과 원망으로 뒤숭숭하였다.

공사가 2년 만에 완공되자, 현종이 망춘루에 거둥하여 새로 만든 못을 바라보고 있었는데, 위견이 새로 만든 배 수백 척에 각 郡의 이름을 두루 표시하고 갑판에 각 군의 진귀한 재화들을 진열하게 하였다. 陝縣尉 崔成甫가 비단 반팔 옷과 아랫도리 부분을 터서 만든 綠衫을 착용하고서 녹삼 윗도리는 벗은 채 머리에 붉은 두건을 쓰고 선두에 있는 배에 타고 있으면서 〈得寶歌〉를 선창하고, 미녀 100명을 화려하게 단장시켜 화답하게 하니 돛대가 몇 리에 걸쳐 이어졌다.

위견이 꿇어앉아 여러 郡의 輕貨들을 올리고 이어서 온갖 진수성찬을 올리자, 현종이 연회를 베풀어 날이 다 저물어서야 파하니 구경하는 사람들이 인산인해를 이루었다. 현종이 위견에게 左散騎常侍를 더하고 그의 속관과 吏卒들에게 차등을

---

135) 得寶歌 : 《資治通鑑》 卷215 〈唐紀31 玄宗 中之下〉 天寶 2년(743) 기사의 胡三省 注에 노래 가사가 보인다.

136) 輕貨 : 크기가 작으면서도 귀중한 재화를 말한다. 《新唐書》 〈韋堅傳〉에 따르면, 이때 廣陵郡에서는 '錦'이라는 비단과 銅器 등을, 會稽郡에서는 '羅', '吳綾', '絳紗' 등의 비단을, 南海郡에서는 玳瑁(대모), 상아, 진주, 침향을, 豫章郡에서는 자기로 만든 술그릇 및 차를 끓이는 솥과 같은 茶器類를, 宣城郡에서는 孔雀石의 일종인 空靑과 石綠을, 始安郡에서는 蕉葛(마닐라삼으로 만든 직물), 비단뱀 쓸개, 물총새 깃털을, 吳郡에서는 '方文綾'이라고 하는 비단을 올렸다. 《新唐書 卷134 韋堅列傳》

137) 牙盤食 : 牙盤에 차린 진수성찬이라는 의미로, 아반은 정교하게 조각한 쟁반을 말한다.

두어 포상하였으며, 그 못을 廣運潭이라고 이름 지었다.

24-8-가3[138)]

戶部郎中王鉷(왕홍)이 **爲戶口色役使**[139)]러니 **上**이 **在**[140)]**位久**라 **用度**가 **日侈**하고 **後宮賞賜**가 **無節**하니 **不欲數**(삭)**於左・右藏**[141)]에 **取之**어시늘 **鉷**이 **探知上指**[142)]하고 **歲貢額外**에 **錢帛百億萬**을 **貯於內庫**[143)]하여 **以供宮中宴賜曰 此**가 **皆不出於租庸調**[144)]하니 **無預經費**라한대 **上**이 **以鉷爲能富國**이라하여 **益厚遇之**라 **鉷**이 **務割剝以求媚**하니 **中外**가 **嗟怨**하더라

---

138)《資治通鑑》卷215〈唐紀31 玄宗 中之下〉天寶 4년(745) 기사에 보인다.

139) 戶口色役使 : 天寶 4년(745)에 설치한 관직으로, 전국의 戶口, 隱田(누락된 토지), 雜役 등을 조사하는 직책이다. 보통 다른 관직에 있는 사람이 겸임하였다.《兩唐書辭典 戶口色役使》

140) 在 : 대전본에는 '主'로 되어 있다.

141) 左右藏 : 국가 재정을 관리하는 창고인 左藏庫와 右藏庫를 가리킨다. 좌장고에서는 전국에서 부세로 걷은 돈과 비단 및 雜綵(잡색의 견직물) 등과 같은 재물을 관리하였으며, 우장고에서는 나라의 寶貨와 玩好之物을 관리하였다.《唐六典 卷20 太府寺 左藏署, 右藏署》《兩唐書辭典 左藏庫, 右藏署》

142) 指 : 사고본에는 '旨'로 되어 있다.

143) 內庫 : 당나라 때 長安에 있었던 창고 이름으로, '大盈庫', '中庫', '內藏', '中藏', '禁藏' 등으로도 불렀다. 내고는 內庫局과 宮闈局이 공동으로 관리하였는데, 때로는 大盈庫使를 두어 관리를 전담시키기도 하였다. 내고의 재원은 국고에서 나온 것과 지방에서 올린 돈, 布帛 등으로 마련되었는데, 궁중의 연회에 드는 비용이나 황제가 상을 내릴 때, 또는 軍費나 국가 재정을 보조할 때 내고의 재물이 사용되었다.《兩唐書辭典 內庫》

144) 租庸調 : 당나라 때에 시행되었던 조세 제도로, 均田制에 의해 丁・男에게 농지가 지급된 상태에서 정남이 부담하였다. '租'는 田租를 가리키는데 정남 한 사람당 곡물 2섬씩을 납부하는 것이고, '庸'은 役에 종사하지 않을 때 1일마다 일정한 양의 絹이나 麻布를 납부하는 것이며, '調'는 戶口稅로 정남 한 사람당 絹 2장과 면 3냥을 납부하는 것이다. 役은 매년 20일로 정해져 있었는데, 20일에서 15일을 초과하여 역에 복무할 경우에는 調를 면제받고, 30일을 초과하여 복무할 경우에는 租와 調를 면제하도록 규정되어 있었다.《資治通鑑新注編纂委員會, 資治通鑑新注(第8冊), 西安 : 陝西人民出版社, 1998, 7653쪽》《布目潮渢 저, 임대희 역, 중국의 역사(수당오대), 혜안, 2001, 158~159쪽》

戶部郎中 王鉷이 戶口色役使가 되었다. 玄宗이 재위 기간이 오래되면서 씀씀이가 날로 사치스러워지고 후궁에 상으로 내리는 하사품이 절제가 없기에 左藏庫와 右藏庫에서 자주 재물을 꺼내려고 하지 않았다. 왕홍이 현종의 뜻을 알아차리고 歲貢으로 정해진 액수 이외에 돈과 비단 백억만 緡을 內庫에 저장하여 궁중의 연회나 하사하는 비용으로 쓰도록 하고 아뢰었다.

"이것은 모두 租庸調에서 나오지 않았으니 국가의 經費와 무관합니다."

현종은 왕홍이 나라를 부유하게 할 수 있는 인재라고 여겨 그를 더욱 후대하였다. 왕홍이 가렴주구에 힘써 현종의 비위를 맞추니 온 나라가 한탄하고 원망하였다.

24-8-가4[145)]

度支(탁지)**郎中楊**[146)]**釗**(소)[147)]가 **善窺上意所愛惡**(오)**而迎之**러니 **以聚斂**으로 **驟遷**하여 **歲中**에 **領十五餘使**하고 **遷給事中兼御史中丞**하여 **專判度支**하니 **恩幸**이 **日隆**이러라 **八載春三**[148)]**月**에 **引百官**하여 **觀左藏**하시고 **賜帛有差**하시다 **是時**에 **州縣**이 **殷富**하여 **倉庫粟帛**이 **動以千**[149)]**計**라 **楊釗**가 **奏請所在**에 **出滯積**[150)]하여 **變**[151)]**輕賫**(재)하고 **及徵丁租**[152)] · **地稅**를 **皆變布帛**하여 **輸京師**하고 **屢奏帑**

145) 《資治通鑑》 卷216 〈唐紀32 玄宗 下之上〉 天寶 7년(748) 6월, 8년(749) 2월 기사에 보인다.

146) 楊 : 대전본에는 '揚'으로 되어 있으나, 오자이다.

147) 楊釗 : ?~756. 唐 玄宗 연간의 權臣 楊國忠을 가리킨다. 蒲州 永樂 사람으로, 貴妃 楊玉環의 堂兄이다. 양귀비가 현종의 총애를 받으면서 給事中 · 御史中丞 · 專判度支事가 되었는데 계산 능력에 뛰어나 현종의 신임을 얻었다. 天寶 9년(750)에는 '國忠'이라는 이름을 하사받았다. 王鉷(왕홍)과 결탁하여 楊愼矜을 죽음으로 몰았다가, 왕홍의 위세가 커지자 그를 죄에 얽어 죽게 만들기도 하였다. 또 이임보가 죽은 후 온갖 전횡을 일삼다가, 安祿山의 난이 일어난 후 현종과 함께 四川으로 피난 갔을 때 불만을 품은 군사들에 의해 피살되었다.

148) 三 : 사고본에는 '二'로 되어 있다. 《資治通鑑》에도 이 기사가 2월 조에 보인다.

149) 千 : 《資治通鑑》에는 '萬'으로 되어 있다.

150) 出滯積 : 대전본에는 '糶(조)'로 되어 있다.

151) 變 : 대전본에는 이 뒤에 '爲' 1자가 더 있다.

152) 丁租 : 丁男 한 사람이 해마다 납부하는 2섬의 곡물을 가리킨다. 24-8-가3의 '租庸調' 주석 참조.

藏(탕장)**充牣**(인)[153)]이 **古今罕儔**(주)라 **故上**이 **率群臣觀之**하시고 **賜釗金紫**[154)]하시다 **上**이 **以國用豐衍**이라 **故視金帛如糞土**하여 **賞賜貴寵之家**를 **無有限極**①하더라

① 度支郎……限極：釗後更名國忠. 事見前[155)].
楊釗는 후에 이름이 '國忠'으로 바뀌었다. 양국충에 관한 일은 앞에 보인다.

度支郎中 楊釗가 玄宗의 마음속에 좋아하고 싫어하는 것을 잘 엿보아 이에 영합했는데, 가렴주구로 빠르게 승진하여 1년 사이에 열다섯 남짓 되는 使職을 겸하고 給事中 兼 御史中丞으로 승진하여 度支 업무를 전담하니 현종의 은총이 날로 커졌다.

天寶 8년(749) 봄 3월에 현종이 백관들을 거느리고 左藏庫를 둘러보고서 차등을 두어 비단을 하사하였다. 이 당시에 州縣이 부유하여 창고의 곡식과 비단이 걸핏하면 천 단위로 헤아려졌다. 양소가, 전국 곳곳에 오랜 동안 쌓여 있는 물자들을 꺼내 輕貨로 바꾸게 하고 거두어들인 丁租와 地稅를 모두 布帛으로 바꾸어 京師(長安)로 수송하자고 주청하였다. 그리고 국고가 충실한 것이 고금에 비견될 사례가 드물다고 여러 차례 상주하였다. 이 때문에 현종이 신하들을 거느리고 좌장고를 둘러본 것이며 양소에게 金魚袋와 紫衣를 하사하였다.

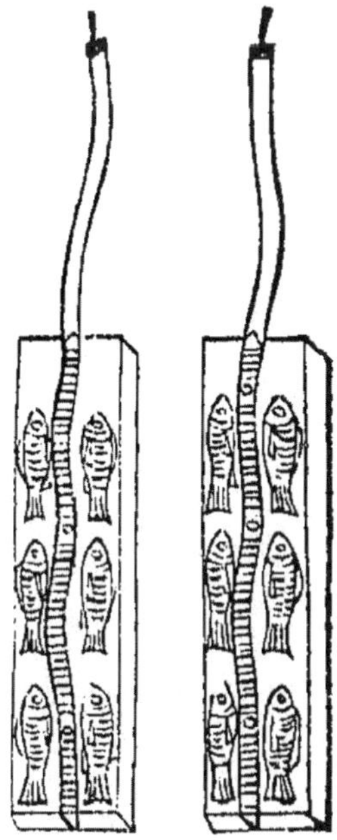
魚袋

현종은 나라의 재용이 풍족해졌기 때문에 황금과 비단을 糞土처럼 하찮게 보아서 총애하는 權貴 집안에 상을

153) 牣：대전본・사고본에는 '羨(연)'으로 되어 있다.
154) 金紫：《新唐書》〈楊國忠列傳〉에 따르면 金魚와 紫衣를 가리킨다. 金魚는《資治通鑑》胡三省 注의 내용으로 미루어 金魚袋로 보인다. 금어대는 물고기 모양의 符信인 魚符를 담는 주머니에 금장식을 한 것으로, 唐 高宗 때 3품 이상의 관원에게 주도록 규정되었다.《舊唐書》〈職官志〉에 따르면 어사중승은 正5品上이므로 양소에게 금어대를 하사한 일은 그를 파격적으로 우대한 것이다.《舊唐書 卷42 職官志1》《新唐書 卷206 楊國忠列傳》《資治通鑑 卷226 唐紀42 代宗 下 大曆 14年 胡三省注》
155) 事見前：19-18-가~19-22-가 참조.

내리기를 한정 없이 하였다.

24-8-나(按)

臣은 按 開元聚斂之臣이 始之以宇文融하여 繼之以韋堅하고 又繼之以王鉷하고 又終之以楊釗하니 是四人者가 皆以掊剋으로 取媚於上而結怨於下하니 所謂國之鬼蜮(귀역)而民之蟊賊(모적)也어늘 明皇이 以其奉己之欲으로 悅而寵之하여 不知其失民心而蠹(두)國脈也하시니 夫千艘(수)雲集하고 萬貨山積이 可謂一時之盛觀矣나 而竭人屋廬하며 發人丘墓에 悲嗟慘慼[156]之狀을 帝不得而見也요 呼號慟哭之聲을 帝不得而聞也라

【臣按】 開元 연간에 가렴주구를 일삼았던 신하는 宇文融으로 시작하여 韋堅으로 그 뒤를 잇고 또 王鉷으로 그 뒤를 이었으며 또 楊釗로 그 끝을 맺었습니다. 이 네 사람이 모두 가렴주구로 현종에게 총애를 받고 백성들에게는 원한을 맺었으니, 이른바 나라의 요물이자 백성의 해충입니다. 그런데도 明皇(玄宗)이 자신의 욕망을 채울 욕심 때문에 그들을 좋아하고 총애하여 이러한 행동이 민심을 잃는 것이고 나라의 명맥을 좀먹는 것인 줄 몰랐습니다.

저 1천 척의 배들이 운집하고 온갖 재화가 산더미처럼 쌓인 것은 한 시대의 장관이라고 할 수 있습니다. 그러나 백성들의 집안을 고갈시키고 백성들의 무덤을 파헤쳐서, 탄식하고 슬퍼했던 정상을 현종은 보지 못했으며 울부짖고 통곡하는 소리를 현종은 듣지 못했습니다.

且有田則有租하고 有身則有庸하고 有戶則有調[157]니 天下之田이 有常數則租亦有常數요 天下之人이 有常數則庸亦有定數요 戶調가 亦然하니 安得常賦之外에 又有百億萬之入이 以供上之橫費乎아 姦臣이 敢於欺罔而帝不之察하여 徒見府庫가 充羨(연)而侈欲이 日滋하여 賜後宮・賜外戚者가 無復限極하니 不思一錢寸縷가 皆百姓之脂膋(료)血肉也라 何忍以糞土視之乎아 異時邊將[158]驕兵에 府庫之藏이 悉爲賊有하고

156) 慼 : 사고본에는 '感'으로 되어 있다.

157) 有田……有調 : 《資治通鑑》 卷226 〈唐紀42 德宗1〉 建中 원년(780) 1월 기사에 보인다. 조용조에 대해서는 앞의 24-8-가3의 '租庸調' 주석 참조.

158) 邊將 : 安祿山을 가리킨다. 范陽・平盧・河東의 節度使를 겸한 안녹산은 唐 玄宗 天寶

而王鉷·楊釗之徒가 **亦皆身被極刑**하여 **家無噍類**(초류)하니 **然後**에 **知貨悖而入者**가 **必悖而出**[159]이니 **聚斂之臣**이 **其罪**가 **甚於盜臣也**라 **吁可戒哉**로소이다

그리고 경작지가 있으면 租가 있고 몸이 있으면 庸이 있고 家戶가 있으면 調가 있습니다. 천하의 경작지가 일정한 수효가 있으니 租 또한 일정한 수효가 있는 것이며, 천하의 사람들이 일정한 수효가 있으니 용 또한 일정한 수효가 있는 것이며, 가호에 부과되는 調 또한 그러하니, 어찌 정해진 賦稅 이외에 또 백억만 緡의 수입이 있어서 현종이 제멋대로 쓰는 데 충당할 수 있겠습니까. 간신이 겁 없이 기망을 일삼는데도 현종이 이를 자세히 살피지 않아 국고가 차고 넘치는 것만 보고 사치의 욕망이 날로 늘어나서 후궁에게 하사하고 외척에게 하사하는 것이 더는 한정이 없었으니, 돈 한 푼, 실 한 오라기가 모두 백성의 고혈임을 생각지 않은 것입니다. 어떻게 차마 糞土처럼 하찮은 것으로 본단 말입니까.

훗날 변방의 장군이 군대를 몰아오자 국고에 저장된 것이 모두 역적의 소유가 되었으며, 王鉷·楊釗의 무리 또한 모두 제 자신이 극형을 당하여 집안에 살아남은 부류가 없었습니다. 그러한 뒤에 도리에 어긋나게 들어온 재물은 반드시 도리에 어긋나게 나간다는 것을 알 수 있으니, 가렴주구를 일삼는 신하는 그 죄가 도적질을 일삼는 신하보다 심합니다. 아, 참으로 경계해야 할 일입니다.

24-9-가[160]

唐德宗[161]**貞元八年**에 **以司農少卿裴延齡**[162]으로 **判度支**(판탁지)[163]러니 **明年**에

14년(755)에 범양에서 15만 대군을 이끌고 반란을 일으켜 洛陽을 함락시키고 이듬해 長安까지 함락시켰다.

159) 貨悖……而出 : 《大學》 傳10章에 "이 때문에 도리에 어긋나게 나간 말은 마찬가지로 도리에 어긋나게 들어오고, 도리에 어긋나게 들어온 재물은 마찬가지로 도리에 어긋나게 나간다.[是故言悖而出者 亦悖而入 貨悖而入者 亦悖而出]"라는 내용이 보인다.

160) 《資治通鑑》 卷234 〈唐紀50 德宗9〉 貞元 8년(792)·9년(793), 卷235 〈唐紀51 德宗10〉 貞元 10년(794)·11년(795) 기사에 보인다.

161) 唐德宗 : 23-8-가의 '唐德宗' 주석 참조.

162) 裴延齡 : 728~796. 당나라 중엽의 관료로, 河中 河東 사람이다. 덕종 때 膳部員外郞·司農少卿 등을 역임하였다. 戶部侍郞으로 있을 때에는 재무에 미숙하여 늘 서리들과 일을 도모하였으며, 左藏庫에 있어야 할 재물을 남아도는 것이라고 속이고 이를 별도의 창고에 보관함으로써 황제의 개인 용도로 쓰게 하자고 주장하였다. 이에 陸贄(육지)로부터 비판을

奏撿責諸州欠負錢八百餘萬緡(민)과 呈樣物三十餘萬緡하여 請別置庫以掌之하니 欠負가 皆貧人이라 無可償이요 呈樣·染練이 皆左藏正物이어늘 延齡이 徙置別庫하고 虛張名數하여 以惑上하니 上이 信之하여 以爲能富國而寵之하시니 於實無所增이요 虛費吏人簿書而已러라

唐 德宗 貞元 8년(792)에 司農少卿 裴延齡을 判度支로 임명하였는데, 이듬해에 배연령이 여러 州에서 미납된 돈 8백여 만 緡과 30여 만 緡 어치의 진상품을 조사하여 받아내었다고 아뢰고서, 별도로 창고를 두어 이 물자를 관장하게 할 것을 청하였다. 미납한 사람은 모두 가난한 사람들이어서 상환할 수 있는 사람이 없었고, 진상품과 염색한 직물들은 모두 左藏庫에 규정상 있어야 할 재물이었다. 그런데 배연령이 이 물자를 별도의 창고로 옮기고 품목과 수량을 허위로 부풀려 덕종을 현혹시키니, 덕종이 이를 믿어 배연령이 나라를 부유하게 만들 수 있는 인재라고 여겨 그를 총애하였다. 그러나 실제에 있어서는 증가한 것이 없었고 부질없이 관리와 장부를 허비한 것뿐이었다.

又明年에 奏 左藏庫物이 多有失落이러니 近因檢[164]閱使置簿書하니 乃於糞土之中에 得銀十三萬兩하고 其匹段[165]雜貨百萬有餘니 此가 皆已棄之物이라 卽是羨餘(연여)니 悉應移入雜庫하여 以供別敕支用이니이다 太府少卿[166]韋少

받았으나 덕종에게는 후대를 받았다. 憲宗 때 繆(목)이라는 시호를 받았다.

163) 以司……度支 : 덕종 貞元 8년(792) 7월 6일의 일이다. 이달에 戶部尙書·判度支로 있던 班宏이 죽자 陸贄가 李巽(이손)을 權判度支로 추천하여 덕종의 윤허를 받았다. 얼마 후 덕종이 司農少卿 裴延齡을 기용하려고 하자 육지가 그를 소인이라고 하면서 반대하였으나, 덕종이 결국 그 말을 따르지 않았다. 판탁지는 度支使, 知度支事, 勾當度支使라고도 했는데, 주로 다른 관직을 가지고 있는 사람이 겸임하는 경우가 많았다. 본래 당나라 때 국가 재정의 수입과 지출은 戶部의 度支司가 담당하였는데, 度支郎中과 度支員外郎이 그 업무를 분담하고 戶部侍郎이 장부를 검사하여 서명을 했었다. 그런데 唐 玄宗 때 監察御史 第五琦(제오기)에게 山南等五道度支使를 더한 것이 효시가 되어, 숙종 때 탁지사, 度支副使, 度支判官 등의 관직을 두고 국가 재정을 전적으로 관장하게 하였다.《資治通鑑 卷219 唐紀35 肅宗中之上 至德 1年 胡三省注, 卷234 唐紀50 德宗9 貞元 8年》《兩唐書辭典 度支使》

164) 檢 : 사고본에는 '簡'으로 되어 있다.

165) 匹段 : 사고본에는 '段疋'로 되어 있다.

華가 不伏하여 抗奏稱 此가 皆每月申奏見(현)在之物이니 請加推驗하소서 上이 不許하시다

또 이듬해(794)에 배연령이 다음과 같이 상주하였다.

"左藏庫의 재물이 帳簿상에 누락된 것이 많이 있었는데 근자에 조사를 통하여 장부에 등록시키게 하니, 이에 糞土 속에서 은 13만 냥을 찾아내었고 비단과 잡화가 백만 남짓이었습니다. 이들은 모두 이미 버려진 물건이니 곧 남아도는 것입니다. 모두 雜庫로 옮겨 들여 별도의 칙서를 통해 집행하는 지출에 써야 할 것입니다."

太府少卿 韋少華가 불복하여 이에 맞서 다음과 같이 상주하였다.

"이것들은 모두 달마다 폐하께 보고되어 현재 있어야 할 것들이니 더 조사하여 살펴보십시오."

덕종은 윤허하지 않았다.

延齡이 每奏對에 恣爲詭譎(궤휼)하니 皆衆所不敢言이요 亦未嘗聞者로되 延齡이 處之不疑하더니 上이 亦頗知其誕妄하사대 徒以其好詆毁人으로 冀聞外事라 故親厚之하시니 宰臣陸贄(육지)[167]가 上書하여 極陳其姦詐하니 其略曰 延齡이 以聚斂爲長策하고 以詭妄爲嘉謀하고 以掊克斂怨爲匪躬하고 以靖[168]譖服讒爲盡節하니 迹其姦蠹(두)[169]컨대 日長月滋어늘 陛下가 姑欲保持하사 曾無詰[170]問하시니 延齡이 謂能蔽惑이라하여 不復懼思하여 移東就西하여 便爲課績하고 取此適彼하여 遂號羨餘(연여)하여 愚弄朝廷을 有同兒戲[171]라하고

---

166) 太府少卿 : 당나라 때 太府寺(태부시)의 副長官으로, 2사람을 두었다. 長官인 太府卿을 보좌하여 국가 재정과 관련된 政令을 관장하였다. 《兩唐書辭典 太府少卿》

167) 陸贄 : 23-8-가 '陸贄' 주석 참조.

168) 靖 : 대전본에는 '盡'으로 되어 있다.

169) 蠹 : 대전본에는 '妬'로 되어 있다.

170) 詰 : 사고본에는 '諮'로 되어 있다.

171) 宰臣……兒戲 : 《資治通鑑》 卷235 〈唐紀51 德宗10〉 貞元 10년(794) 11월 3일 기사에 보인다.

배연령이 덕종을 면대하여 물음에 대답할 때마다 멋대로 허탄한 말을 하니, 그의 말은 모두 사람들이 감히 말하지 못하는 것들이었고 또 들어본 적이 없는 것들이었으나 배연령은 주저하지 않고 그렇게 행동하였다. 덕종 또한 그의 말이 허탄하다는 것을 잘 알면서도 단지 배연령이 남을 헐뜯고 비난하기를 좋아하는 점을 가지고 바깥일을 듣기를 원했기 때문에 그를 가까이하고 후대하였다. 宰臣 陸贄가 上書하여 그의 간사함을 극력 진달하니, 그 대략은 다음과 같다.

"배연령은 가렴주구를 상책으로 여기고 허탄한 것을 묘책으로 여기며, 가렴주구로 원망을 불러 모으는 짓을 가지고 제 몸을 돌보지 않는 충성으로 여기고, 참언하는 것을 편안하게 여겨 참소를 행하는 짓을 가지고 節義를 다하는 것으로 여기고 있습니다. 그 간사함의 해악을 따져보면 날마다 자라나고 달마다 불어나는데도, 폐하께서는 우선 내버려두고자 하여 힐문한 적이 없으시니, 배연령이 폐하를 속이고 미혹시킬 수 있겠다고 여겨 더 이상 두렵게 생각하지 않습니다. 그리하여 동쪽에 있는 것을 서쪽에 옮기고서 이내 성과로 삼고, 여기에 있는 것을 가져다 저기로 가져가서 마침내 남아도는 것이라고 하면서 조정을 우롱하기를 마치 어린애 장난처럼 하고 있습니다."

又曰 昔에 **趙高**가 **指鹿爲馬**[172)]하니 **臣**은 **謂鹿之與馬**는 **物類猶同**이라 **豈若延齡**의 **掩有爲無**하며 **指無爲有**리잇고 **書奏**에 **上**이 **不悅**하여 **待延齡**을 **益厚**러시니 **未幾**에 **罷陸**[173)]**贄相**[174)]하고 **又貶爲忠州別駕**[175)]하다 **其後**에 **延齡**이 **卒**하니 **中**

172) 趙高指鹿爲馬 : 秦 二世 胡亥를 옹립시킨 후 李斯까지 죽인 趙高가 진나라의 정권을 확실하게 장악하기 위하여 이세에게 사슴을 바치면서 말이라고 하였다. 이때 이세가 좌우 근신들에게 그 짐승이 말이 맞느냐고 물어보았는데, 그때 사슴이라고 올바로 대답한 사람들은 후에 조고가 몰래 법으로 얽어 처벌을 받게 만들었다. 18-5-가 참조.《資治通鑑 卷8 秦紀3 二世 下 3年》

173) 陸 : 대전본·사고본에는 없다.

174) 未幾罷陸贄相 : 덕종 貞元 10년(794) 12월 23일의 일이다. 이때 육지가 太子賓客으로 좌천되었다.《資治通鑑 卷235 唐紀51 德宗10 貞元 10年》

175) 貶爲忠州別駕 : 덕종 貞元 11년(795) 4월 25일의 일이다. 육지가 재상에서 파직된 후 배연령은 京兆尹 李充, 衛尉卿 張滂, 前 司農卿 李銛(이섬)이 육지와 파당을 이루었다고 모함하였다. 육지가 충주별가로 좌천될 때 이충, 장방, 이섬 또한 지방관으로 좌천되었다.《資

外가 相賀호대 上이 獨悼惜之하더시다

또 다음과 같이 아뢰었다.

"옛날에 趙高가 사슴을 가리켜 말이라고 하였습니다. 신은 생각건대 사슴과 말은 사물의 종류가 그래도 같은 것이니, 어찌 있는 것을 덮어 없다고 하며 없는 것을 가리켜 있다고 한 배연령의 소행만 하겠습니까."

글이 상주되자 덕종이 불쾌해하면서 배연령을 대우하기를 더 후하게 하였는데, 얼마 지나지 않아 육지를 재상에서 파면시키고 또 忠州別駕로 좌천시켰다. 그 후에 배연령이 죽자 온 나라가 서로 축하를 했는데 덕종만 유독 배연령을 애석하게 여겼다.

24-9-나(按)

臣은 按 德宗이 始用盧杞[176]・趙贊[177]之徒하여 創間[178]架・陌錢之法[179]하여 以此致亂하여 幾於亡國이러니 幸而克復에 又惑於延齡之姦하여 信而用之하니 迹其欺罔之言컨대 初不難察이라 以不可索之錢으로 爲可索하고 以見(현)在之錢으로 爲羨餘하니 使帝로 命近臣之公清者하여 審而覈之則欺罔이 立敗矣요 左藏이 雖富나 安得有十三萬兩之銀과 百萬餘之雜貨가 委棄于糞土中하여 至是始出乎리오 使帝로 亦命近臣之公清者하여 審而覈之則欺罔이 又敗矣라

治通鑑 卷235 唐紀51 德宗10 貞元 11年》

176) 盧杞 : 20-5-가 '盧杞' 주석 참조.

177) 趙贊 : 생몰년 미상이다. 당나라 중엽의 관료로, 德宗 때 中書舍人이 되었으며, 建中 3년(782)에 盧杞의 추천으로 戶部侍郎・判度支가 되었다. 이듬해에 덕종에게 間架稅 신설과 除陌錢 증세를 제안하였다.

178) 間 : 대전본에는 '開'로 되어 있으나, 오자이다.

179) 創間架陌錢之法 : '間架'는 '間架稅'를 가리키는데, 唐 德宗 때 신설된 가옥세이다. 덕종 建中 4년(783) 6월에 戶部侍郎 趙贊이 건의한 것으로, 한 칸당 상등의 집은 2천 文씩, 중등의 집은 1천 문씩, 하등의 집은 5백 문씩 징수하는 것이다. 같은 해에 일어난 涇原兵變 이후에 폐지되었다. '陌錢'은 '除陌錢'을 가리킨다. 건중 4년(783) 조찬의 건의에 따라, 기존에 公私의 영역에서 이루어지는 증여나 매매에서 1천 錢당 20전씩 관에서 걷던 세금을 50전으로 늘린 것이다. 제맥전은 興元 2년(785)에 폐지되었다. 《舊唐書 卷48 食貨志》《兩唐書辭典 間架法, 除陌錢》

【臣按】 덕종이 처음에 盧杞와 趙贊의 무리를 등용하고서 間架法과 陌錢法을 창설하여 이 때문에 환란을 초래해 나라를 거의 망하게 할 뻔했습니다. 다행히 나라가 회복되었을 때에 덕종이 또 裴延齡의 간사함에 미혹되어 그를 믿고 기용하였으니, 배연령이 기망하는 말을 따져보건대 애초에 살펴 아는 것이 어렵지 않았습니다.

찾아낼 수 없는 돈을 찾아낼 수 있었다고 하고 현재 있어야 할 돈을 남아도는 것이라고 하였으니, 만약 덕종이 공정무사한 근신에게 명하여 조사해서 밝혔더라면 배연령이 기망하려던 것이 바로 무산되었을 것입니다. 그리고 左藏庫에 아무리 재물이 많다고 해도 어떻게 13만 냥의 은과 1백만여의 雜貨가 糞土 속에 버려졌다가 이때에 와서야 비로소 나올 수 있단 말입니까. 만약 덕종이 또한 공정무사한 근신에게 명하여 조사해서 밝혔더라면 배연령이 기망하려던 것이 또 무산되었을 것입니다.

況是時에 以職守相關而證其妄者가 有人[180)]하고 以宰相而劾其姦者가 有人[181)]이어늘 帝가 皆不之省也하시니 蓋姦人之術이 有以蠱蕩其心而塗其耳目이 如此하니 亦可哀矣로다 以延齡之姦으로 而帝가 寵之하여 至其死也에 猶復悼惜하고 以陸贄之忠으로 而帝가 斥之하여 至于歿身히 不復收召하니 范祖禹가 謂 德宗之性이 與小人合하고 與君子殊[182)]라하니 豈不然哉잇가

하물며 이 당시에 직책상 그와 관련이 있어 그의 거짓을 입증한 사람도 있었고, 재상으로서 그의 간악함을 탄핵한 사람도 있었음에도 덕종은 모두 살피지 않았습니다. 이것은 간악한 자들의 술수가 덕종의 마음을 미혹시키고 덕종의 이목을 가린 것이 이와 같았기 때문이니 또한 참으로 애석한 일입니다.

간악한 배연령을 덕종이 총애하여 그가 죽었을 때 오히려 또 애석하게 여겼으며, 충직한 陸贄를 덕종은 배척하여 그가 죽을 때까지 다시는 부르지 않았습니다. 范祖禹가 말하기를 "덕종의 성품은 소인과 잘 맞았고 군자와는 맞지 않았다."라고 하였으니 어찌 옳은 말이 아니겠습니까.

180) 以職……有人 : 太府少卿 韋少華를 가리킨다. 24-9-가 참조.

181) 以宰……有人 : 陸贄를 가리킨다. 24-9-가 참조.

182) 德宗……子殊 : 范祖禹의 《唐鑑》 卷14 〈德宗3〉에 보인다.

以上은 論憸邪罔上之情四라【聚斂之臣[183)]】

이상은 간사한 자들이 임금을 속인 정상을 논한 네 번째이다.【가렴주구를 일삼는 신하】

183) 聚斂之臣 : 사고본에는 없다.

格物致知之要(三) 사물의 원리를 깊이 연구하여 知性의 힘을 극대화하는 핵심적인 방법들 (3)

審治體 治國의 綱領을 살펴 앎

德刑先後之分 德政과 刑政의 선후를 분별함

25-1-가[1)]

舜典에 **象以典刑**①하사대 **流宥五刑**②하시며 **鞭作官刑**③하시고 **扑**(복)**作教刑**④하사대 **金作贖刑**⑤하시며 **眚災**란 **肆赦**하시고 **怙終**으란 **賊刑**⑥하사대 **欽哉欽哉**하사 **惟刑之恤哉**⑦하시다 **流共工于幽州**⑧[2)]하시며 **放驩兜**(환도)**于崇山**⑨[3)]하시며 **竄三苗于三危**⑩[4)]하시며 **殛鯀**(곤)**于羽山**⑪[5)]하사 **四罪**하신대 **而天下**가 **咸服**하니라

---

1) 《書經》〈虞書 舜典〉에 보인다.

2) 流共工于幽州 : '共工'은 堯임금의 신하이자 四凶의 한 사람으로, 《史記正義》에는 窮奇라고 하였다. 《史記集解》에 따르면 鄭玄은 '물을 다스리는 관직의 이름〔水官名〕'으로 설명하였고, 《史記正義》에는 工官의 우두머리인 '工師'라고 하였다. 孔穎達의 《尙書正義》에는 "선조가 이 관직을 맡았기 때문에 관직명을 씨로 삼은 것이다.〔先祖居此官 故以官爲氏也〕"라고 하였다. '幽州'는 《서경》에는 '幽洲'로 되어 있다. 《史記集解》에 따르면 馬融은 '북방의 변방〔北裔〕'으로 설명하였고, 《尙書正義》에는 《括地志》를 인용하여 舜임금이 공공을 유배한 곳으로 전해진 檀州 燕樂縣의 경계에 있는 龔城으로 보았는데, 龔城은 지금의 北京 密雲區 부근에 있었다.

3) 放驩兜于崇山 : '驩兜'는 堯임금의 신하로 四凶의 한 사람이다. 《史記正義》에는 渾沌이라고 하였다. '崇山'은 《史記集解》에 따르면 馬融은 '남방의 변방〔南裔〕'으로 설명하였고, 孔穎達의 《尙書正義》에는 "衡嶺의 남방에 있다.〔在衡嶺之南〕"라고 하였다. 《太平御覽》에는 "숭산은 澄陽縣 남쪽 75리에 있다.〔崇山在澄陽縣南七十五里〕"라고 하였는데, 지금의 湖南省 大庸縣 부근이다. 이외에도 王夫之의 《孟子稗疏》와 王鳴盛의 《蛾術編》에는 唐代 驩州의 경내인 泗城의 남쪽으로 보았는데 지금의 廣西省 凌雲縣과 西林縣 일대이다.

① 象以典刑：象，如周禮治象[6)]刑[7)]象之象．典，常也．刑，卽墨・劓(의)・剕(비)・宮・大辟五刑也．
'象'은 《周禮》의 '治象'과 '刑象'의 '象'과 같다. '典'은 '일정하다〔常〕'라는 뜻이다. '刑'은 곧 墨刑, 劓刑, 剕刑, 宮刑, 大辟의 다섯 가지 형벌이다.

② 流宥五刑：宥，寬也．
'宥'는 '관대하게 처벌하다'라는 뜻이다.

③ 鞭作官刑：以鞭爲治官事之刑．
채찍으로 때리는 것을 官府의 일을 다스리는 형벌로 삼은 것이다.

④ 扑作敎刑：扑，榎[8)]・楚也．不勤道業則扑之．
'扑'은 '개오동나무나 가시나무로 만든 회초리'라는 뜻이다. 道業에 힘쓰지 않으면 회초리로 때린다.

⑤ 金作贖刑：金，黃金，誤而入刑，出金以贖罪．

---

4) 竄三苗于三危：'三苗'는 孔安國의 傳에 따르면, "나라 이름이다. 縉雲氏의 후예로 제후가 되었다. '饕餮(도철)'이라고 부른다.〔國名 縉雲氏之後 爲諸侯 號饕餮〕"라고 하였다. 삼묘의 본래 위치에 대해 《史記》〈五帝本紀〉에는 "삼묘는 江淮・荊州에 있었다.〔三苗在江淮荊州〕"라고 하였고, 張守節의 《史記正義》에는 "지금의 江州・鄂州・岳州가 삼묘의 땅이다.〔今江州鄂州岳州 三苗之地也〕"라고 하였다. '三危'의 위치는 이설이 분분하다. 《後漢書》〈西羌傳〉에는 "삼위산은 지금의 沙州 敦煌縣 동남쪽에 있는데 산에 세 봉우리가 있어서 삼위산이라고 하였다.〔三危山在今沙州敦煌縣東南 山有三峯 曰三危也〕"라고 하였다. 酈道元(역도원)의 《水經注》〈禹貢山水澤地所在〉도 이와 같다. 이외에 甘肅省 岷山의 서남쪽이라는 설, 雲南省에 있다는 설 등이 있다.

5) 殛鯀于羽山：'鯀'은 禹王의 부친이다. 崇伯으로 堯의 명을 받아 9년간 治水 사업을 담당하였으나 실패하였다. 《史記正義》에는 檮杌(도올)이라고 하였다. '羽山'의 위치는 크게 두 가지 설이 있다. 하나는 江蘇省 東海縣 서북쪽 90리의 贛榆縣(공유현)과 山東省 郯城縣(담성현)의 접경이라는 설로, 《漢書》〈地理志〉, 《大淸一統志》, 孫星衍의 《尙書古今文注疏》가 모두 이를 따랐다. 다른 하나는 《太平寰宇記》에 의하면 山東省 蓬萊縣 동남쪽 30리에 있다고 한 것이다.

6) 治象：고대에 治國의 법령을 기록한 글을 이른다. 《周禮》〈天官 大宰〉에 이르기를 "정월 초하루에 처음으로 선포하되 제후국과 畿內의 采邑에 治國의 법전을 선포한다. 이에 문자로 명백하게 드러낸 나라의 법률을 象魏에 걸어 만백성이 문자로 명백하게 드러낸 나라의 법률을 보게 하고, 열흘이 지나면 이를 명당에 거두어들인다.〔正月之吉 始和布治于邦國都鄙 乃縣治象之法于象魏 使萬民觀治象 挾日而斂之〕"라고 하였다.

7) 刑：저본에는 '形'으로 되어 있으나, 사고본에 근거하여 바로잡았다.

8) 榎：사고본에는 '夏'로 되어 있다.

'金'은 '黃金(銅)'이니 잘못하여 형벌에 들게 되면 황금을 내어 형벌을 면제받게 한 것이다.

⑥ 眚災……賊刑 : 眚, 過也. 災, 害也.[9] 肆, 緩. 過而有害, 當緩赦之. 怙姦自終, 當刑殺之.
'眚'은 '과오'라는 뜻이다. '災'는 '해치다'라는 뜻이다. '肆'는 '관대하다'라는 뜻이다. 과오로 해를 끼쳤으면 관대하게 사면해야 하고, 간악한 짓을 고집하고 끝까지 뉘우치지 않으면 사형에 처해야 한다.

⑦ 欽哉……恤哉 : 欽, 敬也. 恤, 憂也.
'欽'은 '공경하다'라는 뜻이다. '恤'은 '삼가다'라는 뜻이다.

⑧ 幽州 : 北裔.
'幽州'는 북쪽 변방 지역에 있다.

⑨ 崇山 : 南裔.
'崇山'은 남쪽 변방 지역에 있다.

⑩ 三危 : 西裔.
'三危'는 서쪽 변방 지역에 있다.

⑪ 羽山 : 東裔.
'羽山'은 동쪽 변방 지역에 있다.

《상서》〈虞書 舜典〉에 다음과 같은 내용이 있다.

"일정한 형벌을 글과 그림으로 보여주되 다섯 가지 肉刑에 해당하는 죄인을 流刑으로 관대하게 처벌하였으며, 鞭刑으로 官府의 형벌을 만들고 扑刑으로 학교의 형벌을 만들되 황금으로 속죄하는 형벌을 만들었으며, 과오로 해를 끼친 자는 관대하게 처결하여 사면하고 간악한 짓을 고집하고 끝까지 뉘우치지 않는 자는 사형에 처하였다. 공경하고 공경하여 형벌을 신중히 하셨다.

眚災肆赦圖

9) 災害也 : 蔡沈의《書集傳》〈虞書 舜典〉에는 '不幸'으로 풀이하였다.

共工을 幽州에 유배하고 驩兜를 崇山에 留置하고 三苗를 三危에 쫓아내고 鯀을 羽山에 가두어 네 사람을 처벌하시자 천하 사람들이 모두 信服하였다."

25-1-나(按)

臣은 按 此는 帝舜攝位時事[10]也라 象以典刑은 謂揭常刑之法하여 以示人이 如天之垂象하여 使易避而難犯也라 五刑은 刑之重者也니 罪雖重而情可矜則宥之以流[①]하시고 鞭扑은 刑之輕者也니 過本輕而情又可原則許之以贖하시니 贖이 去赦無幾矣로되 不卽赦而猶贖者는 過雖輕이나 猶欲其知悔也니 遽赦之則悔無從生矣라 過誤致災는 愿民之不幸者也라 故赦之하시니 此가 所謂聖人之仁이요 負恃怙終은 姦民之無良者也라 故刑之하시니 此가 所謂聖人之義라 春生秋殺이 一出無心而欽哉欽哉하사 未嘗不惟刑之恤也하시니 曰欽曰恤之二言은 百聖相傳에 此其心法而用刑은 特一事爾라

① 流：放·竄·殛, 皆流也.
放, 竄, 殛은 모두 流刑이다.

【臣按】 이는 帝舜이 攝位할 때의 일입니다. '일정한 형벌을 글과 그림으로 보여준다.'라는 것은 일정한 형벌의 법률을 게시하여 사람에게 보여주는 것이 마치 하늘이 천문현상으로 길흉의 징조를 보여주는 것과 같아서 피하기는 쉽고 범하기는 어렵도록 하는 것을 이릅니다.

다섯 가지 형벌은 형벌 가운데 무거운 것이니 죄는 비록 무겁지만 정상이 불쌍하면 流刑으로 관대하게 처벌하였습니다. 채찍이나 회초리로 때리는 것은 형벌

10) 帝舜攝位時事：舜은 堯임금을 대신하여 28년간 천자의 정사를 섭행하였다.《書經》〈虞書 舜典〉에 따르면 堯임금이 帝位를 선양받을 만한 사람을 묻자, 四岳이 舜을 천거하였다. 이에 堯임금이 처음에는 두 딸을 下嫁시켜 순이 집안을 다스리는 것을 살펴보고 마침내 攝位를 명하였는데, "순이 攝位한 지 28년 만에 요임금이 마침내 돌아가셨다.〔二十有八載 帝乃殂落〕"라고 하였다. 蔡沈의《書集傳》에는 "堯임금이 16세에 즉위하여 재위한 지가 70년이고 또 舜을 시험한 것이 3년이고 노쇠하여 정사를 다스리지 않은 지 28년 만에 마침내 붕어하였다.〔堯十六卽位 在位七十載 又試舜三載 老不聽政二十八載 乃崩〕"라고 하였다. 한편《史記》〈五帝本紀〉에는 "요임금이 즉위한 지 70년이 되어 순을 얻었다. 20년이 되어 노쇠하자 순으로 하여금 천자의 정사를 섭행하도록 하고 하늘에 그를 천거하였다. 요임금이 자리에서 물러난 지 도합 28년이 되어 붕어하였다.〔堯立七十年得舜 二十年而老 令舜攝行天子之政 薦之於天 堯辟位凡二十八年而崩〕"라고 하였는데,《서경》의 섭위 기간과 다르게 해석될 여지가 있다.

가운데 가벼운 것이니 과오가 본래 가볍고 정상이 또 용서할 만하면 황금으로 속죄하는 것을 허락하였습니다. 속바치는 것이 사면과 차이가 얼마 되지 않지만 곧바로 사면하지 않고 오히려 속바치게 하는 것은 과오는 비록 가볍지만 오히려 그가 뉘우칠 줄 알게 하고자 한 것이니 대번에 죄를 사면하면 뉘우침이 생겨날 길이 없습니다.

과오로 해를 끼친 자는 운이 좋지 않은 순박한 백성입니다. 이 때문에 사면하는 것이니 이것이 이른바 '聖人의 仁'입니다. 믿고 끝까지 뉘우치지 않는 자는 선량하지 않은 간악한 백성입니다. 이 때문에 처벌하는 것이니 이것이 이른바 '聖人의 義'입니다.

봄에는 낳고 가을에는 죽이는 것이 한결같이 사사로운 마음이 없는 데에서 나왔지만 공경하고 공경하여 오직 형벌을 신중히 하지 않은 적이 없습니다. '欽'과 '恤' 두 글자는 역대의 聖人이 대대로 전수하는 것에 있어 이것이 그 心法이고 형벌을 쓰는 것은 단지 한 가지 일일 뿐입니다.

四凶之罪를 不加以五者之正刑而止從流宥하시니 旣仁之至요 迸諸四夷하사 不與同中國[11]하시니 又義之盡이라 所罪者가 四人而天下가 無不服者는 非舜이 刑之라 天下가 實刑之也라 流・放・竄・殛을 舊說에 以爲誅殺이라하니 非也라 儻果誅之則於市於朝而不於四裔矣리라 大率曰流曰放은 若今之安置・居住[12]요 曰竄曰殛은 若今之羈[13]管・編隷[14]니 故我太祖皇帝가 因讀書至此하사 有曰 四凶之罪를 止從流竄而歎後世刑網之密[15]하시니 嗚呼라 此가 眞所謂異世同心者歟[16]인저

11) 迸諸……中國 : 《大學》 傳10장에 보인다.

12) 安置居住 : 宋代에 관리가 죄를 지어 먼 지방의 州郡으로 貶謫될 때 처해지는 처분이다. 居住는 가장 경미한 처분으로서 거주 지역을 제한하는 것이며, 安置는 그다음 무거운 것으로 거주를 제한하는 동시에 행동에도 일정한 제약을 가하는 것이다.

13) 羈 : 대전본・사고본에는 '羇'로 되어 있다.

14) 羈管編隷 : 宋代에 관리가 죄를 지어 먼 지방의 州郡으로 貶謫될 때 처해지는 처분이다. 編隷는 流刑 가운데 가장 무거운 조치로서 원격지에 압송하여 거주하도록 하되 해당 지역의 戶籍에 편입시키고 지방 관청의 감찰을 받도록 하는 것이다. 羈管은 羇管이라고도 하는데 編隷와 비슷하나 그 정도가 낮은 것이다.

15) 我太……之密 : 《宋史》 권3 〈太祖本紀〉와 권200 〈刑法志〉에 보인다.

16) 歟 : 사고본에는 '與'로 되어 있다.

四凶의 죄를, 다섯 가지의 합당한 형벌을 가하지 않고 流刑으로 관대하게 처벌하는 데 그쳤으니 이미 仁이 지극한 것이었고, 四夷의 지역으로 내쫓아서 사흉이 中國에서 함께 살지 못하도록 하였으니 또 義가 극진한 것입니다. 죄를 준 대상은 네 사람인데 천하 사람들이 信服하지 않은 자가 없었던 것은 순이 그들을 처벌한 것이 아니라 천하 사람들이 실로 그들을 처벌한 것이었기 때문입니다.

'流'와 '放'과 '竄'과 '殛'을 舊說에 '주살하다'라는 뜻으로 보았는데 옳지 않습니다. 만일 과연 그들을 주살했다면 저자나 조정에서 하지 사방의 변방에서 하지 않았을 것입니다. 대체로 '流'와 '放'은 지금의 安置나 居住와 같은 것이고, '竄'과 '殛'은 지금의 羈管이나 編隸와 같습니다. 이 때문에 우리 宋나라 太祖皇帝(趙匡胤)가 《서경》을 읽다가 이에 이르러 말씀하기를 "사흉에게 죄를 묻기를 流竄을 적용하는 데 그쳤다."라고 하고 후세의 엄밀한 법망을 한탄하였으니 아, 이것이 참으로 이른바 '시대는 달랐지만 마음은 같았다.'라는 것일 것입니다.

25-2-가[17]

帝曰 棄①아 **黎民**이 **阻飢**②[18]릴새 **汝**가 **后稷**③이니 **播時百穀**④하라 **帝曰 契**(설)⑤아 **百姓**이 **不親**하며 **五品不遜**⑥일새 **汝作司徒**⑦니 **敬敷五敎**호대 **在寬**⑧하라 **帝曰 皐陶**(고요)아 **蠻夷猾夏**⑨하며 **寇賊姦宄**(궤)⑩릴새 **汝作士**⑪니 **五刑**에 **有服**⑫호대 **五服**을 **三就**⑬하며 **五流**에 **有宅**⑭호대 **五宅**에 **三居**⑮니 **惟明**이라사 **克允**⑯하리라

① 棄：臣名.
'棄'는 신하의 이름이다.

② 黎民阻飢：阻, 厄也.
'阻'는 '고생하다'라는 뜻이다.

③ 后稷：農官名.
'后稷'은 農官의 명칭이다.

④ 播時百穀：播, 布也.
'播'는 '씨를 뿌리다'라는 뜻이다.

⑤ 契：臣名.

---

17) 《書經》〈虞書 舜典〉에 보인다.

18) 飢：사고본에는 '饑'로 되어 있다.

'契'은 신하의 이름이다.

⑥ 五品不遜 : 五品, 父子・君臣・夫婦・長幼・朋友五者之倫也. 遜, 順也.
'五品'은 父子, 君臣, 夫婦, 長幼, 朋友 다섯 가지 인간관계에서 지켜야 할 도리이다. '遜'은 '順利하다'라는 뜻이다.

⑦ 司徒 : 掌教官名.
'司徒'는 교화를 관장하는 관리의 명칭이다.

⑧ 敬敷五教在寬 : 敬者, 敬其事也. 五教, 父子有親・君臣有義・夫婦有別・長幼有序・朋友有信. 寬, 謂從容不迫也.
'敬'은 그 일을 공경히 수행하는 것이다. '五教'는 父子有親, 君臣有義, 夫婦有別, 長幼有序, 朋友有信이다. '寬'은 여유가 있어서 급박하지 않은 것을 말한다.

⑨ 蠻夷猾夏 : 猾, 亂也. 夏, 華夏.
'猾'은 '어지럽히다'라는 뜻이다. '夏'는 華夏이다.

⑩ 寇賊姦宄 : 劫人曰寇, 殺人曰賊. 在外曰姦, 在內曰宄.
남에게서 빼앗는 것을 '寇'라고 하고, 남을 죽이는 것을 '賊'이라고 하고, 밖에서 어지럽히는 것을 '姦'이라고 하고, 안에서 어지럽히는 것을 '宄'라고 한다.

⑪ 士 : 士, 理官.
'士'는 獄訟을 다스리는 관리이다.

⑫ 五刑有服 : 服, 謂服其罪.
'服'은 그 죄에 해당하는 형벌을 집행하는 것을 말한다.

⑬ 五服三就 : 孔安國謂大罪於原野, 大夫於朝, 士於市[19], 此其概耳. 若宮辟則下蠶室, 餘刑, 亦有就屛處者, 不皆朝市[20]也.
孔安國은 "大罪를 지은 죄인은 들판에서, 大夫는 조정에서, 士는 저자에서 집행한다."라고 하였으니, 이는 그 대략적인 내용일 뿐이다. 宮刑인 경우에는 蠶室로 내려 보내고 나머지 형벌도 은폐된 장소에 나아가 집행한 경우가 있으니 모두 조정이나 저자에서 집행했던 것은 아니다.

⑭ 五流有宅 : 宅, 居也.
'宅'은 '머무는 곳'이라는 뜻이다.

⑮ 五宅三居 : 大罪四裔, 次九州之外, 次千里之外.
大罪를 지은 죄인은 사방의 변경 지역에 머물게 하고, 다음은 九州의 밖에 머물게 하고, 다음은 千里의 밖에 머물게 한다.

⑯ 惟明克允 : 克, 能也. 允, 信也. 用刑之道, 必致其明察, 然後能使人信服.

---

19) 大罪……於市 : 《尙書注疏》〈虞書 舜典〉에 보인다.

20) 朝市 : 사고본에는 '市朝'로 되어 있다.

'克'은 '할 수 있다'라는 뜻이다. '允'은 '믿게 하다'라는 뜻이다. 형벌을 사용하는 도가 반드시 밝게 살피는 것을 지극히 한 뒤에 사람들이 신복하게 할 수 있다.

舜임금이 말하였다.

"棄야! 백성이 굶주림에 허덕이기에 그대를 后稷으로 삼으니, 제때 각종 곡물을 파종하도록 하라."

순임금이 말하였다.

"契아! 백성이 친목하지 않고 다섯 가지 인간관계에 지켜야 할 도리가 화순하지 않기에 그대를 司徒로 삼으니, 공경히 五常의 敎令을 펴되 너그러움을 가지고 대하라."

순임금이 말하였다.

"皐陶야! 蠻夷가 華夏를 어지럽히며 백성을 약탈하고 죽이고 안과 밖에서 어지럽히기에 그대를 士로 삼으니, 다섯 가지 肉刑에 집행 방법을 두되 다섯 가지 肉刑의 집행 방법을 세 장소에 나아가 집행하며, 다섯 가지 流刑에 머무는 곳을 두되 다섯 가지 流刑의 머무는 곳에 세 등급으로 나누어 거처하게 하니, 밝게 살펴야 信服하게 할 수 있을 것이다."

稷播百穀圖

契敷五教圖

25-2-나(按)

臣은 按 舜之命官也에 先播穀次敷教而後及於刑하시니 蓋有以養其民之身하시고 又有以善其民之心하시고 不獲已하여 乃置刑焉하사대 而刑之所施가 又必察其情・當其罪하시니 是亦前章惟刑之恤之意也라 欽恤者는 聖人用刑之心이요 明允者는 聖人用刑之法이니이다

【臣按】 순임금이 관원을 임명할 때에 穀物을 파종하는 일을 우선으로 하고 教化를 펴는 일을 다음으로 하고 그 뒤에야 형벌에 미쳤습니다. 이는 그 백성의 몸을 기르는 것을 두고, 다시 그 백성의 마음을 선하게 하는 것을 두고, 어쩔 수 없이 마침내 형벌을 두었지만 형벌이 시행되는 것은 또 반드시 그 정상을 살펴서 그 죄에 합당하게 하였으니 이것 또한 앞 장의 '형벌을 신중히' 한 뜻입니다. '공경하고 신중히 하는 것'은 聖人이 형벌을 쓰는 마음이고, '밝게 살피고 信服하게 한 것'은 聖人이 형벌을 쓰는 방법입니다.

25-3-가[21]

帝曰 皐陶(고요)아 惟茲臣庶가 罔或干予正①은 汝作士라 明于五刑하여 以弼五教②하여 期于予治니 刑期于無刑하여 民協于中③이 時乃功이니 懋哉어다 皐陶曰 帝德이 罔愆④하사 臨下以簡하시고 御衆以寬하시며 罰弗及嗣하시고 賞延于世하시며 宥過無大하시고 刑故無小하시며 罪疑란 惟輕하시고 功疑란 惟重하시며 與其殺不辜론 寧失不經이라하사 好生之德이 洽于民心이라 茲用不犯于有司니이다 帝曰 俾予로 從欲以治하여 四方이 風動혼지 惟乃之休니라

① 罔或干予正 : 干, 犯也.
'干'은 '범하다'라는 뜻이다.
② 以弼五教 : 弼, 輔也.
'弼'은 '돕다'라는 뜻이다.
③ 民協于中 : 協, 合也.
'協'은 '부합하다'라는 뜻이다.
④ 罔愆 : 罔, 無也. 愆, 過也.

21) 《書經》〈虞書 大禹謨〉에 보인다.

'罔'은 '없다'라는 뜻이다. '愆'은 '과오'라는 뜻이다.

舜임금이 말하였다.

"皐陶야! 이 신하와 백성 가운데 혹 나의 정사를 범하는 이가 없는 것은 그대가 士가 되어서 다섯 가지 肉刑을 嚴明하게 집행하여 五常의 敎命을 도움으로써 내가 태평성세를 이룩하도록 하는 데 목표를 두었기 때문이다. 형벌은 형벌의 집행이 없는 수준에 이를 것을 목표로 하여 백성이 中道에 부합한 것은 바로 그대의 공이니, 힘쓸지어다."

皐陶明刑圖

고요가 말하였다.

"帝의 德이 과오가 없으시어 아랫사람을 대하기를 소탈하게 하고 백성을 다스리기를 관대하게 하며, 처벌은 자식까지 연좌시키지 않고 포상은 자손 대대로 미치게 하며, 과오로 지은 죄는 아무리 커도 용서하였고 고의로 지은 죄는 아무리 작아도 처벌하였으며, 죄가 輕重이 명확하지 않은 경우에는 가벼운 쪽으로 처벌하고 공의 大小가 명확하지 않은 경우에는 큰 쪽으로 포상하며, 무고한 사람을 죽이느니 차라리 그 죄에 해당하는 일정한 형벌을 제대로 집행하지 않은 잘못을 저지르겠다고 하여 살려주기를 좋아하는 덕이 民心에 완전히 젖어들었습니다. 이 때문에 신하와 백성이 有司를 범하지 않는 것입니다."

순임금이 말하였다.

"내가 하고자 하는 대로 다스리도록 해주어서 四方이 마치 바람이 불어오는 대로 움직이는 것처럼 만들었으니 이는 바로 너의 훌륭한 공이다."

25-3-나(按)

臣은 按 帝舜이 以民協于中으로 爲皐陶之功하시고 皐陶가 以民之不犯으로 爲帝舜之德하니 君臣之間에 豈虛相稱美哉리오 舜之制刑也가 特以輔敎化之所不及而其用刑也가 本期至於無刑이라 皐陶가 爲士師之官하여 能體舜此心하여 明其刑以示人하여 使爲臣庶者로 無復干上之政而民亦遷善遠罪하여 以協于中하니 刑之設이 至是眞無所用矣니 此가 舜所以美之也라 皐陶則謂 此가 皆帝之德而非臣之功이라 蓋其臨下則簡而不煩하시고 御衆則寬而不迫하시며 父罪不及其子는 惡惡之短也요 賞其身又延于世는 善善之長也[22]요 過誤所犯은 雖大必宥하시고 不忌故犯은 雖小必刑하시니 卽前所謂眚灾肆赦怙終賊刑也요 罪之疑則從輕하시고 功之疑則從重하시니 忠厚之至也요 有罪而殺이 國之常典이나 然有可以殺・可以無殺者어든 與其殺之而濫及無辜(고)론 寧姑宥之而有虧常典이라하시니 聖人之心이 惟恐殺一不辜하여 以傷吾天地之仁하시니 此가 所謂好生之德也라 惟帝好生之德이 洽于民心이라 故其民이 亦自愛其生하여 無復犯有司之法者라하니

【臣按】 舜임금은 백성이 中道에 부합한 것을 皐陶의 공으로 삼았고, 고요는 백성이 有司를 범하지 않은 것을 순임금의 덕으로 삼았습니다. 임금과 신하 간에 어찌 빈말로 서로 칭찬했겠습니까.

순임금이 형벌을 제정했던 것은 다만 교화가 미치지 못하는 부분을 돕게 했을 뿐이지만 형벌을 쓰는 것은 본래 형벌의 집행이 없는 수준에 이를 것을 목표로 삼았습니다. 고요가 士師의 관리가 되어 순임금의 이러한 마음을 잘 알아서 그 형벌을 嚴明하게 하여 남에게 보여주어 신하와 백성이 된 자들로 하여금 다시는 윗사람의 정사를 범하지 않고 백성도 선으로 옮겨가 죄를 멀리하여 中道에 부합하도록 하였습니다. 제정해둔 형벌이 이에 이르러 참으로 쓸 곳이 없었습니다. 이것이 순임금이 고요를 찬미했던 이유입니다.

고요는 이렇게 생각한 것입니다.

"이는 모두 순임금의 덕이고 신의 공이 아닙니다. 순임금은 아랫사람을 대하는

22) 父罪……長也 : 《春秋公羊傳》 昭公 20년 여름 조에 "군자는 선을 훌륭하게 여기는 것은 오래하고 악을 미워하는 것은 짧게 한다. 악을 미워하는 것은 그 당사자에게만 그치고 선을 훌륭하게 여기는 것은 자손에게까지 미치게 한다.〔君子之善善也長 惡惡也短 惡惡止其身 善善及子孫〕"라고 하였다.

것이 소탈하여 번잡하지 않았고 백성을 다스리는 것이 관대하여 박절하지 않았습니다.

아비의 죄가 그 자식에게 미치지 않게 한 것은 악을 미워하기를 짧게 한 것이고, 그 본인을 상 주고 또 자손 대대로 이어지게 한 것은 선을 훌륭하게 여기기를 오래 한 것입니다. 과오로 지은 죄는 아무리 크더라도 반드시 용서하고, 꺼리지 않고 고의로 범한 죄는 비록 작더라도 반드시 처벌하셨습니다. 이것은 곧 앞에서 이른바 '과오로 해를 끼친 자는 관대하게 처결하여 사면하고, 간악한 짓을 고집하고 끝까지 뉘우치지 않은 자는 사형에 처했다는 것'입니다. 죄의 경중에 대한 판단이 명확하지 않으면 가벼운 쪽으로 적용하고 공의 大小에 대한 판단이 명확하지 않으면 무거운 쪽으로 적용하였으니 忠厚함이 지극한 것입니다.

'죄가 있으면 죽이는 것이 나라의 일정한 법이지만 죽일 수도 있고 죽이지 않을 수도 있는 경우가 있으면 그를 죽여 죄 없는 사람에게 지나치게 미치는 것보다는 차라리 우선 용서해주어 정해진 법을 어그러뜨린다.'라고 하였습니다. 聖人의 마음은 오직 한 사람이라도 죄 없는 사람을 죽여서 나의 천지와 같은 仁을 손상시킬까 걱정하니 이것이 이른바 살리기를 좋아하는 덕입니다. 오직 순임금의 살리기를 좋아하는 덕이 백성의 마음에 흡족하기 때문에 그 백성이 또한 자신의 삶을 스스로 아껴 다시는 有司의 법을 범하는 자가 없습니다."

舜

皐陶

詳味洽之一辭건대 則其沈[23]涵漸[24]漬入人之深이 豈一朝一夕之力哉리오 舜之德이 雖覆(부)載無以加어시늘 而皐陶가 但以罔愆言之하니 蓋必如是라사 僅可謂之無過爾라 然則德未至於舜者가 其可自滿乎아 皐陶가 旣誦帝之德이어늘 帝復稱皐陶之美하시니 蓋其褒贊之中에 未嘗無勉勵之意하니 此가 所以爲舜之君臣也니이다

'洽' 한 글자를 자세히 음미해보건대, 그 푹 빠져 점점 스며들어 사람들의 마음에 깊이 들어간 것이 어찌 一朝一夕의 힘이겠습니까. 순임금의 덕이 비록 세상 천지에 더할 것이 없지만 고요가 단지 '과오가 없다'라고 말하였으니 아마도 반드시 이와 같아야만 겨우 과오가 없다고 말할 수 있을 따름일 것입니다. 그렇다면 덕이 순임금에 미치지 못하는 사람이 스스로 만족할 수 있겠습니까.

고요가 이미 순임금의 덕을 칭송하였는데 순임금이 다시 고요의 훌륭함을 칭찬하였습니다. 대개 기리고 찬미하는 중에 언제나 勉勵하는 뜻이 있었으니, 이 점이 순임금이 성군이 되고 순임금의 신하들이 훌륭한 신하가 된 이유입니다.

25-4-가[25]

子가 曰 道之以政①하고 齊之以刑②이면 民免而無恥니라 道之以德하고 齊之以禮면 有恥且格③이니라

① 道之以政 : 道, 卽導也.
'道'는 곧 '인도하다'라는 뜻이다.
② 齊之以刑 : 齊, 一也.
'齊'는 '가지런하게 하다'라는 뜻이다.
③ 有恥且格 : 格, 至也.
'格'은 '이르다'라는 뜻이다.

孔子

孔子가 말하였다.

"인도하기를 法禁으로써 하고 가지런히 하기를 刑罰로써 하면 백성들이 형벌을 면하기는 하지만 부끄러워함은 없

23) 沈 : 사고본에는 '漸'으로 되어 있다.
24) 漸 : 사고본에는 '浸'으로 되어 있다.
25) 《論語》〈爲政〉 제3장에 보인다.

다. 인도하기를 德으로써 하고 가지런히 하기를 禮로써 하면 부끄러워함이 있고 또 善에 이른다."

25-4-나(按)

臣은 按 政・刑은 所以禁民之身이라 故雖免於罪而無所媿恥하고 德・禮는 所以善民之心이라 故有媿恥而且至於善이니이다

【臣按】 法禁과 刑罰은 백성의 몸을 제재하는 것입니다. 이 때문에 비록 죄를 면하기는 하지만 부끄러워하고 수치스러워하는 바가 없습니다. 덕과 예는 백성의 마음을 선하게 하는 것입니다. 이 때문에 부끄러워하고 수치스러워함이 있으며 게다가 선에 이르게 됩니다.

25-5-가[26)]

季康子[27)]가 問政於孔子曰 如殺無道하여 以就有道인대 何如하니잇고 孔子가 對曰 子가 爲政에 焉用殺이리오 子가 欲善이면 而民이 善矣①리니 君子之德은 風이요 小人之德은 草라 草上之風이면 必偃하나니라

① 子欲善而民善矣 : 欲, 猶好也.
'欲'은 '好(좋아하다)'와 같다.

季康子가 孔子에게 정치에 대해 물었다.
"만일 無道한 자를 죽여서 道가 있는 데로 나아가게 하면 어떻습니까?"
공자가 대답하였다.

26)《論語》〈顔淵〉 제19장에 보인다.

27) 季康子 : ?~기원전 468. 춘추시대 魯나라의 正卿이다. 성은 姬, 씨는 季孫, 이름은 肥이다. 季桓子의 庶長子로 哀公 3년(기원전 492)에 계환자의 뒤를 이어 正卿이 되었다. 애공 7년(기원전 488)에 子服景伯의 간언을 듣지 않고 소국인 邾나라를 침공하였다가 吳나라의 역공을 받아 패배했다. 애공 11년(기원전 484)에는 계환자의 유언에 따라 천하를 주유하던 공자를 초빙하고, 공자의 제자인 冉求, 子貢, 子路, 樊遲(번지) 등을 중용하였다. 애공 25년(기원전 470)에는 越나라에 망명 중이던 애공을 다시 맞아들였지만 애공과 불화하였다. 시호는 康이다.

"당신이 정치를 하는 데 있어 어찌 죽임을 쓰려고 합니까. 당신이 善을 좋아하면 백성들이 선해질 것이니, 군자의 덕은 바람과 같고 소인의 덕은 풀과 같습니다. 풀에 바람이 불면 풀은 반드시 눕습니다."

25-5-나(按)

臣은 按 民性이 本善하니 爲政者가 以善迪之면 未有不趨於善者니 何以殺爲리오 君子・小人은 以位而言이라 君子之德은 如風之動物이요 小人之德은 如草之從風이니 未有風行而草不偃者하며 未有上好善而民不善者니이다

【臣按】 백성의 본성은 원래 선합니다. 정사를 행하는 사람이 善으로써 인도하면 선으로 나아가지 않는 백성이 없으니 어찌 죽임을 쓰겠습니까. 군자와 소인은 지위를 기준으로 말한 것입니다. 군자의 덕은 바람이 물건을 흔드는 것과 같고 소인의 덕은 풀이 바람을 따라 흔들리는 것과 같으니, 바람이 부는데도 풀이 눕지 않는 경우는 없으며 윗사람이 선을 좋아하는데도 백성이 선하지 않은 경우는 없습니다.

25-6-가[28)]

漢文帝時에 賈誼[29)]가 上疏曰 凡人之智가 能見已然이요 不能見將然하나니 夫禮者는 禁於將然之前而法者는 禁於已然之後라 是故法之所爲用은 易(이)見而禮之所爲生[30)]은 難知也니이다 若夫慶賞은 以勸善이요 刑罰은 以懲惡이니 先

---

28) 《前漢書》 권48 〈賈誼傳〉, 《資治通鑑》 권14 〈漢紀6 文帝〉 前6년(기원전 174) 조에 보인다.

29) 賈誼 : 기원전 201~기원전 168. 西漢 초의 정치가, 문학가이다. 洛陽 사람이다. 일찍이 郡內에 才名이 알려져 河南郡守 吳公의 막하에 들어갔다. 文帝가 즉위한 뒤에 博士가 되어 朝議에 참가해서 두각을 나타내었고 太中大夫가 되었다. 正朔의 개정, 복색의 개혁, 법령의 개정 등을 건의하고 예악을 진작시킬 것을 주장하였다. 그러나 周勃과 灌嬰 등 대신과 列侯의 견제를 받아 長沙王 吳著의 太傅로 폄적되었다. 뒤에 다시 長安으로 돌아와 梁懷王 劉揖의 太傅가 되었다. 양회왕이 낙마하여 급서하자, 이를 자책하다가 죽었다. 작품으로는 〈過秦論〉 등의 산문과 〈弔屈原賦〉・〈鵩鳥賦(복조부)〉 등이 있고, 저서로는 《新書》가 있다. 《史記 卷84 賈生列傳》

30) 生 : 사고본에는 '者'로 되어 있다.

王이 **執此之政**을 **堅如金石**하시며 **行此之令**을 **信如四時**하시며 **據此之公**을 **無私如天地耳**시니 **豈顧不用哉**리오마는 **然而曰禮云禮云者**는 **貴絶惡於未萌而起教於微眇**하여 **使民日遷善遠罪而不自知也**니이다

賈誼

漢 文帝 때 賈誼가 다음과 같이 상소하였다.

"무릇 사람의 智力은 이미 발생한 것은 알 수 있고 장차 발생할 것은 알 수 없습니다. 무릇 禮라는 것은 장차 발생하기 전에 금하는 것이고 법이라는 것은 이미 발생한 뒤에 금하는 것입니다. 이 때문에 법의 효용성은 쉽게 알 수 있지만 예가 발생시키는 효과는 알기 어렵습니다.

그런데 포상은 선을 권면하는 것이고 형벌은 악을 징계하는 것입니다. 역대의 훌륭한 군왕들은 이러한 정사를 집행하기를 金石과 같이 굳건하게 하였으며, 이러한 정령을 시행하기를 사계절의 운행이 어김이 없는 것처럼 미덥게 하였으며, 이러한 공정함을 지키기를 하늘과 땅처럼 사심이 없게 하였을 뿐입니다. 어찌 포상과 형벌을 도리어 쓰지 않았겠습니까.

그런데도 '예에 이르기를, 예에 이르기를'이라고 한 것은 아직 악이 싹트기 전에 악을 끊어버리고 일이 작고 미미할 때부터 교화를 시작하여 백성이 날마다 선으로 옮겨가고 죄를 멀리하면서도 스스로 알지 못하게 하는 것을 중요하게 여겼기 때문입니다.

孔子가 **曰 聽訟**이 **吾猶人也**나 **必也使毋**[31]**訟乎**[32]인저하시니 **爲人主者**가 **莫如先審取舍**니 **取舍之極**이 **定於內而安危之萌**이 **應於外矣**라 **安者**가 **非一日而安**

31) 毋 : 사고본에는 '無'로 되어 있다.

32) 聽訟……訟乎 : 《논어》〈顏淵〉 제13장에 보인다.

也며 **危者**가 **非一日而危也**라 **皆以積漸然**이니 **不可不察也**니이다 **人主之所積**이 **在其取舍**하니 **以禮義治之者**는 **積禮義**하고 **以刑罰治之者**는 **積刑罰**이니 **刑罰**이 **積而民怨背**하고 **禮義**가 **積而民和親**하나니 **故世主**가 **欲民之善**은 **同而所以使民善者**가 **或異**하여 **或道之以德教**하며 **或敺之以法令**하나니 **道之以德教者**는 **德教**[33]**洽而民氣樂**하고 **敺之以法令者**는 **法令極而民風哀**하나니 **哀樂之感**은 **禍福之應也**니이다 **秦王之欲尊宗廟而安子孫**이 **與湯・武同**하나 **然而**[34]**湯・武**는 **廣大其德**하사 **行六七百歲而弗失**하시고 **秦王**은 **治天下十餘歲**에 **則大敗**하니 **此**는 **亡**(무)**他故矣**라 **湯・武之定取舍**가 **審而秦王之定取舍**가 **不審矣**니이다

孔子가 말하기를 '訟事를 審理하는 것은 내가 남과 같겠지만 기필코 송사하는 일이 없어지도록 하겠다.'라고 하였습니다. 임금 노릇 하는 것으로는 먼저 취사선택을 잘 살펴보는 것만 한 것이 없습니다. 취사선택의 기준이 마음속에서 정해지고 나면 安定과 危亡의 싹이 밖에서 나오게 됩니다. 안정은 하루아침에 안정되는 것이 아니고 위망은 하루아침에 위태로워지는 것이 아닙니다. 모두 쌓는 것으로써 차츰차츰 그렇게 된 것이니 잘 살펴 알지 않아서는 안 됩니다.

군주가 쌓는 것은 취하고 버리는 데 달려 있습니다. 禮義로 다스리는 군주는 예의를 쌓는 것이고 형벌로써 다스리는 군주는 형벌을 쌓는 것이니, 형벌이 쌓이면 백성이 원망하고 등지며 예의가 쌓이면 백성이 화목하고 친해집니다. 그러므로 역대의 군주들이 백성이 선해지기를 바란 것은 같으나 백성이 선해지도록 한 방법은 간혹 달랐습니다.

그리하여 어떤 군주는 인도하기를 덕과 교화로써 하고 어떤 군주는 몰아가기를 법제와 정령으로써 하였습니다. 인도하기를 덕과 교화로써 하는 경우에는 덕과 교화가 무젖어들어 백성의 기상이 화락하고, 몰아가기를 법제와 정령으로써 하는 경우에는 법제와 정령이 극에 달하면 백성의 기풍이 슬픕니다. 슬픔과 화락함의 감응은 禍와 福이 이에 따라 응하게 되는 것입니다.

秦 始皇이 宗廟를 높이고 자손을 편안히 하고자 한 것은 湯王이나 武王과 같았습니다. 그러나 탕왕과 무왕은 군왕으로서 덕을 크게 키워서 6, 7백 년이 지나도

---

33) 教 : 대전본에는 없다.

34) 而 : 사고본에는 없다.

록 王統을 잃지 않았고, 진 시황은 천하를 다스린 지 10여 년 만에 크게 나라를 망하게 만들었습니다. 이것은 별다른 이유가 없습니다. 탕왕과 무왕이 취하고 버릴 것을 확정한 것은 잘 살폈고, 진 시황이 취하고 버릴 것을 확정한 것은 잘 살피지 않았기 때문입니다.

夫天下는 **大器也**라 **今人之置器**가 **置諸安處則安**하고 **置諸危處則危**하나니 **天下之情**이 **與器亡**(무)**以異**하니 **在天子之所置之**니이다 **湯・武**는 **置天下於仁・義・禮・樂而德澤**이 **洽**하여 **禽獸草木**이 **廣裕**하며 **德被蠻貊四夷**하여 **累子孫數十世**하니 **此**가 **天下所共聞也**요 **秦王**은 **置**[35]**天下於法令刑罰**하여 **德澤**이 **亡**(무)**一有而怨毒**이 **盈於世**하여 **下**가 **憎惡之如仇讎**하여 **禍幾及身**하고 **子孫**이 **誅絶**하니 **此**가 **天下之所共見也**니 **是**가 **非其**[36]**明效大驗邪**아 **人之言**에 **曰 聽言之道**가 **必以其事觀之則言者**가 **莫敢妄言**이라하니 **今**에 **或言禮誼之不如法令**하며 **敎化之不如刑罰**이라하나니 **人主**는 **胡不引殷・周・秦事以觀之也**잇고

천하는 중대한 기물입니다. 이제 사람이 기물을 둘 때는 안전한 곳에 놓아두면 기물이 안전하고, 위태로운 곳에 놓아두면 기물이 위태롭게 됩니다. 천하라는 이 물건을 두는 상황이 기물과 다를 것이 없으니 천자가 두는 장소에 달려 있을 뿐입니다.

湯王과 武王은 천하를 다스리는 강령을 仁・義・禮・樂에 두어서 덕택이 젖어 들어서 禽獸와 草木이 번성하고 덕택이 사방의 오랑캐에까지 입혀져서 자손 수십 대를 이어갔으니, 이는 천하 사람들이 누구나 함께 들어서 아는 바입니다. 秦始皇은 천하를 다스리는 강령을 법령과 형벌에 두어서 덕택은 하나도 없고 원한만 세상에 가득 차서 백성들이 원수처럼 그를 증오하여 화가 거의 자신에 미쳤고 자손까지 멸절되었으니, 이것은 천하 사람들이 누구나 함께 보아서 아는 바입니다. 이것이 매우 명확히 드러난 징험이 아니겠습니까.

사람들이 하는 말에 '말을 듣는 방법은 반드시 그가 한 일을 가지고서 살펴보면 말하는 자가 감히 허튼소리를 할 수 없다.'라고 하였습니다. 지금 어떤 사람은 예

35) 置 : 대전본에는 '致'로 되어 있다.

36) 其 : 사고본에는 '甚'으로 되어 있다.

의가 법령만 못하고 교화가 형벌만 못하다고 하는데, 군주께서는 어찌 殷나라・周나라와 秦나라의 일을 가지고 심사숙고하지 않으십니까."

25-6-나(按)

臣은 按 商之刑制가 不見於經이라 獨觀伊尹之稱湯에 曰 代虐以寬하신대 民其允懷[37]라하니 則漢史所謂用刑罰以督姦하며 慘肌膚以懲惡者[38]는 必非商家之政也니 學者가 惟當信經而已라 若周之刑制則具見於周官하니 大司徒가 以八刑糾民이 在三物[39]敎民之後而其所糾者가 不孝・不睦・不婣(인)・不弟・不任・不恤・造言・亂民而已니 是其刑이 祗[40]以爲敎也요

【臣按】 商나라의 형벌 제도가 經에는 보이지 않습니다. 오직 伊尹이 湯王을 칭송한 것을 살펴보건대, "桀王의 잔학한 정사를 대신하여 관대한 정사를 펴시자 백성들이 믿고 그리워하였다."라고 하였으니, 《前漢書》에서 이른바 "형벌을 써서 간교한 사람을 처벌하였고 신체를 손상시켜 사악한 사람을 징치하였다."라고 한 것은 틀림없이 商나라의 정사가 아니니 학문하는 사람은 오직 經만을 믿어야 할 뿐입니다.

周나라의 형벌 제도로 말하면 《周官》에 자세히 보입니다. 大司徒가 여덟 가지 형벌로 백성을 규찰하는 것은 六德, 六行, 六藝 세 가지로 백성을 가르친 뒤에 합니다. 그런데 그 규찰하는 대상은 부모에게 불효한 것, 九族과 친목하지 않은 것, 姻戚과 친목하지 않은 것, 형제를 우애하지 않은 것, 붕우를 신임하지 않은 것,

37) 代虐……允懷 : 《書經》 〈商書 伊訓〉에 보인다. 伊尹이 太甲에게 훈계한 말로, "우리 商나라 湯王께서 거룩한 武勳을 펼쳐 드러내시고 桀王의 잔학한 정사를 대신하여 관대한 정사를 펴시자, 백성들이 믿고 그리워하였다.〔惟我商王 布昭聖武 代虐以寬 兆民允懷〕"라고 하였다.

38) 漢史……惡者 : '漢史'는 《前漢書》를 가리킨다. 인용한 내용은 漢 武帝 建元 원년(기원전 140) 10월에 무제가 내린 두 번째 策問에 보인다. 武帝는 先王의 정사에 있어 검박함과 화려함, 엄정함과 관대함 등 그 기조가 다르다는 데 주목하였다. 이러한 사례 가운데 하나로 殷나라, 周나라, 秦나라의 차이에 있어 형벌 제도를 예로 들면서 "殷나라 사람은 五刑을 집행하여 간교한 사람을 처벌하였고 신체를 손상시켜 사악한 사람을 징치하였다.〔殷人執五刑以督姦 傷肌膚以懲惡〕"라고 하였다. 《前漢書 卷56 董仲舒傳》

39) 三物 : 六德, 六行, 六藝의 세 가지를 말한다. 六德은 知, 仁, 聖, 義, 忠, 和이다. 六行은 孝, 友, 睦, 婣, 任, 恤이다. 六藝는 禮, 樂, 射, 御, 書, 數이다.

40) 祗 : 대전본에는 '秖'로 되어 있다.

貧者를 구제하지 않은 것, 流言을 날조하는 것, 법도와 정사를 어지럽히는 사람인 경우일 뿐이니 바로 그 형벌은 다만 이로써 가르침을 삼을 뿐입니다.

大司寇가 掌邦之三典하니 曰 刑新國에 用輕典하고 曰 刑平國에 用中典하고 惟亂國에 乃用重典焉하니 平者는 其常而重者는 其[41]不獲已也요 小司寇가 以八辟으로 麗(리)邦灋(법)[42]하여 親有議하며 故有議하며 賢・能・功・勤・若貴・若賓에 莫不有議[43]하여 未嘗例施之灋[44]也하고 司刺가 掌三宥・三赦之法하여 不識者를 宥하며 過失者를 宥하며 遺忘者를 亦宥하며 幼弱者를 赦하며 老耄者를 赦하며 惷(준)愚者를 亦赦하여 未嘗槪加之罪也하니 其仁愛忠厚之至가 上配有虞하여 成・康之世에 刑措不用이 幾四十載[45]하니 此가 所謂置天下於仁義者也요

大司寇가 나라의 세 가지 법을 관장하니, 새로 땅을 넓혀 제후를 세운 제후국에 형벌을 시행할 때에는 가벼운 법을 사용하고, 안정을 이어나가 先君의 기업을 지켜나가는 제후국에 형벌을 시행할 때에는 통상적인 법을 사용하고, 오직 찬탈과 시해, 모반과 반역이 일어난 제후국에 형벌을 시행할 때라야 무거운 법을 사용합니다. 태평한 나라는 통상적인 법을 쓰고 무거운 법을 사용하는 것은 부득이해서입니다.

小司寇가 여덟 가지 죄를 의논하여 형벌을 정하는 법을 국법에 덧붙여, 임금의 五服親과 外親은 죄를 심의하는 것이 있고, 임금의 오랜 지인은 죄를 심의하는 것이 있고, 德行이 있는 사람, 학문과 기예가 있는 사람, 勳功이 있는 사람, 나랏일에 근로한 사람, 대부 이상의 존귀한 사람, 임금이 손님으로 대우하는 사람에 대해 모두 죄를 심의하는 것이 있어서 그 법을 으레 시행한 적이 없습니다.

司刺가 세 가지 관대하게 처결하는 법과 세 가지 사면하는 법을 관장하여, 대상

---

41) 其 : 사고본에는 앞에 '乃' 1자가 있다.
42) 灋 : 사고본에는 '法'으로 되어 있다.
43) 議 : 대전본에는 '識'으로 되어 있다.
44) 灋 : 사고본에는 '法'으로 되어 있다.
45) 成康……十載 : '成康之世'는 西周의 成王과 康王이 통치한 시대를 이른다. 이 시기에는 文王과 武王의 업적을 계승하여 국력이 강성하고 사회가 안정되었으며 淮夷 정벌 등 세력 확대가 이루어져 후세에 '成康之治'라고도 일컬어졌다. 대내적으로 '明德愼罰(덕을 밝히고 형벌을 삼감)'의 기조를 견지하여《史記》권4 〈周本紀〉에는 "성왕과 강왕의 때에 천하가 평안하여 형벌은 버려두고 사십여 년 동안 쓰이지 않았다.〔成康之際 天下安寧 刑措四十餘年不用〕"라고 하기도 하였다.

을 오인하여 죽인 자를 관대하게 처결하고, 의도치 않게 죽인 자를 관대하게 처결하고, 사람이 있는 것을 모르고 죽게 만든 자를 또한 관대하게 처결하고, 8세 미만의 어린이를 사면하고, 7, 80세 이상의 노인을 사면하고, 어리석은 백치를 또한 사면합니다. 그리하여 그 죄를 일률적으로 처벌한 적이 없습니다.

그 지극한 인자함과 충후함이 위로 舜임금에 필적하여 周 成王과 康王의 시대에는 형벌이 방기되어 쓰이지 않은 지 거의 40년이나 되었으니, 이것이 이른바 "천하를 다스리는 강령을 仁과 義에 두었다."라는 것입니다.

秦이 自孝公[46]으로 用商鞅[47]行新法[48]하여 步過六尺者를 有罰[49]하고 棄灰於道者를

---

46) 孝公 : 기원전 381~기원전 338. 재위 기원전 361~기원전 338. 전국시대 秦의 군주인 嬴渠梁(영거량)이다. 시호는 孝이고, 平王이라고도 한다. 秦 獻公의 아들이다. 商鞅을 중용하여 變法을 실행하여 부국강병을 추진하고 수도를 雍에서 咸陽으로 옮겼다. 대외적으로 楚나라와 화친하고 魏나라를 공격하여 洛水 以東까지 강역을 확장하였다. 이로부터 국력이 갈수록 강해져서 秦나라가 천하를 통일하는 기초를 마련하였다.

47) 商鞅 : 기원전 395?~기원전 338. 전국시대 衛나라의 公子로, 秦나라의 관료이자 法家 사상가이다. 姓은 姬, 氏는 公孫, 이름은 鞅이다. 商에 분봉되었기 때문에 商君이라고도 한다. 秦 孝公에게 變法을 통한 부국강병책을 주장하여 발탁되었다. 이후 左庶長, 大良造 등을 역임하고 효공 3년(기원전 359)과 효공 12년(기원전 350)에 2차례의 變法을 추진하여 진의 국력을 신장시키고 천하 통일의 기초를 닦았다. 효공 10년(기원전 352)에는 魏를 격파하여 安邑을 함락시키고 河西 지역을 할양받았다. 기원전 338년에 진 효공이 죽고 그 아들 惠文王이 즉위한 뒤 公子虔의 무고를 받자 봉읍인 商으로 달아나 거병하였으나 패하여 죽었다.

48) 孝公……新法 : 秦 孝公이 秦 穆公의 위업을 계승하고자 求賢令을 내리자, 衛鞅은 효공의 寵臣인 景監의 주선으로 효공을 만나 부국강병책을 주장하였다. 이에 효공 3년(기원전 359)에 衛鞅은 左庶長에 임명되어 新法을 추진하게 된다. 그의 1차 변법은 墾草令과 戶籍制 실시, 什伍制와 連坐制의 수립, 軍功授爵制의 제정, 私戰의 금지, 重農抑商策 등을 골자로 하였다. 효공 12년(기원전 350)에는 2차 변법을 단행하여, 咸陽 遷都, 分家를 통한 소가족제 확립, 賦稅制의 개정, 開阡陌의 실시, 縣制의 강행, 도량형 통일 등을 추진하였다. 그러나 신법은 甘龍과 杜摯 등 기존 세력의 반발을 샀고 백성에게도 신뢰받지 못하였다. 이에 상앙은 수도인 雍의 남문 앞에 3丈의 장대를 세워두고 이를 북문으로 옮기는 사람을 표창함으로써 新法에 대한 백성의 신뢰를 높였다. 그리고 태자 嬴駟가 법을 위반하자, 태자의 師傅인 公子虔과 公孫賈에게 肉刑을 집행하여 엄정한 법 집행의 의지를 보였다. 이에 따라 신법의 시행이 성공하여 10년이 지나자 길에 떨어진 물건을 주워 가는 사람이 없었고 산에는

有刑하여 臨渭論囚에 水爲之赤[50)]이러니 始皇이 旣幷滅六國에 自以水德之治가 剛毅戾深[51)]이라하여 事皆決於法하여 刻削毋[52)]仁恩和[53)]義[54)]하여 於是에 急[55)]法久[56)]不赦하고 又用李斯[57)]之言[58)]하여 敢偶語詩書를 棄市하며 以古非今者를 族하고 專任獄吏하여 得

도적이 없어졌고 집집마다 풍요로워졌고 국가의 전쟁에는 용맹하고 私戰은 겁을 내어 鄕邑의 질서가 확립되었다. 秦나라는 이러한 변법의 시행으로 부국강병을 실현하여 천하 통일의 기틀을 마련하였다.《史記 卷68 商君列傳》

49) 步過六尺者有罰 : 상앙의 변법에 따라 授田制가 실시되면서 경작지의 구획을 6尺을 1步로, 사방 240步를 1畝로 새롭게 정비하고 5人 1家마다 100畝의 토지를 분급하였다. 아울러 개정된 賦稅法은 토지 면적에 따라 부세하였는데, 이러한 토지 구획 등의 규정을 위반하거나 속이는 자는 토지를 몰수하였다.

50) 步過……之赤 :《史記》 권68 〈商君列傳〉의 《史記集解》에는 《新序》의 내용을 인용하여 "지금 상앙이 안으로 肉刑을 가혹하게 적용하고 밖으로 刑戮을 엄격하게 적용하여 1보가 6척을 넘는 자는 처벌을 받고 재를 길에 버리는 자는 형을 당했다. 하루는 渭水 가에 가서 죄수 7백여 인을 심리하여 처형하였을 때 위수의 물이 전부 붉어졌다. 그리하여 부르짖고 우는 소리가 천지를 진동시키고 원한이 쌓인 것이 산과 같았다.〔今衛鞅內刻刀鋸之刑 外深鈇鉞之誅 步過六尺者有罰 棄灰於道者被刑 一日臨渭而論囚七百餘人 渭水盡赤 號哭之聲動於天地 畜怨積讎比於丘山〕"라고 하였다. 아울러 《史記》 〈李斯列傳〉에 따르면 상앙의 법에 도로에 재를 버린 자는 黥刑을 시행했다는 내용이 있다.

51) 始皇……戾深 :《史記》 권6 〈秦始皇本紀〉에 보인다.

52) 毋 : 사고본에는 '無'로 되어 있다.

53) 和 : 사고본에는 '禮'로 되어 있다.

54) 自以……和義 :《史記》에 따르면 秦 始皇은 五德의 순환에 따른 왕조교체설을 신봉하여 火德인 周王朝를 대체한 秦은 相剋에 따라 水德에 해당한다고 여겼다. 이에 正月을 10월로 바꾸고 의복과 깃발·휘장을 모두 黑色을 최상으로 정하였다. 또 숫자는 6을 기본수로 설정하여 符節과 法冠을 6寸으로, 수레의 넓이를 6尺으로, 6척을 1步로, 황제의 수레는 6필의 말이 끌도록 규정하였다. 아울러 黃河를 德水로 개칭하였다. 아울러 가혹하고 엄격한 통제, 법치주의, 일체의 인정과 자혜로움을 배제한 가혹한 지배가 수덕에 부합한다고 여겼다. 《史記 卷6 秦始皇本紀》

55) 急 : 저본의 欄上에는 "唐本急字下 有於字(중국본《대학연의》에는 '急'자 아래에 '於'자가 있다.)" 8자가 筆書되어 있다.

56) 久 : 사고본에는 '入'으로 되어 있고, 대전본·사고본에는 뒤에 '者' 1자가 더 있다.

57) 李斯 : 기원전 280~기원전 208. 전국시대 秦나라의 정치가, 문학가이다. 자는 通古이다. 楚나라 上蔡 사람이다. 荀子에게 帝王學을 배우고 秦나라로 와서 呂不韋에 의해 郎에 임용되었다. 客卿이 되었다가 秦王 政 10년(기원전 237)에 逐客令이 내려지자 〈諫逐客書〉를 올

親幸用事하고 凡誦法孔子者를 皆重法繩之러니 至二世하여 用趙高謀[59)]하여 行[60)]誅大臣及諸宗室하여 以罪過連逮하니 近官宿衛가 無得免者而六公子가 戮死於社[61)]하고 又用李斯謀하여 行督責之術[62)]하여 凡殺人多者를 爲良吏라하니 此가 所謂置天下於刑法者也라

려 저지하였다. 이후 廷尉, 丞相 등을 역임하였다. 秦 始皇을 도와 6국을 병탄하여 천하를 통일하였다. 진나라의 법률과 제도를 제정하고 문자・수레 규격・화폐・도량형 등의 통일을 추진하였으며 郡縣制를 확립하고 焚書를 일으키는 등 중앙집권책을 실시하였다. 진 시황의 사후에 환관 趙高와 모의하여 태자 扶蘇를 자결하게 만들고 胡亥를 二世 황제로 옹립하였다. 秦 二世가 즉위한 뒤에 조고가 총애를 받아 권력을 강화하자 이를 경계하도록 간하였으나, 오히려 조고의 모함을 당하여 자신은 腰斬에 처해지고 滅族되었다.

58) 用李斯之言 : 진 시황 34년(기원전 213)에 진 시황이 咸陽宮에서 연회를 베풀자 박사 70명이 앞으로 나와 축수하였다. 이때 박사인 齊나라 사람 淳于越이 三代의 古制에 따라 封建制를 시행하여 宗室에게 분봉할 것을 청하자, 시황제가 순우월의 의견을 논의하게 하였다. 이에 李斯는 유생들이 자신이 배운 것만 옳다고 하며 군주를 비방하고 백성들을 선동하여 군주의 권위가 실추되고 당파가 형성된다고 비판하고, 焚書 등의 조처를 시행할 것을 요청하였다.《史記 卷6 秦始皇本紀, 卷87 李斯列傳》

59) 至二世用趙高謀 : 秦 始皇의 사후에 즉위한 二世는 대신의 권한이 강대하여 信服하지 않고 종실의 공자들이 자신과 제위를 경쟁할 것을 염려하였다. 이에 천하를 순행하여 君權을 과시하고자 하였으나 여의치 않았다. 그러자 趙高가 沙丘에서 胡亥를 추대한 일을 대신과 공자들이 의심한다고 하여, 순행 중인 것을 기화로 군현의 守・尉를 감찰하여 죄가 있는 자를 처벌하되 일가족을 구속하여 연좌시킬 것을 청하였다. 이세는 이에 찬동하여 대신과 여러 공자 가운데 죄를 지으면 조고에게 맡겨 처결하도록 하였다. 그 결과 대신 蒙毅 등이 죽었고 공자 12명이 함양에서 棄市되고 杜에서 6명의 공자를 처형하였고 공자 將閭의 형제 3인은 투옥되어 자결하도록 하였다. 위협을 느낀 공자 高도 자결하였다. 이처럼 대신과 공자들의 죄과를 추궁하여 近侍의 小官인 中郎・外郎・散郎까지 연좌시켜 조정에 사람이 없을 지경이었고 종실이 모두 두려움에 떨었다. 게다가 간언하는 자는 황제를 비방하는 죄로 다스렸기 때문에 대신들이 자리 보존에 급급하여 아부만 하였고 백성은 공포에 떨었다.《史記 卷6 秦始皇本紀, 卷87 李斯列傳》

60) 行 : 사고본에는 '幷'으로 되어 있다.

61) 社 :《史記》卷6 〈秦始皇本紀〉에는 '杜'로 되어 있다.

62) 行督責之術 : 陳勝의 난 등 도처에 반군의 세력이 치성하자, 二世 황제는 李斯가 三公의 지위에 있으면서 이를 막지 못하였다고 여러 차례 책망하였다. 이사는 이를 두려워하여 마침내 이세의 뜻에 영합하여 "어진 군주는 반드시 독책하는 방법을 잘 행하여 홀로 위에서 결단합니다. 이렇게 하면 신하들과 백성들이 자신의 죄과를 구원하기에도 여유가 없을 것이니, 어찌 변란을 감히 도모할 수 있겠습니까.〔賢主必能行督責之術 以獨斷於上 群臣百姓 救過

秦나라가 孝公 때부터 商鞅을 등용하여 新法을 시행하였습니다. 토지를 측량할 때 1步가 6尺을 넘는 자를 처벌하고 길에 재를 버린 자를 처형하여, 渭水 가에서 죄수를 심리하여 처형할 때 위수의 물이 이 때문에 붉게 물들었습니다.

秦 始皇이 이미 6국을 병탄하여 멸망시키고 난 뒤에 스스로 水德의 다스림이 강단 있고 엄혹하다고 여겼습니다. 그리하여 凡事를 모두 법에 따라 처결하여, 엄혹하여 덕과 의리를 따르는 것이 없었습니다. 이에 법을 엄격하게 적용하였고 오랫동안 사면하지 않았습니다.

또 李斯의 말을 써서 감히 모여서 詩書를 이야기하는 자를 棄市하고, 옛 정사를 들어서 현실을 비판하는 자를 멸족시키고, 오로지 刑獄을 관장하는 관리만을 신임하여 총애받아 권력을 휘두를 수 있게 하고, 孔子를 칭송하고 본받는 모든 이를 모두 엄혹한 형법으로 처벌하였습니다.

秦 二世에 이르러 趙高의 계책을 써서 대신과 여러 宗親을 주살하여 죄과에 따라 연좌시켜 체포하니 近臣과 宿衛하는 사람마저도 처벌을 면할 수 있던 이가 없었고 여섯 공자가 社에서 죽임을 당하였습니다.

또 李斯의 계책을 써서 督責하는 방법을 행하여 무릇 사람을 많이 죽인 자를 훌륭한 관리라고 여겼으니, 이것이 이른바 "천하를 다스리는 강령을 형벌과 법령에 두었다."라는 것입니다.

而周之享國은 八百餘年이요 秦之亡也는 纔及二世하니 誼之所謂明效大驗者가 豈虛言哉리잇고 漢文이 本是[63]寬仁之君而又施行賈誼之策하여 專務以德化民하여 斷獄四百이라 幾致刑措[64][65]러니 其後에 王氏移國而天下가 謳吟思漢이어늘 光武가 因之하여

不給 何變之敢圖]"라고 하여 독책을 행할 것을 간언하였는데, 이세가 이를 기뻐하여 세금을 많이 거두고 사람을 죽이기를 많이 한 자를 훌륭한 관리라고 여기니 형벌받은 자가 길 가는 사람 중에 반이나 되었고 시신이 날마다 저자에 쌓여갔다. 이로 인해 秦의 백성들이 더욱 놀라고 두려워하여 반란할 마음을 품게 되었다고 한다. 《史記 卷87 李斯列傳》

63) 是 : 대전본에는 空 1格으로 되어 있다.

64) 措 : 대전본·사고본에는 '錯'로 되어 있다.

65) 斷獄……刑措 : 《前漢書》〈刑法志〉에 따르면 "漢 文帝가 즉위하자 몸소 玄默의 道를 닦아 農桑을 장려하고 조세를 경감시켰다. 將相은 모두 옛 공신들이라서 文飾이 적고 질박함이 많아 망한 秦나라의 가혹한 정사를 싫어하여 의론은 관대하게 하는 데 힘쓰고 남의 과실을 말하는 것을 부끄럽게 여겼다. 그리하여 교화가 천하에 행해져서 고자질하는 풍속이 바뀌

克復舊物하여 歷年之久가 亞於商・周하여 後世未有能及者하니 誼之言이 又益信矣라 後世人主가 可不監[66]歟[67]잇가

하지만 周나라가 존속된 것은 8백여 년이었고 秦나라가 망하기까지는 겨우 秦二世에 미쳐서입니다. 賈誼가 이른바 '매우 명확히 드러난 징험'이라는 것이 어찌 근거 없는 말이겠습니까. 漢 文帝는 본래 관대하고 인자한 군주였고 또 가의의 계책을 시행하여, 오로지 덕으로 백성을 교화하는 데 힘써서 獄事를 판결한 것이 4백 건이었기에 거의 형벌이 폐기되는 수준에 이르렀습니다.

그 후에 王莽이 나라를 찬탈하였는데 천하 사람들이 한나라를 구가하며 그리워하였습니다. 그러자 光武帝가 이를 통해서 대대로 이어온 王統을 되찾을 수 있었습니다. 그리하여 오랫동안 존속된 것이 商나라와 周나라에 버금가서 후세에 미칠 수 있는 나라가 없었으니 가의의 말이 한층 더욱 미덥습니다. 후세의 군주가 경계로 삼지 않아서야 되겠습니까.

25-7-가[68]

武帝建元初에 董仲舒[69]가 對策[70]曰 臣이 謹按春秋之文호니 求王道之端인댄

었다. 관리는 직무를 편안히 여기고 백성은 생업을 즐겁게 여겨 축적이 갈수록 늘어나고 호구가 점차 불어났고 풍속이 돈후해지고 법망이 성글어졌다. 張釋之를 뽑아 廷尉로 삼으니 죄의 유무가 명확하지 않은 경우에는 백성에게 맡겼다. 이 때문에 형벌의 집행이 크게 줄어들어 옥사에 대한 판결이 4백 건밖에 없는 수준에 이르러 형벌이 방기되는 기풍이 있었다.〔及孝文卽位 躬修玄默 勸趣農桑 減省租賦 而將相皆舊功臣 少文多質 懲惡亡秦之政 論議務在寬厚 恥言人之過失 化行天下告訐之俗易 吏安其官 民樂其業 畜積歲增 戶口寖息 風流篤厚 禁罔疏闊 選張釋之爲廷尉 罪疑者予民 是以刑罰大省 至於斷獄四百 有刑錯之風〕"라고 하였다.《魏書》〈刑法志〉에도 "漢 文帝는 인자함과 돈후함으로 다스려서 옥사에 대한 판결이 4백 건뿐이어서 거의 형벌이 방기되는 수준에 이르렀다.〔文帝以仁厚 斷獄四百 幾致刑措〕"라고 하였다.《前漢書 卷23 刑法志》《魏書 卷111 刑法志》

66) 監 : 사고본에는 '鑒'으로 되어 있다.

67) 歟 : 사고본에는 '與'로 되어 있다.

68)《前漢書》권56 〈董仲舒列傳〉에 보인다. 해당 대책은 漢 武帝 建元 원년(기원전 140) 10월에 무제의 策問에 대한 董仲舒의 세 편의 對策 가운데 하나로 〈擧賢良對策〉이라고 불린다. 인용된 내용은《春秋》의 '隱公元年春王正月'의 해석을 기초로 왕도정치를 논한 것이다.

69) 董仲舒 : 기원전 179~기원전 104. 西漢의 今文經學家이다. 信都 廣川 사람이다. 어려서

得之於正이니 正次王하고 王次春하니 春者는 天之所爲也요 正者는 王之所爲也라 其意曰 上承天之所爲而下以正其所爲하여 正王道之端云爾라 然則王者가 欲有所爲인댄 宜求其端於天이니 天道之大者가 在陰陽하니 陽爲德이요 陰爲刑이니 刑은 主殺而德은 主生이라 是故陽은 常居大夏而以生育長養爲事하고 陰은 常居大冬而積於空虛不用之處하니 以此로 見天之任德不任刑也로소이다 天이 使陽으로 出布施於上而主歲功하고 使陰으로 入伏於下而時出佐陽하니 陽不得陰之助면 亦不能獨成歲언마는 終陽以成歲爲名하니 此가 天意也라

漢 武帝 建元 초에 董仲舒가 다음과 같이 對策을 올렸다.

"신이 삼가《春秋》의 글을 고찰해보니 王道의 단서를 찾아본다면 '正'에서 얻었습니다. '正'은 '王' 다음의 자리에 있었고, '王'은 '春' 다음의 자리에 있었습니다. '春'은 하늘이 행하는 바이고, '正'은 제왕이 행하는 바입니다. 그 의미는 '위로는 하늘이 행하는 바를 받들고 아래로는 자신이 행하는 바를 바로잡음으로써 王道의 단서를 바로잡는다.'일 뿐입니다. 그렇다면 제왕이 훌륭한 일을 하고자 한다면 마땅히 하늘에서 그 단서를 구해야 합니다.

天道에서 가장 중대한 것은 바로 陰과 陽에 있습니다. 陽은 德이 되고 陰은 형

《春秋》를 익혀 景帝 때 博士가 되었다. 학문 연구에 몰두하여 3년 동안 뜰에 내려오지 않았다고 한다. 武帝 때, 賢良對策에 응하여 天人感應·大一統·罷黜百家·獨尊儒術 등을 주장하여 무제의 칭찬을 받았다. 이후 江都相·膠西相 등을 역임하였으며, 병을 핑계로 사직하고 저술에 전념하였다. 그의 학문은《春秋公羊傳》을 중시하였고, 특히 유학을 중심으로 陰陽五行 사상을 받아들여 漢代의 통치 철학에 많은 영향을 주었다. 저술로는《春秋繁露》등이 있다.

70) 武帝……對策 :《資治通鑑》에 따르면, 漢 武帝 建元 원년(기원전 40) 10월의 일이다.《說文解字》에 따르면 '策'은 '상의하다〔謀〕'라는 뜻으로, 對策은 詔書로 政事나 經義 등에 대해 가설하여 물으면 이에 응하여 의견을 진달하는 것이다. 漢 文帝 때 晁錯의 대책에서 시작되어 이후 인재를 선발하는 시험 방식의 하나로 운용되었다.《전한서》에는 "무제는 즉위하여 현량문학의 선비들을 추천하라는 조서를 내렸는데, 전후로 책문에 대책한 사람이 백여 명이었다. 동중서는 현량으로 대책하였다.〔武帝卽位 擧賢良文學之士 前後百數 而仲舒以賢良對策焉〕"라는 내용이 보인다. 이때 동중서는 天人感應說을 대책의 요지로 삼았는데, 대책이 모두 셋이었기 때문에 '天人三策'이라고도 한다.《前漢書 卷56 董仲舒傳》《資治通鑑 卷17 漢紀9 武帝 上之上 建元 元年》《文體明辨序說 策》

벌이 되니, 형벌은 죽임을 주관하고 덕은 생육을 주관합니다. 이 때문에 陽은 항상 한여름에 머물면서 만물의 생장과 양육을 일로 삼고, 陰은 항상 한겨울에 머물면서 텅 비어 작용하지 않는 곳에 쌓입니다. 이로 볼 때 하늘은 덕에 맡기지 형에 맡기지 않음을 알 수 있습니다.

董仲舒

하늘은 양으로 하여금 나와서 위에 베풀어져 한 해의 일을 주관하게 하고, 음으로 하여금 들어가 아래에 잠복하여 때때로 나와서 양을 보좌하도록 하였습니다. 양이 음의 도움을 얻지 못하면 또한 양 혼자서는 한 해의 일을 완수하지 못합니다. 그러나 결국 양이 한 해의 일을 완수하는 것으로 이름을 삼았으니 이것이 하늘의 뜻입니다.

王者가 **承天意以從事**라 **故任德敎而不任刑**하나니 **刑者**는 **不可任以治世**가 **猶陰之不可任以成歲也**라 **爲政而任刑**이면 **不順於天**이라 **故先王**이 **莫之肯爲也**하시니 **今**에 **廢先王德敎之官而獨任執法之吏治民**하니 **毋乃任刑之意與**아 **孔子**가 **曰 不敎而殺**[71]을 **謂之虐**[72]이라하시니 **虐政**을 **用於下而欲德敎之被於**[73]**四海**라 **故難成也**니이다

王道를 행하는 군주는 하늘의 뜻을 받들어 정사를 수행해야 합니다. 그러므로 덕과 교화에 맡기지 형벌에 맡기지 않습니다. 형벌은 맡겨서 세상을 다스릴 수 없는 것이 마치 음이 맡겨서 한 해의 일을 완수하지 못하는 것과 같습니다. 정사를 행하면서 형벌에 맡기면 하늘의 뜻에 따르지 않는 것이기 때문에 이전 시대의

71) 殺 : 대전본에는 '誅'로 되어 있다.
72) 不敎而殺謂之虐 : 《논어》〈堯曰〉 제2장에 보인다.
73) 於 : 대전본·사고본에는 없다.

훌륭한 군왕들은 그렇게 하려고 하지 않았습니다.

오늘날 이전 시대의 훌륭한 군왕들이 다스리던 시대에 덕과 교화를 맡은 관직을 폐지하고, 오직 법률을 집행하는 관리에게만 맡겨서 백성을 다스리니 형벌에 맡기는 뜻이 아니겠습니까. 孔子가 말하기를 '가르치지 않고 죽이는 것을 「잔학함」이라고 한다.'라고 하였습니다. 아래에 虐政을 쓰면서 덕과 교화가 천하에 펴지기를 바라기 때문에 성공하기 어려운 것입니다."

25-7-나(按)

臣은 按 仲舒가 以春秋之學으로 推明王者任德不任刑之意하니 可謂善矣어니와 然陽以生萬物하고 陰以成萬物하니 其功이 一也라 陰雖伏於大冬이나 乃所以爲造化之本이니 蓋非貞[74]이면 無以爲元[75]이요 不闔이면 無以爲闢[76]이니 伏藏於冬而後에 能發育於春하나니 然則以陰居冬으로 爲積於空虛不用之地라하니 殆未然也니이다 然方武帝卽位之初에 英武明斷하시니 仲舒가 逆慮其有任刑之失이라 故擧天道明王道하여 以啓其好生惡殺之心則仲舒之言이 眞武帝之箴砭也로소이다 其後에 張湯[77]・趙禹[78]之徒가 進

74) 貞 : 대전본에는 '正'으로 되어 있다.

75) 非貞無以爲元 : 《周易》〈乾卦 彖傳〉의 "시작과 끝을 크게 밝히면 六位가 때로 이루어지는 법이니, 때로 여섯 龍을 타고서 하늘을 날아다닌다.〔大明終始 六位時成 時乘六龍 以御天〕"에 대한 朱熹의 《本義》에 이르기를 "'始'는 곧 '元'이고 '終'은 '貞'을 말한 것이다. 마치지 않으면 시작할 수 없고 貞이 아니면 元이 될 수 없다.〔始則元也 終謂貞也 不終則无始 不貞則无以爲元也〕"라고 하였다.

76) 不闔無以爲闢 : 《周易》〈繫辭傳 上〉 제11장에 이르기를 "이런 까닭에 문을 닫는 것을 坤이라고 하고 문을 여는 것을 乾이라고 하니 한 번 열고 한 번 닫는 것을 變이라고 하고 끊임없이 오고 가는 것을 通이라고 한다.〔是故闔戶謂之坤 闢戶謂之乾 一闔一闢謂之變 往來不窮謂之通〕"라고 하였다.

77) 張湯 : ?~기원전 115. 西漢의 관료이다. 杜陵 사람이다. 어려서부터 법률을 좋아하였다. 淮南王 劉安・衡山王 劉賜・江道王 劉建 등이 일으킨 모반 사건을 처리하면서 漢 武帝의 인정을 받았다. 전후로 太中大夫, 廷尉, 御史大夫 등을 역임하였다. 趙禹와 《越宮律》・《朝律》을 論定하였다. 엄격한 법 적용을 주장하면서 항상 《춘추》의 의리로 부회하여 꾸몄으며 황제의 뜻을 옥사를 처결하는 준거로 삼아 판례로 명기하였다. 그리고 흉노 원정에 국고가 부족하자, 白金과 五銖錢을 발행하고 鹽鐵 專賣를 추진하고 告緡令을 시행하는 등 이를 지원하여 무제의 총애를 받았다. 승상의 직무를 많이 행하여 권세가 승상을 능가하였다. 元鼎 2년(기원전 115)에 어사중승 李文과 丞相長史 朱買臣 등의 무함을 받아 자결하였다. 《前漢

而見知故縱之法이 行하여 卒以任刑으로 流毒海內[79)]하니 仲舒는 其知言哉[80)]인저

書 卷59 張湯傳》

78) 趙禹 : ?~기원전 100?. 西漢의 관료, 사법관이다. 斄縣(태현) 사람이다. 佐史로써 中都官이 되었고 景帝 3년(기원전 154)에 令史가 되어 太尉 周亞夫의 속관이 되었다. 경제 5년(기원전 152) 주아부가 승상이 되자 丞相史가 되었다. 府中에서 청렴하고 공평하다는 칭찬을 받았으나 일찍이 주아부는 "재능은 비할 데 없이 뛰어나지만 그의 법 집행은 지나치게 엄격하고 가혹하다.〔才能無比 但他執法深重苛刻〕"라고 평했다. 武帝 때 御史, 太中大夫를 역임하였다. 張湯과 《越宮律》·《朝律》을 論定하고 見知故縱法과 監臨部主法 등을 만들었는데, 이 법으로 인해 관리들이 서로 감시하고 고발하는 것이 시작되었다. 廷尉, 少府, 燕國相 등을 역임했다.

79) 其後……海內 : 《前漢書》 권23 〈刑法志〉에 따르면, 漢 武帝는 張湯과 趙禹에게 법령을 조목별로 編定하도록 하였는데, 장탕과 조우는 범죄를 알고도 고의로 묵인하고 풀어주는 관리를 처벌하는 見知故縱法과 휘하의 관원이 저지른 죄에 대해 연좌하여 처벌하는 監臨部主法을 제정하였다. 이에 따라 "백성에게 법 적용을 가혹하게 하거나 고의로 죄에 빠뜨린 관리에 대한 처벌은 관대하게 하고 죄상을 알고도 고의로 석방하거나 적발하지 않은 관리에 대한 처벌은 엄하게 하였다.〔緩深故之罪 急縱出之誅〕" 이후로 법 적용이 더욱 교묘해져서, "법망은 점점 치밀해졌고 율령은 번거롭고 가혹해져서〔禁網寖密 律令煩苛〕" "옥사에 관한 문건이 책상에 가득 쌓여 형옥을 담당한 관리가 이를 다 볼 수 없는 지경에 이르렀고〔文書盈於几閣 典者不能徧睹〕" 이 때문에 "죄목이 같아도 평결이 달라지거나〔或罪同而論異〕" "간악한 옥리들이 뇌물을 받고 처벌의 경중을 바꾸는〔姦吏因緣爲市〕" 상황이 초래되어 "살려주고자 하는 사람은 경감시켜 살려주는 議罪에 부치고 죄과에 빠뜨리고자 하는 사람은 죽이는 사례로 인정하여, 논하는 자들이 모두 원통하게 여기고 슬퍼하였다.〔所欲活則傅生議 所欲陷則予死比 議者咸冤傷之〕"라고 하였다.

80) 仲舒其知言哉 : 董仲舒가 漢 武帝의 策問을 통해 무제가 장차 爲政의 방침을 '任刑'에 둘 것임을 미리 헤아려 안 것을 지적한 것이다. 《논어》 〈堯曰〉 제3장에 이르기를 "천명을 알지 못하면 군자가 될 수 없고, 예를 알지 못하면 바르게 설 수 없고, 말을 알지 못하면 사람을 알 수 없다.〔不知命 無以爲君子也 不知禮 無以立也 不知言 無以知人也〕"라고 하였고, 《맹자》 〈公孫丑 上〉 제2장에서는 公孫丑가 맹자의 장점을 물은 데 대해 맹자가 대답하기를, "나는 말을 알며 나는 나의 호연지기를 잘 기르노라.〔我知言 我善養吾浩然之氣〕"라고 하였고, 또 공손추가 知言에 대해 묻자 맹자가 대답하기를 "편벽된 말에서 그 가린 바를 알며 방탕한 말에서 그 빠진 바를 알며 간사한 말에서 그 괴리된 바를 알며 도피하는 말에서 궁지에 몰린 바를 알 수 있으니 마음에서 생겨나 정사에 해를 끼치며 정사에서 나타나 그 일에 해를 끼치니 성인이 다시 나와도 반드시 내 말을 따를 것이다.〔詖辭 知其所蔽 淫辭 知其所陷 邪辭 知其所離 遁辭 知其所窮 生於其心 害於其政 發於其政 害於其事 聖人復起 必從吾言矣〕"라고 하였다.

【臣按】董仲舒가 《春秋》의 학문으로 王者는 덕에 맡기고 형벌만 중히 여기지 않는 뜻을 미루어 밝혔으니 훌륭하다고 할 만합니다. 하지만 陽은 이것으로 만물을 낳고 陰은 이것으로 만물을 이루니 그 공이 같습니다. 음은 비록 한겨울에 잠복하여 있지만 바로 조화의 근본이 되는 것이니, 대개 貞이 아니면 元이 될 수 없고 닫지 않으면 열릴 수 없습니다. 겨울에 잠복한 뒤에야 봄에 발육할 수 있습니다. 그렇다면 음이 겨울에 머무는 것을 '텅 비어 작용하지 않는 곳에 쌓인다.'라고 하였으니 매우 옳지 않은 것입니다.

그러나 武帝가 즉위한 초기에는 호전적이고 결단력이 있었습니다. 동중서는 무제가 형벌에 맡기는 나쁜 점이 있으리라는 것을 미리 헤아려 알았기 때문에 天道를 들어 王道를 밝힘으로써 살리기를 좋아하고 죽이기를 싫어하는 마음을 열어주었으니, 동중서의 말은 참으로 무제에 대한 따끔한 경계인 것입니다.

그 후에 張湯과 趙禹의 무리가 임용되어 타인의 범죄를 알고도 고의로 묵인하는 것을 처벌하는 법이 시행되어 끝내 형벌에 맡김으로써 천하에 해독을 끼쳤으니, 동중서는 아마도 말을 듣고 사람의 是非와 善惡을 잘 알았던 사람이라고 할 것입니다.

25-8-가[81)]

宣帝時에 **路溫舒**[82)]가 **上書曰 臣**은 **聞秦有十失**에 **其一**이 **尙存**하니 **治獄之吏**가 **是也**라 **秦之時**에 **羞文學**하고 **好武勇**하며 **賤仁義之士**하고 **貴治獄之吏**하며 **正言者**를 **謂之誹謗**이라하고 **遏過者**를 **謂之妖言**이라하니 **故盛服先生**이 **不用於世**하며 **忠良切言**이 **皆鬱於胸**하고 **譽諛之聲**이 **日滿於耳**하여 **虛美熏**[83)]**心**하여 **實禍**가

---

81) 《前漢書》 권51 〈路溫舒傳〉, 《前漢書》 권23 〈刑法志〉, 《資治通鑑》 권25 〈漢紀17 宣帝 上之下〉 地節 3년(기원전 67)에 보인다.

82) 路溫舒 : 생몰년은 자세하지 않다. 西漢의 관료, 법관이다. 자는 長君이다. 鉅鹿 東里 사람이다. 일찍이 율령을 익혀 縣獄吏, 郡決曹史 등이 되었다. 이후 孝廉으로 천거되어 山邑縣丞이 되었다. 漢 昭帝 元鳳 연간(기원전 80~기원전 74)에 奏曹掾, 廷尉史 등을 역임하였다. 宣帝 때 〈尙德緩刑書〉를 올려 덕을 숭상하고 형벌을 완화할 것을 주장하여 선제의 인정을 받았다. 이후 거듭 승진하여 右扶風丞이 되었다. 후에 臨淮太守가 되어 훌륭한 치적을 쌓았으나 재임 중에 죽었다. 《前漢書 卷51 路溫舒傳》

83) 熏 : 사고본에는 '薰'으로 되어 있다.

蔽塞하니 **此乃秦之所以亡天下也**라

漢 宣帝 때에 路溫舒가 다음과 같이 上書하였다.

“신이 들으니 秦나라에 열 가지 잘못이 있었는데 그중에 한 가지 잘못이 아직도 남아 있다고 하니 옥사를 다스리는 관리가 이것입니다. 진나라 때에 文學을 부끄럽게 여기고, 武勇을 좋아하였으며, 仁義를 따르는 士를 천시하고, 옥사를 다스리는 관리를 존중하며, 바른말 하는 것을 비방죄라고 하고, 잘못을 막는 간언을 妖言罪라고 하였습니다.

이 때문에 品德이 고상한 儒者는 세상에 쓰이지 않았으며, 충직하고 선량한 사람의 절실한 말은 모두 가슴속에 답답하게 쌓였고 칭찬하고 아첨하는 소리는 날마다 귀에 가득 차게 하여서, 허황된 찬미가 군주의 마음을 어지럽히게 함으로써 실제적인 禍가 가려져서 보이지 않게 되었습니다. 이것이 바로 秦나라가 천하를 잃은 이유입니다.

方今天下가 **賴陛下恩厚**하여 **亡**(무)**金革之危・飢寒之患**하나 **然太平未洽者**는 **獄**이 **亂之也**라 **夫獄者**는 **天下之大命也**니 **死者**가 **不可復生**이요 **斷者**가 **不可復屬**(촉)이니 **書**에 **曰 與其殺不辜**론 **寧失不經**[84]이라하니 **今**에 **治獄吏則不然**하여 **上下**가 **相毆**하여 **以刻爲明**[85]하니 **深者**는 **獲公名**하고 **平者**는 **多後患**이라 **故治獄之吏**가 **皆欲人死**하나니 **非憎人也**라 **自安之道**가 **在人之死**라 **是以**로 **死人之血**이 **流離於市**하고 **被刑之徒**가 **比肩而立**하여 **大辟之計**가 **歲以萬數**하니 **太平之未洽**이 **凡以此也**니이다

바야흐로 천하가 폐하의 두터운 은덕에 힘입어 병란의 위기와 기근이나 한파의 우환은 없지만 완전한 태평성세를 이루지 못하는 것은 獄事가 이를 어지럽히기 때문입니다. 옥사는 천하의 중대한 일입니다. 죽은 사람은 다시 살릴 수 없고 신체가 절단된 사람은 다시 붙일 수 없습니다. 《서경》에 이르기를 '죄 없는 사람을 죽이기보다는 차라리 정해진 법대로 하지 않은 잘못을 저지르라.'라고 하였습니다.

---

84) 與其……不經 : 《서경》 〈虞書 大禹謨〉에 보인다. 皐陶가 舜임금의 법 집행에 대해 찬미한 말이다. 25-3-가 참조.

85) 明 : 대전본에는 '名'으로 되어 있다.

오늘날 옥사를 다스리는 관리는 그렇게 하지 않아서 상하가 서로 몰아붙여 각박하게 처리하는 것을 명철하다고 여기니 법조문을 가혹하게 적용하는 자는 공무를 잘 수행한다는 명성을 얻고 법을 공평하게 집행하는 자는 후환이 많습니다. 이 때문에 옥사를 다스리는 관리가 모두 사람이 죽기를 바라니 사람을 증오해서가 아니라 자기 자신을 편안히 하는 방도가 사람이 죽는 데 있어서입니다. 이 때문에 죽은 사람의 피가 저자에 흥건하고 肉刑을 받은 죄수가 즐비하게 있어, 사형을 당한 사람의 수가 한 해에 만으로 헤아리니 태평성세가 완전히 이루어지지 않는 것은 모두 이러한 문제 때문입니다.

夫人情이 **安則樂生**하고 **痛則思死**하나니 **捶楚之下**에 **何求而不得**이리오 **故囚人**이 **不勝痛則飾辭以視之**하며 **吏治者**가 **利其然則指道以明之**하며 **上奏畏卻則鍛鍊而周內**(납)**之**하나니 **蓋奏當之成**에 **雖咎繇**(고요)가 **聽之**라도 **猶以爲死有餘辜**리니 **何則**고 **成鍊**[86]**者**가 **衆**하고 **文致之罪**가 **明也**라 **故俗語**에 **云**[87] **畫**(획)**地爲獄**이라도 **議不入**이요 **刻木爲吏**라도 **期不對**라하니 **此皆疾吏**[88]**悲痛之辭也**라 **故天下之患**이 **莫深於獄**이요 **敗法亂正**하며 **離親塞道**가 **莫甚乎治獄之吏**하니 **此**가 **所謂一**이 **尙存者也**니이다

무릇 사람의 常情이 편안하면 삶을 즐거워하고 고통스러우면 죽음을 생각하는 법입니다. 곤장을 치면 무엇을 요구한들 얻지 못하겠습니까. 그러므로 옥에 갇힌 사람이 고통을 견디지 못하면 진술을 꾸며 죄를 인정하며, 관리로서 옥사를 다스리는 사람이 그러한 점을 이롭게 여기면 지시하고 인도하여 죄상을 밝히며, 上奏가 각하될까 두려우면 주밀하게 죄안을 다듬어서 죄에 빠뜨립니다. 보고할 죄가 확정되었을 때에는 비록 咎繇(皐陶)가 이를 다스리더라도 오히려 죽음으로도 다 씻지 못할 죄가 있다고 생각할 것이니, 무엇 때문입니까? 죄를 주밀하게 만들어 확정시킨 죄명은 많았고, 극도로 그럴듯하게 꾸민 죄는 분명하였기 때문입니다.

---

86) 鍊 : 대전본에는 '練'으로 되어 있다.
87) 云 : 사고본에는 '曰'로 되어 있다.
88) 吏 : 사고본에는 이 뒤에 '之風' 2자가 더 있다.

그러므로 시속의 말에 이르기를 '땅에 금을 그어놓고 감옥이라 하더라도 온갖 궁리를 하여 들어가지 않고, 나무를 깎아 獄吏라고 하더라도 기필코 상대하지 않으려 한다.'라고 하였으니, 이는 모두 옥리를 미워하고 비통해하는 말입니다. 그러므로 천하의 우환이 옥사보다 심각한 것이 없고, 법을 망치고 正道를 어지럽히며 친족을 이간하고 도를 막는 것이 옥사를 다스리는 관리보다 심한 것이 없습니다. 이것이 이른바 아직도 남아 있다는 그중에 '한 가지 잘못'입니다."

上이 **深愍焉**하사 **迺下詔曰 間者**에 **吏**가 **用法巧**하고 **文寖**[89]**深**하니 **是朕之不德也**라 **夫決獄不當**하여 **使有罪興邪**하며 **不辜蒙**[90]**戮**하여 **父子**가 **悲恨**하니 **朕甚傷之**하노라 **今遣廷史**[91]하여 **與郡鞫獄**이 **任輕祿薄**이라 **其爲置**[92]**廷平**[93]**秩六百石員四人**하여 **其務平之**하여 **以稱朕意**하라하시고 **於是**에 **選于定國**[94]**爲廷尉**하시고 **求明察寬恕黃霸**[95]**等爲廷平**하사 **季秋後請讞**(얼)**時**에 **上**이 **常幸宣室**하사 **齊**[96]

89) 寖 : 대전본에는 '寑'으로 되어 있다.

90) 蒙 : 대전본에는 '興'으로 되어 있다.

91) 廷史 : 漢나라 때의 관직명으로, 廷尉史라고도 하였다. 刑獄의 사무를 관장하는 廷尉의 속관이다. 지방에 파견되어 옥사의 심문을 감독하였다.

92) 置 : 대전본에는 '致'로 되어 있다.

93) 廷平 : 漢나라 때의 관직명으로 廷尉平 또는 廷評이라고도 하였다. 漢 宣帝 地節 3年(기원전 67)에 처음 설치되었다. 詔獄을 平決하는 일을 맡았다.

94) 于定國 : ?~기원전 41. 漢 宣帝 때의 관료이다. 자는 曼倩이다. 東海 郯縣(담현) 사람이다. 처음에 獄史와 郡決曹를 거쳐 御史中丞이 되었다. 선제가 즉위한 뒤에 光祿大夫・平尚書事가 되었다. 선제 本始 3년(기원전 71)에 水衡都尉가 되었다. 宣帝 地節 원년(기원전 69)에 廷尉가 되었다. 위인이 겸손하였다. 부친인 于公은 옥사를 공평히 다스린 것으로 이름이 났는데 우정국 역시 송사를 신중하게 잘 처리하여 억울해하거나 원망하는 백성이 없었다. 선제 甘露 2년(기원전 52)에 어사대부가 되었고 감로 3년에 승상이 되었고 西平侯에 봉해졌다. 元帝 초에 關東에 연이어 재해가 발생하여 대규모 유민이 발생하자 사직하였다. 시호는 安이다.

95) 黃霸 : 漢 武帝 때에는 河南太守의 丞으로, 宣帝 때에는 潁川太守로 있으면서 獄事를 관대하게 처리하고 백성을 잘 보살폈으므로, 漢代에 목민관을 말할 때는 반드시 황패를 먼저 꼽았다. 《漢書》에 열전이 보인다.

96) 齊 : 대전본・사고본에는 '齋'로 되어 있다.

居而決事하시니① **獄刑**이 **號爲平矣**러라

① 上常……決事 : 宣室[97], 殿名. 在前殿之側, 齋[98]則居之.
'宣室'은 殿 이름이다. 未央宮의 前殿 옆에 있고, 재계하면 여기에 거처하였다.

宣帝가 이를 매우 근심하여 이에 조서를 다음과 같이 내렸다.

"근간에 관리들이 법을 적용하는 것이 교묘해지고 법조문이 점점 가혹해지니 이는 짐이 부덕하기 때문이다. 옥사에 대한 처결이 부당하여 죄가 있는 사람이 간사한 짓을 일으키게 하고 죄 없는 사람이 誅戮을 당하여 부모와 자식이 비통해하고 한스럽게 여기니 짐이 이를 매우 애통하게 여긴다. 지금 廷尉史를 파견하여 郡守와 함께 옥사를 신문하게 하는 것이 책임이 가볍고 봉록이 박하기 때문에, 廷尉平을 두되 秩은 六百石으로 하고 인원

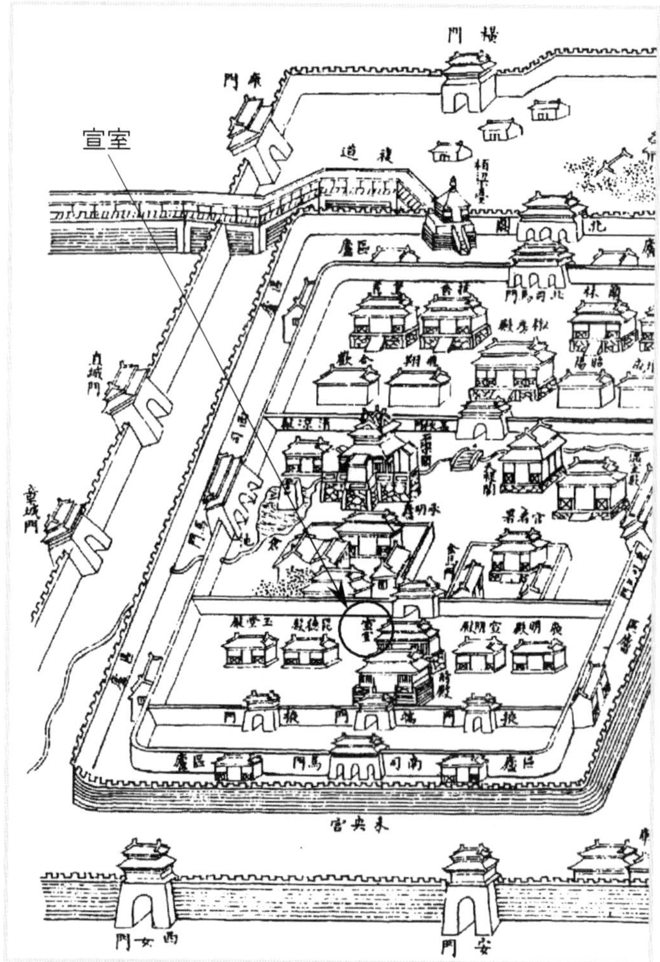

未央宮과 宣室

97) 宣室 : 漢代 未央宮 前殿의 正室이다. 《淮南子》에 "周 武王이 宣室에서 殷 紂王을 죽였다.〔武王殺紂于宣室〕"라고 하였는데 아마도 여기에서 유래한 듯하다. 《史記》〈賈生列傳〉의 司馬貞의 索隱에는 《三輔故事》를 인용하여 "未央殿의 북쪽에 있었다.〔在未央殿北〕"라고 하였고, 如淳은 "정령과 교화를 펴는 방이다.〔布政敎之室也〕"라고 하였다. 《史記 卷84 賈生列傳 司馬貞索隱》《前漢書 卷3 刑法志》《淮南子 本經訓》

98) 齋 : 사고본에는 '齊'로 되어 있다.

은 4인으로 하라. 그리하여 공평하게 처결하는 데 힘써서 짐의 뜻에 걸맞게 하라.”

그리고 이에 于定國을 뽑아 廷尉로 삼고, 밝게 살피고 관대한 黃霸와 같은 자를 찾아 정위평으로 삼았다. 그리하여 늦가을이 된 뒤에 옥사에 대한 처결을 청할 때 선제가 항상 宣室에 거둥하여 재계하고 있으면서 옥사를 처결하니, 형벌이 공평하다고 불렸다.

25-8-나(按)

臣은 按 溫舒之論이 雖專爲獄吏發이나 其實則譏當時之君이라 故始言秦之時에 貴治獄之吏하니 非自貴라 由上이 貴之也요 次言上下相敺하여 以刻爲明則下之爲此者는 上實驅之也요 又次言自安之道가 在於人死則可見當時之吏가 能殺人者가 上之所欲이라 故安하고 否則違上之所欲이라 故危하니 蓋孝宣이 雖賢明之君而實好刑名之學[99]이라 故其意指所形이 至於如此하니 上之所好를 其可不謹邪아 捶楚之下何求不得至刻木爲吏期於不對 此十餘言者가 其於胥吏慘刻之情과 獄犴(알)[100]寃枉之狀에 可謂盡之矣로소이다 畫地爲獄이라도 猶不可入이어든 況眞獄乎잇가 刻木爲吏라도 猶不可對어든 況眞吏乎잇가 溫舒之言이 至深悲痛이라 於是宣帝가 爲之感悟하사 置官以平之하며 躬親以決之하시니 亦可謂善聽忠言者라 然其爲治가 終以霸王之道雜[101]이라 故刑餘周召・法律詩書[102]가 卒不免爲[103]世所譏而史臣이 書之曰獄刑이 號爲平

---

99) 刑名之學 : ‘刑’은 형법을 말하고, ‘名’은 名家의 무리를 말하니, ‘刑名’은 名과 實을 살펴 따지는 것이다. 《前漢書》 顔師古의 注에 인용된 劉向의 〈別錄〉에 따르면, 申不害의 학술을 이른다. ‘刑名’이란, 名을 가지고 實을 요구하는 것으로, 임금을 존숭하고 신하를 낮추며 윗사람을 존숭하고 아랫사람을 억누르는 것이다.《前漢書 卷9 元帝紀 顔師古注》

100) 犴 : 대전본에는 ‘犴’으로 되어 있다.

101) 其爲……道雜 : 3-10-가3 참조.

102) 刑餘……詩書 : 《前漢書》 권77 〈蓋寬饒傳(갑관요전)〉에 보인다. 漢 宣帝가 刑法을 즐겨 사용하고 中書의 宦官을 중용하자 당시의 司隸校尉 蓋寬饒가 封事를 상주하여 “성인의 도가 점차 쇠미해지고 유학의 학술이 행해지지 않으며 肉刑을 받은 환관을 周公과 召公처럼 높이고 법률을 《시경》과 《서경》처럼 높이고 있다.〔聖道浸微 儒術不行 以形餘爲周召 以法律爲詩書〕”라고 비판하였다. 선제는 갑관요가 원망하여 비방한다고 여겨 執金吾에 회부하였는데, 집금오는 大逆不道로 판결하였다. 결국 갑관요는 北闕 아래에서 차고 있던 칼을 뽑아 스스로 목을 찔러 자결하였다.

矣라하니 號之一辭가 名然而實否之謂也라 人主所好를 可不謹諸잇가

【臣按】路溫舒의 의론이 비록 오로지 獄事를 다루는 관리 때문에 發論되기는 했지만 그 실제는 당시의 임금을 비판한 것입니다. 이 때문에 처음에는 秦代에 옥사를 다스리는 관리를 존중하였으니 스스로 존중한 것이 아니라 임금이 이들을 존중한 데에서 말미암았음을 말하였습니다. 그리고 다음으로 윗사람과 아랫사람이 서로 몰아 각박한 것을 밝게 살피는 것으로 여겼으니 아랫사람이 이를 한 것은 윗사람이 참으로 몰았기 때문임을 말하였습니다. 또 다음으로 자기 자신을 편안히 하는 방도가 사람을 죽이는 데 있으니 당시의 관리가 사람을 죽일 수 있었던 것은 임금이 하고자 하는 바이기 때문에 편안하고 그렇게 하지 않으면 임금이 하고자 하는 바를 어기는 것이기 때문에 위태로웠음을 알 수 있다고 말하였습니다.

宣帝가 비록 현명한 임금이지만 刑名學을 참으로 좋아하였습니다. 그러므로 그의 생각이 현실로 나타난 것이 이와 같은 지경에 이르니 임금이 좋아하는 것을 삼가지 않아서야 되겠습니까.

'곤장을 치면 무엇을 요구한들 얻지 못하겠는가.'에서 '나무를 깎아 獄吏라고 하더라도 기필코 상대하지 않으려 한다.'까지 이 10여 마디의 말이 그 서리의 가혹한 정상과 옥사의 억울하고 원통한 정상에 대해 남김없이 다 설명하였다고 말할 만합니다. 땅에 금을 그어 감옥이라고 하더라도 오히려 들어가지 못하는데 하물며 진짜 감옥을 말해 무엇하겠습니까. 나무를 깎아 옥리라고 하더라도 오히려 상대하지 못하는데 진짜 옥리야 말해 무엇하겠습니까.

노온서의 말이 지극히 깊고 비통합니다. 그리하여 선제가 이에 감동하여 깨달아 관리를 두어 옥사를 공평하게 하고 몸소 옥사를 처결하였으니 또한 충언을 잘 받아들이는 사람이라고 말할 만합니다. 그러나 선제가 나라를 다스리는 것이 끝내 霸道와 王道를 뒤섞어 썼기 때문에 肉刑을 받은 사람을 周公과 召公처럼 높이고 法律을 《시경》과 《서경》처럼 높인 것이 마침내 세상에 비판받는 바가 됨을 면하지 못하였습니다. 史臣이 이를 쓰기를 "형벌이 공평하다고 불렸다."라고 하였으니, '불렸다'라는 한 단어는 명색은 그러하지만 실상은 아니라는 말입니다. 군주가 좋아하는 것을 삼가지 않아서야 되겠습니까.

---

103) 爲 : 사고본에는 '于'로 되어 있다.

25-9-가[104)]

隋文帝가 **以盜賊**이 **繁多**라하여 **命盜**[105)]**一錢以上**을 **皆棄市**하고 **或三人**이 **共盜一瓜**라도 **事發卽死**하니 **於是**에 **行旅**가 **皆晏起早宿**하여 **天下**가 **懍懍**이러라 **有數人**이 **劫執事而謂之曰 吾豈求財者邪**아 **但爲枉人來耳**라 **而**가 **爲我奏至尊**하라 **自古以來**로 **體國立法**에 **未有盜一錢而死也**라 **而**가 **不爲我以聞**인댄 **吾**가 **再來**하면 **而屬**이 **無類矣**리라 **帝**가 **聞之**하시고 **爲停此法**하시다

隋 文帝가 도적이 많다고 하여 돈 1錢 이상을 훔친 자를 모두 棄市刑에 처하도록 명하였다. 혹시라도 세 사람이 함께 외·하나를 훔쳤더라도 일이 발각되면 즉시 죽였다. 그리하여 여행자들이 모두 늦게 일어나고 일찍 자서 천하 사람들이 벌벌 떨었다. 어떤 사람 몇 명이 그 獄事를 주관하는 관리를 위협하며 말하였다.

隋 文帝

"우리가 어찌 재물을 요구하는 사람이겠는가. 단지 억울한 사람 때문에 왔을 뿐이다. 네가 우리를 대신하여 至尊께 아뢰라. 예로부터 지금까지 나라를 세우고 법을 수립할 때 돈 1전을 훔쳤다고 해서 죽이는 법은 없었다. 네가 우리를 위해 아뢰지 않을 경우, 우리가 다시 오

104) 《資治通鑑》 권178 〈隋紀2 文帝 上之下〉 開皇 17년(597) 조에 보인다. 《隋書》 권25 〈刑法志〉에도 비슷한 내용이 보인다. 다만 《隋書》 〈刑法志〉에 따르면, 이 당시에 수 문제는 법 집행에 있어 준엄하고 각박한 것을 숭상하였지만 간사한 짓이 그치지 않았다. 그래서 도성의 저자에서도 대낮에 공공연하게 강도가 성행하였다. 문제가 이를 근심하여 강도를 검거하여 고발하는 자에게는 도적의 가산을 적몰하여 상으로 주도록 명했다. 그러자 무뢰배가 부유한 집 자제가 다니는 길에 물건을 놓아두었다가 그 사람이 우연히 물건을 주우면 붙잡아 관아에 고발하여 상을 받는 일이 많이 생겼다. 이로 인한 피해자가 많아지자, 수 문제가 이와 같은 명령을 내린 것이다.

105) 盜 : 대전본에는 '賊'으로 되어 있다.

면 너의 족속이 다 죽게 될 것이다."
문제가 이를 듣고 이 법의 시행을 중단하였다.

25-9-나(按)

臣은 按 隋文이 制刑以戢盜가 非不嚴也而盜卒不能戢하고 法終不可行이러니 至唐太宗하여 輕徭薄賦하사 開斯民衣食之門하시니 數年之間에 外戶不閉하고 道不拾遺하니 其失其得이 可以鑑矣로소이다

【臣按】隋 文帝가 형벌을 제정하여 도적을 그치게 한 것이 엄하지 않은 것은 아니었지만 도적을 끝내 그치게 하지 못했고 법은 끝내 시행될 수 없었습니다. 唐太宗에 이르러 徭役을 경감하고 賦稅를 적게 거두어 백성이 입고 먹을 방법을 열어주자 몇 년 사이에 대문을 닫지 않고 길에 떨어진 물건을 줍지 않을 정도가 되었습니다. 수 문제의 실패와 당 태종의 성공은 거울로 삼을 만합니다.

25-10-가[106]

帝가 嘗乘怒하여 以六月杖殺人이러시니 大理少卿趙綽(조작)이 固爭曰 季夏之月에 天地가 成長庶類하니 不可以此時誅殺이니이다 帝曰 六月이 雖云生長이나 此時에 必有雷霆이라 我가 則天而行이니 有何不可리오하시고 遂殺之하시다

隋 文帝가 일찍이 홧김에 6월에 죄인을 杖殺하고자 하였다. 大理少卿 趙綽이 굳게 간쟁하여 말하였다.
"늦여름에는 하늘과 땅이 만물을 성장시키니 이러한 철에 주살해서는 안 됩니다."
문제가 말하였다.
"6월이 비록 생장하는 때라고는 하지만 이러한 철에 반드시 천둥번개가 친다. 나는 하늘을 본받아 행하니 어찌 안 될 것이 있겠는가."
마침내 그 죄인을 죽였다.

106)《資治通鑑》권178 〈隋紀2 文帝 上之下〉 開皇 17년(597) 조에 보인다.《隋書》권25 〈刑法志〉에도 비슷한 내용이 보인다.

25-10-나(按)

臣은 按 隋文이 謂六月必有雷霆이라하시니 不知雷霆이 雖威나 初非爲殺物設也라 易에 稱鼓萬物者가 莫疾乎雷[107]라하니 其與日之烜(훤)・雨之潤・風之散으로 同於生物而已라 世人惡戾之氣가 適與之會而震死者가 有之니 非雷霆이 求以擊之也라 隋文이 徒欲以辯[108]口折人而文其暴怒之私하시니 不知昧於天道가 亦已甚矣로다 及唐貞[109]觀하여 改定律令하여 自春及秋禁行死刑然後에 得古者刑以秋冬[110]之意하니 惟其有仁暴之異라 所以爲治亂之分歟[111]인저

【臣按】 隋 文帝가 "6월에 반드시 천둥번개가 친다."라고 하였으니, 천둥번개가 비록 두렵기는 하지만 애당초 생물을 죽이기 위해 만든 것은 아니라는 점을 알지 못한 것입니다. 《주역》에 '만물을 鼓動시키는 것이 천둥보다 빠른 것이 없다.'라고 하였습니다. 해가 말리고 비가 적시고 바람이 흩어놓는 것이 생물을 생장시키는 데 있어서는 똑같을 뿐입니다. 세상 사람들의 흉악하고 사나운 기운이 마침 이와 맞아떨어져 벼락을 맞아죽는 경우가 있는 것뿐이니 천둥번개가 이런 사람을 격살하기를 꾀한 것은 아닙니다.

107) 鼓萬……乎雷 : '鼓萬物'은 《주역》〈說卦傳〉 제6장에 보인다. 다만 '鼓'는 '動'으로 되어 있다. 그 내용은 다음과 같다. "神이란 萬物을 신묘하게 여겨 말한 것이다. 만물을 鼓動시키는 것은 천둥보다 빠른 것이 없고, 만물을 흔드는 것은 바람보다 빠른 것이 없다. 만물을 건조시키는 것은 불보다 더한 것이 없고, 만물을 기쁘게 하는 것은 澤보다 더한 것이 없다. 만물을 적시는 것은 물보다 더한 것이 없고, 만물을 마치고 만물을 시작하는 것은 艮보다 성한 것이 없다. 그러므로 물과 불이 서로 미치며, 천둥과 바람이 서로 어그러지지 않으며, 山과 澤이 氣를 통한 뒤에야, 변화하여 만물을 이루는 것이다.〔神也者 妙萬物而爲言者也 動萬物者莫疾乎雷 撓萬物者莫疾乎風 燥萬物者莫熯乎火 說萬物者莫說乎澤 潤萬物者莫潤乎水 終萬物始萬物者莫盛乎艮 故水火相逮 雷風不相悖 山澤通氣然後 能變化 旣成萬物也〕"

108) 辯 : 사고본에는 '辨'으로 되어 있다.

109) 貞 : 대전본에는 '正'으로 되어 있으나, 오자이다.

110) 古者刑以秋冬 : 《春秋左氏傳》 襄公 26년(기원전 547) 조에 보인다. 蔡나라 聲子가 화평에 관한 일로 晉나라에 사신으로 갔다 돌아오는 길에 楚나라에 갔다. 이때 令尹 子木과 나눈 대화 가운데 성자가 다음과 같이 말한 내용이 보인다. "옛날에 백성을 다스린 자는 포상을 시행하기를 좋아하고 형벌을 시행하기를 두려워하였으므로 백성 돌보는 일을 게을리하지 않았습니다. 포상의 시행은 봄과 여름에 하고, 형벌의 시행은 가을과 겨울에 하였습니다.〔古之治民者 勸賞而畏刑 恤民不倦 賞以春夏 刑以秋冬〕"라고 하였다.

111) 歟 : 사고본에는 '與'로 되어 있다.

수 문제는 다만 말 잘하는 입으로 남의 간언을 꺾어 격노한 자신의 개인적인 감정을 文飾하고자 하였을 뿐이니 天道에 어두움을 알지 못한 것이 또한 너무 심합니다. 唐나라 貞觀 연간에 이르러 律令을 개정하여 봄부터 가을까지 사형의 집행을 금지한 뒤에야 옛날에 형벌의 집행을 가을과 겨울에 했던 뜻에 맞게 되었으니, 오직 인자함과 포악함의 다름이 있었을 뿐입니다. 이 때문에 안정과 혼란이 나뉘게 된 것입니다.

25-11-가[112]

唐太宗이 **嘗覽明堂針灸圖**[113]러시니 **見人之五藏**이 **皆近背**라 **針灸**가 **失所則其害致死**라하사 **歎**[114]**曰 夫箠**(추)**者**는 **五刑之輕**이요 **死者**는 **人之所重**이니 **安得犯至輕之刑而或致死**리오하시고 **遂詔罪人**을 **無**[115]**得鞭背**하라하시다

唐 太宗이 일찍이 明堂針灸圖를 보았는데 사람의 五藏이 모두 등에 인접하여 있기에 침과 뜸을 잘못된 자리에 쓰면 그 해가 죽음에까지 이른다는 것을 알았다. 그리하여 다음과 같이 탄식하였다.

"저 매를 때리는 형벌은 五刑 가운데 가벼운 형벌이고 죽음은 사람에 있어서 중대한 것이니, 어찌 지극히 가벼운 죄를 범하고서 혹여 죽음에 이르게 할 수 있겠는가."

마침내 조서를 내려 죄인에 대해 등을 채찍으로 때리지 못하게 하였다.

25-11-나(按)

臣은 按 隋煬之用刑에 或先截其舌이어늘 太宗之用刑은 至不忍箠[116]其背하시니 此가 煬之惡이 所以浮於桀・紂而太宗除亂之功이 所以庶幾於湯・武與인저

---

112) 《新唐書》 권56 〈刑法志〉에 보인다.

113) 明堂針灸圖 : 唐 太宗 貞觀 2년(628) 내지 4년(630) 이전에 官修된 明堂圖로, 인체의 혈맥과 經絡 등을 묘사하였다. 현재는 일실되었으며 정확한 명칭은 미상이다. 《舊唐書 卷3 太宗本紀 卷59 李襲譽傳》《新唐書 卷56 刑法志》

114) 歎 : 사고본에는 '嘆'으로 되어 있다.

115) 無 : 사고본에는 '毋'로 되어 있다.

116) 箠 : 사고본에는 '箬'로 되어 있다.

【臣按】 隋 煬帝가 형벌을 쓸 때 먼저 그 혀를 자르기도 하였는데 唐 太宗이 형벌을 쓴 것은 죄인의 등을 채찍질하는 형벌조차도 차마 쓰지 못하였습니다. 이것이 양제의 악이 桀王과 紂王보다 크고 태종이 亂世를 종식시킨 공이 湯王과 武王에 거의 방불했던 이유일 것입니다.

25-12-가[117]

河內人李好德이 **坐妖言下獄**이어늘 **大理丞張蘊古**[118]가 **以爲 好德**이 **病狂瞀**(무)하니 **法不當坐**니이다 **治書侍御史權萬紀**[119]가 **劾蘊古**가 **奏不以實**[120]이라한대 **太宗**이 **怒**하여 **遽斬蘊古**하시고 **旣而大悔**하여 **因詔死刑**을 **雖令卽決**이나 **皆二**[121]**覆奏**라 **久之**요 **謂群臣曰 死者**가 **不可更生**이니 **決囚**를 **雖二**[122]**覆奏而頃刻之間**에 **何暇思慮**리오 **自今宜二日五覆奏**하고 **決日**에 **尙食**[123]이 **勿進酒肉**하고 **敎坊·太常**[124]이 **輟敎習**하고 **諸州死罪**를 **三覆奏**하고 **其日**에 **亦蔬食**(사)하여 **務合禮撤樂**

---

117)《新唐書》 권56 〈刑法志〉에 보인다. 《資治通鑑》 卷193 〈唐紀9 太宗 上之中〉에 근거하면 貞觀 5년(631) 8월의 일이다.

118) 張蘊古 : ?~631. 唐의 관료, 법관이다. 相州 洹水 사람이다. 幽州總管府記室 兼 直中書省 등을 역임했다. 唐 太宗의 즉위 초에 〈大寶箴〉을 올려 풍간하였는데, 태종이 이를 가상히 여겨 束帛을 내리고 大理丞에 제수하였다. 〈대보잠〉은 《古文眞寶》에 실려 있다. 河內 사람 李好德이 妖言을 한 데 대한 형률을 적용한 것이 공정하지 않았다는 御史 權萬紀의 무함을 받아 참형에 처해졌다.

119) 權萬紀 : ?~643. 唐나라의 관료이다. 23-5-나 주석 '權萬紀' 참조

120) 劾蘊古奏不以實 : 權萬紀는, 張蘊古의 籍貫이 相州인데, 李好德의 형인 李厚德이 相州刺史로 있었기에 아첨하고 용인하려는 사사로운 마음을 품어 옥사에 대한 논죄가 실제에 부합하지 않았다고 탄핵하였다. 《資治通鑑 卷193 唐紀9 太宗 上之中 貞觀 5年》

121) 二 : 《新唐書》 권56 〈刑法志〉에는 '三'으로 되어 있다.

122) 二 : 《新唐書》 권56 〈刑法志〉에는 '三'으로 되어 있다.

123) 尙食 : 제왕의 饌膳을 관장하는 관서명이다. 秦代에 六尙의 하나로 처음 설치되었다. 唐代에는 殿中省 내에 尙食(정5품)을 長으로 하는 尙食局을 두었고, 그 예하에 司膳, 司醞, 司藥, 司饎의 四司를 두었다.

124) 敎坊太常 : '敎坊'은 唐 高祖 武德 연간(618~626) 禁中에 太常寺(태상시)의 예하에 內敎坊을 두었는데 궁정에서 행해지는 가무와 散樂의 연출, 藝人의 관리 및 교습을 맡았다. 23-7-나 按說 원주 ①번 참조. '太常'은 唐代에 禮樂, 郊廟, 社稷 등과 관련된 일을 담당하

減膳之意하라

河內 사람 李好德이 妖言을 한 죄를 지어 하옥되었는데, 大理丞 張蘊古가 말하기를 "이호덕은 정신착란증을 앓고 있으니 법에 따르면 죄를 처벌해서는 안 됩니다."라고 하였다. 治書侍御史 權萬紀는 장온고가 사실대로 상주하지 않았다고 탄핵하자, 太宗이 노하여 대번에 장온고를 참형에 처하였다. 얼마 안 되어 크게 후회하고서 이어 조서를 내려 사형을 비록 즉시 처결하도록 하더라도 모두 두 차례 覆奏하도록 하였다. 꽤 세월이 지나 신하들에게 일렀다.

"죽은 사람은 다시 살아날 수 없다. 사형으로 처결한 죄수를 비록 두 차례 복주한다고 하더라도 아주 짧은 시간 동안에 어찌 깊이 생각할 겨를이 있겠는가. 지금부터는 2일 동안 다섯 차례 복주하고, 처형하는 당일에 尙食局은 술과 고기를 올리지 말고, 敎坊과 太常寺는 교습을 그치고, 각 州는 사형으로 처결한 죄수를 세 차례 복주하고 처형하는 당일에는 마찬가지로 蔬食를 먹어 음악을 거두고 음식 가짓수를 줄인 禮의 뜻에 부합하도록 힘쓰라."

太宗이 以英武定天下하시나 然其天姿가 仁恕하여 初卽位에 有勸以威刑肅天下者어늘 魏徵이 以爲不可라하여 因爲上言王政이 本於仁恩하니 所以愛民厚俗之意라한대 太宗이 欣然納之하사 遂以寬仁治天下而於刑法에 尤愼하시니 四年에 天下斷死罪二十九人이러라 六年에 親錄囚徒하사 閔死罪者三百九十人하사 縱之還家하시고 期以明年秋卽刑하시니 及期하여 囚皆詣朝堂無後者어늘 太宗이 嘉其誠信하사 悉原之하시다

唐 太宗이 영준함과 용맹함으로 천하를 평정하였지만 그 타고난 자질이 인자하고 관대하였다. 그리하여 처음 즉위했을 때 엄혹한 형벌을 써서 천하를 肅淸하라고 권하는 사람이 있었다. 그런데 魏徵이 불가하다고 하고서 이어 태종을 위해 왕도정치는 인자함과 은덕에 바탕을 두니 백성을 사랑하고 풍속을 순후하게 하는 뜻이라고 말하였다. 태종이 기뻐하며 이를 받아들여 마침내 관대함과 인자함으로 천하를 다스리고 형벌과 법률에 있어서 더욱 신중히 하였다.

는 太常寺를 말한다.

貞觀 4년(630)에는 전국에 사형에 해당하는 죄로 처결한 것이 29인뿐이었다. 정관 6년(632)에는 직접 죄수의 罪案를 검토하고서 사형에 해당하는 죄를 지은 사람 390인을 가엾게 여겨 이들을 풀어주어 집으로 돌려보내고 다음해 가을에 나아와 형벌을 받도록 약속을 정하였다. 기한이 되자 죄수들이 모두 朝堂에 나아왔는데 늦은 자가 없었다. 그러자 태종이 그들이 성실하게 약속을 지킨 것을 훌륭하게 여겨 모두 용서해주었다.

25-12-나(按)

臣은 按 唐은 繼隋者也라 隋文任法之峻이 如彼而太宗用刑之寬이 如此하시니 隋甫[125] 再傳而失天下하고 唐之享國이 幾三百年하니 天於仁暴之報[126]에 亦甚明矣라 賈誼가 以周・秦竝言[127]하니 臣今亦以隋・唐倂論하노니 庶足爲方來之鑑乎인저

【臣按】 唐나라는 隋나라를 이어 건국한 나라입니다. 隋 文帝가 법에만 맡긴 가혹함이 저와 같았고, 唐 太宗이 형벌을 쓰는 관대함이 이와 같았습니다. 수나라는 겨우 2대를 전하고서 천하를 잃었고 당나라의 통치 연대는 거의 3백 년에 가까웠으니, 하늘이 인자함과 포악함에 대해 보응하는 것이 또한 매우 분명합니다.

賈誼는 周나라와 秦나라를 나란히 놓고 비교하여 말하였습니다. 신도 지금 역시 隋나라와 唐나라를 나란히 놓고 비교하여 논하니 거의 장래의 경계로 삼기에 충분할 것입니다.

25-13-가[128]

憲宗[129]이 英果明斷하사 自卽位로 數誅方鎭하여 欲治僭叛一法度하사대 然於用刑에 喜寬仁하더시니 是時에 李吉甫[130]・李絳[131]이 爲相이라 吉甫가 言 治天

125) 甫 : 사고본에는 '文'으로 되어 있으나, 문맥상 오자인 듯하다.

126) 報 : 대전본에는 '私'로 되어 있다.

127) 賈誼以周秦竝言 : 25-6-가 참조.

128) 《新唐書》 권56 〈刑法志〉에 보인다.

129) 憲宗 : 778~820. 재위 805~820. 唐의 제13대 황제 李純이다. 23-9-나 주석 '憲宗' 주석 참조.

130) 李吉甫 : 758~814. 唐 憲宗 때의 재상이다. 자는 弘憲이다. 趙郡 贊皇 사람이다. 武宗 연

下에 必任賞罰이라 陛下가 頻降赦令하시고 蠲逋負賑飢民하시니 恩德이 至矣나 然典刑이 未擧하니 中外가 有懈怠心이니이다 絳이 曰 今天下가 雖未大治나 亦未甚亂하니 乃古平國用輕典之時라 自古欲治之君은 必先德化하고 暴亂之世는 專任刑法하나니 吉甫之言이 過矣로소이다 憲宗이 以爲然하시다 司空于頔(우적)[132]이 亦諷帝用刑하여 以收威柄한대 帝가 謂宰相曰 頔이 懷姦謀하여 欲朕失人心也라하더시다

唐 憲宗이 英明하고 과단성이 있어서 즉위하면서부터 여러 차례 方鎭을 토벌하여 신하의 분한을 벗어나 모반하는 자를 다스려 법도에 따라 가지런히 하고자 하였다. 그러나 형벌을 쓰는 데 있어서는 관대하고 인자함을 좋아하였다. 이 당시에 李吉甫와 李絳이 재상이었다. 이길보가 다음과 같이 말하였다.

"천하를 통치할 적에는 반드시 상벌을 미덥게 행해야 합니다. 폐하께서는 자주 사면령을 내리시고 체납한 부세를 감면하며 굶주린 백성을 진휼하시니 은덕이 지극합니다. 그러나 典刑이 거행되지 않으니 내외가 태만한 마음을 가집니다."

간의 재상 李德裕는 그의 아들이다. 일찍이 左司御率府 倉曹參軍, 太常博士 등을 지냈다. 憲宗이 즉위한 뒤에 翰林學士, 中書舍人 등을 거쳐 平章事, 集賢殿大學士 등을 역임했다. 元和 연간에 두 차례 재상이 되어 元和中興을 보좌하였고, 번진세력의 약화를 도모했다. 저술로는 《元和郡國圖》, 《元和百司擧要》 등이 있다. 司空에 추증되었고, 시호는 忠懿이다.

131) 李絳 : 764~830. 자는 深之이다. 趙郡 贊皇 사람이다. 進士에 발탁되고 宏詞科에 합격하였다. 監察御史를 지내고 元和 2년(807)에 翰林學士, 知制誥가 되었다. 강직하고 충간을 잘하여 헌종의 신임을 얻었다. 원화 6년(811)에 中書侍郎, 同中書門下平章事가 되었다. 이후 예부상서, 병부상서를 역임했다. 文宗 때 徵召되어 太常卿이 되었다. 이후에 檢校司空으로 山南西道節度使에 올랐고, 趙郡公에 봉해졌다. 大和 4년(830)에 四川의 반란을 토벌하려던 중에 楊叔元의 반란군에 피살되었다. 저술로는 《李深之文集》이 있다. 司徒에 추증되었고, 시호는 貞이다.

132) 于頔 : ?~818. 唐나라의 大臣이다. 자는 允元이다. 河南 사람이다. 華陰尉, 駕部郎中, 湖州刺史, 蘇州刺史 등을 역임하여 많은 치적을 쌓았다. 貞元 12년(796)에 大理卿이 되었다. 정원 13년에 陝虢觀察使, 정원 14년에 山南東道節度使에 오르고 燕國公에 봉해졌다. 그 사이에 군세를 늘리고 재물을 모았으며 불법과 주살을 자행하였지만 조정에서 통제하지 못하였다. 憲宗 元和 3년(808)에 입조하여 司空, 同中書門下平章事가 되었다. 원화 8년에 살인 사건에 연루되어 恩王 傅로 폄척되었다. 태자빈객을 거쳐 원화 10년에 호부상서가 되었다. 시호는 厲이다. 후에 시호를 思로 바꾸었다.

唐 憲宗

이강이 말하였다.

“지금 천하가 비록 아직 태평하지는 않지만 또한 그다지 혼란하지도 않으니 바로 고대에 안정을 유지하는 나라에서 가벼운 형법을 쓰는 때에 해당합니다. 예로부터 盛世를 이룩하고자 하는 군주는 반드시 덕으로 교화하는 일을 우선으로 삼고 난세에는 오로지 형법에만 맡깁니다. 이길보의 말은 지나칩니다.”

헌종이 이강의 말을 옳다고 여겼다. 司空 于頔도 헌종에게 형법을 써서 위엄과 권세를 세우도록 諷諫하였다. 그러자 헌종이 재상들에게 다음과 같이 말하였다.

“우적이 간사한 계책을 품고서 짐이 민심을 잃게 하려고 한다.”

25-13-나(按)

臣은 按 憲宗이 能從李絳之言하시니 亦由[133]太宗이 能納魏徵[134]之說也라 是以로 元和之治가 庶幾貞觀하니 姦邪小人이 用意刻薄하여 每每以嚴刑峻法으로 導人主하니 斯·高之於二世가 是也라 憲宗이 察于頔之姦이 其欲使以失人心이라하시니 其可謂明也矣로소이다

【臣按】 唐 憲宗이 李絳의 간언을 잘 따를 수 있었으니 또한 太宗이 魏徵의 말을 받아들일 수 있었던 것과 같습니다. 이 때문에 ‘元和之治’가 거의 ‘貞觀之治’에 가까웠습니다. 간사한 소인은 마음 씀씀이가 각박하여 매양 엄격한 형법과 가혹한 법률로 군주를 인도합니다. 李斯와 趙高가 秦 二世를 인도한 것이 바로 이러한 예입니다. 헌종이 간사한 于頔이 민심을 잃게 만들고자 한 것을 잘 살펴 알았으니 현명한 임금이라고 할 만합니다.

---

133) 由 : 사고본에는 ‘猶’로 되어 있다.

134) 徵 : 대전본에는 ‘證’으로 되어 있으나, 오자이다.

以上은 論德刑先後之分하니라

이상은 德政과 刑政의 선후를 분별함을 논한 것이다.

格物致知之要(三) 사물의 원리를 깊이 연구하여 知性의 힘을 극대화하는 핵심적인 방법들 (3)

審治[1]體 治國의 綱領을 살펴 앎

義利重輕之別 의리와 이익의 輕重을 분별함

26-1-가[2]

孟子가 見梁惠王[3]하신대 王曰 叟가 不遠千里而來하시니 亦將有以利吾國乎잇가 孟子가 對曰 王은 何必曰利잇고 亦有仁義而已矣니이다 王曰 何以利吾國고하시면 大夫가 曰 何以利吾家오하며 士庶人이 曰 何以利吾身고하여 上下가 交征利면 而國이 危矣리이다 萬乘之國에 弑其君者는 必千乘之家요 千乘之國에 弑其君者는 必百乘之家니 萬取千焉하며 千取百焉이 不爲不多矣언마는 苟爲後義而先利면 不奪하얀 不饜이니이다 未有仁而遺其親者也며 未有義而後其君者也니이다 王은 亦曰 仁義而已矣시니 何必曰利잇고

---

1) 治 : 대전본에는 없다.

2) 《孟子》〈梁惠王 上〉 제1장에 보인다.

3) 梁惠王 : 기원전 400~기원전 319?. 전국시대 魏의 제3대 군주인 惠王이다. 성은 姬, 씨는 魏, 이름은 罃(앵)이다. 《竹書紀年》에는 惠成王으로 나온다. 魏 武侯의 아들이자 文侯의 손자이다. 기원전 364년에 수도를 安邑에서 大梁으로 옮겼고, 賢人을 예우하여 鄒衍·淳于髡(순우곤)·孟軻 등을 초빙하였다. 龐涓(방연)을 중용하여 군사력 증강을 도모하였으나 秦, 楚, 齊 등 주변 강국들과 끊임없는 대립을 초래하여, 齊나라의 田忌와 孫臏에게 桂陵과 馬陵 전투에서 패하고 秦나라에게 河西를 할양하는 등 군사적 실패를 거듭하였다. 기원전 334년에는 齊 威王과 徐州에서 회맹하여 참람하게도 천자의 호칭인 '王'을 칭하는 것을 상호 승인하였으나, 魏 文侯 이래의 패권을 상실하는 결과로 귀착되었다.

孟子가 梁 惠王을 만나보았는데, 혜왕이 말하였다.

“어르신께서 不遠千里하고 오셨으니 어르신도 장차 우리나라를 이롭게 해주실 수 있는 방법을 가지고 계십니까?”

맹자가 대답하였다.

“왕께서는 하필 이익을 말씀하십니까? 다만 仁과 義가 있을 뿐입니다. 왕께서 ‘무슨 수로 내 나라에 이롭게 할까?’라고 하시면 大夫가 ‘무슨 수로 우리 집안에 이롭게 할까?’라고 하며 士와 庶人이 ‘무슨 수로 내 몸에 이롭게 할까?’라고 하여, 윗사람과 아랫사람이 모두 이익을 추구한다면 나라가 위태롭게 될 것입니다.

萬乘之國에서 그 임금을 시해하는 자는 반드시 千乘之家이고 千乘之國에서 그 임금을 시해하는 자는 반드시 百乘之家이니, 萬乘에서 千乘을 취하며 천승에서 百乘을 취하는 것이 많지 않은 것이 아닌데도 만일 의를 경시하고 이익을 중시한다면 모두 빼앗지 않으면 만족하지 않습니다.

어질면서도 자신의 어버이를 버리는 자는 없고 의로우면서도 자신의 임금을 경시하는 자는 없습니다. 왕께서는 또한 인과 의를 말씀하셔야 할 뿐이니 하필 이익을 말씀하십니까?”

26-1-나(按)

臣은 按 孟子가 初見惠王에 惠王이 首以利國爲問하니 蓋自春秋로 至于戰國히 先王之道가 不明하고 人心陷溺하여 惟知有利而已일새 孟子가 將以攻其邪心[4]이라 故直告之曰 王은 何必曰利잇고 亦有仁義而已矣라하시니 仁者는 本心之全德이요 義者는 當然之正理라 爲國者가 當躬行仁義於上而不可以利爲心이니 若王이 欲自利其國則大夫가 亦欲利其家하며 士庶人이 亦欲利其身하여 上下가 爭相求利면 國安得不危리오 蓋以仁義爲本이면 是는 導民於理也요 以利爲尙이면 是는 導民於欲也라 理明則尊卑上下之分이 定하고 不然則凡有血氣者가 皆思自足其欲하여 非盡攘上之所有면 不已也라 於

4) 孟子……邪心 : 《荀子》〈大略〉에 “맹자가 齊 宣王을 세 번 만났는데 政事에 대해 말하지 않았다. 門人이 말하기를 ‘어찌하여 제나라 왕을 세 번이나 만나고도 정사에 대해 말씀하지 않으십니까?’라고 하니, 맹자가 대답하기를 ‘나는 먼저 그 바르지 않은 마음을 다스렸다.’라고 하였다.〔孟子三見宣王不言事 門人曰 曷爲三遇齊王而不言事 孟子曰 我先攻其邪心〕”라고 하였다.

是에 簒弑之事가 興하여 其害가 有不勝計者니 吁可畏哉인저

【臣按】 맹자가 처음 양 혜왕을 만났을 때 혜왕이 먼저 나라를 이롭게 하는 방법으로 질문을 했습니다. 이는 春秋時代부터 戰國時代에 이르기까지 前代의 훌륭한 군왕의 道는 밝게 시행되지 않고 인심은 利慾에 빠져들어 오직 이익이 있다는 것만 알 뿐이었기에, 맹자가 장차 이를 가지고 그 바르지 않은 마음을 다스리고자 했던 것입니다. 그러므로 오직 일러주기를 "왕께서는 하필 이익을 말씀하십니까? 다만 仁과 義가 있을 뿐입니다."라고 했던 것입니다. 인은 本心의 온전한 덕이고, 의는 마땅히 그래야 하는 올바른 이치입니다.

나라를 다스리는 사람은 위에서 인과 의를 몸소 행해야지 이익을 얻겠다는 것을 마음으로 삼아서는 안 됩니다. 만약 왕이 자신의 나라에 스스로 이익이 되게 하고자 한다면 대부가 또한 자신의 집안에 이익이 되게 하고자 하며 士와 庶人이 자기 자신에 이익이 되게 하고자 하여, 윗사람과 아랫사람이 앞다투어 서로 이익을 추구하면 나라가 어떻게 위태롭지 않을 수 있겠습니까.

대개 인과 의를 근본으로 삼으면 이는 백성을 이치로 인도하는 것이고, 이익을 최고의 목표로 삼으면 이는 백성을 욕망으로 인도하는 것입니다. 이치가 밝아지면 尊卑와 上下의 구분이 정해집니다. 그렇지 않으면 무릇 생명을 가지고 있는 것은 모두 자신의 욕망을 스스로 충족시킬 것을 생각하여 윗사람이 가지고 있는 것을 다 빼앗지 않으면 그치지 않습니다. 그리하여 찬탈하고 시해하는 일이 일어나서 그 해가 이루 셀 수 없으니 정말 두려워할 만합니다.

夫仁不遺親하며 義不後君하나니 非强之使然也라 仁은 主於愛하니 愛莫大於愛親이요 義者는 宜也니 宜莫先於尊君이라 擧世之人이 皆由仁義則無不愛其親・尊其君하리니 三代盛時에 所以長治久安而無後患也라 爲國者가 舍是요 其將焉求리오 故重言之曰王은 何必曰利잇고 亦有仁義而已矣라하시고 大學末章에 論天下之平曰國은 以義爲利而不以利爲利[5)]라하여 推言求利之弊하여 至於菑害竝至라 雖有善者라도 亦末如之

5) 國以……爲利 : 《大學》 전10장에 나온다. 그 내용은 다음과 같다. "孟獻子가 말하기를 '〈처음 대부가 되어〉 馬乘을 기르는 자는 닭과 돼지를 치는 일을 살피지 않고 얼음을 쓰는 경대부의 집안은 소와 양을 치지 않고 采地에서 百乘이 나오는 대부의 집안은 가렴주구하는 신하를 기르기보다는 차라리 도둑질하는 신하를 두는 것이 낫다.'라고 하였으니 이것을 일러 '나라는 이익을 이로움으로 여기지 않고 의를 이로움으로 여긴다.'라고 한 것이다.〔孟獻子曰

何[6]라하니 前聖後賢이 所以回利欲之瀾而杜爭奪之隙者가 如出一口하니 爲國者가 其審圖之니이다

대체로 어진 사람은 부모를 버리지 않으며 의로운 사람은 임금을 경시하지 않으니 억지로 그렇게 하도록 한 것이 아닙니다. 인은 사랑을 위주로 하니 사랑은 부모를 사랑하는 것보다 큰 것이 없고, 의는 마땅함이니 마땅함은 임금을 높이는 것보다 우선인 것이 없습니다. 온 세상 사람이 모두 인과 의를 따르면 자기 부모를 사랑하고 자기 임금을 높이지 않는 사람이 없을 것이니, 夏・殷・周 三代의 盛世에 태평치세를 장구히 이어가면서도 후환이 없었던 이유입니다. 나라를 다스리는 사람이 이를 버리고 장차 어디에서 구하겠습니까.

이 때문에 거듭하여 말하기를 "왕께서는 하필 이익을 말씀하십니까? 다만 인과 의가 있을 뿐입니다."라고 했던 것입니다. 그리고 《大學》의 마지막 장에 천하를 태평하게 다스리는 것에 대해 논하여 "나라는 의를 이로움으로 여기고 이익을 이로움으로 여기지 않는다."라고 하고서 이익을 추구하는 폐해를 확장시켜 말하여 "하늘이 내리는 재앙과 사람이 끼치는 해가 함께 이르는지라, 비록 잘하는 자가 있더라도 어찌할 수가 없을 것이다."라고까지 하였습니다. 전대의 성인인 孔子와 후대의 현인인 孟子가 利慾의 물결을 돌리고 쟁탈의 틈을 막은 것이 마치 한 입에서 나온 것과 같으니 나라를 다스리는 사람은 잘 살펴 도모해야 할 것입니다.

26-2-가[7]

宋牼(송경)[8]이 將之楚러니 孟子가 遇於石丘하시다 曰 先生은 將何之오 曰 吾聞

畜馬乘 不察於鷄豚 伐氷之家 不畜牛羊 百乘之家 不畜聚斂之臣 與其有聚斂之臣 寧有盜臣 此謂國不以利爲利 以義爲利也〕"

6) 菑害……之何 : 《大學》 전10장에 나온다. 그 내용은 다음과 같다. "국가에 우두머리가 되어 財用을 힘쓰는 자는 반드시 小人의 인도로부터 비롯되니, 소인으로 하여금 국가를 다스리게 하면 하늘이 내리는 재앙과 사람이 끼치는 해가 함께 이르는지라, 비록 잘하는 자가 있더라도 어찌할 수가 없을 것이다. 이것을 일러 '나라는 이익을 이로움으로 여기지 않고 의를 이로움으로 여긴다.'라고 한 것이다.〔長國家而務財用者 必自小人矣 彼爲善之 小人之使爲國家 菑害竝至 雖有善者 亦無如之何矣 此謂國 不以利爲利 以義爲利也〕" 인용문 가운데 '彼爲善之'는 朱熹의 《大學章句》 註에 따라 번역하지 않았다.

7) 《孟子》 〈告子 下〉 제4장에 보인다.

秦·楚가 構[9]兵호니 我가 將見楚王하여 說(세)而罷之호대 楚王이 不悅이어든 我가 將見秦王하여 說(세)而罷之호리니 二王에 我가 將有所遇焉이리라 曰 軻也는 請無問其詳이요 願聞其指하노니 說(세)之將何如오 曰 我가 將言其不利也호리라 曰 先生之志則大矣어니와 先生之號則不可하다 先生이 以利로 說(세)秦·楚之王이면 秦·楚之王이 悅於利하여 以罷三軍之師하리니 是는 三軍之士가 樂罷而悅於利也라 爲人臣者가 懷利以事其君하며 爲人子者가 懷利以事其父하며 爲人弟者가 懷利以事其兄이면 是는 君臣·父子·兄弟가 終去仁義하고 懷利以相接이니 然而不亡者가 未之有也니라 先生이 以仁義로 說(세)秦·楚之王이면 秦·楚之王이 悅於仁義하여 而[10]罷三軍之師하리니 是는 三軍之士가 樂罷而悅於仁義也라 爲人臣者가 懷仁義以事其君하며 爲人子者가 懷仁義以事其父하며 爲人弟者가 懷仁義以事其兄이면 是는 君臣·父子·兄弟가 去利하고 懷仁義以相接也니 然而不王者가 未之有也니 何必曰利리오

宋牼이 장차 楚나라에 가려고 하였는데 맹자가 그와 石丘에서 마주쳤다. 맹자가 말하였다.

"선생은 장차 어디로 가려고 하십니까?"

송경이 말하였다.

"내 들으니 秦나라와 楚나라가 交戰하려고 한다고 하니, 내가 장차 초나라 왕을 뵙고 설득하여 전쟁을 그만두게 하되 초나라 왕이 기뻐하지 않으면 내가 장차 진나라 왕을 뵙고 설득하여 전쟁을 그만두게 할 것입니다. 두 왕 중에서 나와 장차 뜻이 맞는 사람이 있을 것입니다."

맹자가 말하였다.

"저는 그 상세한 내용을 묻고 싶지는 않고 그 개략적인 취지를 듣고 싶습니다. 장차 어떻게 설득하려고 하십니까?"

---

8) 宋牼 : 기원전 400?~기원전 320?. 전국시대 齊 威王·宣王 때의 사상가이자, '稷下 선생'이다. 《荀子》에는 宋鈃(송견), 《韓非子》에는 宋榮으로 나온다. 道家 또는 墨家의 사상가로, 尹文子와 함께 '宋尹學派'의 대표인물로 거론되며, '止戰'을 주장하였다.

9) 構 : 대전본·사고본에는 '搆'로 되어 있다.

10) 而 : 대전본에는 '以'로 되어 있다.

송경이 말하였다.

"나는 전쟁하는 것이 이롭지 않다는 것을 말하고자 합니다."

맹자가 말하였다.

"선생의 뜻은 훌륭하지만 선생의 명분은 불가합니다. 선생께서 이로움을 가지고 진나라와 초나라의 왕을 설득하면 진나라와 초나라의 왕이 이익을 기뻐하여 三軍의 군대를 해산할 것이니, 이는 삼군의 군사가 해산을 즐거워하여 이익을 좋아하게 하는 것입니다. 신하 된 자가 이익을 취하려는 마음으로 자기 임금을 섬기며, 자식 된 자가 이익을 취하려는 마음으로 자기 부모를 섬기며, 아우 된 자가 이익을 취하려는 마음으로 자기 형을 섬기면, 이것은 君臣, 父子, 兄弟가 결국 仁과 義를 버리고 이익을 취하려는 마음으로 서로 대하는 것입니다. 그렇게 하고도 망하지 않는 자는 있지 않습니다.

선생이 인과 의를 가지고 진나라와 초나라의 왕을 설득하면 진나라와 초나라의 왕이 인과 의를 기뻐하여 삼군의 군대를 해산할 것이니, 이는 삼군의 군사가 해산을 즐거워하여 인과 의를 좋아하게 하는 것입니다. 신하 된 자가 인과 의를 생각하여 자기 임금을 섬기며, 자식 된 자가 인과 의를 생각하여 자기 부모를 섬기며, 아우 된 자가 인과 의를 생각하여 자기 형을 섬긴다면, 이는 군신, 부자, 형제가 이익을 버리고 인과 의를 생각하여 서로 대하는 것입니다. 그러고서도 王天下하지 못하는 자는 있지 않았으니 하필 이익을 말씀하십니까?"

26-2-나(按)

臣은 **按 戰國交兵之禍**가 **烈矣**라 **宋牼**이 **一言而罷之**하면 **豈非生民之福而仁人之所甚願者哉**리오마는 **顧利端**이 **一開**면 **君臣・父子・兄弟**가 **將惟利**를 **是趨**하리니 **春秋**에 **弑君三十六**[11]이 **大抵皆見利而動**이라 **其禍**가 **又有甚於交兵者**하니 **是以聖賢**이 **不得不嚴其防也**시니이다

【臣按】 전국시대에 전쟁의 화가 혹심했습니다. 宋牼이 한번 말하여 전쟁을 그만

11) 弑君三十六 : 《史記》 〈太史公自序〉에 "《춘추》 속에 임금을 시해한 일이 36건이고 나라를 멸망시킨 일이 52차례이고 제후가 달아나 자신의 사직을 보전하지 못한 경우가 부지기수이다.〔春秋之中 弑君三十六 亡國五十二 諸侯奔走 不得保其社稷者 不可勝數〕"라고 한 것이 보인다. 《史記 卷130 太史公自序》

두게 한다면 어찌 백성의 복이자 어진 사람이 매우 바라는 바가 아니겠습니까. 하지만 이로움을 추구하는 욕망의 단서가 한번 열리면 군신, 부자, 형제가 장차 오직 이로움만을 추구할 것입니다. 《춘추》에 임금을 시해한 일 36건이 대개 모두 이로움을 좇아서 일으킨 것입니다. 그 화가 또 전쟁보다 심한 점이 있으니 이 때문에 聖賢이 그 예방을 엄히 하지 않을 수 없었던 것입니다.

26-3-가[12)]

荀子에 **義與利者**는 **人之所兩有也**니 **雖堯·舜**이나 **不能去民之欲利**어니와 **然而能使其欲利**로 **不克其好義也**①하며 **雖桀·紂**나 **亦不能去民之好義**어니와 **然而能使其好義**로 **不勝其欲利也**하나니 **故義勝利者**가 **爲治世**요 **利克義者**가 **爲亂世**니 **上**이 **重義則義克利**하고 **上**이 **重利則利克義**라 **故天子**는 **不言多少**하고 **諸侯**는 **不言利害**하고 **大夫**는 **不言得喪**하고 **士**는 **不通財貨**하고 **有國之君**은 **不息牛羊**하고 **錯質**(조지)**之臣**[13)]은 **不息雞豚**하고 **冢卿**은 **不修幣**②하고 **大夫**는 **不爲場園**하고 **從士以上**은 **皆羞利而不與民爭業**하며 **樂分施而恥積藏**하나니라

① 不克其好義也 : 克, 勝也.
'克'은 '낫다'라는 뜻이다.
② 冢卿不修幣 : 冢, 長也.
'冢'은 '우두머리'라는 뜻이다.

《荀子》에 다음과 같은 내용이 있다.

"의로움과 이로움을 추구하는 마음은 사람이 양쪽 다 가지고 있는 것이다. 비록 堯임금과 舜임금이라도 백성이 이로움을 바라는 마음을 없애지는 못하였다. 그러나 백성이 이로움을 바라는 마음이 그 의로움을 좋아하는 마음을 넘어서지 못하게는 할 수 있었다. 비록 桀王과 紂王이라도 또한 백성이 의로움을 좋아하는 마음을 없애지는 못하였다. 그러나 그 의로움을 좋아하는 마음이 그 이로움을 바라

12) 《荀子》〈大略〉에 보인다.

13) 錯質之臣 : 이에 대한 《荀子》의 楊倞의 注에 따르면, '錯'는 '두다〔置〕'라는 뜻이고 '質'는 '폐백〔贄〕'이다. 곧 군주에게 예물을 봉헌하는 것으로, 신하가 되어 임금을 섬기는 예이다. 그러므로 '錯質之臣'은 사대부가 군주에게 예물을 봉헌하고 신하가 된 사람을 뜻한다.

는 마음을 넘어서지 못하게는 할 수 있었다.

그러므로 의로움을 추구하는 마음이 이로움을 추구하는 마음을 극복한 경우는 治世가 되었고, 이로움을 추구하는 마음이 의로움을 추구하는 마음을 극복한 경우는 亂世가 되었던 것이다. 윗사람이 의로움을 중시하면 의로움을 추구하는 마음이 이로움을 추구하는 마음을 극복하고, 윗사람이 이로움을 중시하면 이로움을 추구하는 마음이 의로움을 추구하는 마음을 극복한다.

이 때문에 천자는 많고 적음을 말하지 않고, 제후는 이익과 손해를 말하지 않고, 대부는 획득과 상실을 말하지 않고, 士는 재화를 유통시키지 않았다. 나라를 소유한 임금은 소와 양을 치지 않고, 폐백을 바치고 신하가 된 사람은 닭과 돼지를 치지 않고, 국정을 주관하는 上卿은 재화를 경영하지 않고, 대부는 곡물과 채소를 재배하는 농장을 경영하지 않았다. 士 이상부터는 모두 이익을 부끄럽게 여겨 백성과 생업을 다투지 않으며 나누고 베푸는 것을 즐겁게 여기고 축적하고 저장하는 것을 부끄럽게 여긴다."

26-3-나(按)

臣은 按 荀卿[14]之論이 美矣나 然謂義之與利가 人所兩有則是未知人之本性也라 性之所有는 惟義而已니 自其物我角立然後에 利心이 生焉하나니이다 又謂 堯・舜이 不能去民之欲利하고 桀・紂가 不能去民之欲義라하니 夫桀・紂가 不能去民之義心者는 以其秉彝之善을 雖暴君이라도 不能奪也어니와 若曰 堯・舜이 不能去民之利心則所謂黎

14) 荀卿 : 기원전 313?~기원전 238?. 전국시대의 사상가, 정치가이다. 성은 荀, 이름은 況, 자는 卿이다. 漢 宣帝 劉荀을 피휘하여 孫卿으로 불리기도 한다. 趙나라 사람이다. 子夏의 후학으로 전해진다. 齊나라에 유학하였고 稷下 學宮에서 세 차례 祭酒(좨주)를 지냈다. 이후 참소를 받아 齊나라를 떠난 후에는 楚나라 재상 春申君의 천거를 받아 蘭陵令을 지내기도 하였다. 기원전 238년에 춘신군이 죽자, 관직에서 물러나 敎學과 저술에 전념하였다. 대표적인 제자로는 李斯, 韓非, 張蒼 등이 알려져 있다. 그의 사상은 人性論의 측면에서 선천적으로 타고난 도덕적 본성을 부정하고 후천적인 환경과 교육이 인간에게 끼치는 영향을 강조하였는데, 맹자의 性善說과 대비되어 흔히 性惡說로 불린다. 이에 따라 禮敎를 강조하였고 유가 경전의 정리에 공헌하였다. 저술로는 《孫卿新書》가 있었으나 일실되었고, 唐나라 楊倞이 주석을 단 《荀子》가 전해진다. 《사기》에 열전이 있다. 《史記 卷74 孟子荀卿列傳 荀卿》

民於(오)變[15]者가 果何事耶오 聖人之化가 所以與天地同流者는 正以使民遷善遠罪而不知也니 若民有利心而不能去則非所謂遷善而不知矣라 夫利者는 人心之蟊賊이니 不可有也라 聖賢之教學者가 必使盡去此心而後에 可與爲[16]善이요 其化民也[17]가 必使盡革此心而後에 可與爲治니 曾謂堯·舜之民而猶有利心邪아 卿이 以人性爲惡이라 故其論이 若此하니 臣不得以不辯[18]하노이다

【臣按】 荀卿의 의론이 훌륭하기는 하지만 의로움과 이로움을 추구하는 마음은 사람이 둘 다 가지고 있는 것이라고 하였으니 이는 사람의 본성을 잘 모르는 것입니다. 본성에 있는 것은 오직 의로움뿐이니 外物과 내가 병립하게 된 뒤부터 이로움을 추구하는 마음이 생겨나는 법입니다.

또 "堯임금과 舜임금이라도 백성이 이로움을 바라는 마음을 없애지는 못하였고, 桀王과 紂王이라도 백성이 의로움을 좋아하는 마음을 없애지는 못하였다."라고 하였습니다. 저 걸왕과 주왕이 백성의 의로운 마음을 없앨 수 없었던 것은 백성이 하늘에서 부여받은 선량한 본성을 비록 폭군이라 할지라도 빼앗을 수 없기 때문입니다.

그러나 "堯임금과 舜임금이라도 백성이 이로움을 바라는 마음을 없애지는 못하였다."라고 말했으니, 그렇다면 이른바 "온 백성이 변화하였다."라는 것은 과연 무슨 일이겠습니까. 聖人의 교화가 천지의 조화와 함께 유행했던 이유는 바로 백성이 선으로 옮겨가고 죄를 멀리하면서도 알지 못하게 했기 때문입니다. 만약 백성이 이로움을 추구하는 마음을 가져 제거할 수 없다면 이른바 "선으로 옮겨가면서도 알지 못한다."라는 것이 아닙니다.

저 이로움이라는 것은 사람 마음을 좀먹는 해충이니 있어서는 안 됩니다. 聖賢이 배우는 사람을 가르치는 것은 반드시 이러한 마음을 다 없애게 한 뒤에 함께

15) 黎民於變 : 본래 堯임금의 德治에 백성이 감화된 것을 나타낸 말이다. 《서경》〈虞書 堯典〉에 "큰 덕을 능히 밝혀 九族을 친밀하게 하였으며, 구족이 화목해지자 畿內 백성의 덕을 고루 밝혀주었다. 기내 백성의 덕이 밝아지자 만방을 화합하도록 하였다. 그러자 온 백성이 변화하여 이에 화락하게 되었다.〔克明俊德 以親九族 九族旣睦 平章百姓 百姓昭明 協和萬邦 黎民於變時雍〕"라고 하였다.

16) 爲 : 대전본에는 없다.

17) 也 : 사고본에는 없다.

18) 辯 : 사고본에는 '辨'으로 되어 있다.

선을 행할 수 있어서이고, 성현이 백성을 교화하는 것은 반드시 이러한 마음을 완전히 바꾸게 한 뒤에 함께 태평성세를 만들 수 있어서입니다. 그러니 어찌 요임금과 순임금의 백성인데도 오히려 이로움을 탐하는 마음을 가졌다고 말하겠습니까. 순경은 사람의 본성이 악한 것이라고 여겼습니다. 이 때문에 그의 의론이 이와 같은 것이니 신이 논변하지 않을 수 없습니다.

26-4-가[19)]

漢昭帝始元中에 **詔有司**하여 **問郡國所擧賢良文學民所疾苦**하신대 **文學**이 **對曰 竊聞治人之道**는 **防淫泆**(일)[20)]**之原**하며 **廣道德之端**하며 **抑末利而開仁義**하여 **毋示以利然後**에 **敎化**를 **可興而風俗**을 **可移也**라 **今郡國**에 **有塩鐵·酒榷**[21)](각)·**均輸**하여 **與民爭利**하여 **散敦厚之樸**하고 **成貪鄙之化**라 **是以**로 **百姓就本者**가 **寡**하고 **趨末者**가 **衆**하니 **願悉罷之**하소서

漢 昭帝 始元 연간에 담당 관원에게 조서를 내려 郡國에서 천거한 賢良과 文學에게 백성의 疾苦에 대해 물었다. 그러자 文學이 다음과 같이 對策하였다.

"삼가 듣건대, 사람을 다스리는 도는 방종과 안일의 근원을 막고 道德의 단서를 넓히며 末業의 이익을 억제하고 仁과 義를 열어서 이익을 제시하지 말아야 하니, 그러한 후에 교화를 흥기시킬 수 있고 풍속을 바꿀 수 있습니다. 지금 郡國에 鹽鐵官, 酒榷, 均輸官을 두어 백성과 이익을 경쟁하여 돈후한 본성을 잃고 탐욕스럽고 야비한 변화가 이루어졌습니다. 이 때문에 백성이 본업에 나아가는 자가 적고 말업을 추구하는 자가 많으니, 원하건대 모두 혁파하소서."

---

19) 《鹽鐵論》〈本議〉, 〈禁耕〉, 〈非鞅〉, 〈園池〉 등에 산재되어 보이며 일부 내용은 자구상의 차이가 있다. 《西漢年紀》 권18 漢 昭帝 始元(기원전 81) 6년 2월 조에는 이상의 내용이 비교적 잘 정리되어 있으며, 《文章正宗》 권9 〈賢良文學罷鹽鐵議〉에는 해당 내용이 그대로 전재되어 있다.

20) 泆 : 사고본에는 '佚'로 되어 있다.

21) 酒榷 : 漢 武帝 天漢 3년(기원전 98) 실시된 제도로, 주류의 생산과 유통을 국가에서 통제하고 개인의 판매를 금지한 전매제도이다. 무제의 사후 昭帝 始元 6년(기원전 81) 염철회의의 결과 폐지되었다.

御史大夫桑弘羊[22]이 難하여 以爲此가 國家大業이니 所以制四夷安邊足用之本이라 罷之不便이라한대 文學이 曰 有國家者가 不患寡而患不均하며 不患貧而患不安이라 故天子는 不言多少하고 諸侯는 不言利害하고 大夫는 不言得喪하여 蓄仁義以豐之하며 廣德行以懷之라 是以로 近者가 親附而遠者가 悅服하여 仁政이 無敵於天下하나니 惡用費哉리오

어사대부 桑弘羊이 반박하여 다음과 같이 말하였다.

"이것은 국가의 중대한 사업입니다. 사방의 이민족을 제압하여 변경을 안정시키고 재용을 풍족하게 하는 근본이기에 혁파하는 것은 온당치 못합니다."

그러자 文學이 말하였다.

"국가를 소유한 자는 재화가 적은 것을 근심하지 않고 균평하지 않은 것을 근심하며 가난한 것을 근심하지 않고 안정되지 않은 것을 근심하기 때문에, 천자는 많고 적음을 말하지 않고 제후는 이익과 손해를 말하지 않고 대부는 획득과 상실을 말하지 않아, 仁과 義를 쌓아서 백성을 풍족하게 하며 德行을 크게 키워서 백성이 그리워하게 합니다. 이 때문에 가까운 곳에 있는 사람이 친히 하고 따르며 먼 지역의 사람이 기뻐하고 복종하여 仁政이 천하에 대적할 자가 없는 법이니 어디에 비용을 쓰겠습니까."

又曰 國有沃野之饒而民不足於食者는 工商이 盛而本業이 荒也요 有山海之貨而民不足於財者는 不務民用而淫巧가 衆也니 高帝가 禁商不得仕宦은 所以遏貪鄙之俗也라 排困市井하여 防閑利門이라도 而民猶爲非어든 況上之爲[23]利乎아 傳에 曰 諸侯가 好利則大夫가 鄙하고 大夫가 鄙則庶人이 盜라하니 是는 開利孔하여 爲民罪梯也니라 又曰 民人은 藏於家하고 諸侯는 藏於國하고 天子는 藏於海內니라 又曰 文帝之時에 無塩鐵之利而民富러니 今有之而百姓이 困하고 且利가 非從天來며 不由地出이라 一取之民하나니 李梅多實者가 來年에 爲之衰하고 新穀熟者가 舊穀이 爲之虧라 自天地不能以兩贏이온 而況於人事乎아

22) 桑弘羊 : 24-7-가의 '桑弘羊' 주석 참조.

23) 爲 : 사고본에는 '得'으로 되어 있다.

故利於此면 **必耗於彼**하나니 **商君**이 **峭法長利**한대 **秦人**이 **不聊生**하여 **相與哭**하니 **孝公業**[24)]이 **日以危**하니라

또 말하였다.

"나라에 비옥한 田野의 풍요로움이 있는데도 백성이 양식을 충분히 먹지 못하는 것은 공업과 상업이 성행하고 本業(농업)이 황폐해서이고, 산과 바다에서 나오는 재화가 있는데도 백성이 재용을 충분히 쓰지 못하는 것은 백성의 소용에 힘쓰지 않고 쓸데없이 정교한 물품이 많아서입니다. 高帝께서 상인을 禁制하여 벼슬하지 못하게 한 것은 탐욕스럽고 야비한 풍속을 막은 것입니다. 상인을 배척하고 힘들게 하여 이익을 얻는 길을 막았지만 백성이 오히려 비행을 저지르는데 하물며 윗사람이 이로움을 추구할 때는 말해 무엇하겠습니까. 傳에 이르기를 '제후가 이익을 좋아하면 대부가 속되게 되고, 대부가 속되게 되면 庶人이 도적질한다.'라고 하였으니, 이것은 이익의 근원을 열어 백성이 죄를 짓도록 인도하는 계제가 됩니다."

또 말하였다.

"백성은 집에 저장하고 제후는 나라에 저장하고 천자는 천하에 저장합니다."

또 말하였다.

"文帝 때에 염철의 이득이 없었는데도 백성이 부유하였습니다. 그런데 지금은 그것이 있는데도 백성이 빈곤합니다. 게다가 이익이 하늘에서 떨어진 것도 아니며 땅에서 솟아나온 것도 아니라서 한결같이 백성에게 취한 것입니다. 오얏나무와 매화나무에 열매가 많이 열리는 경우에는 다음해에 그것 때문에 쇠락하고, 햇곡식이 익는 것은 기존의 곡식이 그 때문에 묵은 곡식이 됩니다. 본래 하늘과 땅도 양쪽을 가득 채울 수 없는데 하물며 사람의 일은 말해 무엇하겠습니까. 때문에 이쪽에서 이익을 보면 반드시 저쪽에서 손해를 보는 법이니 商君(商鞅)이 법조문을 가혹하게 적용하고 이익을 키우자 秦나라 사람들이 삶을 꾸리지 못하여 서로 더불어 곡하니 孝公의 基業이 날이 갈수록 이 때문에 위태로워졌습니다."

24) 業 : 사고본에는 '秦'으로 되어 있다.

又曰 古者에 制地가 足以養民이요 民足以承其上이라 千乘之國·百里之地에 公·侯·伯·子·男이 各充其求·贍其欲이러니 秦이 兼萬國之地하여 有四海之富而意不贍하니 非宇小而用菲라 欲多而下不堪其求也일새니라 語에 曰 庖有腐肉이요 國有飢民하며 廐有肥馬요 路有餒人이라하니 今狗馬之養·蟲獸之食·無用之官·不急之作이 無功而衣食縣官者가 衆하니 是以로 上不足而下困乏也라 今에 不減其本而與百姓爭薦草하며 與商賈(고)爭市利하니 非所以明主德而相國家也니라 丞相田千秋[25]가 曰 先王之道가 軼久而難復이라 賢良文學之言이 深遠而難行하니 非當世所及이라하여늘 遂罷議하다

또 말하였다.

"옛날에는 토지 제도를 제정해주는 것이 백성을 기르기에 충분했고 백성이 윗사람을 받들기에 충분했습니다. 千乘의 나라와 백 리의 땅에 公·侯·伯·子·男이 각각 수요를 충당하고 욕구를 넉넉히 충족하였습니다. 秦나라가 모든 나라의 땅을 겸병하여 천하의 부를 소유하고도 부족하게 여겼으니 천하가 작아 재용이 부족해서가 아니라 욕망은 많고 백성은 그 요구를 감당하지 못했기 때문입니다. 시속의 말에 이르기를 '주방에 썩어가는 고기가 있는데 나라에 굶주리는 백성이 있으며, 마구간에는 살진 말이 있는데 길에는 굶주리는 사람이 있다.'라고 합니다. 지금 개와 말의 기름, 벌레와 짐승의 양식, 쓸모없는 관직, 급하지 않은 제작으로 성과가 없는데도 관에서 먹고 입는 것이 많습니다. 이 때문에 윗사람은 부족하고 아랫사람은 궁핍한 것입니다. 지금 그 근원을 덜어내지 않고 백성과 무성한 풀을 다투고 상인과 시장의 이익을 다투니 군주의 덕을 밝히고 국가를 돕는 것이 아닙니다."

승상 田千秋가 말하였다.

"전대의 聖王의 도가 없어진 지 오래되어 복구하기 어렵습니다. 현량문학의 말은 심원하여 시행하기 어려우니 당세에 이룰 수 있는 것이 아닙니다."

마침내 의론이 중지되었다.

---

25) 田千秋 : 대전본·사고본에는 小字雙行으로 '車千秋'로 되어 있다. 22-12-가2 '田千秋' 주석 참조.

26-4-나(按)

臣은 按 漢武之世에 內興奢侈하고 外事四夷하니 於是에 聚斂之臣이 用하고 塩[26]鐵・均輸・酒権之法이 行하여 言利者가 析秋豪[27]而民不堪命矣러니 昭帝初立에 霍光[28]이 爲政하여 詔賢良文學之士하여 問民所疾苦而對者가 首以抑末利・興仁義爲言호대 而沮於弘羊하며 扼於千秋하여 正論이 竟不[29]獲伸하고 僅能罷酒権一事而已라 然賢良文學之徒가 分別義利하여 其言이 有可爲後世法者일새 故剟(철)其略하여 著于篇云하노이다

【臣按】漢 武帝의 통치기에는 안으로 사치하는 풍조가 일어났고 밖으로 사방 이민족에 대한 원정을 일삼았습니다. 그리하여 가렴주구하는 신하가 중용되고 鹽鐵法, 均輸法, 酒権法이 시행되어 이익을 주장하는 자들이 털끝만 한 것까지 분석하여 백성이 조정의 명령을 감당해낼 수 없었습니다.

昭帝가 처음 즉위했을 때에 霍光이 국정을 담당하였습니다. 그리하여 賢良文學의 선비들에게 조서를 내려 백성이 괴로워하는 바를 묻자, 對策을 올리는 자들이 처음에 末業의 이익을 억제하고 仁과 義를 진작시키는 것으로 건의하였지만, 상홍양에게 저지되었고 田千秋에게 막혀서 올바른 의론이 마침내 행해지지 못하고 겨우 酒権 한 가지만을 혁파할 수 있었을 뿐입니다.

그러나 현량문학의 무리가 義와 利를 분별하여 그 말이 후세의 본보기로 삼을 만하기에 그 대략적인 내용을 추려서 이 책에 수록하는 바입니다.

26-5-가[30]

唐太宗時에 治書侍御史權萬紀[31]가 上書호대 宣・饒二州[32]에 銀이 大發하니

26) 塩 : 대전본・사고본에는 '鹽'으로 되어 있다.

27) 言利者析秋豪 : 《史記》 권30 〈平準書〉에 "東郭咸陽과 孔僅을 大農丞으로 삼아 염철에 관한 일을 맡게 하고 桑弘羊에게 계산하게 하니, 세 사람이 이익이 될 일을 논의함에 털끝만 한 것까지도 분석하였다.〔以東郭咸陽孔僅爲大農丞 領鹽鐵事 桑弘羊以計算 三人言利事 析秋毫矣〕"라고 하였다.

28) 霍光 : ?~기원전 68. 西漢 武帝・昭帝・宣帝 연간의 대신이다. 武帝의 托孤重臣으로 昭帝를 보필하였다. 20-9-나 '霍光' 수석 참조.

29) 不 : 사고본에는 '未'로 되어 있다.

30) 《資治通鑑》 권194 〈唐紀10 太宗 上之下〉 貞觀 10년(636) 조에 보인다.

31) 權萬紀 : ?~643. 唐 太宗 때의 관료로 治書侍御史, 御史中丞, 尙書左丞 등을 역임하였다.

采之면 歲可得數百萬緡이리이다 上이 曰 朕이 貴爲天子하니 所乏者가 非財也라 但恨無嘉言可以利民耳라 與其多得數百萬緡으론 何如得一賢才오 卿이 未嘗進一賢·退一不肖而專言稅銀之利하니 昔에 堯·舜이 抵璧於山하시며 投珠於谷[33]하시고 漢之桓·靈이 乃聚錢爲私藏[34]하니 卿이 欲以桓·靈待[35]我耶아하시고 是日에 黜萬紀하여 使還家하시다

唐 太宗 때에 治書侍御史 權萬紀가 上書하였다.

"宣州와 饒州 두 주에 銀이 많이 납니다. 이를 채굴하면 해마다 수백만 緡을 얻을 수 있습니다."

태종이 말하였다.

시호는 敬이다. 23-5-나(按) '權萬紀' 주석 참조.

32) 宣饒二州 : 宣州는 지금의 安徽省 宣州區이고, 饒州는 지금의 江西省 鄱陽縣이다. 선주와 요주는 唐代의 주요 광산 지역으로, 《新唐書》에 따르면 두 주 모두 銀이 土貢이었다. 아울러 전국의 銀, 銅, 鐵, 錫의 채광 및 야금이 이루어지는 곳이 168곳이었는데, 그중에서 陝州, 宣州, 潤州, 饒州, 衢州, 信州에 銀冶 58곳, 銅冶 96곳, 鐵礦山 5곳, 錫礦山 2곳, 鉛礦山 4곳이 집중되어 있었다. 《新唐書 卷41 地理志, 卷54 食貨志》

33) 堯舜……於谷 : 《新語》에 이르기를 "聖人은 珠玉을 쓰지 않고 그 몸을 보배롭게 여겼기 때문에 舜은 황금을 가파르고 험한 산에 버렸고 주옥을 五湖의 내에 버려서 음란하고 간사한 욕망을 막았다.〔聖人不用珠玉而寶其身 故舜棄黃金於嶃巖之山 捐珠玉於五湖之川 以杜淫邪之欲也〕"라고 하였다. 《抱朴子》〈安貧〉에 "上智는 얻기 어려운 재물을 귀하게 여기지 않으니, 요순시대에는 金玉을 내버렸다.〔上智不貴難得之財 故唐虞捐金而抵璧〕"라고 하였다.

34) 漢之……私藏 : 漢 靈帝는 光和 원년(178)에 처음으로 西園에 西邸를 열고 매관매직을 하여 재물을 모으고 西園에 창고를 세워 이를 보관하였다. 매관매직은 爵秩에 따라 금액을 달리하여 2천 석의 관직은 2천만 전, 4백 석의 관직은 4백만 전을 받았고 빈궁한 자에게는 먼저 부임한 후에 두 배의 값을 추후에 납부하도록 하였다. 덕의 차등에 따라 선발된 자인 경우에는 절반 내지 3분의 1을 받았다. 또 좌우에 사사로이 명을 내려 公卿의 자리를 팔게 하여 公의 자리는 1천만 전, 卿의 자리는 5백만 전을 받았다. 다만 《資治通鑑》에서 "당초에 영제가 侯로 있을 때 항상 빈곤함을 고달프게 여겼다. 즉위하자 매번 환제가 집안에 축적한 재물을 만들지 못하여 개인적인 돈이 없었던 것을 한탄하였다. 이 때문에 관직을 팔아 돈을 모아서 개인적으로 보관하였다.〔初 帝爲侯時常苦貧 及卽位 每歎桓帝不能作家居 曾無私錢 故賣官聚錢以爲私藏〕"라고 한 것을 볼 때 재물을 모아 개인적으로 보관한 것은 桓帝의 일은 아닌 듯하다. 《後漢書 卷8 孝靈帝紀》《資治通鑑 卷57 漢紀 靈帝 上之下 光和 元年》

35) 待 : 대전본에는 '俟'로 되어 있다.

"짐이 존귀하기로는 천자가 되었으니 부족한 것은 재물이 아니다. 다만 백성을 이롭게 할 수 있는 훌륭한 말이 없는 것이 한스러울 뿐이다. 수백만 민을 얻는 것이 어찌 한 명의 어질고 유능한 사람을 얻는 것만 하겠는가. 경이 일찍이 한 명의 어진 사람을 나아오게 하거나 한 명의 어질지 못한 사람을 물러나게 한 적은 없고 오로지 은에 대한 세금의 이익만을 말하였다. 옛날에 堯임금과 舜임금은 璧玉을 산에 버려두고 珠玉을 골짜기에 던져버렸으며, 漢 桓帝와 靈帝는 마침내 돈을 모아 개인적으로 보관하였으니 경은 환제・영제와 같은 임금이 되기를 나에게 기대하고자 하는가."

그날로 권만기를 파면하여 집으로 돌아가게 하였다.

26-5-나(按)

臣은 按 太宗은 可謂賤貨而貴德矣라 其曰 得數百萬緡이 不如得一賢才라하니 此가 古今之名言也라 有天下者가 宜深體之니이다

【臣按】 太宗은 재화를 경시하고 덕을 중시했다고 말할 만합니다. 그가 "수백만 민을 얻는 것이 한 명의 어질고 유능한 사람을 얻는 것만 못하다."라고 하였으니 이것은 古今의 명언입니다. 천하를 소유한 임금은 마땅히 깊이 체득해야 할 것입니다.

26-6-가[36]

德宗[37]이 在奉天[38]하사 於行宮廡下에 貯諸道貢獻之物하고 榜曰 瓊林・大盈庫라하신대 陸贄[39]가 上疏諫[①]曰 作法於涼이라도 其弊가 猶貪이어든 作法於貪이면

---

36)《陸宣公翰苑集》卷14〈奉天請罷瓊林大盈二庫狀〉,《舊唐書》卷139〈陸贄傳〉,《資治通鑑》卷229〈唐紀45 德宗〉興元 원년(784) 정월 조에 보인다.

37) 德宗 : 742~805. 재위 779~805. 唐나라 제11대 황제인 李适이다. 재위 초기에는 楊炎을 재상으로 임용하여 兩稅法을 시행하는 등 중흥의 기상이 있었으나, 建中 4년(783)에 涇原兵變을 겪은 뒤 점차 환관을 중용하여 혼란을 초래하였다. 20-5-가 참조.

38) 德宗在奉天 : 20-11-가 '涇師亂' 주석 참조.

39) 陸贄 : 754~805. 唐나라의 정치가이자 문학가, 정론가이다. 자는 敬輿이다. 吳郡 嘉興 사람이다. 唐 德宗 때 한림학사, 中書侍郎同平章事 등을 역임하였다. 23-8-가 '陸贄' 주석

弊將安救[40]리오 示人以義라도 其患이 猶私어든 示人以私면 患必難弭(미)니 故聖人之立教也에 賤貨而尊讓하며 遠利而尚廉하여 天子가 不問有無하며 諸侯가 不言多少는 懼賄(회)之生人心而開禍端하며 傷風教而亂邦家耳[41]라 是以로 務鳩斂而厚帑櫝之積者는 匹夫之富也요 務散發[42]而收兆庶之心者는 天子之富也라 何必降至尊而代有司之守하며 辱萬乘以效匹夫之藏이리잇고

① 陸贄上疏諫：贄時爲翰林學士[43].
陸贄는 당시에 翰林學士였다.

唐 德宗이 奉天에 있을 때 行宮의 행랑 아래에 여러 道에서 공물로 바친 물품을 쌓아두고 瓊林庫와 大盈庫라고 牌額을 달았는데, 陸贄가 상소하여 다음과 같이 간하였다.

"세금을 적게 거두는 의도에서 법을 만들더라도 그 폐단이 오히려 탐학하는 것인데 탐학하는 의도에서 법을 만들면 폐단을 장차 어떻게 바로잡겠습니다. 사람들에게 義를 보여주더라도 그 병폐가 오히려 개인적인 이익만 챙기는 것인데 사람들에게 개인적인 이익만 챙기는 것을 보여주면 병폐가 틀림없이 막기 어려울 것입니다.

그러므로 聖人이 가르침을 세우는 데 있어 재화를 가볍게 여기고 辭讓을 중시하며 이득을 멀리하고 淸廉을 숭상합니다. 그리하여 천자가 재물이 있고 없고를 따지지 않고 제후가 많고 적고를 말하지 않는 것은, 재물이 사람의 욕심을 일으켜 재앙의 단서를 열고 풍속과 교화를 손상시켜 국가를 어지럽힐까 두려워했기 때문입니다.

이 때문에 모아들이는 데 힘써 금고의 저축을 넉넉하게 하는 것은 匹夫의 富이고, 나누어주는 데 힘써 백성의 마음을 거두어들이는 것은 천자의 부입니다. 하필 지존의 지위를 낮추어 담당 관원의 직무를 대신하며 만승천자를 수고롭게 하

참조.

40) 作法……安救：《春秋左氏傳》 昭公 4년(기원전 538) 9월 조 기사에 보인다. 鄭나라 子産이 丘賦法을 제정하자, 대부 子寬이 이를 비판하여 한 말이다.

41) 耳：대전본・사고본에는 '也'로 되어 있다.

42) 發：대전본・사고본에는 '惠'로 되어 있다.

43) 翰林學士：20-13-가 '翰林學士' 주석 참조.

여 필부의 저축을 본받으십니까.

今之瓊林·大盈이 **古無其制**러니 **傳諸耆舊**하니 **創自開元**[44]이라 **貴臣**이 **貪權**하여 **飾巧求媚**하여 **乃言 郡邑貢賦**를 **盍各區分**하여 **賦稅**는 **委之有司以給經用**하고 **貢獻**은 **歸之天子以奉私求**오하여늘 **玄宗**이 **悅之**하여 **新是二庫**하시니 **蕩心侈欲**이 **萌抵**[45]**於茲**하여 **迨乎失邦**하여 **終以餌寇**[46]하니이다 **記**에 **曰 貨悖而入者**는 **必悖而出**[47]이라하니 **豈其明效歟**[48]잇가

지금의 경림고와 대영고는 옛날에는 그 제도가 없었습니다. 耆老들에게 들으니 시초는 開元 연간부터였습니다. 貴臣이 권세를 탐하여 공교로운 말로 꾸며 비위를 맞추어 이에 말하기를 '郡邑의 공물과 賦稅를 어찌 각각 구분하여 부세는 유사에게 맡겨 경상비용에 대도록 하고 공물은 천자에게 귀속시켜 사적인 수요에 이바지하게 하지 않으십니까?'라고 하였습니다.

그러자 玄宗이 이를 기뻐하여 새로 이 두 창고를 설치하셨습니다. 마음을 방탕하게 하고 욕심을 과도하게 부리는 것이 여기에서 싹이 텄습니다. 그리하여 國都를 상실하는 데 이르러 끝내 창고의 재화를 도적에게 제공했습니다. 《禮記》에 이

44) 創自開元 : 제도가 개원 연간에 시작되었다는 것은 玄宗 연간에 百寶大盈庫를 운용한 일을 말한다. 현종은 각종 연회를 열고 후궁에 하사하는 등의 개인적으로 사용하는 비용에 절제가 없어 항상 재화의 부족을 걱정했다. 《舊唐書》〈食貨志〉에 따르면, 王鉷이 戶口色役使에 임명된 뒤에 갖은 방법으로 재화를 긁어모아 매해 百億錢을 바쳐 이에 충당하였고 정해진 租·庸을 제외한 여타의 부세를 백보대영고로 편입시켜 황제의 연회와 개인적인 賞賜에 드는 비용에 제공하도록 할 것을 건의하였다. 다만 왕홍은 현종 天寶 4년(745)에 호구색역사에 임명되었으므로 개원은 天寶가 되어야 할 듯하다. 《舊唐書 卷48 食貨志上》《新唐書 卷147 王鉷傳》

45) 抵 : 사고본에는 '柢'로 되어 있다.

46) 迨乎……餌寇 : 唐 玄宗 天寶 14년(755)에 安祿山의 난이 일어나 천보 15년에 潼關이 안녹산군에 함락되자, 玄宗은 蜀으로 파천을 결행하였다. 이때 大駕가 장안을 떠나자 백성들이 宮禁으로 난입하여 王公의 府司를 약탈하고 방화하였는데 左藏庫와 大盈庫가 불탔다. 《舊唐書 卷111 崔光遠傳》《新唐書 卷141 崔光遠傳》

47) 記曰……而出 : '記'는 《禮記》를 말한다. 해당 인용문은 《大學》 傳10章에 보인다. 〈대학〉은 《禮記》의 한 편명이다.

48) 歟 : 사고본에는 '與'로 되어 있다.

르기를 '재물이 도리에 어긋나게 들어온 것은 반드시 도리에 어긋나게 나가는 것이다.'라고 하였으니 어찌 그 명확한 증험이 아니겠습니까?

今天衢가 **尙梗**[49)]하여 **師旅**가 **方殷而諸道貢珍**을 **遽私別庫**하시니 **竊揣軍情**호니 **或生觖**(결)**望**이로소이다 **夫國家作事**에 **以公共爲心者**는 **人必樂而從之**하고 **以私奉爲心者**는 **人必咈而叛之**하나니 **爲人上者**가 **當洒濯其心**하여 **奉三無私**[50)]하여 **以壹有衆**하고 **人或不率**이어든 **於是用刑**이니 **然則宣其利而禁其私**는 **天子所恃以理天下之具也**라 **捨此不務而壅利行私**면 **欲人無貪**이라도 **不可得已**[51)]라 **今玆二庫**는 **珍幣所歸**어늘 **不領度**(탁)**支**하니 **是**는 **行私也**요 **不給經費**하니 **非宣利也**라 **物情離怨**이 **不亦宜乎**아

지금 도성의 도로가 아직도 막혀 있어 전투가 한창 잦은데, 여러 도에서 공물로 바친 진귀한 물품을 재빨리 別庫에 챙겨두셨습니다. 남몰래 軍心을 탐색해보니 어떤 이는 불만을 품기도 하였습니다.

무릇 나라에서 정사를 시행할 때 공공을 위해 마음을 쓰는 자는 사람들이 반드시 이를 즐거워하여 따르고, 사사로이 자기 몸을 위해 마음을 쓰는 자는 사람들이 반드시 이를 거역하여 배반합니다. 君上이 된 사람은 마땅히 그 마음을 씻어서 사사로움이 없는 세 가지를 받들어 뭇사람을 하나로 만들고 사람들이 혹여 따르지 않으면 이에 刑政을 써야 합니다. 그렇다면 백성의 이익을 펴서 베풀고 자신의 사사로운 이익을 금하는 것은 천자가 의뢰하여 천하를 다스리는 도구입니다. 이를 버리고 힘쓰지 않아 백성의 이익을 막고 사사로운 욕심만을 채운다면

---

49) 梗 : 대전본에는 '粳'으로 되어 있다.

50) 奉三無私 : '三無私'는 사사로움이 없는 하늘과 땅 그리고 日月을 이른다. 《禮記》〈孔子閒居〉에 子夏가 공자에게 三王의 덕은 '參天地'한다는 것에 대해 묻자, 공자가 "사사로움이 없는 세 가지를 받들어 천하를 위로한다.〔奉三無私 以勞天下〕"라고 하였다. 자하가 다시 '사사로움이 없는 세 가지'에 대해 묻자, "하늘은 사사로이 덮어주는 것이 없고, 땅은 사사로이 실어주는 것이 없고, 해와 달은 사사로이 비추어주는 것이 없는 법이다. 이 세 가지를 받들어 천하를 위로하니 이를 '사사로움이 없는 세 가지'라고 한다.〔天無私覆 地無私載 日月無私照 奉斯三者 以勞天下 此之謂三無私〕"라고 하였다.

51) 已 : 대전본·사고본에는 '也'로 되어 있다.

사람들로 하여금 탐욕이 없게 하고자 하여도 할 수 없습니다.

지금 이 두 창고는 진귀한 재화가 귀속되는 것인데 度支에서 담당하지 않으니 이는 사사로운 욕심을 행하는 것이고, 경비에 대도록 하지 않으니 이익을 펴서 베푸는 것이 아닙니다. 민심이 떠나고 원망하는 것이 또한 마땅하지 않겠습니까.

陛下가 **誠能近想重圍之殷憂**하시고 **追戒平居之專欲**하사 **器用取給**을 **不在過豐**하시며 **衣食所安**을 **必以分下**하시고 **凡在二庫貨賂**를 **盡令出賜有功**하사 **坦然布懷**하사 **與衆同欲**하시고 **是後納貢**을 **必歸有司**하소서 **如此則亂必靖・賊必平**이니 **是乃散小儲而成大儲**하며 **損小寶而固大寶也**니이다

폐하께서는 진실로 첩첩의 깊은 근심을 가까이 생각하고 평소에 자신의 욕심만 꾀하는 것을 돌이켜 경계하여, 기물을 가져다 쓰는 것을 지나치게 풍족하게 하지 않으며 안락한 먹거리와 입을 거리를 반드시 아랫사람에게 나누어주시고, 무릇 두 창고에 있는 재물을 모두 내어 공 있는 이들에게 하사하여 허심탄회하게 소회를 드러내어 뭇사람과 더불어 하고자 하는 바를 같이하고, 이후에 바치는 공물을 반드시 有司에게 귀속시키소서.

이와 같이 하신다면 혼란은 반드시 안정되고 도적은 반드시 평정될 것이니, 이것이 바로 작은 저축을 나누어주어 큰 저축을 이루며 작은 보물을 덜어 큰 보물을 안전하게 하는 것입니다."

26-6-나(按)

臣은 **按 德宗**이 **專利自私**하니 **非王者至公之體**라 **故陸贄**가 **爭焉**하니 **今剟其略**하여 **以爲世戒**하노이다

【臣按】 德宗이 이익을 독점하여 자기 것으로 삼았으니 천하에 왕도를 펼치는 지공무사한 제왕의 체모가 아니었습니다. 이 때문에 陸贄가 간쟁하였으니 지금 그 대략적인 내용을 모아 세상의 경계로 삼습니다.

以上은 **論義利重輕之別**하니라

이상은 의리와 이익의 輕重을 분별함을 논한 것이다.

《大學衍義》附 錄

1.《大學衍義》對校表

위치	원문	奎中 507 (저본)	대전본	사고본	확정	비고
20-2-가	上疏以爲(諫)官御史	諫	郎	郎	諫	《唐書》〈顔眞卿列傳〉: 郎
20-2-가	上疏以(爲諫官御史陛下之耳目今使論事者先白宰相是自掩其耳目也陛下患群)臣之爲讒	좌동	좌동	좌동	좌동	대전본 : 雙行小字
20-2-가	猶不敢明令(百)司奏事	百	百	有	百	
20-2-가	貶峽州(別駕)	別駕	別駕	司馬	別駕	
20-2-나(按)	後之(顓)政諱言者	顓	顓	專	顓	
20-2-나(按)	必令以(槀)草先白	槀	藁	槀	槀	
20-4-가	王叔文善(碁)	碁	棊	棊	碁	
20-4-가	自帷中(可其)奏	可其	可其	可其	可其	대전본 : 雙行小字
20-4-나(按)	影滅(跡)絶矣	跡	迹	跡	跡	
20-5-가	盧杞開元宰相懷(愼)孫也	愼	謹	愼	愼	대전본 : 피휘 (南宋 孝宗 趙眘)
20-5-가(원주)	懷(愼)淸儉稱賢相	愼	謹	愼	愼	대전본 : 피휘 (南宋 孝宗 趙眘)
20-5-가	杞(蕞)陋無文學	蕞	蕞	鄙	蕞	
20-7-나(按)	杞知德宗性多忌(克)	克	克	刻	克	
20-7-나(按)	故惑之以疑似而(導)之以嚴刻	導	導	道	導	
20-8-가	己得事(摠)朝政	摠	摠	總	摠	
20-8-나(按)	姦臣(顓)國必先以術	顓	顓	專	顓	
20-8-나(按)	杞以其爲(帝)所親愛	帝	帝	上	帝	
20-9-가	爲中書侍郎平章事(事)皆決於杞	事	없음	없음	事	
20-9-가	(鄕)者奈何發口欲言邪	鄕	曏	曏	鄕	
20-9-나(按)	姦臣(顓)國必求士大夫柔懦緘默易制者	顓	顓	專	顓	
20-9-나(按)	(朝)爲權臣引拔至此	朝	旦	旦	旦	509본 : 旦 (朝鮮 太祖 李旦)
20-9-나(按)	其(敢)有所同異乎	敢	敢	安	敢	
20-9-나(按)	杞之用闔播意蓋(在)此	在	在	如	在	
20-9-나(按)	故能久(顓)國(柄)	顓/柄	顓/柄	專/政	顓/柄	

위치	원문	奎中 507 (저본)	대전본	사고본	확정	비고
20-9-가2	禮部尙書李揆有才(望)	望	望	略	望	
20-9-가2	杞惡之以爲(入)蕃會盟使	入	入	八	入	
20-11-가(원주)	涇原兵亂(犯)(闕)	犯/闕	杞/闕	犯/闕	犯/闕	대전본 : 杞는 오자
20-11-가(원주)	擁朱(泚)爲主	泚	佌	泚	泚	대전본 : 오자
20-11-가	不如(乘)勝(便)平京師破竹之勢也	乘/便	席/便	乘/便	乘/便	《新唐書》〈姦臣列傳 盧杞〉: 席/使
20-12-가	此孔子所謂一言( )喪邦者也	없음	없음	而	없음	
20-12-나(按)	人主樂其餌之甘(而)忘其鉤之害	而	無	而	而	
20-13-가	逢吉患之而(上)待遇方厚	上	上	없음	上	
20-13-가	會御史中丞(缺)	缺	鈌	缺	缺	
20-13-가	乃深(寤)復以愈爲吏部侍郎	寤	寤	悟	寤	
20-13-나(按)	去內廷而任外司則(其)逐之也易矣	其	其	없음	其	
20-13-나(按)	殿中監察之於列寺(少卿)	少卿	卿少	卿少	少卿	
20-14-가	訓持詭(辯)激(昂)可聽	辯/昂	辯/卬	辨/昂	辯/昂	
20-14-가	故與帝言天下(事)	事	可	事	事	
20-14-가	務(報)恩復讎	報	報	없음	報	
20-14-가	每進見(佗)宰相避位	佗	佗	他	佗	
20-14-가	鄭注以方技(遊)江湖間	遊	遊	游	遊	
20-14-가	(自)謂功在晷刻	自	可	自	自	
20-14-나(按)	以陰狡之資濟之以瀾(飜)之辯	飜	飜	翻	飜	
20-15-가	天子不可令(閑)	閑	閑	間	閑	
20-15-가	愼勿使之讀書親近儒(臣)	臣	生	臣	臣	
20-15-나1(范)	皆(所)以竊權寵也	所	없음	없음	所	
20-15-나2(按)	夫人主修德講學則天下安昆蟲草木亦皆得所況左右之臣其有不得所( )乎	없음	없음	者	없음	
20-15-나2(按)	人主德不修學不講則天下亂昆蟲草木亦皆失所況左右之臣其有得(其)所( )乎	其/없음	其/없음	없음/者	其/없음	
20-15-나2(按)	不貪權(而)濫寵爲能保其身哉	而	而	不	而	
20-15-나2(按)	置之坐側必近儒(生)	生	生	臣	生	
20-15-나2(按)	必親經史則奢靡( )不能惑	없음	없음	之	없음	
20-15-나2(按)	姦佞( )不能蔽( )矣	없음/없음	없음/없음	之/也必	없음/없음	
20-15-나2(按)	否則(未)有不爲士良輩所愚者	未	未	없음	未	
20-16-가	顧(彊)諸侯相持未敢移國	彊	彊	强	彊	

위치	원문	奎中 507 (저본)	대전본	사고본	확정	비고
20-16-가	取朝權以(彊)大終亡天下	彊	疆	强	彊	
20-16-가	時有崔昭(緯)者亦相昭宗	緯	偉	緯	緯	대전본 : 오자
20-16-가	外連(彊)諸侯制天子以固其權	彊	彊	强	彊	
20-16-가	乃手疏所仇媢者若獨孤(損)等三十餘人	損	없음	損	損	
20-16-가	唐史姦臣(傳)贊曰	傳	溥	傳	傳	대전본 : 오자
20-16-가	崔柳倒持(唐)宗覆	唐	李	李	唐	
20-16-가(원주)	謂盧(杞)也	杞	相	杞	杞	
20-16-가(원주)	謂崔(胤)柳璨也.	胤	嗣	胤	胤	대전본 : 피휘 (北宋 太祖 趙匡胤)
20-16-나(按)	崔(胤)柳璨則挾賊臣	胤	嗣	胤	胤	대전본 : 피휘 (北宋 太祖 趙匡胤)
20-16-나(按)	近世有歸自(虜)庭而主和戎之議者	虜	虜	北	虜	
20-16-나(按)	此又挾(賊虜)以要其君也	賊虜	賊虜	讎怨	賊虜	
21-1-가	(噂)沓背憎	噂	噂	噂〔音撙上聲〕	噂	
21-1-가(원주)	沓重(複)也	複	復	複	複	
21-1-나(按)	(楀)也	楀	楀	楀〔音擧〕	楀	
21-1-나(按)	此(七)子者	七	士	七	七	대전본 : 오자
21-2-가	小(弁)	弁	弁	弁〔音盤〕	弁	
21-2-가	(太)子之傅	太	大	太	太	
21-2-가	如或(酬)之	酬	酬	酬	酬	
21-2-가(원주)	(太)子	太	大	太	太	
21-2-가(원주)	幽王之(太)子	太	大	太	太	
21-2-가(원주)	宜(臼)	臼	咎	臼	臼	
21-2-가(원주)	(酬)酬酢之義也	酬	酬	酬	酬	
21-2-가(원주)	(惠愛也)	惠愛也	惠愛也	없음	惠愛也	
21-2-나(按)	生(太)子	太	大	太	太	
21-2-나(按)	宜(臼)	臼	咎	臼	臼	
21-2-나(按)	又說(褒)姒	褒	裦	褒	褒	
21-2-나(按)	立以爲后而放宜(臼)	臼	咎	臼	臼	
21-2-나(按)	一聽(褒)姒之讒	褒	裦	褒	褒	
21-2-나(按)	(褒)姒	褒	裦	褒	褒	
21-2-나(按)	謂(褒)姒	褒	裦	褒	褒	
21-2-나(按)	比而逐宜(臼)	臼	咎	臼	臼	
21-2-나(按)	(衒)忿以召戎	衒	衒	衙	衒	
21-2-나(按)	(褒)姒	褒	裦	褒	褒	
21-2-나(按)	(虜)	虜	虜	擄	虜	
21-2-나(按)	宜(臼)雖立而周	臼	咎	臼	臼	

위치	원문	奎中 507 (저본)	대전본	사고본	확정	비고
21-3-나(按)	(義)與譖同	義	義	없음	義	
21-3-나(按)	(僭)者讒之初	僭	譖	譖	僭	
21-3-나(按)	亂(是用)餤	是用	用是	是用	是用	
21-3-나(按)	使其知媿(則)不爲矣	則	而	則	則	
21-4-가	(何)人斯	何	河	何	何	대전본 : 오자
21-4-가(원주)	靦面(見)人之貌	見	目	見	見	대전본 : 오자
21-4-나(按)	猶鬼蜮(也)	也	也	없음	也	
21-5-가	(巷)伯	巷	卷	巷	巷	대전본 : 오자
21-5-가	勞人(草草)	草草	草草	艸艸	草草	
21-5-가(원주)	(巷)伯寺人之長也	巷	卷	巷	巷	대전본 : 오자
21-5-가(원주)	(草草)憂也	草草	草草	艸艸	草草	
21-5-나(按)	自(太)子之親大臣之重	太	大	太	太	
21-5-나(按)	夫爲讒者(巷)伯也	巷	卷	巷	巷	대전본 : 오자
21-5-나(按)	讒(言)獲售	言	者	者	言	
21-5-나(按)	亦將譖汝而還自(及)矣	及	及	反	及	
21-5-나(按)	(投)之豺虎焉	投	棄	棄	投	
21-5-나(按)	欲(置)之北方	置	致	置	置	
21-5-나(按)	(極)寒之地	極	極	陰	極	
21-5-나(按)	欲(迸)諸四夷	迸	屛	迸	迸	
21-5-나(按)	(故)悉載其全	故	改	故	故	
21-6-가(원주)	構(合)也	合	合	猶合	合	
21-6-가(원주)	合(猶)交亂也	猶	猶	構	猶	
21-6-나(按)	以傷人害物(者)	者	者	없음	者	
21-6-나(按)	止于(樊)	樊	藩	樊	樊	대전본 : 오자
21-6-나(按)	宜屛之(外)	外	外	於外	外	
21-6-나(按)	無有窮(已)	已	也	已	已	
21-6-나(按)	故曰讒(言)罔極構我二人	言	言	人	人	사고본 : 오자
21-7-가1(원주)	在(闉)闉之外者	闉	闉	門	闉	
21-7-가1(원주)	蒲屈皆邑(也)	也	也	名	也	
21-7-가1(원주)	(左)傳	左	○左	見左	左	
21-7-가3	(以)皐落翟之苛我邊鄙	以	以	없음	以	
21-7-가3(원주)	謂弑(逆)也	逆	逆	君	逆	
21-7-가3	君旣許我殺(太)子	太	大	太	太	
21-7-가3	旣許驪姬殺(太)子	太	大	太	太	
21-7-가3	秉君以殺(太)子	太	大	太	太	
21-7-가3(원주)	(菀)音鬱	菀	菀	없음	菀	
21-7-가3(원주)	言扶助君以殺(太)子也	太	大	太	太	
21-7-가3(원주)	(國)語	國	○國	見國	國	
21-7-가4	(及)將立奚齊	及	없음	없음	及	

위치	원문	奎中 507 (저본)	대전본	사고본	확정	비고
21-7-가4	君必(辯)焉	辯	辯	辨	辯	
21-7-가4	子其行(乎)	乎	矣	乎	乎	
21-7-가4(원주)	是(由)吾使之然也	由	없음	由	由	
21-7-가4(원주)	是由吾使(之)然也	之	없음	없음	之	
21-7-나(按)	發諸歌(詠)	詠	咏	詠	詠	
21-7-나(按)	以(動)盪其心志	動	盟	動	動	
21-7-나(按)	以節自(勵)	勵	礪	勵	勵	
21-7-나(按)	前論石顯之(陷)蕭望之	陷	傾	陷	陷	
21-7-나(按)	夫必頑鈍無恥沉(鷙)有謀之人	鷙	贄	鷙	鷙	
21-7-나(按)	(剛)猛人也	剛	甘	剛	剛	
21-7-나(按)	以(大)其封	大	大	一	大	
21-7-나(按)	雖齊(桓)久主夏盟	桓	威	桓	桓	대전본 : 피휘 (宋 欽宗 趙桓)
21-7-나(按)	(二)子奔	二	三	二	二	
21-7-나(按)	猶能合謀以逐宜(臼)	臼	咎	臼	臼	
21-7-나(按)	【(讒)臣】	讒	奸	讒	讒	대전본 : 오자
22-1-가(원주)	伊戾 (其)名	其	其	없음	其	
22-1-가(원주)	太子 名(痤)	痤	座	痤	痤	
22-1-가	至則欲用牲加書 徵( )而騁	없음	없음	之	없음	
22-1-가	囚太子(한대)	한대	-	-	한대	509본 : 囚太한대 子, 오류임
22-1-가(원주)	左師 (向戌)	向戌	句戌	向戌	向戌	대전본 : 오자 통행본《춘추좌씨전》 : 向戌
22-1-나(按)	夫(坎)牲加書	坎	坎	欲	坎	
22-1-나(按)	殆是之類(歟)	歟	歟	與	歟	
22-2-나(按)	元昊 黠(虜)(로되)	虜	虜	猾	虜	509본 : 로다
22-2-나(按)	臣(因)併著之	因	固	故	因	
22-3-가(원주)	(楚)平王也	楚	蔡	楚	楚	
22-3-가	而楚(辟)陋	辟	辟	僻	辟	
22-3-가(원주)	(過)納建妻	過	一過	一過	過	
22-3-나(按)	讒人之(惡) 一至此哉	惡	志	患	惡	
22-4-가	及(饗)日	饗	享	饗	饗	
22-4-가	沈尹(戌)言於子常曰	戌	戌	戌	戌	통행본《춘추좌씨전》 ·《史記》: 戌
22-4-가	而子殺之 以興謗(讟)	讟	讟	毀	讟	
22-4-가	疆(埸)日駭	埸	埸	埸	埸	
22-4-가(원주)	沈尹(戌) 楚賢大夫	戌	戌	戌	戌	통행본《춘추좌씨전》 ·《史記》: 戌

위치	원문	奎中 507 (저본)	대전본	사고본	확정	비고
22-4-나(按)	善乎 沈尹(戌)之言也	戌	戌	戌	戌	통행본《춘추좌씨전》·《史記》: 戌
22-4-나(按)	斯語也 豈獨爲無極(設)哉	設	設	없음	設	
22-5-가	西破(彊)楚	彊	强	彊	彊	
22-5-가	日夜 爲言(於吳王 吳王)信嚭之計	於吳王 吳王	於吳王	而吳王	於吳王 吳王	
22-5-가	子胥仰天(歎)曰	歎	歎	嘆	歎	
22-5-나(按)	(藥)石之忠	藥	藥	金	藥	
22-5-나(按)	蓋勞(而)不怨 其常也	而	而	없음	而	
22-5-나(按)	君親不之察 則或(嘷)天以自懟	嘷	嘷	呼	嘷	
22-5-나(按)	一篇之中(에)	에	-	-	에	509본 : 없음
22-5-나(按)	(秪)所以爲忠且孝(歟)	秪/歟	秪/歟	祇/與	秪/歟	
22-6-가	衛侯占夢嬖人求酒於(大)叔僖子	大	大	太	大	
22-6-가	乃逐(大)叔遺	大	大	太	大	
22-6-가(원주)	僖子 (大)叔遺	大	大	太	大	
22-6-나(按)	恣意所(爲)	爲	傷	爲	爲	
22-6-나(按)	以破(族)滅(門)者	族/門	없음/門	없음/聞	族/門	사고본 : 오자
22-6-나(按)	近世亦有郭天信之流(能)受賂薦人	能	없음	없음	能	
22-7-가	君奚( )不見孟軻也	없음	없음	爲	없음	
22-7-가	前以三鼎( )後以五鼎與	없음	없음	而	없음	
22-7-가(원주)	然(臧倉)之說	臧倉	倉臧	倉	臧倉	대전본 : 오자
22-7-나(按)	小人之能轉移(主意)類如此	主意	主意	人主之意	主意	
22-7-나(按)	正(所謂禮也) 所謂義也	所謂禮也	所謂禮也	없음	所謂禮也	
22-8-가	曲(撓)而誅	撓	撓	橈	撓	
22-8-가(원주)	無(功) 不進用也	功	用	功	功	
22-8-가(원주)	(撓) 謂師不直前而敗	撓	撓	橈	撓	
22-8-가(원주)	漢法 (逗撓)有誅	逗撓	追遶	逗橈	逗撓	
22-8-나(按)	豈有謀(畔)其君而卜於市者哉	畔	叛	畔	畔	
22-9-가	翦擊破趙 (虜)王遷	虜	虜	擄	虜	
22-9-나(按)	蓋(內)有讒邪嗜利之臣然後敵間得行	內	內	由	內	
22-9-나(按)	兵法之所謂內間(也)	也	者	也	也	
22-10-나(按)	必假手於平而(竢)其成	竢	竢	俟	竢	
22-10-나(按)	以王之所忌而激(怒)之也	怒	怒	없음	怒	
22-11-가	公卿大夫 多諂(諛)取容矣	諛	諛	諛	諛	
22-11-나(按)	腹(非)之法 不亦異哉	非	誹	誹	非	

위치	원문	奎中 507 (저본)	대전본	사고본	확정	비고
22-11-나(按)	指廉士曰 爾欲(爲)穿窬	爲	爲	없음	爲	
22-12-가	拜爲直指繡衣(使者하여 使)督察貴戚近臣 踰侈者하신대	使者하여 使	-	-	使者하여 使	509본 : 使者使하여. 오류임
22-12-가	皇后·太子 寵(浸)衰	浸	浸	寖	浸	
22-12-가	所殺(宮人)·延及大臣死者가 數百人	宮人	後宮	宮人	宮人	
22-12-가	夢木人數千 持(杖)欲擊上	杖	仗	杖	杖	
22-12-가	江充自以(與)太子有隙	與	兵	與	與	대전본 : 오자
22-12-가	使( )入宮掘地求蠱	없음	없음	人	없음	
22-12-가	窮治其姦(詐)	詐	詐	計	詐	
22-12-가	將往( )甘泉	없음	之	之	없음	
22-12-가	使舍人持節(入宮) 白皇后	入宮	入宮	없음	入宮	
22-12-가	上頗知太子惶恐無(它)意	它	它	他	它	
22-12-가	上大感(寤) 召見千秋	寤	悟	悟	寤	
22-12-가	天下聞而(悲)之	悲	寃	寃	悲	
22-12-나(按)	皇后·太子 寵(浸)衰	浸	浸	寖	浸	
22-12-나(按)	太子無(它)職	它	它	他	它	
22-12-나(按)	方常融之譖 猶能微察其情(爲)之誅融	爲	僞	爲	爲	
22-12-나(按)	蓋父子之情 未盡(隔)塞故也	隔	鬲	隔	隔	
22-12-나(按)	帝治巫蠱之獄 不屬之(它)人而屬之充	它	它	他	它	
22-12-나(按)	雖然四者其事爾 而本(源)實出於一心	源	源	原	源	
22-12-나(按)	精神意慮 久已(惛)亂	惛	惛	昏	惛	
22-12-나(按)	妖言煽於外 妖夢(惑)於內	惑	感	感	惑	
22-12-나(按)	獨推原武帝之失 (庶來者有所儆云)	庶來者有所儆云	庶來者有所儆云	以儆來者云	庶來者有所儆云	
22-13-가1	宜鄉侯參等死者 十(七)人	七	八	七	七	
22-13-가1(원주)	馮太后 中山(王)母	王	王	王	王	509본·512본 : 三. 오자
22-13-가1(원주)	所謂病風喪心(者)	者	者	也	者	
22-13-가1(원주)	責其(何)故擅去 令其書於簿也	何	同	何	何	대전본 : 오자
22-13-가2	抑抑威儀 (維)德之隅	維	維	惟	維	
22-14 가	漢安帝 (冊)楊震爲(大)尉	冊/大	時/大	時/太	冊/大	
22-14-가	震復上(疏)救之	疏	書	書	疏	
22-14-가	自趙騰死後 深(懷)怨懟	懷	用	用	懷	
22-14-나(按)	(此)腹(非)也	此/非	此/誹	없음/誹	此/非	
22-14-나(按)	探腹心之隱而加人以曖昧	辠	辠	罪	辠	

위치	원문	奎中 507 (저본)	대전본	사고본	확정	비고
	之(辜)					
22-14-나(按)	然則其果難辨(歟)	歟	歟	與	歟	
22-14-나(按)	公聽竝觀 信任無所(偏)	偏	倚	倚	偏	
22-14-나(按)	魑魅讐於震霆 雨雪消於見(晛)	晛	晛	晛	晛	
22-15-가	(書奏에) 冀가 以白太后하여	書奏에	-	-	書奏에	509본 : 書에 奏. 현토 오류
22-15-가	冀(尋)置毒以進	尋	等	等	尋	
22-15-나(按)	夫(父)之道 有不待三年而改者	父	婦	父	父	대전본 : 오자
22-15-나(按)	至(本)朝司馬光輔宣仁	本	本	我	本	
22-15-나(按)	吁可( )戒哉	없음	없음	不	없음	
22-결어	以上 論憸邪罔上之情(二)	二	없음	一	二	사고본 : 오자
22-결어	讒臣	讒臣	讒臣	없음	讒臣	
23-1-가	華至鎭撫循(夷夏)	夷夏	夷夏	軍民	夷夏	
23-1-가	蓋抑揚(與)奪使之然耳	與	與	予	與	
23-1-가	居以重勢(委)以大兵	委	季	委	委	대전본 : 오자
23-1-가	功在不賞遂(構)凶逆耳	構	措	構	構	대전본 : 피휘 (南宋 高宗 趙構)
23-2-가	荀勗馮紞(楊)珧皆惡之	楊	楊	揚	楊	
23-2-가	太子太保(闕)宜留攸居之	闕	缺	缺	闕	
23-2-나(按)	而搖於荀(勗)馮紞之一言何也	勗	勉	勗	勗	대전본 : 피휘 (北宋 神宗 趙頊)
23-2-나(按)	武帝友愛之心於是轉爲猜(忍)	忍	忌	忍	忍	
23-2-나(按)	煽褒閻而偶震(勗)之力也	勗	勉	勗	勗	대전본 : 피휘 (北宋 神宗 趙頊)
23-2-나(按)	齇攸安賈交(勗)鼪張	勗	勉	勗	勗	대전본 : 피휘 (北宋 神宗 趙頊)
23-2-나(按)	心滔楚費過踰晉(伍)	伍	伍	五	伍	伍 : 오자
23-2-나(按)	故併著(之)	之	云	云	之	
23-3-가	以結小人者爲賈(氏)也	氏	后	氏	氏	
23-3-가(원주)	母曰謝(氏)	氏	妃	妃	氏	
23-3-가	裴頠以爲宜先(檢校)傳書者	檢校	檢校	簡較	檢校	
23-3-가	又請比(校)太子手書	校	校	較	校	
23-3-나(按)	抑(它)人發之也	它	它	他	它	
23-4-가	北齊尙書(右)僕射祖珽	右	右	右	右	《資治通鑑》: 右 《北齊書》: 左
23-4-가	高山不(摧)自崩	摧	摧	推	摧	
23-4-가	刻之(迹)終不滅	迹	迹	跡	迹	
23-4-나(按)	一不之察可勝(歎)哉	歎	歎	嘆	歎	

위치	원문	奎中 507 (저본)	대전본	사고본	확정	비고
23-4-나(按)	光之死(財)六年而周滅齊	財	財	讒	財	사고본 : 오자
23-5-가(원주)	謂令彦博往責(徵)也	徵	證	徵	徵	대전본 : 피휘 (北宋 仁宗 趙禎)
23-5-나(按)	魏(徵)盡忠無隱	徵	證	徵	徵	대전본 : 피휘 (北宋 仁宗 趙禎)
23-5-나(按)	不爲辨白則疑(情)一萌	情	情	猜	情	
23-5-나(按)	故能直(徵)之枉	徵	證	徵	徵	대전본 : 피휘 (北宋 仁宗 趙禎)
23-5-나(按)	然(徵)之枉雖直	徵	證	徵	徵	대전본 : 피휘 (北宋 仁宗 趙禎)
23-6-나(按)	太宗之於魏(徵)	徵	證	徵	徵	대전본 : 피휘 (北宋 仁宗 趙禎)
23-6-나(按)	帝乃蓄疑於中泯(嘿)不問	嘿	嘿	默	嘿	
23-6-나(按)	使無(它)日征遼之悔	它	它	他	它	
23-6-나(按)원주	(歎)曰魏徵若在	歎	歎	嘆	歎	
23-6-나(按)원주	〔帝末年征遼 不能成功 甚悔之 歎曰 魏徵若在 不使我有此行也 命馳驛祀徵以少牢 祀徵以小牢 復立所製碑 勞賜其妻子〕	〔帝末年征遼 不能成功 甚悔之 歎曰 魏徵若在 不使我有此行也 命馳驛祀徵以少牢 祀徵以小牢 復立所製碑 勞賜其妻子〕	〔帝末年征遼 不能成功 甚悔之 歎曰 魏徵若在 不使我有此行也 命馳驛祀徵以少牢 祀徵以小牢 復立所製碑 勞賜其妻子〕	帝末年征遼 不能成功 甚悔之 歎曰 魏徵若在 不使我有此行也 命馳驛祀徵以少牢 祀徵以小牢 復立所製碑 勞賜其妻子	〔帝末年征遼 不能成功 甚悔之 歎曰 魏徵若在 不使我有此行也 命馳驛祀徵以少牢 祀徵以小牢 復立所製碑 勞賜其妻子〕	사고본 : 원주가 대문으로 되어 있음
23-7-가	唐(玄)宗開元中	玄	元	玄	玄	대전본 : 피휘 (宋 始祖 趙玄朗)
23-7-가	魃曰負寃者(二)百餘人	二	二	二	二	《資治通鑑》: 三
23-7-나(按)	持(紀綱)抑僥倖	紀綱	綱紀	綱紀	紀綱	
23-7-나(按)	似出無心而(玄)宗信之	玄	元	玄	玄	대전본 : 피휘 (宋 始祖 趙玄朗)
23-7-나(按)	姜皎以舊勳寵昵而擯斥其(大)盛	大	太	太	大	
23-7-나(按)	魏(弘)簡將引元稹	洪	洪	引	弘	저본·대전본 : 피휘 (宋 太祖父 趙弘殷) 사고본 : 피휘 (淸 高宗 愛新覺羅弘曆)
23-7-나(按)	若優人之魃戲是(又)不毁之毁也	又	없음	又	又	
23-7-나(按)	然此不獨近倖爲(然)	然	없음	然	然	
23-7-나(按)	姦讒之(伎)千古一律	伎	技	技	伎	

위치	원문	奎中 507 (저본)	대전본	사고본	확정	비고
23-7-나(按)	唐穆宗時(弘)簡內臣之得幸者	洪	洪	弘	弘	저본·대전본 : 피휘 (宋 太祖父 趙弘殷) 사고본 : 피휘 (淸 高宗 愛新覺羅 弘曆)
23-8-가	傷善(售)姦莫斯爲甚	售	受	售	售	
23-8-나(按)	晉卿在肅代朝(它)無可紀	它	它	他	它	
23-8-나(按)	姓符國號名應(天郊)	天郊	郊天	郊天	天郊	
23-9-가	裴度自(興)元入朝	興	開	興	興	대전본 : 오자
23-9-가	有橫亘六(崗)如乾象	崗	岡	岡	崗	崗은 岡의 속자
23-9-가	度宅偶居第五(崗)	崗	岡	岡	崗	崗은 岡의 속자
23-9-가	度名應(圖)讖	圖	圖	度	圖	사고본 : 오자
23-9-가	宅占(崗)原	崗	岡	岡	崗	崗은 岡의 속자
23-9-나(按)	逢吉權輿姦(險)相濟	險	嶮	險	險	
23-9-나(按)	來者其尙(監)玆	監	監	鑒	監	
24-1-나(按)	(可)肆其惡	可	可	可以	可	
24-1-나(按)	易牙殺子以適君而(桓)公悅之	桓	威	桓	桓	대전본 : 피휘 (北宋 欽宗 趙桓)
24-1-나(按)	開方背親以適君而(桓)公悅之	桓	威	桓	桓	대전본 : 피휘 (北宋 欽宗 趙桓)
24-1-나(按)	(豎)刁自宮以適君而(桓)公悅之	豎/桓	孺/威	豎/桓	豎/桓	대전본 : 孺는 오자 '威'는 피휘 (北宋 欽宗 趙桓)
24-1-나(按)	(桓)公不察三子之情	桓	威	桓	桓	대전본 : 피휘 (北宋 欽宗 趙桓)
24-1-나(按)	卒之殺諸大夫而立公所不欲立之子者 易牙·(豎)刁也	豎	孺	豎	豎	대전본 : 피휘 (北宋 英宗 趙曙)
24-2-가(원주)	(音)僻	音	書	音	音	대전본 : 오자
24-2-나(按)	密近左右 (營)惑君心	營	營	熒	營	
24-2-나(按)	日月之明而蟾(蜍)食之	蜍	蠩	蜍	蜍	
24-2-나(按)	齊(桓)能服勁楚	桓	威	桓	桓	대전본 : 피휘 (北宋 欽宗 趙桓)
24-2-나(按)	秦皇能(陷彊胡)	陷彊胡	陷彊胡	併六國	陷彊胡	
24-2-나(按)	卒之滅秦者 中車府令高(而非胡)也	而非胡	而非胡	非六國	而非胡	
24-2-나(按)	蟾(蜍)食月 古有是言	蜍	蠩	蜍	蜍	
24-2-나(按)	若蟾(蜍)託身於月而能食月也	蜍	蠩	蜍	蜍	
24-3-가	每賜洗(沐)	沐	沐	浴	沐	
24-3-가	凡四十三(萬)	萬	萬萬	萬萬	萬	
24-3-나(按)	棟(撓)鼎覆 曾莫之卹	撓	橈	橈	撓	
24-4-가	漢靈帝時 將作(畢)圭·靈	畢/昆	畢/昆	畢/琨	畢/昆	

위치	원문	奎中 507 (저본)	대전본	사고본	확정	비고
	(昆)苑					
24-4-가	宜思夏禹卑宮之意 以(慰)下民之勞	慰	尉	慰	慰	
24-4-가	( )文王之囿 百里	없음	昔	昔	없음	
24-4-나(按)	故其爲說(曰)	曰	曰	也	曰	
24-4-나(按)	(使)靈帝所問者忠賢	使	此	此	使	
24-4-나(按)	其卒(致)禍敗也 宜哉	致	致	至	致	
24-5-가	前後賞賜 不可勝(記)	記	紀	紀	記	
24-5-가	一日取(快) 可敵千年	快	決	快	快	
24-5-가	三四(日)一視朝	日	月	月	日	
24-6-가	從旁美(歎)不已	歎	歎	嘆	歎	
24-6-나(按)	況於(它)人乎	它	它	他	它	
24-6-나(按)	昏亂之世 (讇)諛塞耳	讇	讇	諂	讇	
24-6-나(按)	以上論憸邪罔上之情三(佞幸之臣)	佞幸之臣	佞幸之臣	없음	佞幸之臣	
24-7-가	弘羊以諸(商)官各自市	商	없음	없음	商	
24-7-가	(如異時)商賈所轉販者爲賦而相灌輸	如異時	貴時	貴時	如異時	
24-7-가	(令)工官治車諸器 皆仰給大農	令	名	名	令	
24-7-가	富商無所牟利則(反)本而萬物不得騰踊	反	反	反	反	509본 : 及
24-7-가	民不益(賦)而天下用(饒)	賦/饒	富/饒	賦/饒	賦/饒	509본 : 鐃(오자)
24-7-가	(烹)弘羊 天乃雨	烹	亨	烹	烹	
24-7-나(按)	(弘)羊均輸之法	弘	洪	弘	弘	대전본 : 피휘 (北宋 太祖 父 趙弘殷)
24-7-나(按)	( )本朝熙寧間	없음	없음	又	없음	
24-7-나(按)	又祖(弘)羊故智	弘	洪	弘	弘	대전본 : 피휘 (北宋 太祖 父 趙弘殷)
24-7-나(按)	此乃(桑羊)欺漢武之言	桑羊	桑羊	桑弘羊	桑羊	
24-8-가1	唐(玄)宗開元中	玄	元	玄	玄	대전본 : 피휘 (宋 聖祖 趙玄郎)
24-8-가3	上(在)位久	在	主	在	在	
24-8-가3	鉺探知上(指)	指	指	旨	指	
24-8-가4	度支郎中(楊)釗	楊	揚	楊	楊	대전본 : 오자
24-8-가4	八載春(三)月	三	三	二	三	
24-8-가4	楊釗奏請所在(出滯積)變( )輕賫	出滯積/없음	糶/없음	出滯積/爲	出滯積/없음	
24-8-가4	屢奏帑藏充(牣)	牣	羨	羨	牣	
24-8-나(按)	悲嗟慘(慼)之狀 帝不得而	慼	慼	慼	慼	

위치	원문	奎中 507 (저본)	대전본	사고본	확정	비고
	見也					
24-9-가	近因(檢)閱使置簿書	檢	檢	簡	檢	
24-9-가	其(匹段)雜貨百萬有餘	匹段	匹段	段疋	匹段	
24-9-가	以(靖)譖服讒爲盡節	靖	盡	靖	靖	
24-9-가	迹其姦(蠹)	蠹	妬	蠹	蠹	
24-9-가	曾無(詰)問	詰	詰	諮	詰	
24-9-가	未幾罷(陸)贄相	陸	없음	없음	陸	
24-9-나(按)	創(間)架·陌錢之法	間	開	間	間	대전본 : 오자
24-9-나(按)	以上論憸邪罔上之情四(聚斂之臣)	聚斂之臣	聚斂之臣	없음	聚斂之臣	
25-1-가(원주)	如周禮治象(刑)象之象	形	形	刑	刑	
25-1-가(원주)	扑(榎)楚也	榎	榎	夏	榎	
25-1-나(按)	若今之(羇)管·編隸	羇	羈	羈	羇	
25-1-나(按)	眞所謂異世同心者(歟)	歟	歟	與	歟	
25-2-가(원주)	不皆(朝市)也	朝市	朝市	市朝	朝市	
25-3-나(按)	(沈)涵	沈	沈	漸	沈	
25-3-나(按)	(漸)漬	漸	漸	浸	漸	
25-6-가	易見而禮之所爲(生)	生	生	者	生	
25-6-가	必也使(毋)訟乎	毋	毋	無	毋	
25-6-가	德(教)洽而民氣樂	教	없음	教	教	
25-6-가	然(而)湯·武	而	而	없음	而	
25-6-가	(置)天下於法令刑罰	置	致	置	置	
25-6-가	非(其)明效大驗邪	其	其	甚	其	
25-6-나(按)	(祇)以爲教也	祇	秖	祇	祇	
25-6-나(按)	(其)不獲已也	其	其	乃其	其	
25-6-나(按)	麗邦(灋)	灋	灋	法	灋	
25-6-나(按)	莫不有(議)	議	識	議	議	
25-6-나(按)	未嘗例施之(灋)也	灋	灋	法	灋	
25-6-나(按)	刻削(毋)仁恩和義	毋	毋	無	毋	
25-6-나(按)	仁恩(和)義	和	和	禮	和	
25-6-나(按)	急法(久)不赦	久	久者	入者	久	
25-6-나(按)	(行)誅大臣及諸宗室	行	行	幷	行	
25-6-나(按)	戮死於(社)	社	社	社	社	《史記》〈秦始皇本紀〉: '杜'
25-6-나(按)	本(是)寬仁之君	是	□	是	是	
25-6-나(按)	幾致刑(措)	措	錯	錯	措	
25-6-나(按)	可不(監歟)	監歟	監歟	鑒與	監歟	
25-7-가	不教而(殺)	殺	誅	殺	殺	
25-7-가	欲德教之被(於)四海	於	없음	없음	於	
25-7-나(按)	蓋非(貞)	貞	正	貞	貞	

위치	원문	奎中 507 (저본)	대전본	사고본	확정	비고
25-8-가	虛美(熏)心	熏	熏	薰	熏	
25-8-가	以刻爲(明)	明	名	明	明	
25-8-가	成(鍊)者	鍊	練	鍊	鍊	
25-8-가	故俗語(云)	云	云	曰	云	
25-8-가	此皆疾(吏)悲痛之辭也	吏	吏	吏之風	吏	
25-8-가	文(寖)深	寖	寖	寖	寖	
25-8-가	不辜(蒙)戮	蒙	興	蒙	蒙	
25-8-가	其爲(置)廷平秩六百石員四人	置	致	置	置	
25-8-가	(齊)居而決事	齊	齋	齋	齊	
25-8-가(원주)	(齋)則居之	齋	齋	齊	齋	
25-8-나(按)	獄(犴)寃枉之狀	犴	奸	犴	犴	
25-8-나(按)	卒不免(爲)世所譏	爲	爲	于	爲	
25-9-가	命(盜)一錢以上	盜	賊	盜	盜	
25-10-나(按)	徒欲以(辯)口折人	辯	辯	辨	辯	
25-10-나(按)	及唐(貞)觀	貞	正	貞	貞	
25-10-나(按)	所以爲治亂之分(歟)	歟	歟	與	歟	
25-11-가	(歎)曰夫箠者	歎	歎	嘆	歎	
25-11-가	(無)得鞭背	無	無	毋	無	
25-11-나(按)	至不忍(箠)其背	箠	箠	笞	箠	
25-12-가	皆(二)覆奏	二	二	二	二	《新唐書》〈刑法志〉: 三
25-12-가	雖(二)覆奏	二	二	二	二	《新唐書》〈刑法志〉: 三
25-12-나(按)	隋(甫)再傳而失天下	甫	甫	文	甫	사고본 : 오자
25-12-나(按)	天於仁暴之(報)	報	私	報	報	
25-13-나(按)	亦(由)太宗	由	由	猶	由	
25-13-나(按)	能納魏(徵)之說也	徵	證	徵	徵	대전본 : 오자
26-1-권두	審(治)體	治	없음	治	治	대전본 : 탈자
26-2-가	吾聞秦楚(構)兵	構	搆	搆	構	
26-2-가	(而)罷三軍之師	而	以	而	而	
26-3-나(按)	可與(爲)善	爲	없음	爲	爲	
26-3-나(按)	其化民(也)	也	也	없음	也	
26-3-나(按)	臣不得以不(辯)	辯	辯	辨	辯	
26-4-가	防淫(泆)之原	泆	泆	佚	泆	
26-4-가	況上之(爲)利乎	爲	爲	得	爲	
26-4-가	孝公(業)	業	業	秦	業	
26-4-가	丞相(田千秋)	田千秋	〔車千秋〕	〔車千秋〕	田千秋	
26-4-나(按)	(塩)鐵均輸酒榷之法	塩	鹽	鹽	塩	
26-4-나(按)	竟(不)獲伸	不	不	未	不	

위치	원문	奎中 507 (저본)	대전본	사고본	확정	비고
26-5-가	欲以桓靈(待)我耶	待	俟	待	待	
26-6-가	傷風教而亂邦家(耳)	耳	也	也	耳	
26-6-가	務散(發)而收兆庶之心者	發	惠	惠	發	
26-6-가	萌(抵)於玆	抵	抵	柢	抵	
26-6-가	豈其明效(歟)	歟	歟	與	歟	
26-6-가	今天衢尙(梗)	梗	粳	梗	梗	
26-6-가	不可得(已)	已	也	也	已	

2. 參考圖版 目錄 및 出處

(1) 19쪽 : 〈顔眞卿像〉, 田琦(朝鮮) 畫, 《萬古際會圖像》.
(2) 20쪽 : 〈明皇幸蜀圖〉, 작자미상(唐), 대만 국립고궁박물원 소장.

(2) 〈明皇幸蜀圖〉

(3) 28쪽 : 〈郭子儀像〉, 田琦(朝鮮) 畫, 《萬古際會圖像》.
(4) 52쪽 : 〈韓愈像〉, 上官周(淸) 畫, 《晩笑堂竹莊畫傳》.
(5) 78쪽 : 〈笙〉, 松本愚山(日本) 撰, 《五經圖彙》.

(5) 〈笙〉

(6) 80쪽 : 〈蚤〉, 徐鼎(淸) 撰, 《毛詩名物圖說》.
(7) 85쪽 : 〈箕星〉, 王圻(明) 撰, 《三才圖會》.
(8) 85쪽 : 〈키〉, 국립민속박물관 소장.
(9) 87쪽 : 〈四凶服罪圖〉, 孫家鼐(淸) 撰, 《欽定書經圖說》.
(10) 124쪽 : 〈伍子胥像〉, 田琦(朝鮮) 畫, 《萬古際會圖像》.
(11) 127쪽 : 〈蓍〉, 劉續(明) 撰, 《三禮圖》.
(12) 127쪽 : 〈龜〉, 劉續(明) 撰, 《三禮圖》.
(13) 132쪽 : 〈孟子像〉, 田琦(朝鮮) 畫, 《萬古際會圖像》.
(14) 139쪽 : 〈屈原像〉, 작자미상(元), 《倣趙孟頫九歌圖冊》.
(15) 141쪽 : 〈漢武帝像〉, 田琦(朝鮮) 畫, 《萬古際會圖像》.
(16) 145쪽 : 〈甘泉宮〉, 大原民聲(日本) 撰, 《名數畫譜》.
(17) 150쪽 : 〈長樂宮〉, 畢沅(淸) 撰, 《關中勝蹟圖志》.
(18) 155쪽 : 〈伯盞頮盤〉, 劉續(明) 撰, 《三禮圖》.
(19) 155쪽 : 〈獸環盂〉, 劉續(明) 撰, 《三禮圖》.
(20) 161쪽 : 〈楊震像〉, 劉續(明) 撰, 《三禮圖》.

(19) 〈獸環盂〉

(21) 166쪽 : 〈李固像〉, 顧沅(淸) 撰, 《古聖賢像傳略》.
(22) 167쪽 : 〈司馬光像〉, 上官周(淸) 畫, 《晩笑堂竹莊畫傳》.
(23) 167쪽 : 〈王安石像〉, 上官周(淸) 畫, 《晩笑堂竹莊畫傳》.
(24) 169쪽 : 〈晉武帝像〉, 傳 閻立本(唐), 《歷代帝王圖卷》, 보스턴미술관 소장.
(25) 190쪽 : 〈蔡襄像〉, 上官周(淸) 畫, 《晩笑堂竹莊畫傳》.
(26) 199쪽 : 〈唐太宗像〉, 작자미상, 〈唐太宗立像軸〉, 대만국립고궁박물원 소장.
(27) 199쪽 : 〈魏徵像〉, 劉源(淸) 畫, 《凌煙閣功臣圖》.

(28) 206쪽 :〈唐玄宗像〉, 田琦(朝鮮) 畫, 《萬古際會圖像》.
(29) 206쪽 :〈宋璟像〉, 田琦(朝鮮) 畫, 《萬古際會圖像》.
(30) 206쪽 :〈魃〉, 王圻(明) 撰, 《三才圖會》.
(31) 210쪽 :〈唐人宮樂圖〉, 작자미상, 대만국립고궁박물원 소장.
(32) 212쪽 :〈陸贄像〉, 작자미상(宋), 대만국립고궁박물원 소장.
(33) 217쪽 :〈裴度像〉, 田琦(朝鮮) 畫, 《萬古際會圖像》.
(34) 223쪽 :〈管仲像〉, 田琦(朝鮮) 畫, 《萬古際會圖像》.
(35) 231쪽 :〈斷袖〉, 陳洪綬(明) 畫, 《博古葉子》.
(36) 253쪽 :〈魚袋〉, 寺島良安(日) 撰, 《和漢三才圖會》.
(37) 264쪽 :〈眚災肆赦圖〉, 孫家鼐(淸) 撰, 《欽定書經圖說》.
(38) 269쪽 :〈稷播百穀圖〉, 孫家鼐(淸) 撰, 《欽定書經圖說》.
(39) 269쪽 :〈契敷五教圖〉, 孫家鼐(淸) 撰, 《欽定書經圖說》.
(40) 271쪽 :〈皐陶明刑圖〉, 孫家鼐(淸) 撰, 《欽定書經圖說》.
(41) 273쪽 :〈舜像〉, 田琦(朝鮮) 畫, 《萬古際會圖像》.
(42) 273쪽 :〈皐陶像〉, 田琦(朝鮮) 畫, 《萬古際會圖像》.
(43) 274쪽 :〈孔子像〉, 田琦(朝鮮) 畫, 《萬古際會圖像》.
(44) 277쪽 :〈賈誼像〉, 顧沅(淸) 撰, 《古聖賢像傳略》.
(45) 288쪽 :〈董仲舒像〉, 田琦(朝鮮) 畫, 《萬古際會圖像》.
(46) 295쪽 :〈未央宮과 宣室〉, 畢沅(淸) 撰, 《關中勝蹟圖志》.
(47) 298쪽 :〈隋文帝像〉, 王圻(明) 撰, 《三才圖會》.
(48) 306쪽 :〈唐憲宗像〉, 田琦(朝鮮) 畫, 《萬古際會圖像》.

3. 《大學衍義》 總目次

QR코드를 스캔하면 《大學衍義》 總目次를 볼 수 있습니다.

《大學衍義》 總目次

責任飜譯者

辛承云

京畿 楊平 出生
文學博士
成均館大學校 명예교수(現)
成均館大學校 동아시아학술원장 겸 대동문화연구원장
韓國古典飜譯院長(現)
文化財委員會 委員長(現)

論文 及 譯書

〈成宗朝의 文士養成과 文集編刊〉〈儒教社會의 出版文化〉 등 多數
譯書《國譯弘齋全書 18》(〈群書標記〉)《禮記集說大全 1》《思政殿訓義 資治通鑑綱目 1》
共譯《國譯眉叟記言 2》《國譯惺所覆瓿藁 2, 3》《國譯青莊館全書 5, 8, 12》
《國譯宋子大全 11》《國譯五洲衍文長箋散稿 16, 17, 18》
《退溪全書 5》《思政殿訓義 資治通鑑綱目 2》 등 多數

共同飜譯者

李霜芽

民族文化推進會(現 한국고전번역원) 부설 國譯研修院 常任研究部 卒業
成均館大學校 한문고전번역 석사과정 문학석사
成均館大學校 한문고전번역 박사과정 문학박사
成均館大學校 대동문화연구원 책임연구원(現)

論文 及 譯書

〈茶山 丁若鏞의『家禮酌儀』譯註〉〈茶山 丁若鏞의『祭禮考定』譯註〉
譯書《無名子集 7, 8, 15, 16》
共譯《記言 1》《日省錄》(영조, 정조)《校勘學概論》《注釋學概論 1, 2》《사고전서이해의 첫걸음》

張喜成

韓國古典飜譯院 고전번역연수과정 I 卒業
成均館大學校 한문고전번역 석·박사통합과정 박사수료
韓國古典飜譯院 연구원(現)

論文 及 譯書

共譯《校勘學概論》《注釋學概論 1, 2》《사고전서이해의 첫걸음》
校點《霽亭集》《梅湖遺稿》《容軒集》

趙埈暭

成均館 翰林院 修了
成均館大學校 한문고전번역 석·박사통합과정 문학박사
韓國古典飜譯院 역사문헌번역위원(現)

論文 及 譯書

〈『東儒四書解集評』의 寫本과 그 가치〉〈柳健休『東儒論語解集評』의 研究 및 譯註〉
共譯《校勘學概論》《注釋學概論 1, 2》《사고전서이해의 첫걸음》

東洋古典譯註叢書 78

譯註 大學衍義 4　　　　정가 30,000원

2017년 12월 20일 초판 발행
2017년 12월 30일 초판 2쇄

責任飜譯　辛承云
共同飜譯　李霜芽 張喜成 趙埈暭
潤文校訂　南賢熙 郭成龍
編　　輯　東洋古典飜譯編輯委員會
發 行 人　李啓晃
發 行 處　社團法人 傳統文化硏究會

서울시 종로구 삼일대로 428 낙원빌딩 411호
전화 : (02)762-8401　전송 : (02)747-0083
전자우편 : juntong@juntong.or.kr
홈페이지 : juntong.or.kr
사이버書堂 : cyberseodang.or.kr
온라인서점 : book.cyberseodang.or.kr
등록 : 1989. 7. 3. 제1-936호

인쇄처 : 한국법령정보주식회사(02-462-3860)
총　판 : 한국출판협동조합(070-7119-1750)

ISBN 979-11-5794-148-3 94150
978-89-85395-71-7(세트)

※ 이 책은 2017년도 교육부 고전문헌 국역지원사업 지원비에 의해 초판(비매품) 간행.